中宣部2022年主题出版重点出版物

"十四五"国家重点图书出版规划项目

纪录小康工程

全面建成小康社会

甘肃奋斗者
GANSU FENDOUZHE

（上）

本书编写组

读者出版传媒股份有限公司
甘肃人民出版社

图书在版编目（CIP）数据

全面建成小康社会甘肃奋斗者：上下 / 本书编写组编著．-- 兰州：甘肃人民出版社，2022.10
（"纪录小康工程"地方丛书）
ISBN 978-7-226-05844-2

Ⅰ．①全… Ⅱ．①本… Ⅲ．①先进工作者－先进事迹－甘肃 Ⅳ．①K820.842

中国版本图书馆CIP数据核字（2022）第104336号

责任编辑：李依璇
封面设计：石笑梦　雷们起
版式设计：汪　阳

全面建成小康社会甘肃奋斗者：上下

本书编写组　编著

甘肃人民出版社出版发行

（730030　兰州市读者大道568号）

兰州银声印务有限公司印刷

开本 710毫米×1020毫米　1/16　印张 28.75　插页 4　字数 373千
2022年10月第1版　2022年10月第1次印刷
印数：1~3 000

ISBN 978-7-226-05844-2　　定价：98.00元

总　序
为民族复兴修史　为伟大时代立传

　　小康，是中华民族孜孜以求的梦想和夙愿。千百年来，中国人民一直对小康怀有割舍不断的情愫，祖祖辈辈为过上幸福美好生活劳苦奋斗。"民亦劳止，汔可小康""久困于穷，冀以小康""安得广厦千万间，大庇天下寒士俱欢颜"……都寄托着中国人民对小康社会的恒久期盼。然而，这些朴素而美好的愿望在历史上却从来没有变成现实。中国共产党自成立那天起，就把为中国人民谋幸福、为中华民族谋复兴作为初心使命，团结带领亿万中国人民拼搏奋斗，为过上幸福生活胼手胝足、砥砺前行。夺取新民主主义革命伟大胜利，完成社会主义革命和推进社会主义建设，进行改革开放和社会主义现代化建设，开创中国特色社会主义新时代，经过百年不懈奋斗，无数中国人摆脱贫困，过上衣食无忧的好日子。

　　特别是党的十八大以来，以习近平同志为核心的党中央统揽中华民族伟大复兴战略全局和世界百年未有之大变局，团结带领全党全国各族人民统筹推进"五位一体"总体布局、协调推进"四个全面"战略布局，万众一心战贫困、促改革、抗疫情、谋发展，党和国家事业取得历史性成就、发生历史性变革。在庆祝中国共产党成立100周年大会上，习近平总书记庄严宣告："经过全党全国各族人民持续奋斗，我们实现了第一个百年奋斗目标，在中华大地上全面建成了小康社会，历史性地解决了绝对贫困问题，正在意气风发向着全面建成社会主义现代化强国的第二个百年奋斗目标迈进。"

这是中华民族、中国人民、中国共产党的伟大光荣！这是百姓的福祉、国家的进步、民族的骄傲！

全面小康，让梦想的阳光照进现实、照亮生活。从推翻"三座大山"到"人民当家作主"，从"小康之家"到"小康社会"，从"总体小康"到"全面小康"，从"全面建设"到"全面建成"，中国人民牢牢把命运掌握在自己手上，人民群众的生活越来越红火。"人民对美好生活的向往，就是我们的奋斗目标。"在习近平总书记坚强领导、亲自指挥下，我国脱贫攻坚取得重大历史性成就，现行标准下9899万农村贫困人口全部脱贫，建成世界上规模最大的社会保障体系，居民人均预期寿命提高到78.2岁，人民精神文化生活极大丰富，生态环境得到明显改善，公平正义的阳光普照大地。今天的中国人民，生活殷实、安居乐业，获得感、幸福感、安全感显著增强，道路自信、理论自信、制度自信、文化自信更加坚定，对创造更加美好的生活充满信心。

全面小康，让社会主义中国焕发出蓬勃生机活力。经过长期努力特别是党的十八大以来伟大实践，我国经济实力、科技实力、国防实力、综合国力跃上新的大台阶，成为世界第二大经济体、第一大工业国、第一大货物贸易国、第一大外汇储备国，国内生产总值从1952年的679亿元跃升至2021年的114万亿元，人均国内生产总值从1952年的几十美元跃升至2021年的超过1.2万美元。把握新发展阶段、贯彻新发展理念、构建新发展格局、推动高质量发展，全面建设社会主义现代化国家，我们的物质基础、制度基础更加坚实、更加牢靠。全面建成小康社会的伟大成就充分说明，在中华大地上生气勃勃的创造性的社会主义实践造福了人民、改变了中国、影响了时代，世界范围内社会主义和资本主义两种社会制度的历史演进及其较量发生了有利于社会主义的重大转变，社会主义制度优势得到极大彰显，中国特色社会主义道路越走越宽广。

全面小康，让中华民族自信自强屹立于世界民族之林。中华民族有五千多年的文明历史，创造了灿烂的中华文明，为人类文明进步作出了卓越贡献。近代以来，中华民族遭受的苦难之重、付出的牺牲之大，世所罕见。中国共产党带领中国人民从沉沦中觉醒、从灾难中奋起，前赴后继、百折不挠，战胜各种艰难险阻，取得一个个伟大胜利，创造一个个发展奇迹，用鲜血和汗水书写了中华民族几千年历史上最恢宏的史诗。全面建成小康社会，见证了中华民族强大的创造力、坚韧力、爆发力，见证了中华民族自信自强、守正创新精神气质的锻造与激扬，实现中华民族伟大复兴有了更为主动的精神力量，进入不可逆转的历史进程。今天，我们比历史上任何时期都更接近、更有信心和能力实现中华民族伟大复兴的目标，中国人民的志气、骨气、底气极大增强，奋进新征程、建功新时代有着前所未有的历史主动精神、历史创造精神。

全面小康，在人类社会发展史上写就了不可磨灭的光辉篇章。中华民族素有和合共生、兼济天下的价值追求，中国共产党立志于为人类谋进步、为世界谋大同。中国的发展，使世界五分之一的人口整体摆脱贫困，提前十年实现联合国2030年可持续发展议程确定的目标，谱写了彪炳世界发展史的减贫奇迹，创造了中国式现代化道路与人类文明新形态。这份光荣的胜利，属于中国，也属于世界。事实雄辩地证明，人类通往美好生活的道路不止一条，各国实现现代化的道路不止一条。全面建成小康社会的中国，始终站在历史正确的一边，站在人类进步的一边，国际影响力、感召力、塑造力显著提升，负责任大国形象充分彰显，以更加开放包容的姿态拥抱世界，必将为推动构建人类命运共同体、弘扬全人类共同价值、建设更加美好的世界作出新的更大贡献。

回望全面建成小康社会的历史，伟大历程何其艰苦卓绝，伟大胜利何其光辉炳耀，伟大精神何其气壮山河！

这是中华民族发展史上矗立起的又一座历史丰碑、精神丰碑！这座丰碑，凝结着中国共产党人矢志不渝的坚持坚守、博大深沉的情怀胸襟，辉映着科学理论的思想穿透力、时代引领力、实践推动力，镌刻着中国人民的奋发奋斗、牺牲奉献，彰显着中国特色社会主义制度的强大生命力、显著优越性。

因为感动,所以纪录;因为壮丽,所以丰厚。恢宏的历史伟业,必将留下深沉的历史印记,竖起闪耀的历史地标。

中央宣传部牵头,中央有关部门和宣传文化单位,省、市、县各级宣传部门共同参与组织实施"纪录小康工程",以为民族复兴修史、为伟大时代立传为宗旨,以"存史资政、教化育人"为目的,形成了数据库、大事记、系列丛书和主题纪录片4方面主要成果。目前已建成内容全面、分类有序的4级数据库,编纂完成各级各类全面小康、脱贫攻坚大事记,出版"纪录小康工程"丛书,摄制完成纪录片《纪录小康》。

"纪录小康工程"丛书包括中央系列和地方系列。中央系列分为"擘画领航""经天纬地""航海梯山""踔厉奋发""彪炳史册"5个主题,由中央有关部门精选内容组织编撰;地方系列分为"全景录""大事记""变迁志""奋斗者""影像记"5个板块,由各省(区、市)和新疆生产建设兵团结合各地实际情况推出主题图书。丛书忠实纪录习近平总书记的小康情怀、扶贫足迹,反映党中央关于全面建成小康社会重大决策、重大部署的历史过程,展现通过不懈奋斗取得全面建成小康社会伟大胜利的光辉历程,讲述在决战脱贫攻坚、决胜全面小康进程中涌现的先进个人、先进集体和典型事迹,揭示辉煌成就和历史巨变背后的制度优势和经验启示。这是对全面建成小康社会伟大成就的历史巡礼,是对中国共产党和中国人民奋斗精神的深情礼赞。

历史昭示未来，明天更加美好。全面建成小康社会，带给中国人民的是温暖、是力量、是坚定、是信心。让我们时时回望小康历程，深入学习贯彻习近平新时代中国特色社会主义思想，深刻理解中国共产党为什么能、马克思主义为什么行、中国特色社会主义为什么好，深刻把握"两个确立"的决定性意义，增强"四个意识"、坚定"四个自信"、做到"两个维护"，以坚如磐石的定力、敢打必胜的信念，集中精力办好自己的事情，向着实现第二个百年奋斗目标、创造中国人民更加幸福美好生活勇毅前行。

全面建成小康社会
甘肃奋斗者（上）

目 录

▌ **一朵藏家的达玛花**
　　——记甘肃省舟曲县扶贫办原副主任张小娟 ················· 001

▌ **贫困村里的"引路人"**
　　——记金川集团公司社会帮扶办公室主任李平 ················· 018

▌ **躬身"战贫"**
　　——记原甘肃省扶贫开发办公室党组书记、主任任燕顺 ········· 034

▌ **马兰花开东乡富**
　　——记临夏回族自治州委常委、东乡族自治县委书记马秀兰 ····· 049

▌ **踏破铁鞋**
　　——记西和县交通运输局党组书记、局长张富生 ··············· 067

▌ **曲告纳的春天**
　　——记舟曲县曲告纳镇党委书记刘鹏武 ······················· 080

▌ **苹果花开香满坡**
　　——记清水县土门镇梁山村党支部书记冯小明 ················· 101

花海中的彩霞
——记华亭市河西镇仿真花加工扶贫车间负责人岳彩霞……………124

苍山为证
——记临洮三益现代农业专业合作社理事长龚志荣……………140

产业扶贫路上的"羊倌"
——记古浪县黄花滩绿洲生态移民产业专业合作社党委书记胡丛斌
………………………………………………………………………154

油橄榄和橄榄油
——记陇南市祥宇油橄榄开发有限责任公司董事长刘玉红…………171

"我是农民的儿子"
——记天水市秦州区医疗保障局党组书记、局长柴永生……………190

要做就做贴心人　要干就干贴心事
——记合水县固城镇王昌寺村第一书记、驻村帮扶工作队队长王大勇
………………………………………………………………………204

一朵藏家的达玛花

——记甘肃省舟曲县扶贫办原副主任张小娟

张小娟简介

张小娟,女,藏族,1985年4月生,2008年9月参加工作,2010年8月加入中国共产党,舟曲县曲瓦乡城马村人,中央民族大学历史学与旅游管理专业双学士学位,生前历任舟曲县曲瓦乡人民政府副乡长、曲瓦乡纪委书记、舟曲县扶贫开发办公室副主任。

2019年10月7日,时任县扶贫办副主任的张小娟在结束脱贫攻坚验收工作返回县城途中,因所乘车辆坠入白龙江中不幸遇难,因公牺牲,年仅34岁。突如其来的灾难,让她永远地离开了她所热爱的这个世界,离开了年迈的父母、亲爱的丈夫、柔弱的孩子以及朝夕相伴的同事们。

2019年的秋天，甘南舟曲微凉的风里透着些许寒意。白龙江畔高高的柿子树，叶子落尽，熟透了的柿子像是挂着的一盏盏红灯笼。

突如其来的悲痛击中了大家，这是怎样的噩耗啊！10月7日19时40分许，时任舟曲县扶贫办副主任的张小娟在贫困乡镇开展脱贫攻坚验收工作结束返回县城途中，因所乘车辆坠入白龙江中不幸遇难，这朵生长在甘南扶贫一线的达玛花，永远定格在了她芳华绽放的34岁。

张小娟，女，藏族，1985年4月生，2008年9月参加工作，2010年8月加入中国共产党，舟曲县曲瓦乡城马村人，中央民族大学历史学与旅游管理专业双学士学位，生前历任舟曲县曲瓦乡人民政府副乡长、曲瓦乡纪委书记、舟曲县扶贫开发办公室副主任。2020年12月3日，张小娟被追授为"全国优秀共产党员"。

2019年10月5日13时44分，张小娟发了最后一条朋友圈。图片是一条盘山公路顺着峭壁蜿蜒而上，她给图片配了文字："再崎岖的路，也是过得去的。"

舟曲县扶贫办张小娟的同事回忆说，10月5日，他们深入曲瓦乡和立节镇。6日，他们又驱车5小时，翻越海拔3800多米的雪山，赶到全县脱贫攻坚难度最大的博峪镇进村入户，当晚就住在镇上。7日，他们一路颠簸，下午赶到曲告纳镇，随机抽选上大年村，核查贫困户收入账实不实。

上大年村是个高山村。盘山而上，要经过34道急弯，路上时不时可以看到滚落的碎石。张小娟走访完藏族阿妈吴小英家时已经是傍晚了。这时，她又接到任务，需要连夜赶回县城。从镇上到县里，还有两个半小时的车程。张小娟得知县融媒体中心的几个同事也在镇上采访，这天曲告纳镇部分藏族群众正在搬迁下山。张小娟饭也没吃，就搭乘县融媒体中心的五菱牌面包车往回赶。路上，车辆不幸坠入白

一朵藏家的达玛花

龙江……

2019年10月7日，这天距离舟曲全县"脱贫摘帽"，仅剩最后两个月时间。

这一天，距离她小儿子的3岁生日10月8日还有一天。

就在儿子生日的前一天，张小娟永远地缺席了儿子的生日。

她还那么年轻，却永远地离开了她热爱的家乡，离开了她的父母、丈夫、孩子和朝夕相伴的同事们。

2019年10月11日，是送别张小娟的日子，赶来送行的舟曲人民手捧白花，花圈队伍绵延整个山路，鞭炮声响彻山谷，告别和祭奠这朵藏乡最美的达玛花。据说，达玛花的花语意思是："永远属于你。"甘南舟曲的高山上，盛开着许许多多圣洁的达玛花，一位叫张小娟的姑娘在这里长眠。传说达玛花是善良的人的化身，乡亲们流着泪说，她是藏乡最美的女儿，是人间圣洁的达玛姑娘。

张小娟留下的一双儿女，一个7岁、一个3岁，葬礼的那天，平时调皮的孩子安静地站着，问身边的人："为什么这么多人来给妈妈鞠躬送花？我妈妈什么时候回来？"他们问了一遍又一遍，孩子的爸爸被问得没了办法，就编了一个童话："妈妈到月亮上去了，国家给她派了一个秘密任务……"

"张小娟的性格真的很好，待人待事都很有耐心，不管我们要查什么，她都会很认真地提供，从来没见她烦过谁……"说起张小娟，她的同事唏嘘不已。

舟曲，是张小娟的故乡，她从这里出发最后又回归这片土地，生前为所爱燃烧了青春，现在她将永久属于这里，守望着她深爱的舟曲。

张小娟爱笑、爱唱歌，她读书时成绩好，工作后又获得了各种荣誉，一直是家庭同辈的榜样和父辈的骄傲，很多堂兄弟、表姐妹家添了小孩，都请她起名字：沐阳、佳雯、梓豪、博飞……这是张小娟留给孩子们的祝福和爱。

张小娟本来可以有一个世人眼里更为光鲜亮丽的前程。可是，她却选择了返回家乡舟曲。

多年前，张小娟从这里考上了大学。这里山高路远、沟壑丛生、交通闭塞。山里的孩子想要改变命运，大概就只有高考这一条路了吧。2003 年，张小娟以全县文科状元的优异成绩，从舟曲一中考入了中央民族大学，从此走出了大山深处，一路走进了北京城里。

她成了乡亲们的骄傲。离开家乡舟曲县曲瓦乡城马村北上求学的那天，乡亲们都聚到村口来为她送行，他们带来了核桃、蜂蜜、梨……他们用满满的家乡味道塞满了她的包包，还塞进去五十、一百的钱，来表达他们送她远行的心意，让她在北京好好上学，吃好点，穿好点。

张小娟噙着眼泪上了车，她给乡亲们说，我一定会回来的。从那刻起，她大概就想着要学成回来后报效家乡吧！

读大学时，好学上进的张小娟和同学一起做功课写论文、勤工俭学、跟着老师做田野调查、假期带队去会宁支教……忙碌而又充实，她就像一朵向日葵，朝气蓬勃地向着太阳生长。

大学毕业后，张小娟顺利入职一家五星级酒店，她工作踏实努力，没多久就做到了人事部经理，并以高级管理人才的身份落户北京，她的人生发展看起来顺风顺水，她仿佛欢喜地融入了北京那座繁华的城市……

但是，家乡舟曲一直萦绕在她的梦里，许多次梦里醒来，她都会想起家乡朴实无华的乡亲们，想起那座大山深处的小山村，她的心有时候会被牵动得疼一下。她就想，家乡的乡亲们什么时候能够过上她现在这样的日子呢？家乡的面貌会不会变得日新月异起来呢？

北京时间 2008 年 5 月 12 日 14 时 28 分，张小娟走在去单位的路上。正是在这一刻，发生了汶川地震，张小娟的家乡舟曲也是地震重灾区之一。

巨大的灾难袭来，生命脆弱得如一只精巧的花瓶，轻轻一碰就是满地碎片。

汶川地震的震级高达8.0级。张小娟从电视新闻里看到——镜头闪过，汶川新建小学、向峨乡中学、聚源中学，坍塌的废墟中，有红领巾，有彩页课本，泥土中还夹杂着颜色鲜艳的书包。

远处，只剩下半面围墙，墙上鲜红的标语已经读不通了。

聚源中学的操场上，躺着一排排永远闭上眼睛的孩子，他们的身上，盖着单薄的塑料布，地震之后，下起了大雨，他们已经不知道冷了。

一位幸存的孩子躺在担架上，抬担架的人小心翼翼，一点点轻微的晃动，都会吓得孩子惊叫起来。那小小的身体，怎能承受这样的伤痕累累？

地震的那一刻，失去了多少孩子，又有多少孩子成了孤儿。张小娟人在北京，忧心着家乡。她一次又一次打电话问姐姐张小慧舟曲的灾情："如果现在回来，我能做些什么？"

姐姐告诉她："如果你回来，每天都要在泥巴地里跑，会变得灰头土脸的。"

2008年6月底，出乎所有人意料，张小娟竟然放弃了北京的工作，回到了家乡舟曲。当危险袭来，她毅然把双脚扎进家乡舟曲的泥土里。灾后重建工作任务繁重，青壮年大都外出打工，留守在家的多是老人孩子，地震之后许多农户的房子要维修，缺乏劳动力，只能焦急地等待。眼看着冬天临近，刚刚返回家乡的张小娟，立即主动请命帮助群众改造危房。她每天在尘土漫天的土坯房和村道上奔忙，整日和钢筋水泥、砖头土块打交道，就这样，北京来的"洋学生"很快就

005

变成了村里的"土干部"。

是怎样的勇气,让她做了这个选择?让深爱的家乡,走出灾难,一天天变富了变美了变好了,这大概就是张小娟回到家乡的最大心愿吧。

2010年8月8日,舟曲发生特大山洪泥石流灾害。舟曲是"两山加一河"的地形,县城位于河谷地带上。穿城而过的白龙江被喷涌而来的泥石流阻断,形成了堰塞湖,县城一部分被埋在淤泥里,一部分淹在江水中。灾情严重,交通中断,救援力量紧缺。

张小娟的家就在白龙江边的成江大桥南侧高地。灾情发生后,张小娟的父亲带着儿子飞奔出门,用绳索、木板等工具开始救人。母亲担心极了,但却并未阻挡。张小娟的父亲和弟弟冒着生命危险从江水中救上来了13名乡亲。

大灾之后,交通被完全阻断,外部救援力量尚不能进入。天刚亮,从立节乡赶回舟曲县城的张小娟便立即和其他干部一起投入抢险救灾中来。张小娟顶着烈日,穿着迷彩服,戴着志愿者袖章,她被晒得黝黑,忙着物资搬运、人员清点、防疫消毒等工作。

到最危险、最需要的地方去,张小娟递交了入党申请书。在泥石流的废墟之上,张小娟火线入党,戴上了党徽。她庄严宣誓,从此成为一名光荣的共产党员,和父老乡亲一起抢险救灾、重建家园。

舟曲立节镇党委在张小娟的火线入党材料中这样写道:"她始终冲在抗灾救援的最前线,积极进行一线救援和物资运输工作,已具备一名共产党员应有的觉悟和品质。"

"我们的党、我们的祖国,庇佑着我们熬过了'5·12'大地震和'8·8'特大山洪泥石流灾害的至暗时刻。我们跟着党旗,和父老乡亲抢险救灾、重建家园……"张小娟在一篇文章中写道,"党的十八大以来,我们更是奔赴战场,成为精准扶贫精准脱贫工作中的生力军……我们深爱的家乡,一天天变富了、变美了、变好了,我们所有的辛苦,在看到父老乡亲幸福生活的那一刻,全部变得值得!"

舟曲县峰迭镇水泉村村民桑建帮想起张小娟就难过,"张主任走了,我就像失去了一个熟悉的街坊、一位引人向上的老师"。他的父亲脑梗卧床,孩子尚小,30多岁的桑建帮和妻子只能在村里打零工、靠亲戚接济艰难度日。2016年春天,张小娟入户走访时,给他详细讲解了大病救助等惠民政策。桑建帮眼里的张小娟,"从县城来的年轻女干部没有一点架子,人很亲切,很自然就拉起了家常"。

帮助桑建帮一家脱贫"摘帽",成了张小娟牵肠挂肚的心事。"只要一到村里,准会来我家,一口一个'大哥''大嫂'。"张小娟与桑建帮多次沟通和了解情况之后,为他推荐了山鸡养殖项目。

水泉村村子后面是海拔2000多米的卧牛山,自然条件特别适合放养山鸡。于是,2017年,桑建帮和同村的8户贫困户一起行动起来,成立了山鸡养殖合作社。合作社在半山腰,山路很陡,汽车没法直接到达。每次来山鸡养殖合作社走访,张小娟都要徒步走一个多小时,见到桑建帮,她总会笑着鼓励他,"你可要做贫困户里的致富带头人啊"。

小娟出殡那天,桑建帮说,在张小娟的帮助和指导下,他和几家贫困户成立的农民养殖专业合作社,如今已经养了7000多只鸡,去年户均收入都在两三万元。贫困户的"帽子"再也不用戴了,但是小娟却再也看不到了。

从立节镇驻村干部,到曲瓦乡副乡长、曲瓦乡纪委书记,再到舟曲县扶贫办副主任,这条蜿蜒崎岖的扶贫路上,张小娟一走就是11年,她的足迹遍布舟曲县19个乡镇、208个行政村,走访了3万多名贫困群众。

山大沟深的舟曲是国家级贫困县,贫困发生率高,基础条件薄弱，一度是脱贫攻坚的难中之难、坚中之坚。2013年年底全县有建档立卡贫困村87个，建档立卡贫困人口3.548万人，贫困发生率为29%。2017年，舟曲县被国家纳入全国"三区三州"深度贫困地区，同时被甘肃省确定为全省23个深度贫困县之一。

全县脱贫攻坚难度最大的博峪镇很美，张小娟去过很多次。白龙江畔，生活着甘肃甘南舟曲博峪人。《甘南史话》中说，"舟曲"一词在藏语中就是白龙江的意思。身穿对襟长袍，盛装的舟曲人不论男女，都戴着礼帽，帽子上插雄鸡尾翎，曾有资料说是匈奴遗风。

大漠马蹄，刀光剑影，好战的匈奴人挥舞着狼旗追逐着风的踪迹冲杀，又悄悄在风声中隐匿，从此音讯全无。在黑暗中失去了名字，只剩一顶礼帽，像是某种宗教仪式的遗存。

也有人说博峪一带的藏族是吐蕃时期从西藏林芝的工布江达、波密等地征发戍边的部落兵团，其中一部分还是亲兵。历史在这里一拐弯，走上了另一条岔道。

舟曲山清水秀，山回路转，倒是适合当桃花源，匈奴人或是吐蕃人远离征战，解甲归田。曾经的胜利、失败、狂喜、冲动，如今都可以慷慨地交付给夕阳和夕阳下的舟曲人。

每年五月端午，是博峪地区独具特色的采花节，青年男女纷纷出门攀山采摘鲜花，以纪念传说中的兰芝姑娘，端午便是博峪的采花节。

冷杉、云杉冷静地站在高处，华山松松塔直立着，像举着蜡烛，怎么看怎么喜庆。刺柏、圆柏树皮苍白，有些冷峻，忍冬、杜鹃、沙棘密密匝匝挤着，热热闹闹地开着花结着果。博峪的采花节从凌晨开始，天还不亮，四方百姓便拥去山泉处，举行祭水节。当地叫作"抢水"。当喷涌而出的飞瀑从崖上冲下时，人们欢呼雀跃，尽情跳舞，沐浴净身。

一朵藏家的达玛花

五月的博峪漫山遍野都是高山杜鹃，火红热烈。全村寨的人们迎接着采花归来的姑娘和小伙子们，捧上罐罐酒，青稞、高粱、玉米酿的罐罐酒，酒不醉人花醉人。

博峪，五月端午是采花节，许多头戴杜鹃花手捧杜鹃花，"薰""荪""芭""荃"一样的香草女子，又跳起了罗罗舞。

张小娟就琢磨着，这么美丽的地方，要发展什么才能让大家过上好日子。乡村旅游行不行，让外面更多的人来看看博峪的采花节。除了旅游，还能发展些什么？

舟曲县博峪镇卧欧诺村党支部书记薛代花说起她和张小娟最初相识，是参加甘南州农村互助社培训班。张小娟总是主动跟她打招呼，叫她"代花姐"，还帮她梳理培训班的发言。一次，她俩说起她们村养蜂的事，张小娟就说："你不如成立个合作社，国家现在有很多扶持政策，你选一个好产业，做大了还能带动村民致富。"在张小娟的帮助下，卧欧诺村成立了合作社，但只有16户村民，规模很小。薛代花有点儿着急，张小娟就鼓励她："慢慢来，只要用心什么事情都能做成的。"每次都让薛代花心里很踏实。后来合作社又遇到了许多问题，比如刚开始卖散装蜂蜜时被其他商贩冒充，客户又真假难辨，好不容易建立起来的信誉受到了损害。薛代花就去舟曲县里找张小娟。她安慰薛代花不要着急，说："现在最主要的是要打造你们自己的蜂蜜品牌，让外界接受你们博峪的纹党蜂蜜，想要打造品牌，首先要注册商标，要进行产品的包装设计，这跟人起名字、穿衣服一样，品牌有了、包装设计好了，顾客才更愿意接受你们的产品。"张小娟怕她们跑冤枉路，于是帮忙对接了好几家可靠的设计公司。在她的帮助下，卧欧诺村的蜂蜜有了自己的品牌，有了设计包装。

新包装产品上市了，薛代花就拿了一些去感谢张小娟，也算是替全村村民表达谢意。当薛代花打电话问她家住在哪个小区时，张小娟可能是猜到了她的用意，她在电话里说："你忙你的，新包装拍个照片发我微信里让我看看就好了。"后来薛代花还是执意去找了张小娟，看到她拿的蜂蜜，张小娟有点不高兴地说："代花姐，你这是干什么？我是扶贫干部，帮你这个致富带头人做点事是应该的，再说了，你带着博峪的老百姓脱贫致富，产业起步阶段，也不容易，好好加油带领大家脱贫致富。"那天临走时，张小娟到楼下超市买了两大袋礼物，让薛代花带回村里。薛代花实在犟不过她，只能拿着东西回去。

张小娟熟悉政策，熟悉村里的情况，想法也多，后来合作社越来越大，她对薛代花说："你现在不要把视线放在村里，要把产业做大做强，应该通过各种渠道带动整个博峪乡乃至全县蜂蜜产业发展，你要知道，这不是你一个人的事。"她那鼓励暖心的话，让薛代花坚定了一个念头，不能老在家门前发展，要找销路、跑市场。

找准方向后，薛代花她们打算办理生产许可证，走品牌化道路，但是咨询后才知道国家对食品要求非常严格，她们的合作社属于小作坊，不达标。她一下子被难住了，又去找张小娟，说着说着，还哭了起来。张小娟笑了，说："你看你，要干大事的人，遇到点困难就哭。赶紧打起精神来办证，要根据达标要求一条条去做啊，多少贫困户都要靠你呢，你还在这里哭！"张小娟的话给了薛代花莫大的鼓励。她们开始选址建厂、申请批地、筹措资金，张小娟也在帮助她们一一解决问题，还根据实际情况给她们分析相应的政策，她说："你们把村集体经济入股到合作社，这样合作社发展起来，村集体有收入了，贫困户也能分红了。"张小娟既懂政策，又对基层用心，无论什么事，她总能想到办法。

张小娟还让她们打造自己的企业文化，她说有了企业文化相当于人有了灵魂。后来卧欧诺村成立了党支部，培育了享誉全省的品牌——甜蜜党建。她们的就业扶贫车间也渐渐步入正轨，通过合作社，带动贫困户、农户和村集体经济。

博峪偏远，翻山越岭的，张小娟不知道跑了多少回，却总是忙完就走。薛代花总想着留她住下在家里吃个饭，但是她总是笑笑说："代花姐，下次吧，下次我一定去你家，尝你的蜂蜜，喝你的蜂蜜酒。"薛代花一直给她留着亲手酿造的蜂蜜酒。可是，张小娟却走了。薛代花想对小娟说一声：妹妹，你放心，我们一定会把"甜蜜"事业越做越甜蜜，把日子过红火。

工作优秀的小娟，提任为曲瓦乡副乡长，分管扶贫工作，同时担任地处偏远的宵藏村包村领导。张小娟常常自嘲地说，自己是个"钢筋混凝土女汉子"。自从干了扶贫工作，她连走路吃饭的速度都比以前快了，成天风里来雨里去的。

2012年夏天，暴雨冲毁了宵藏村的道路，乡上几个同事一起去宵藏村查看汛期暴雨引发的灾情，还要开展低保调整等工作，作为包村领导的张小娟和往常一样收拾好东西要跟着大家一起上山。大家都劝她别去了。因为她怀孕已经有七八个月了，腿脚肿得一压一个坑。她却笑着说："没事，我身体好。"群众受灾、低保调整这些工作都很重要，她放心不下，坚持一定要去。那天通往宵藏村的道路被冲毁，乡上的车送她们到半路后，一行人只能步行，看着她挺着大肚子走路吃力的样子，同事们都不忍心，但她安慰大家说："别担心，我的孩子和我一样坚强呢！"

没日没夜地早出晚归、走乡入户、操心太多、思虑过重，才三十出头的年纪，张小娟额前的头发竟然都白了。母亲不明白张小娟的工作为什么会那么辛苦，心疼不已。

"我们引以为傲的，是能够脱口而出的各类扶贫数据，是烂熟于心的各种政策依据，是村村落落全部走遍的记录，是如数家珍的村情户情介绍……"这是张小娟笔记本里对自己工作的真实记录。

2013年年终考核时,她不在村上,去张罗另一个村的换届选举工作。来考核的同志询问驻村干部,考核这么重要的事情,包村领导怎么不在?驻村干部回答:"张乡长说了,工作扎扎实实做了,就不怕别人来考核来查验,她在与不在都一样。但是换届选举不一样,关系到一个村今后的发展,她必须去盯着选举!"考核组同志第一反应是这个包村领导还挺自信的,难道不知道年终考核对于自己全年的工作成绩意味着什么吗?

经过对村级和户级工作的实地查看后,考核组的同志终于明白她为什么那么自信了。所有工作都摆在那儿,群众是认可的。张小娟是有理由自信的。晚上8时许,考核组在返程的路上,与张小娟乘坐的面包车相遇,在昏暗的车灯下,张小娟下车给他们打招呼,同时表达着歉意。大家看到一个风尘仆仆、被寒风吹得脸蛋通红的张小娟,心里不由得生出感慨:"这个年轻领导的工作好务实!"

2016年,张小娟被调整到舟曲县扶贫办担任副主任,负责建档立卡管理、国家扶贫子系统和全省大数据系统管理、扶贫资金管理等多项重点工作。从此,她一心扑在全县的脱贫攻坚事业上,一年中有三分之二的时间在下乡,经常吃不了一顿热乎饭。

作为国家级深度贫困县的舟曲,脱贫攻坚正值关键期,给张小娟打电话的人非常多,上级部门、县领导、各个单位、乡镇干部、贫困户……可不管是谁,不论大事小事,她都耐心倾听,认真分析,给对方一个条理清晰的答复。

一脚迈入脱贫攻坚领域,张小娟就把自己一天天变成了别人眼中的"移动数据库"。

张小娟从一开始就要求自己进村入户掌握最真实的贫困状况;学习政策——给前线传输更加准确的信息;摸清脱贫退出难点短板——给上级决策提供客观真实的建议。她是这样想的,也是这样做的,并且一做就是多年。

每到一个村去走访入户，村里的贫困人口有多少、贫困发生率是多少、贫困人口收入主要来源是什么等等，张小娟都会仔仔细细地记录下来。她的本子上，写满了贫困户家里的基本情况，比如有没有学生、有没有患病人口、有没有报销医药费，不一而足，每个问题她都不会漏掉，几乎一个月就能写完一个笔记本。

在张小娟留下的十几本工作笔记里，一笔一画都记录下了她对贫户群众的牵挂……

她的办公室里总有不灭的灯光，人们总能看到她走在田间地头繁忙的身影……工作里的艰难也好，工作任务的繁重也罢，都清晰地记录在了张小娟的工作笔记里。

母亲偶尔会带着情绪说："小娟电话总是占线，接通了也总是匆忙说几句就挂了，她怎么那么忙啊？"每当这时，父亲就会说母亲："娟娟干的都是要紧的工作，你不要有事没事打扰她。"

或许只有在父母这里，张小娟才能偶尔放松，做一回孩子。张小娟的母亲记得，有好几次小女儿对她说："妈，我的包忘拿了，现在要下乡去，需要粮草救济。"母亲就跟她开玩笑说："你看你还是个干部呢，每天起早贪黑累成这样，过得却这么'紧张'。"张小娟就嘻嘻哈哈地回应道："谁让你们把我培养得这么优秀呢？！我可不是光挣钱呀，我有重要的事情要去做……"

每每去偏远村落走访贫困户，见到日子过得困难的人，张小娟心中总是不忍，替贫困户垫付医疗保险、给零花钱、买些营养品都是常事。扶贫办干部杨浩曾经说："小娟心软，每次下乡回来，她自己的钱包基本都是空的。"

微笑温和的小娟，在工作上却很是严格。记得一次有位同事因粗心，在群文件里上传了一张有错误的表格，小娟审核发现后，马上更正了错误,并批评了当事人,她严肃地对大家说:"我们的工作是提高全县脱贫攻坚效率的,我们是指导层,乡镇现在扶贫工作量这么大,如果因为我们的失误而导致下面大量返工,那岂不是添乱帮倒忙?一定要仔细核实,这种事情绝不能再发生。"通过这件事,大家养成了仔细复核的好习惯。

"夜以继日地学习政策、领会思想,我们必须不断提升工作能力和素质;日复一日地上山下乡、进村入户,我们必须掌握最真实的贫困状况;废寝忘食地分析贫困人口结构、分析脱贫退出的难点短板,我们必须确保扶贫工作靶向精准……我们对脚下的土地充满敬意,要以一名共产党员的忠诚和热爱,对脱贫攻坚事业矢志不渝。"在一篇文章中,张小娟这样写出了她的想法。

张小娟的工作笔记里,有一件件为群众解决实际困难的详细记录;她的微信朋友圈,大多是工作相关内容和下乡路上的随手留影;整理她的遗物,衣柜里大多是穿旧的冲锋衣和运动鞋;查看她的工作日志,记录着一个个群众的名字和衣食冷暖……

风大,天阴沉着。四面的山头上落满的白雪,将冬日的瓜欧村衬出几分寂静。只有村中心文化广场上的公益宣传栏,红红的大字显出几分生机与活力来。

曲告纳镇的瓜欧村是张小娟生前的扶贫帮扶村。谁家因病返贫、谁家缺少劳力、谁家孩子上不起学……这个大山深处的小村寨里,到处都留下过张小娟的足迹。

瓜欧村不大,全村100来户,其中贫困户34户176人,贫困面占全村近三分之一。2019年年底,该村如期脱贫,摘掉了贫困帽。四面环山、风景优美的瓜欧村适合发展旅游。从村子往山里走,风景越来越好,峡谷壮美。这个村出产的金丝皇菊,很受消费者青睐。村里先后成立的两个专业合作社,吸纳了全村所有的贫困户,让群众成了合作社的股东，在家门口就业。

余双吉是张小娟生前的帮扶户，他家就住在村委会的斜对面。站在屋顶上，可以一览瓜欧村全貌，也能看到家家屋顶上迎风飘扬的国旗。自从十年前的泥石流，舟曲人民对"一方有难、八方支援"的人间大爱深有体会。自那之后，村民们家家在屋顶上悬挂国旗，这成为他们表达爱国之情的最好方式。

余双吉的妻子王生久不会说汉语，可是她的嗓门又大又亮。说起张小娟，她会竖起大拇指，不停地用藏语夸赞。他家曾是张小娟的帮扶户，他们和张小娟接触最多，也了解彼此。余双吉前几年出去打工，因为没有一技之长，一年到头最多挣个两万，加之两个孩子都在读书，日子过得捉襟见肘。2018年，在张小娟的协调争取下，他参加了为期一个月的挖掘机技能培训，掌握了这门实用技术。张小娟还多方争取和协调，将他辍学在家的大女儿送去学习美发技术。后来，家里的土地又入股给了村里的专业合作社，年底能享受到分红，自己就近打工，日子渐渐好了起来。余双吉家之前那种紧巴巴的日子已经成了过去，他家里的摆设也渐渐时尚起来。

舟曲的道路一条条地宽了起来，房子一座座地新了起来，日子也一天天地有了奔头和希望。余双吉说他家能够改变思路种起药材，也是张小娟的建议，她还帮他们提供技术援助。现如今，柴胡等药材种植成为他家又一笔收入。

在瓜欧村，没有人不知道张小娟。就连一些眼花耳背的老人，也知道张小娟，因为她来的次数太多了。

张小娟是舟曲县曲瓦乡城马村人。一个曾经穷困的小村庄，如今，沿着逶迤蜿蜒的白龙江追溯而上，距离舟曲县城约50公里，赭瓦石墙，碧水垂柳，一座美丽的村庄映入眼帘。城马村如一颗闪亮的明珠，镶嵌在白龙江之畔，熠熠生辉。这里是张小娟的故乡，她为了报效家乡建设家乡而来，家乡变美了，她却离去了。

她曾经在她的一篇文章《寂寞城马》中写道："年轻一代都去见世面了，村子谁来发展呢？"张小娟回来了，她义无反顾地回到了这个养育她的小县城，为带领舟曲县早日实现脱贫的梦想而不懈努力。

张小娟先后获得过"最美扶贫人""甘肃省脱贫攻坚先进个人"等荣誉称号，在她的带领下，无数个家庭走在了脱贫的康庄大道上。道路再崎岖，条件再艰苦，环境再恶劣，也丝毫阻挡不了她坚定的步伐。她将自己的青春和生命奉献给了民族地区的扶贫事业。

很难想象她小小的身体里蕴含着怎样的光和热。有一种人身体里是有光的，走到哪里都像是一盏光源。张小娟就是这种人，走到哪里都熠熠生辉。

舟曲有群山环绕，宜种麦屯田，随便过来一个人都像是古代将军的后裔。衣钵传自诸葛，高处行走，泉水濯足。天道呈祥，庄稼生长。白龙江畔的村庄，让人从秋风中总想要收获什么。迎面走来的汉子裸着半只肩膀，暮色通往天界。

舟曲的九月，风模糊地吹，花微微晃动低垂的头。烟尘散去，养育出一地嗓音清亮的孩子。林在山间，家在岸边。穿云云鞋的女子跳起罗罗舞，项圈摇曳。高山上，达玛花开得热烈。泉水洗干净早晨，太阳打着呵欠爬上树梢，白云是不修边幅的男人，黑云是另一个不修边幅的男人。这儿的空气，可以换取黄金。

白龙江水静静流淌，翠峰山脉沉默落泪，带着未完成的心愿，那个永远面带微笑、浑身充满力量、行走在扶贫路上的张小娟离开了。

张小娟又像是没有离开，她浑身总是散发着向日葵般积极蓬勃的力量。

在张小娟的工作笔记里，还有几行她生前抄写的诗，她写道："不会点灯的孩子，等待没有回家的母亲。"

张小娟和丈夫刘忠明有两个孩子。一年中，几乎三分之二的时间，张小娟要么奔波在山路上，要么就是在农户家里走访。

年幼的儿女生病，张小娟也没有办法及时陪伴在他们身边，她只好经常告诉孩子，要学会独立和坚强。"已经退烧啦，宝贝真坚强！"

她也心疼孩子，自嘲地笑笑说，自己的一双儿女是"留守儿童"。当她看着7岁的女儿拉着3岁儿子的手，在小区里自己玩耍却没有她的陪伴时，背后的辛酸与愧疚只有她自己心里明白。

2019年8月24日那个中午，是星期六，张小娟难得有空，她穿着漂亮的裙子，带两个孩子去看电影《哪吒》。张小娟最心疼最不舍的豌豆和童童，在以后的人生路上，希望你们不要责怪妈妈丢下你们——你们的母亲，是用小爱换来大爱的英雄！

2020年2月28日，经省政府批准，舟曲县正式退出贫困县序列。全县退出贫困村87个、贫困户9330户、贫困人口35817人，贫困村和贫困人口实现"双清零"，历史性地消除了绝对贫困。

（作者：王　熠）

贫困村里的"引路人"

——记金川集团公司社会帮扶办公室主任李平

李平简介

李平，男，汉族，中共党员，金川集团公司社会帮扶办公室主任，从2013年开始转战在积石山县脱贫攻坚主战场。先后担任刘集乡精准扶贫干部，刘集乡肖家第一书记、驻村工作队长，寨子沟麻沟村第一书记、驻村工作队长等职务，始终奋战在积石山县脱贫攻坚的第一线。

贫困村里的"引路人"

一

临夏回族自治州，古称河州，是全国两个回族自治州之一，也是甘肃的两个民族自治州之一，1956年11月成立。这里生活着回、汉、东乡、保安、撒拉等42个民族，人口243.7万。其中的东乡族和保安族是甘肃特有的少数民族，主要以临夏为聚居区。这里的人们善于用歌声赞美自己的劳动，抒发自己的情感，因而临夏也成为著名的"中国花儿之乡"。1991年，甘肃省委省政府确定金川公司帮扶临夏州康乐县脱贫工作。从这一年开始，一直到2011年，康乐县都是金川公司开展脱贫帮扶工作的主战场。

在金川公司持续10年的帮扶工作中，先后援建了康乐县第一中学、新治街小学、虎关乡高集小学、五户乡丁滩小学等4所"希望工程"学校，资助1000多名失学少年儿童重回校园，完成学业。这4所"希望工程"学校培养了大批的社会有用之才，为改变康乐县贫穷落后的面貌发挥了巨大的作用。金川公司每年派出多名干部常年驻村，直接对贫困村、贫困户进行帮扶，连续多年每年拿出大量化肥、地膜、铺膜机等农资支持农业生产。帮助3个贫困村实施"千亩温饱工程"，使全村小麦每亩增产200斤以上，解决了90%以上农户的温饱问题。同时公司注重对贫困县乡村人才的培养，先后为康乐县培训技术骨干188名。经过公司培训的这些人员，大多成为乡村各行各业的骨干，还有的成为带领群众脱贫致富的带头人。帮扶期间，金川公司还组织技术专家，对康乐县水泥厂生产线进行技术改造和升级，无偿支援价值80多万元的设备，使水泥厂的生产能力从以往的年产7000吨提高到年产2.2万吨，成为全县的利税大户。公司在康乐县扶贫工作中，累计投入的资金和各类物资有 500 余万元。连续多年发动职工为康乐县贫困乡村捐衣捐物，累计捐衣 20 余万件，相当于给当时康乐县每人捐了一件衣服。在金川公司的帮扶和康乐人民的努力奋斗下，康乐县发生了可喜的变化。

指甲连肉肉连筋，
金川康乐心连心，
隔山隔水难隔情，
帮贫扶困情意深。

在十年的帮扶工作中，金川公司同临夏州农民兄弟在脱贫致富奔小康的进程中，结下了深厚的友谊，谱写了民族团结进步的光辉篇章。这首莲花山的"花儿"，深切地表达了康乐县 20 多万各族儿女对金川公司扶贫济困的心声。

多年来，金川公司始终坚持经济、政治和社会"三个责任"的有机统一，为帮扶地区投入大量的人力、物力和财力，使帮扶地区的面貌发生了巨大的变化。金川公司也先后五次被国务院、中共中央统战部和国家民委授予"全国民族团结进步先进集体"荣誉称号。

2012 年，按照甘肃省委省政府统一部署，金川公司帮扶战场转移到了临夏州积石山县，先后完成了该县两批 13 个贫困村的脱贫帮扶任务。10 年间，金川公司始终以习近平总书记关于扶贫工作的重要论述为指导，坚定不移地把"两不愁三保障"作为工作底线，始终坚持确保农民群众人均收入持续稳定增长；推进产业培育和农民培训；推广运用新品种、新技术、新设施；按照精细化施策、产业化帮扶、市场化发展、职业化培训等切合积石山实际的脱贫方向进行帮扶，其效果受到多方肯定和群众好评。10 年中，金川公司累计向积石山县投入帮扶资金5000万元，狠抓帮扶点产业培育、技能培训和劳务输转工作，注重帮办实事好事，收到了显著的成效。2013年4月5日至8日，相关领导到甘肃省临夏回族州积石山县就扶贫开发工作进行调研，其中用半天时间在金川公司帮扶村之一的刘集乡肖家村入户走访。当他们了解到金川公司在帮扶点做了大量的扶贫开发工作时，专门临时指定金川公司派人参加座谈会，听取了公司帮扶工作的汇报，高度赞誉金川公司积极履行社会责任，扶贫开发工作做得好。当时担任肖家村驻村第一书记兼帮扶工作队队长的，就是李平。

那一次，也是李平这个名字第一次走进全省扶贫帮扶工作的视野。

李平是谁？很多人都这样好奇地问。

李平到底是谁？

二

2012年初春，金川集团公司按照甘肃省委省政府的安排部署，承担起了国家级贫困地区定西市和两个少数民族贫困地区甘南州、临夏州共18个贫困村的扶贫任务。为了进一步加大企业对地方的帮扶力度，金川公司一开春就安排部署了脱贫攻坚帮扶工作，并于同年2月，成立了帮扶工作领导小组，办公室设在公司工会。公司先后选派出50余名政治素质好、工作能力强、作风扎实、身体健康、热爱"三农"工作的优秀干部驻村开展帮扶工作，全体驻村帮扶工作队员每月除回金川休整一周以外，其余时间全部吃住在帮扶村里，与村民们生活在一起。其中有4名处级干部担任驻村总队长，负责驻村帮扶工作队的协调、指导和管理。这些干部到村后，舍小家顾大家，在较短的时间内与乡村干部、广大农户打成一片，积极融入脱贫攻坚工作中，充分发挥"六大员"作用，积极履行帮扶单位驻村帮扶责任，赢得了帮扶村老百姓的普遍赞誉。

李平就是他们中的一员。

2012年，作为一名共产党员，金川集团公司社会帮扶办主任李平主动请缨，前往帮扶任务最艰巨，也是当时贫困程度最深、生活条件最艰苦的地方——临夏州积石山县，先后任积石山县刘集乡肖家村驻村第一书记、麻沟村驻村第一书记兼帮扶工作队队长，扎根扶贫一线，连续多年抛家舍子，瞄准贫困山区的乡村的难点问题，不遗余力做好脱贫攻坚工作，成为金川集团公司切实履行社会责任、开展脱贫攻坚帮扶工作的一面旗帜，被帮扶村群众亲切地称为贫困村脱贫致富的"拓荒牛"和精准脱贫的"引路人"。

三

积石山县刘集乡肖家村，辖14个社，共有570户2697人，是一个由汉族、回族、土族、藏族、保安族、东乡族、撒拉族7个民族群众组成的杂居村。一直以来，贫困像梦魇一样困扰着这个小山村。

多年以后，李平依然清楚地记得他第一次来到肖家村的情形——眼前的村社道路坑洼不平，雨后泥泞不堪，全村竟然没有一条硬化路，有一半农户的住房是陈旧的土坯房，个别家庭的房屋，还存在裂缝和即将倒塌的情况。村容村貌更是无从谈起，无论是居民点公共区域，还是各家各户房前屋后，脏乱差现象都特别严重。由于长期贫困，村民们的精神面貌也让人担忧。看着眼前的一切，李平心情十分沉重，同时也感觉自己肩上多了一副沉甸甸的担子。这个记忆在李平心中长久留存了下来，变成一股无形的力量催促着他。

贫困村里的"引路人"

"我能改变这一切吗?"

刚进驻肖家村的那几天,李平一直都在问自己这个问题。

作为农村长大、后经部队锻炼的企业人,李平深知农村发展的需要和农民生活的艰辛。他就是抱着让贫困村早日脱贫的念头和想法,主动申请到最贫困的地方——积石山县来开展帮扶工作的。如果说他是一名战士,那么从组织批准他驻村帮扶的那一天起,他就已经上了战场——肖家村就是他的第一个主战场。

没有调查就没有发言权,不知道群众的诉求,就没有工作的方向。李平一头扎下去,开始一户一户走访,之后又接连组织召开各类会议,与村干部、群众代表一起连夜座谈。

肖家村人均耕地面积只有1.19亩,基本都是靠天吃饭的山地,主要种植油菜、玉米、土豆等传统农作物,每年地里的收成根本不能满足全部的家庭生活开销。全村没有其他的产业,村民整体文化程度低,基本没什么劳务技能。迫于生活压力,村里每年都有许多青壮年劳力去邻近的青海挖虫草。但是挖虫草季节性很强,一般工期只有2个月左右,并且虫草资源越来越少,收入根本无法保证日常生活开销。肖家村的前途在哪里?肖家村的发展要从哪里找到突破口?李平又一次感到了他作为驻村第一书记兼帮扶工作队队长的压力,他为此失眠了,这是他工作以来从来没有发生过的事。

认真的走访,让他掌握了村民们的发展愿望,与村干部和群众代表的深入研究分析,让他一步步了解了肖家村致贫的原因。接下来,李平一面召集村干部商量,一面拜访村里有威望的长者和有手艺会发家致富的能人,虚心向他们求教,请他们为全村的发展出谋划策。随后把了解到的情况和村民的发展诉求,撰写成实实在在的调研报告报给公司,公司随即组织专人来到村里进行考察论证,最终确定了对肖家村的帮扶思路,那就是把产业培育放在帮扶工作的突出位置。

李平自小在农村长大,从部队复员后分配到金川集团工作,整天与矿石和机器打交道,真正要带领群众脱贫致富,说实话,当初的他没有这样的经验,心里更没底。但李平坦然地面对困难,他相信只要自己肯干,用心去干,办法总比困难多。况且脱贫攻坚是一场没有退路的战争,只能前进,任何人都没有理由退缩,他必须在工作中一步步改变自己。

扶贫先扶志,李平觉得先要把村民改变自己生活现状的内生动力带动起来。为了早日改变肖家村面貌,他的足迹遍及肖家村的角角落落,每户家庭几口人,有几亩地,养了几只羊、几头牛,有什么发展诉求,他都烂熟于心,就连门牌号是多少,他都一清二楚,有些农户的家庭情况,他甚至比当地村干部都清楚。

通往肖家村十二社的羊肠小道,每逢雨雪天,泥泞湿滑,上学的孩子时常滑倒,进出的摩托车、农用车寸步难行,严重影响村民的正常生产和生活。十二社和十一社的48户村民吃水要到3公里外的山沟里去挑,生活极为不便。李平看在眼里,急在心上。他及时向金川集团公司帮扶办公室汇报,并提出可行性很强的解决方案。金川集团特事快办,很快投资50万元,硬化通往十二社的2公里道路,投资12万元解决两个社吃水难的问题。李平忙前忙后,与施工人员经过一个半月苦干,道路硬化好了,自来水也入户了,村民们从李平的真心帮扶中看到了希望,也预见到自己以后的好日子。

为了早日熟悉环境,打开工作局面,李平反复逐户走访,到农户家中、田间地头虚心向他们请教,拜访村里的有威望的人,倾听他们的意见和心声。在走访过程中,他们为李平提供了很多适合肖家村发展的想法和思路——这些思路最终的落脚点,就是发展产业。

发展的思路敲定后,产业该如何选择又成了新的问题。为此,李平专门召集村"两委"班子和大学生村干部、驻村帮扶工作队成员，组织召开村民知情大会，经过多次论证和讨论，最终确定了以发展啤特果种植为主的林果业、以牛羊养殖为主的养殖业、以中草药和小黑麦饲草为主的种植产业发展方向。通过问计于群众，认真梳理，李平和村委会根据肖家村实际情况，最终确定了肖家村的帮扶工作思路，那就是"1234工作原则"，即：

"一个目标"——确保贫困农牧民人均收入持续增长；

"二条途径"——产业培育和人才培训；

"三新运用"——推广运用农业新品种、新技术、新设施；

"四化要求"——市场化帮扶、组织化生产、企业化管理、产业化发展。

肖家村的帮扶目标确定后，得到了金川集团公司的高度肯定和大力支持。这个工作原则，使帮扶工作走上了"产业化扶贫"的道路，促成了外援辅助和内生动力形成合力、共同推动群众加快脱贫致富奔小康步伐的良好局面。

四

在贫困乡村，外出务工是最便捷最快速的一种增收方式。在肖家村，外出务工的青壮年就有不少。但由于他们大多没有技术技能，仅凭出力气打工挣钱，这显然不是长久之计。李平和村"两委"班子多次入户做家长和青年人的工作，先后将57名青年送往金川集团公司技工学校学习焊接、汽车修理等技术技能，并取得技能鉴定证。

为了节省村民参加学习培训的开支，李平与金川集团公司职工培训中心沟通协调，在肖家村成立了刘集乡精准扶贫技能培训站，定期派遣师资力量，开展上门培训。经过培训取得技能鉴定证的村民们有了一技之长，纷纷走出家门务工，劳务收入较培训前有了大幅度的提高。

十四社有个10岁的孤儿樊环环，多病的爷爷樊六成和奶奶都是70多岁的老人，靠两个老人的低保实在承担不起她上学的费用，樊环环只好辍学在家。李平知道后，经多方联系协调，金川公司审计风控法务部总经理蔡娟主动结对帮扶，每月资助200元供孤儿樊环环上学。经过3年资助帮扶，樊环环被金川集团公司技工学校招录，毕业后将成为金川集团公司正式员工，从此摆脱贫困。

与此同时，经过李平协调联系，有12名肖家村贫困家庭的孩子被金川集团公司技工学校招录，毕业后他们将步入金川集团公司大家庭工作，他们的人生，将从此告别贫困。

肖家村四社贫困户肖永平的两个儿子参加精准扶贫技能培训后，大儿子到武威一家钢结构公司务工，并签订了长期劳务合同，每年可收入4.5万元以上。两三年时间里，他家就盖起了新房。

2021年元旦，肖永平特意到村委会邀请李平参加他大儿子的婚礼，肖永平深情地对李平说：

"没有你李书记的帮助，没有金川集团公司对我儿子的培训，就没有我们家今天的幸福生活，你是我们的好书记，更是我们家的贵人呀！"

为了让更多的村民参加各种技能培训，李平专门请肖永平的两个儿子在村民知情大会上现身说法，鼓励更多年轻人学会一技之长，改变一辈子的命运。自从在肖家村成立了刘集乡精准扶贫技能培训站后，金川集团技术人员已经上门举办技能培训班三期，先后有125人经过培训，成功取得了劳动技能鉴定证。

经过培训取得技能鉴定证的村民，农闲时节纷纷走出家门，到西藏、新疆、四川、青海等地务工，月收入都在4500元左右。据积石山县劳务办测算，参加过劳务技能培训的农户，其劳务收入较培训前每月普遍提高2500元至5000元，技能培训对农民工家庭收入增长的贡献率达到35%以上。

几年来，李平通过多方申请和协调，争取资金300万元，为肖家村小学新建了教学楼；协调中国联通临夏州分公司投资30万元，为学校安装远程网络教育系统；协调金川集团公司出资150万元、州办公室出资40万元，撬动社会资金160万元，为肖家村建成了"六位一体"的村委会、便民服务中心、文化广场等设施，逐渐使这个往日的"土山村"变成了美丽乡村。

五

缺少产业支撑，是肖家村贫困的根本原因。通过产业培育促进农民增收，这是李平解决肖家村脱贫攻坚工作的总体思路。但是种什么、养什么还是要费一些周折。发展啤特果树种植，怎样引导？发展牛羊养殖，怎么扶持？推广中草药种植，从哪里入手？先种什么后种什么？写在纸上简简单单的几行字，具体落实起来，就是日复一日地上门工作，就是一个又一个大大小小的难题，就是一次又一次的不被理解甚至误解。

在推广中草药产业的过程中，起初村民们大都有畏难情绪，没有几人愿意配合，更别说积极参与种植了。原因之一是他们从来没有种植过中草药，再者中草药的行情也是阴晴不定。为了让群众通过看得见的收益坚定产业发展的信心，2016年春，李平和村文书每亩地投入成本2000元，试种了10亩地的冬花。这在当地算是投入比较高了，很多村民都在观望。到冬花成熟后，每亩地湿冬花产量450公斤，晾干后产量200公斤。收拾停当后，李平带着几个村民到陇西药材市场进行交易，以干冬花每公斤88元的价格全部售出，平均每亩产值达到15000元。这个消息不胫而走，轰动了肖家村。当村民看到每亩中药材产值这么高的时候，很多人都找到李平说："李书记，我们当时没有听你的话，现在看来真的是错了，明年说啥都要种点中药材。"

就是在这样的示范带动下，肖家村当年就成立了中草药产业合作社，入社农户100户，金川集团公司一次性注资10万元，帮助合作社扩大发展。带动农户种植中草药150多亩，总产值有150多万元，这又为贫困户脱贫找到了一条增收渠道。

抓好中草药种植的同时，李平还出谋划策，采用"分户引牛"的方式，促进全村的养殖业发展。具体做法是：以金川公司出资帮扶5000元，贫困户自筹5000元的方式，引入西门塔尔基础母牛一头进行养殖和繁殖。李平带领干部及养牛专业户代表，前往张掖选购西门塔尔母牛300头。经过几年的发展，60%的养牛农户牛的存栏量多达7头，牛产业已成为村里脱贫致富的重要支柱。

李平还带领肖家村群众成立了养羊合作社，带动贫困户发展羊产业。金川集团投入50.4万元，为70户有养殖能力的贫困户每户投放基础母羊6只，合作社负责集中育肥和产品销售。使每个农户每年可增收8000元左右，仅此一项就让30户贫困户实现了稳定脱贫。

在肖家村的产业扶贫推进过程中，李平先后协调金川集团公司投入1243.37万元，分别成立肖家村肉羊养殖合作社、肉牛养殖合作社、中草药种植产业合作社，为贫困户投放基础母羊420只，建设标准化肉牛养殖小区一座，引进西门塔尔母牛412头，年种植中草药275亩，种植啤特果树2万余棵，肖家村也成了全省产业脱贫的一个缩影。

李平在工作中探索出的"龙头企业＋村集体＋合作社＋农户＋

保险"的产业扶贫新模式,得到方方面面的认可,并在积石山全县进行了推广。

在李平和村"两委"班子、帮扶工作队员的不懈努力下,全村建档立卡贫困户从2012年的303户降低到2017年的6户,贫困人口下降了1317人。人均可支配收入从2152元,提升到4177元,增长率近一倍,贫困率从50.5%下降到1.27%,提前实现了整村脱贫。

自2017年开始,金川集团又为积石山县精准扶贫工作投入3000万元,特别是在危房改造、种养殖产业培育、劳务技能培训及劳动力输转等方面,倾注了大量的心血,取得显著成效,为积石山县脱贫摘帽作出了突出的贡献。

六

2017年7月,省委又调整了金川集团公司帮扶的贫困乡村,李平转任寨子沟乡麻沟村第一书记、驻村帮扶工作队队长。

到麻沟村后,李平不等不靠,主动作为。深思熟虑之后,他结合当地资源禀赋和实际情况,探索出了一条"五级干部联动+群众内生动力激发"的精准脱贫新模式,一时成为帮助麻沟村脱贫致富的攻坚利器,得到了当地政府的高度肯定和贫困群众的普遍赞誉。县委、县政府要求全县广大干部群众深入学习"麻沟模式",推动全县脱贫攻坚工作。

什么是"麻沟模式"?

其实"麻沟模式"就是一套贫困村脱贫攻坚的组合拳,它的主要内容:一是县级干部主动下沉,充分发挥示范引领作用。把工作的主要精力放到麻沟等深度贫困村,每周都到乡上、村上指导工作,帮助解决困难问题，协调培育富民产业、制订村级发展规划，审核"一户一策"帮扶计划。二是乡党委重心前移，充分发挥攻坚主体作用。乡党委、乡政府把麻沟村作为全乡脱贫攻坚工作的重点村，在研究谋划工作、配齐配强力量上重点考虑，前移工作重心和工作力量，在全乡干部中起到良好的带动作用。乡包村干部开展"三说三抓"会议，宣讲党的惠民政策，让群众主动参与村级事务和脱贫攻坚的全过程，相互学习致富经验，诉说"急、难、需、怨"问题，进一步疏导群众情绪，改善党群干群关系。同时，乡党委及时抓住金川公司帮扶麻沟村的机遇，积极协调项目资金，在村上创办合作社，为培育富民产业打下了基础。三是村"两委"主动作为，充分发挥战斗堡垒作用。麻沟村"两委"班子把组织群众、发动群众、服务群众作为最大的职责，从做好群众所关心的每一件小事做起，努力做群众满意的事、放心的事，赢得了全体村民的认可和信赖，真正成了麻沟村群众的"主心骨"。村"两委"一班人面对村上环境卫生脏乱差的现象，下决心从改善村容村貌入手，彻底转变落后的村容村貌。面对人均耕地少、没有可利用资源的现状，村"两委"抓住产业扶持政策和金川公司帮扶的机遇，积极动员73户群众入社入股，拓宽了稳定增收渠道。村党支部重视自身建设，始终让村"两委"班子保持活力，充分发挥了村党支部的政治功能。全村25名党员积极参与村上的环境卫生整治、辍学儿童劝返、矛盾纠纷化解等工作中，带头示范，充分发挥了"一个支部一座堡垒，一名党员一面旗帜"的积极作用。四是驻村工作队勇于担当，充分发挥助推帮扶作用。工作队到村后，对全村的整体情况做了详细的摸底分析，确定了种养结合的产业扶持计划，着力形成"产业叠加"效应。作为第一书记兼驻村帮扶工作队队长，李平长期吃住在村里，积极融入群众，想群众之所想，急群众之所急，针对群众有发展养殖的意愿却无发展资金的现状，他积极协调帮扶单位金川公司筹资34万元、动员52户贫困户筹资36万元，引进52头基础母牛进行分户养殖，为发展壮大牛产业奠定了基础。在帮扶工作队的指导下，麻沟村成立了"富民产业种养专业合作社"，与陇西县天士力中天药业公司签订购销合同，探索出了"村集体+合作社+农户"的产业发展模式。合作社当年种植中药材125亩，实现了稳定增收。建设了一个存栏量可达1000头牛规模的综合性养殖场，为麻沟村群众带来入股分红、土地流转、就近务工等多重增收渠道。同时，李平协调金川公司在帮扶的贫困村开展劳务培训，参加培训的120名麻沟村群众，全部被输转到金川公司及西藏务工，有效增加了群众收入。

七

2018年以来，金川公司陆续投入1200多万元，为帮扶单位发展肉牛养殖产业。实施分户养殖，在帮扶村建设了4座集中养牛场、2个扶贫加工车间，并帮助在帮扶村成立了富民产业农民专业合作社，5个村级合作社在发展壮大集体经济、带动农户增收等方面发挥了巨大的作用。在金川公司帮扶前，麻沟村的集体经济为零，3年后，村集体经济有了显著的增加。其中的麻沟村牛场从2019年9月正式运营以来，当年就向贫困户和有关农户进行了两次分红，累计金额为19万元，最高分红金额达到4370元，充分体现了"按劳分配、多劳多得"的原则，并先后3次向村集体分红13万元。截至目前，金川公司8个帮扶村肉牛的存栏比帮扶前增长了4~5倍。金川公司的有力帮扶举措，极大地带动了农户增收，广大农民感谢金川公司搭建的平台，也从内心感谢李平他们这些帮扶干部。

近几年，临夏州在全州范围内大力推广"粮改饲"工作，2019

年以来，金川公司连续 3 年投入 340 万元帮扶资金，在帮扶村狠抓落实工作，取得了显著的成效。

2019 年，8 个帮扶村推广种植了 2400 多亩饲草玉米，并按每亩 400 元进行奖补，共发放奖补资金 100 万元。通过一补一售较传统种植玉米每亩增收 1100 元，农户的种植积极性被完全调动起来。

2020 年种植面积扩大到 5155 亩，比上年增长 1 倍多。金川公司又按照每亩 200 元进行奖补，共发放奖补金额 103.1 万元。9 月份以来，金川公司又投入 60 万元资金，购买打包所需的麻绳和塑料膜等材料，租赁机械设备，组织 8 个帮扶村的村民进行青贮打包工作，共完成 2200 亩的青贮打包任务，其中青贮打包 800 亩，柔丝打包 1400 亩，打包数量 6.7 万个。2021 年投入 80 万元帮扶资金，在 8 个帮扶村饲草玉米打包 2100 亩 8.9 万个。广大农户对金川公司大力推进的"粮改饲"产业帮扶工作给予普遍赞誉和高度认可。

千淘万漉虽辛苦，吹尽狂沙始到金。走过多年的扶贫路，李平原本浓密的头发日渐稀疏，皱纹也悄悄爬上了他的面颊。但驻村扶贫以来的历练和成就，也时常让他备受鼓舞，干起工作来斗志昂扬。他认为一项工作只要用心做，就成了事业。此生能参与脱贫攻坚这样伟大的事业，他内心充满了无限的成就感。让帮扶村群众摆脱贫困，过上好日子，这是他最大的心愿。

驻村帮扶以来，除了一两个月回家看看老婆和孩子之外，其余的时间，李平都在村上。每年驻村时间都在 280 天以上，在时间流逝和季节更替中，连他自己都分不清到底哪一个才是自己真正的家。

在那过去的一千多个日日夜夜，李平把村民当亲戚，把村干部、工作队队员当家人，和当地老百姓打成一片，带着感情和热情做帮扶工作，为帮扶村的脱贫大计出谋划策，为贫困户脱贫东奔西走，展现了金川公司良好的企业风貌和整体形象。他的工作，也得到了上上下下的认可和肯定，先后获得"2018年全省脱贫攻坚奖贡献奖"，甘肃省"最美扶贫人"等荣誉称号。

2021年2月25日，在全国脱贫攻坚总结表彰大会上，金川公司社会帮扶办公室主任，曾经在积石山县连续驻村多年开展帮扶工作的李平被评为"全国脱贫攻坚先进个人"，受到国家表彰。

李平深知，这是国家对金川公司多年扶贫工作的又一次肯定，也是对金川公司所有驻村帮扶干部的褒奖，这份荣誉是属于所有金川人的。

（作者：王新军）

躬身"战贫"

——记原甘肃省扶贫开发办公室党组书记、主任任燕顺

任燕顺简介

任燕顺，男，汉族，1964年10月生，中共党员，甘肃岷县人，农学学士，公共管理硕士。现任甘肃省民政厅党组书记、厅长。任燕顺同志自1985年大学毕业一直扎根甘肃扶贫事业，倾心倾情奉献30多年，亲身经历和见证了"三西"建设、"八七"扶贫攻坚、两个十年《中国农村扶贫开发纲要》的伟大过程，作为全国从事扶贫工作时间最长、全程参与脱贫攻坚的省级扶贫办主任，用"一生专心干好一件事"的信念和坚守诠释了对党的扶贫事业的无比忠诚，为苦甲天下的甘肃如期脱贫乃至全国扶贫开发作出了较为突出的贡献。

2020年11月21日，初冬，第二天，便是小雪节气，陇原大地，颗粒归仓。农家院落，屋檐下红灿灿的辣椒，墙角处金黄的玉米，映照着人们安详的脸庞，也为富足的日子涂抹着亮色。这一天，是平凡且普通的一天，但却是甘肃脱贫攻坚工作具有重要意义的一天。

这一天，甘肃省政府批复同意镇原、通渭、岷县、宕昌、西和、礼县、东乡、临夏县从贫困县序列退出。至此，全省75个贫困县全部摘帽退出。"苦瘠天下"的甘肃，终于攻克了贫困的最后堡垒！

没有鲜花与掌声，没有鞭炮和音乐。但陇原大地上，到底还是激荡着一种欢欣的情绪。任燕顺忙完手头繁杂的工作，终于可以长长地喘一口气了。八年，持续奋斗，坚韧前行。八年，筚路蓝缕，砥砺奋进。八年，栉风沐雨，不忘初心。回望来路，作为甘肃省扶贫开发办公室党组书记、主任的任燕顺比任何人都清楚这八年甘肃脱贫攻坚是如何一路走来的。这一路，有艰辛，有困难，但更多的是拼搏，是成就，是陇原儿女用敢死拼命的精神和奋发有为的干劲，努力攻坚克难，决战决胜脱贫攻坚取得了决定性成就，全省累计减少建档立卡贫困人口552万人，在全国减贫事业和脱贫攻坚战役中留下了浓墨重彩的印记。

"苦瘠"不再，"甘味"绵长。如今，困扰陇原人民的绝对贫困问题已经得到解决，陇原大地正焕发勃勃生机，绽放新颜。

一

1985年，西北农学院毕业后，任燕顺就回到老家甘肃，成为甘肃省扶贫开发办公室的一员。从那时起，他注定就是一名扶贫人，注定要用一生扎根甘肃扶贫事业。

甘肃，一片曾经充满艰辛的土地，荒漠、风沙以及荒凉肃杀的边关。一百多年前，时任陕甘总督的左宗棠感慨这里"苦而不可居""陇中苦瘠甲于天下"。25年前，新华社记者拍摄的一张照片中，一位母亲端一碗咸碱水为几个儿女洗脸的场景，至今仍让人唏嘘。

面对这样的甘肃，扶贫工作定然难上加难，苦上加苦。然而，任燕顺明白，既然选择了，就要一条道走到黑，不为甘肃扶贫立下汗马功劳，誓不罢休。于是，在工作中，他积极主动，勇于担责，敢于创新，渐渐地，成为业务骨干和创新能手，在"八七"扶贫攻坚末期，他探索创新出了参与式整村推进扶贫开发模式。

甘肃作为我国农村扶贫开发的先行先试区，是第一个开展有计划、有组织、大规模开发式扶贫的试点区。群众参与式整村推进扶贫开发模式的提出和实践，是以行政村为单元，统一规划，捆绑各方面的财力、物力、人力，加大投入。由村民广泛参与，选择项目，监督资金使用，集中解决改变生产条件、发展特色产业及教育、卫生设施等方面的突出问题，达到整体推进、稳定解决温饱的目标。

事实最后证明，群众参与式整村推进作为新时期扶贫开发的一项战略举措和主要模式，为贫困地区具体落实科学发展观创造了有利条件，为稳定解决群众温饱、建设社会主义新农村提供了大有作为的平台。"整村推进"模式被写入《中国农村扶贫开发纲要（2001—2010年）》，并在2004年5月召开的"全球扶贫大会"上，成为全球70个国家选出的8个成功案例之一。国务院扶贫办在甘肃召开现场会向全国推广，世界银行学院把参与式整村推进作为亚非发展中国家培训的案例，甘肃被确定为上海全球扶贫大会中国实施"八七"扶贫攻坚计划和世行西部扶贫项目案例，著名经济学家吴敬琏到甘肃省扶贫办调研时也对甘肃的参与式整村推进开发模式给予了充分肯定。

同时，任燕顺还先后参与世界银行、亚洲开发银行、财政部、国务院扶贫办有关扶贫课题研究，参与"上海全球扶贫大会"《中国国别报告》起草工作，参与编写《中国扶贫开发历程》《中国贫困研究资料汇编》，出版《参与式扶贫理念与方法研究》《扶贫开发模式与方法研究》等著作。

二

"民亦劳止，汔可小康。"千百年来，小康一直是中国人民最朴素的愿望和憧憬，是中华民族自古以来追求的理想社会状态。中国共产党人的初心和使命是为中国人民谋幸福、为中华民族谋复兴。党的十八大以来，党中央从全面建成小康社会要求出发，把扶贫开发工作纳入"五位一体"总体布局、"四个全面"战略布局，作为实现第一个百年奋斗目标的重点任务，作出一系列重大部署和安排，全面打响脱贫攻坚战。

甘肃是全国最贫困的地区之一，更是脱贫攻坚的主战场。全省86个县（市、区）中，有58个县（市、区）纳入国家六盘山片区、秦巴山片区等"三大片区"，片区外还有省定17个"插花型"贫困县。2013年，全省共识别认定建档立卡贫困村6220个、贫困人口552万人。贫困面大、贫困程度深、致贫原因复杂、脱贫难度大是基本省情。

这些"家底"，任燕顺可谓是一清二楚。可"家底"毕竟太薄弱，如何才能打赢这场战役、如期实现脱贫，作为省级扶贫部门一把手，任燕顺倍感压力，深觉肩上责任重大，但脱贫攻坚是一场必须打赢打好的硬仗，不能有半点含糊、不能有丝毫畏难情绪。

没有退路可言，必须以敢死敢拼的精神，全力以赴、尽锐出战。

党的十八大以来，习近平总书记站在全面建成小康社会、实现中华民族伟大复兴中国梦的战略高度，把脱贫攻坚摆到治国理政突出位置，提出一系列新思想新观点，作出一系列新决策新部署。任燕顺明白，只有真正深入学习研究习近平总书记关于扶贫工作的重要论述，学懂、弄通、做实，才能真正从人类社会发展的视野认识扶贫事业的战略意义。如何落实"六个精准"、推进"五个一批"、解决"四个问题"，这些答案都在习近平总书记扶贫工作的重要论述中可以找到。

一定要当好习近平总书记扶贫论述的忠诚践行者，任燕顺告诫自己。他常说："习近平总书记扶贫工作重要论述是我们谋划和开展工作的制胜法宝，不仅部署'过河'的任务，也提供'桥'和'船'的方法。每当我们在工作中遇到困惑时，总能从中找到解决问题的路径和办法。"

没有比人更高的山，没有比脚更长的路。任燕顺立下愚公移山志，把脱贫攻坚的责任扛在肩上，矢志带领群众向贫困宣战。作为全省脱贫攻坚主责部门的负责人，他把学懂弄通习近平总书记扶贫工作重要论述、对甘肃重要讲话和指示精神，作为干好工作的第一要务，先学一步、深学一层，做到内化于心、外化于行。总书记连续7年主持召开脱贫攻坚专题座谈会，他都主持党组会第一时间传达学习，提请省脱贫攻坚领导小组会议学习研究，并及时研究提出贯彻落实的决策建议。接触过任燕顺的领导和同志们都知道，无论是随同领导出差，或者是下乡调研，他不离身的是《习近平扶贫论述摘编》，研究工作、起草文件、破解难点问题总能从中找到答案。省委主要领导在全省性会议上讲道，我们要像任燕顺同志那样，走到哪儿讲政策，都是拿着总书记的论述，我们做的都是总书记讲的、都是总书记要求的。

同时，他带头当好总书记扶贫工作重要讲话和指示要求的宣传员，累计宣讲超过50场（次），把总书记的最新要求和党的扶贫政策传达到基层干部和千家万户。2020年1月21日，寒冬腊月农历廿七，农历春节即将到来之际，冒着严寒，任燕顺来到临夏州东乡县汪集镇沙黑池村宣讲习近平总书记等中央领导同志关于脱贫攻坚工作的重要讲话和指示精神。在沙黑池村任燕顺主任的帮扶户马赛力麦家，大家围桌而坐，任燕顺主持召开了有州、县、乡村干部和驻村帮扶干部参加的座谈会。在帮扶户马赛力麦家，任燕顺第一次尝到了她们家做的油饼。每次到马赛力麦家来，主人都盛情地留他吃饭，任燕顺总是说，只要你们家脱贫了，我一定来尝你们家做的油饼。这次终于如愿以偿了。

就是这样，任燕顺始终把习近平总书记扶贫工作重要论述和最新指示批示要求记在心里，作为一条主线贯穿扶贫脱贫工作的始终，转化为省脱贫攻坚领导小组办公室当参谋、把标准、抓协调、促落实的基本方法和工作标尺，保证甘肃脱贫攻坚始终沿着总书记指引的方向前进。

三

多年来，贫困是甘肃省的标志，是陇上人的心结，也是总书记最深的牵挂。

2019年全国"两会"，习近平总书记来到甘肃代表团参加审议，他的指示与讨论大都围绕脱贫攻坚展开。2013年2月，习近平总书记在赴甘肃看望慰问各族干部群众时说："党和政府高度重视扶贫开发工作，特别是高度重视少数民族和民族地区的发展，一定会给乡亲们更多支持和帮助。"六年后，又一个春天来临，牵挂依旧，寄望更深。

习近平强调："今后两年脱贫攻坚任务仍然艰巨繁重，剩下的都是贫中之贫、困中之困，都是难啃的硬骨头。"

不负殷殷嘱托，任燕顺深明其理，更深知作为一省扶贫办主任的职责和使命。

脱贫攻坚既是一号工程，又是一项系统工程，涉及方方面面，需要协调各级各部门同心同向同力，"各炒一盘菜、共办一桌席"。这就必须要有一位善于烹饪美味美食的"总厨师长"，才能驰而不息推进，凝心聚力、排除万难，一步一个脚印稳步走向胜利。

任燕顺便是甘肃统筹统揽脱贫攻坚的"厨师长"，他必须也必定要做好统筹协调的"万向轮"，才能构建起分兵把守、合力攻坚的工作格局，才能发挥好省扶贫办作为脱贫攻坚的"参谋部""指挥部""作战部""服务部"的重要作用。

脱贫攻坚战役打响以后，任燕顺主持制订出台脱贫攻坚责任制实施办法，推动建立省级领导联县包乡抓村和挂牌督战机制和组建产业、就业、基础设施、资金保障等12个脱贫攻坚专责工作组。全省最困难的23个特困县的脱贫攻坚工作由省级领导包抓，市州、县区党委政府参照省里做法，做好领导干部包抓贫困县、乡、村工作。紧盯未摘帽的8个贫困县、未退出的395个贫困村和17.5万未脱贫人口，紧扣产业扶贫中存在的突出问题进行分级挂牌督战，全省各地反反复复"过筛子"，千方百计摸情况、补短板，全力攻克最后深贫堡垒。

同时，将重点任务量化为具体指标，每月以柱状图的形式通报工作进展情况，激励先进、鞭策后进。每月谋划承办一次省脱贫攻坚领导小组或专题会议，落实中央要求，引领指导市县及时落实精准方略。

脱贫工作不是"纸上画饼"，而是要具体落实到贫困群众的穿衣住房、柴米油盐，必须解决好每一个具体问题。任燕顺时常告诫每一名扶贫干部：吃穿愁不愁，医疗、教育、住房是否有保障，贫困群众的日子到底改善了多少，群众满意度获得感有无提升，扶贫工作还有哪些问题，都是检验脱贫攻坚成色的最直接标准。如何让这些成色看得见、摸得着、有规律、可借鉴，任燕顺负责制订出台了甘肃省脱贫攻坚考核工作实施办法及年度实施方案，通过交叉考核、第三方评估、资金绩效考核、东西协作成效评价等方式，考准考实责任政策工作"三落实"、识别帮扶退出"三精准"，有效发挥了考核的"指挥棒"作用。2016年以来，提请省委省政府对综合评价为"好"等次的5个市、44个县、11个省直部门进行了通报表扬，对脱贫攻坚任务重和考核发现问题较多的8个市州、42个县、7个省直单位进行了约谈，以考促改、以考问效。

四

甘肃，西北内陆贫困省份，区域内绝大多数贫困户生活在农村地区。甘肃也始终将最优质的脱贫攻坚资源倾注在农村。

"小康不小康，关键看老乡。"为彻底改变"望着黄土泪流干"的现实，2015年围绕"精准扶贫、精准脱贫"的总体要求，在任燕顺统筹负责下，在全国率先出台了"1+17"的精准扶贫系统性工作方案。这套组合拳整合医疗、教育、农牧等所有与扶贫相关的职能部门，针对贫困户"量体裁衣"，释放政策叠加效应。

可如何能让"1+17"组合拳真正发挥作用？经缜密论证，甘肃省提出用互联网信息化技术作为抓手，建立全省精准扶贫大数据平台。

"互联网+"的兴起和30年扶贫工作经验的积淀，对于任燕顺来说，恰如鸟之双翼、车之两轮，两者的相遇，有着深刻的必然性和现实性。

2015年6月，精准扶贫大数据平台建设启动。在设计中，涉及精准扶贫方案的23个省直相关行业部门将"1+17"各项政策措施设计成信息采集表，分为户级、村级、县级数据结构，嵌入大数据云平台，每一个贫困百姓的信息都精准锁定；通过完善每一个贫困户相对应的信息，精准掌握贫困户的情况。在这个平台中挂号的贫困人口有417万人，他们遍布陇原大地。

"互联网+精准扶贫"的新模式，构建省市县乡村五级互联互通的扶贫信息网络和事先预警、事中监控、事后评估的精准脱贫大数据管理平台。从去年6月开始，将全省6220个贫困村、101万贫困户、417万贫困人口的区域分布、基本情况、致贫原因等信息全部录入数据库中。同时，将涉及"1+17"精准扶贫方案的25个省直部门的相关扶持政策设计成数据信息，分为户、村、县三级录入大数据云平台，实现识别人口精准度与政策措施的准确度相统一。同时，大数据管理平台与会计、工商、财政等行业部门数据库实现对接，打破了行业之间的政策壁垒，消除了部门之间的信息"孤岛"，使相关扶持政策能够协同高效地落地见效，实现精准扶贫全过程、动态化、互证式管理。

甘肃精准扶贫大数据管理平台，是全国第一个实现扶贫对象动态管理、脱贫措施实时监测、部门数据实时交流共享的信息化、数字化、系统化管理的省份，成为到户到人检查政策落实情况、考核验收扶贫成效、明察暗访发现问题的有效手段。2015年9月和2016年3月，相关领导先后两次观摩平台，高度肯定甘肃省首创的"互联网+精准扶贫"模式。

脱贫攻坚战以来，任燕顺把多年的理性思考和贫困地区实际贯通起来，勇于改革创新，推出了一批在全国立得住、叫得响的创新举措，为脱贫攻坚贡献了甘肃经验、甘肃智慧。

全面小康，不让一个贫困户掉队！

任燕顺提出，把建档立卡工作作为精准扶贫精准脱贫的基石，扭住贫困人口识别、管理、退出等关键环节，才能实现扶贫对象精准锁定、动态管理、有进有出，走出一条富有甘肃特色的建档立卡路子。

2013年以来，全省全面完成了58个片区特困县、17个插花县的6220个贫困村、129万贫困户、552万贫困人口的建档立卡。2014年全省减贫140万人，2015年全省减贫100万人以上。甘肃的建档立卡工作得到了中央领导的充分肯定，得到了贫困群众的广泛认可，得到了社会各界的普遍赞誉。

但是，如何辨识出真正的贫困户呢？任燕顺又研究制订出了一核、二看、三比、四评议、五公示（告）的"12345"贫困人口识别程序。

贫困群众识别了出来，如何才能实现精准帮扶呢？问题接踵而至，任燕顺并没有气馁，他知道，要下好脱贫攻坚"一盘棋"，必须环环相扣。精准扶贫，贵在精准，于是，他提出"一户一策"工作模式。

当然，"一户一策"，不是搞个册子就完了。"一户一策"作为确保扶贫政策措施落实到户到人的基础性工作，驻村帮扶工作队队长、帮扶责任人和乡村干部一起，深入贫困户家中，着眼解决"两不愁三保障"，紧盯贫困群众最急最忧最怨的问题，分析致贫原因，弄清各家情况。按照"缺什么补什么"的原则，帮扶干部与贫困户共同商议脱贫路径和方式，仔细算清收入支出账，坚决杜绝简单的填表、报数、打钩的办法，用说事写实的方式，精准制订"一户一策"帮扶计划，让干部明白怎么帮、群众知道怎么干，为贫困户如期脱贫提供时间表、路线图，一条一条、一项一项抓好实施，努力把帮扶计划转化为实实在在的帮扶成果。

那么，紧接着，怎样保证这些贫困人口精准退出呢？

为了实现"真脱贫、脱真贫"，充分发挥考核的"指挥棒"作用，把脱贫成效作为考评党委政府和领导干部政绩的主要指标，任燕顺提出并实施了一套完整的考核评价办法和指标体系，确保精准扶贫的针对性、精准脱贫的实效性，制订了《甘肃省贫困县党政领导班子和领导干部经济社会发展实绩考核办法》和《甘肃省贫困县党政领导班子和党政正职经济社会发展实绩考核办法实施细则》，取消对58个贫困县的 GDP 考核，把提高贫困人口生活水平和减少贫困人口数量作为重点考核指标，使精准扶贫相关考核指标在政绩考核指标体系中的权重占到80%以上。

在国家没有正式出台贫困退出细则的情况下，还破冰探索，制订出台了《甘肃省建立贫困人口和贫困县退出机制实施细则（试行）》，明确细化了贫困退出的标准，贫困县退出有15项指标、贫困村退出有13项指标、贫困人口退出有7项指标，建立了贫困户、贫困村、贫困县三级脱贫退出指标体系。指标体系在确保完成国家规定要求的同时，结合省情实际，又增加了道路、饮水、住房、产业、搬迁、教育、卫生、培训等与贫困群众生产生活息息相关的指标，使精准扶贫有了着力重点、精准脱贫有了衡量标准。

同时，任燕顺创新推出重大扶贫工程建设和到村到户帮扶措施落实情况专项监督机制，协调民主党派甘肃省委员会、党校、社科机构、省内高校等19个单位，对涉及"两不愁三保障"和"五个一批"工程的14项重点工作开展监督检查，及时向省委省政府报告进展、指出问题、提出建议，推动各项工作落地见效。

围绕做到"六个精准"、实施"五个一批"、解决"四个问题"，任燕顺还研究提出了一系列作用直接、效应显著的政策举措，形成了一批机制创新成果，走出了一条具有甘肃特色的扶贫开发路子。先后研究制订建档立卡管理模式、4000元脱贫收入标准以及扶贫资金"721"因素分配法、"四个不摘"、防止返贫监测帮扶、村户档案管理等一揽子政策文件，有效发挥了规范和保障作用。

近年来，甘肃精准识别和精准退出准确率一直保持高位，财政专项扶贫资金绩效评价6年被国家评为"优秀"等次，在2018、2019年国家东西部扶贫协作成效评价中连续两年被评定为"好"等次。

习近平总书记在2015年中央扶贫开发工作会议上指出："甘肃等地在建档立卡的基础上绘制贫困地图，全面准确掌握贫困人口规模、分布以及居住条件、就业渠道、收入来源、致贫原因等情况，挂图作业，按图销号，做到一户一本台账、一户一个脱贫计划、一户一套帮扶措施，倒排工期，不落一人。这样的探索符合精准扶贫要求，应该积极提倡。"

在2015年6月习近平总书记主持召开的部分省区市脱贫攻坚与"十三五"时期经济社会发展座谈会上，甘肃"六个精准"的具体内容送与参加座谈的各省领导参阅。2017年3月，有领导指出："甘肃在精准扶贫、精准脱贫方面，已经为全国积累了很多宝贵经验，我们的很多工作决策，都是受到甘肃启发变成了制度、规定和政策。"

五

"扶贫工作无小事，工作量大，任务重，为了高质量完成脱贫攻坚目标任务，他总是事无巨细，亲力亲为。"在很多同事的眼里，任燕顺就像不知疲惫的"老黄牛"，也成为领导同事们口中脱贫攻坚的"百事通"和"拼命三郎"。

但任燕顺却说:"对于在脱贫攻坚战线的干部来讲,加班加点是家常便饭,但看着乡亲们日子越过越好,生活越来越有奔头,就觉得我们做的这一切都是值得的。"

几十年如一日,他夜以继日、废寝忘食,一心扑在工作上。由于长期高强度、超负荷地工作,2018年5月21日,他在临夏调研时突发心脏痉挛,医生说再迟送来一会就有生命危险,大家劝他安心治疗,但他在住院期间仍坚持工作,住院没几天就提前出院,投入到紧张忙碌的工作中。这就是他"拼命三郎"的性格,用家人的话说,犟得三头牛都拉不回来。

近年来,他用一半以上的时间下乡调研,跑遍了全省有贫困人口的84个县区和多数的贫困村,不打招呼、不听汇报,直奔基层、直插现场,了解群众的"急难愁盼",听取基层干部的意见建议,掌握扶贫脱贫工作的第一手材料。陇原大地,到处留下了他的足迹;沟壑梁峁,随处可见他的身影。

这些年来,他作为班长,带领省扶贫办和全省扶贫系统的干部职工,带着对贫困群众的深厚感情,倾心倾力投入全省扶贫事业,无论白天黑夜,无论酷暑严寒,辛苦工作、默默奉献,几十年如一日,时时处处以"舍我其谁"的担当奉献和"向我看齐"的高度自觉,干在先、走在前、作表率。

他敢于担当,较真碰硬。主持制订贫困县摘帽退出指导时序和减贫人口滚动计划,在全国率先出台了退出验收办法,将原来的"量化打分制"变成"一票否决制",做到一户人家脱贫、8个部门盖章认定。他以对贫困群众高度负责的精神,带头为省委省政府把好关,坚决回退"贴着地皮"脱贫的贫困人口,2016年以来共回退15.6万人继续扶持,提请否决达标不过硬的拟摘帽县和约谈单项工作滞后的市县部门负责人,对非贫困县、非贫困村容易被忽视的贫困人口开展

"回头看"、实施"回头帮",确保脱贫质量和成色。

他严以律己,不徇私情。面对扶贫资金多、项目多,他始终按照党的纪律和各项规定规矩办事,从不给基层打招呼,从不插手扶贫工程项目,从不乱花国家一分钱。他严格执行中央八项规定和省委"双十条"规定精神,带头抓好扶贫领域腐败和作风问题专项治理,营造了扶贫系统风清气正的良好环境。

多年来,他付出了许多常人难以想象的努力、承受了许多常人难以承受的压力、克服了许多常人难以克服的困难,为甘肃的脱贫攻坚事业付出了全部的智慧和心血,彰显了一个党员干部执着前行、永不止步的奋斗精神和担当奉献、造福百姓的初心使命。

脱贫攻坚以来,春夏秋冬,日复一日,共克时艰,和大家朝夕相处,并肩战斗,在省扶贫办这个温暖而风清气正、紧张而团结奋进的大家庭里,他更加深切地体会到了什么是初心使命、责任担当,什么是对党忠诚、信念坚定,什么是"两个维护"、人民情怀,什么是克己奉公、清白做人,什么是求真务实、忍辱负重,什么是吃苦在前、享受在后,什么是站在贫困群众的立场上思考问题、谋划工作,什么是"功成不必在我"的精神境界和"功成必定有我"的历史担当。

春风吹醒万物,喜雨润泽大地,曾经山村穷,如今气象新。

2021年2月25日上午,全国脱贫攻坚总结表彰大会在北京人民大会堂隆重举行。任燕顺获得"全国脱贫攻坚先进个人"荣誉称号。

党的十八大以来,甘肃省委省政府坚持以习近平新时代中国特色社会主义思想为指导,全面落实习近平总书记对甘肃重要讲话和指示精神,始终把打赢打好脱贫攻坚战作为首要政治任务和头等大事来抓,2600万陇原儿女向绝对贫困发起总攻。经过长期不懈奋斗,甘肃脱贫攻坚取得了历史性成就,撕下了千百年来"苦甲天下"的历史标签,全面兑现了党向人民和历史作出的庄严承诺。

全面小康，这份功劳簿上，镌刻着任燕顺的名字。时代造就英雄，伟大来自平凡。在甘肃脱贫攻坚工作中，他和36万名帮扶责任人和2.2万名驻村帮扶工作队员一道风雨同行、苦干实干，同贫困群众想在一起、过在一起、干在一起，将最美的年华无私奉献给了脱贫事业。

倾心倾情奉献30多年，亲身经历和见证了"三西"建设、"八七"扶贫攻坚、两个十年《中国农村扶贫开发纲要》的伟大过程，作为全国从事扶贫工作时间最长、全程参与脱贫攻坚的省级扶贫办主任，任燕顺用"一生专心干好一件事"的信念和坚定诠释了对党的扶贫事业的无比忠诚，为"苦甲天下"的甘肃如期脱贫乃至全国扶贫开发作出了较为突出的贡献。

回想曾经为脱贫攻坚奋战的日日夜夜，任燕顺历历在目，难以忘怀。这份沉甸甸的付出让他终生难忘、将成为他永恒的记忆，终身值得永远怀念。他认为，摆脱贫困，全面小康的梦想得以实现，能够参与其中、奋斗其中，这是党和人民赋予我们的责任，也是他的无上荣光。他说，荣誉不属于他个人，而属于全省人民，在精准扶贫的伟大征途上，所有人既是亲历者、见证者，更是奋斗者。

如今，任燕顺已经离开扶贫岗位，但他说："我没有离开，扶贫将是我一生的烙印。我依旧在场，乡村振兴将是我新的主战场。"

"重整戎装再出发，乡村振兴再作为。"这是他的诺言，也是誓言。

（作者：王　选）

马兰花开东乡富

——记临夏回族自治州委常委、东乡族自治县委书记马秀兰

马秀兰简介

马秀兰，女，回族，1974年3月生，甘肃积石山人，1995年7月参加工作，1994年12月加入中国共产党，现任甘肃省临夏州委常委、东乡族自治县委书记。2019年5月，组织上将时任临夏州扶贫办主任的马秀兰同志调任东乡族自治县任县委书记一职。任职以来，马秀兰同志始终把回报党和人民作为所有工作的出发点和落脚点，时时处处以身作则、示范表率，夜以继日、不知疲倦地开展工作，迅速打开了工作局面，一举扭转了东乡整体工作被动垫底的局面，赢得了干部群众和社会各界的认可。

一提及东乡，人们最先想到的或许是"东乡手抓"。说"东乡手抓"，香飘四海，并不为过。

味美可口，色鲜肉嫩，无腥膻味，肥而不腻，这些特点让"东乡手抓"成为人们餐桌上备受青睐的一道美味，作为东乡族自治县独有的民族品牌，年产值超过2亿元。

东乡县为进一步打响"东乡手抓羊肉"金字招牌，申报制订了《东乡县无公害农产品生产技术规程、东乡手抓羊肉成品羊》和《东乡手抓羊肉》的地方标准，并申报"东乡手抓"商标，促进羊产业向科技化、市场化、集团化方向迈进。

近年来，东乡县在国家扶贫政策的大力支持下，"东乡手抓""东乡贡羊""东乡土豆""东乡黑木耳"等地域品牌脱颖而出，成为当地老百姓脱贫致富的龙头产业。

2020年11月21日，一则令人振奋的消息传到了东乡县委书记马秀兰耳中：我省最后8个贫困县退出贫困县序列，作为我国东乡族相对居住集中的民族自治县——东乡族自治县位列其中。

党的十八大以来，东乡县38万名干部群众发扬苦干、实干精神，扎实开展了精细精确精微的"绣花"式扶贫。2013年到2019年，全县贫困人口从10.91万人减少到1.28万人、累计减贫9.63万人，贫困发生率从38.69%下降到4.25%、下降34.44个百分点，贫困村退出114个。2020年，全县剩余2567户、12933人建档立卡贫困人口全部达到脱贫标准，剩余45个贫困村全部达到退出标准。

八年脱贫路，道阻且长，行则将至。今朝脱贫，东乡有福。这是一个意义深远的节点，已如诗如歌般载入东乡县蔚为壮观的脱贫攻坚史册。

马兰花开东乡富

一

马秀兰，1974年3月生，甘肃积石山人，1995年7月参加工作，先后在临夏地志办、和政县等地工作，2018年6月担任临夏回族自治州扶贫办主任，在这个岗位，她干了刚好一年。

而此时，全国脱贫攻坚战役正酣，华夏大地，擂鼓催阵，无数英雄儿女正在广袤的乡土大地挥洒青春和汗水，誓与全国一道如期实现脱贫。

在离甘肃省会兰州80公里外的东乡，作为我国东乡族相对集中居住的民族自治县，却是甘肃省58个集中连片特困片区县和23个深度贫困县之一。2013年全县贫困人口10.91万人，贫困发生率38.69%。

经过多年的扶贫开发，东乡县的脱贫攻坚取得了一定成效，但仍然是甘肃乃至全国脱贫难度最大的县。鉴于东乡脱贫攻坚的艰巨性和特殊意义，2019年5月，组织上将时任临夏州扶贫办主任的马秀兰同志调任东乡县任县委书记一职。

临危受命，重任在肩。

5月12日，东乡县召开领导干部大会。坐在主席台上的马秀兰，身着红西装、白衬衣，目光坚定而有力。她知道，从这一刻起，她将作为东乡人民的班长，带领全县38万干部群众在脱贫攻坚的战场上驰骋"厮杀"了，这是一场"你死我活"的战斗，也是一场"不破楼兰终不还"的战斗。

在作表态发言时，她的声音铿锵有力，毫不含糊，她说，面对州委的重托和全县人民的期盼，我将对标看齐习近平总书记"我将无我，不负人民"的为民情怀，振奋精神，鼓足干劲，以昂扬的斗志、饱满的激情、务实的作风，义无反顾地全身心投入工作，为全面打赢脱贫攻坚战、推动东乡发展贡献自己的全部智慧和力量。

她还说，要尽锐出战、攻坚拔寨，坚决打赢脱贫攻坚战。坚决扛起脱贫攻坚的主体责任，以敢死拼命、百折不挠的信心和决心，以时不我待、分秒必争的精神状态，以响鼓重锤、滚石上山的工作劲头，迅速把全县的力量凝聚到脱贫攻坚的主战场上，把全县的步调统一到州委的总攻动员令上，紧盯"两不愁三保障"标准，全面开展户籍清理整顿，扎实推进控辍保学、医疗保障、安全饮水、危房改造清零行动，持续推动产业达标提升工程、扶贫车间、劳务输转等有效举措，积极培育和扶持壮大龙头企业，加强合作社建设和规范运营，增强带贫能力。

她是这么说的，也是这么干的，因为时间，已经证明了这一切。

二

东乡，是我国东乡族居住相对集中的民族自治县，总人口38.17万人，常住人口31.47万人，其中东乡族33.55万人，占总人口的87.9%，是甘肃省23个深度贫困县之一。在马秀兰被任命为东乡县委书记时，临夏州委给她的任务是："以政治建设为统领打造过硬领导班子，敢死拼命坚决打赢打好脱贫攻坚战，推动东乡县经济社会发展和党的建设各项事业不断取得新的成效。"

这里山大沟深，自然资源匮乏，经济社会发展严重滞后。这里群山起伏、沟壑纵横，被称为"地球的肋骨"，全县38万群众分散居住在1750条梁峁和3083条沟壑中。作为国家"三区三州"和六盘山片区深度贫困县的东乡族自治县，是甘肃省脱贫攻坚的主战场。

站在东乡的土地上，马秀兰第一次感觉到了脱贫难度之大。

如何干？一个棘手又迫切的问题摆在了她面前。

初心如磐，使命在肩。马秀兰没有丝毫畏惧，她说："战'贫'这场硬仗，我们必须打赢，也一定能打赢。困难再大也要克服，任务再重也要完成，确保全面建成小康社会的道路上，一个民族都不能少。"

一定要拿出敢死拼命、敢打硬仗、能打硬仗、能打胜仗的攻坚精神。

作为一个出身于普通农民家庭、沐浴党恩成长起来的党员干部，她深知贫穷意味着什么，她深知老百姓渴望着什么。面对东乡如期脱贫的重任，面对组织交付的重托，面对"一方水土养活不了一方人"的县情实际，马秀兰一刻都没有忘记自己肩上沉甸甸的责任，一刻都没有放松对自己的要求。从上任第一天起，她就暗下决心要在3个月内把工作理清楚、问题研究透、制度建起来，为此她坚持白天入户调研、晚上谋划调度工作，下乡途中心里装的是工作，乡村一线抓的是工作，晚上开会研究的是工作，展现出了超常甚至"执拗"的工作热情。

争分夺秒，不舍昼夜，半年时间，马秀兰跑遍了全县215个行政村。在她看来，只有全面掌握第一手资料，才能为日后的研判分析、精准施策奠定良好基础。

雷厉风行，果断干练，这是人们对她的评价。"铁娘子"，这是人们给她的称呼，虽然显得有些不近人情，但其实更是一种褒奖。

为了集中精力开展工作，她更是把自己年幼的孩子交由姐姐照顾。天下父母心，都是一样的。她也想和孩子在一起，共享亲情之乐，陪孩子上学、玩耍，给孩子做美食，但工作不等人，一想到肩上重任，她如坐针毡，不得不舍小家顾大家。

这些年，她以单位为家全身心扑在工作上，尽心竭力，心无旁骛，全县干部群众无不被她认真负责的态度、充沛旺盛的精力所折服和感染，她真正用自己的实际行动践行着"用我们干部的辛苦指数换取群众的幸福指数"的誓言。

把回报党和人民作为所有工作的出发点和落脚点，马秀兰时时处处以身作则、示范表率，夜以继日、不知疲倦地开展工作，到东乡后，她迅速打开了工作局面，一举扭转了东乡整体工作被动垫底的局面，赢得了干部群众和社会各界的认可。

三

2013年2月3日，习近平总书记沿着陡峭山路来到山大沟深的临夏回族自治州东乡族自治县布楞沟村看望东乡族群众。布楞沟，一个小山村，是东乡族自治县最贫困、最干旱的山村之一。习近平总书记十分惦记这里的贫困群众，进村入户嘘寒问暖。

"村道坎坎坷坷，浮土没过脚面，总书记一路走来，鞋上、裤腿上沾满了尘土，但他体恤群众的疾苦，丝毫没有顾忌这些，令人非常钦佩。"高山乡党委书记马志坚述说着当时的情景，心中充满了对总书记的深深敬意。

习近平总书记握着村支书马占海的手，关切地询问群众的生活安排情况和党的惠民政策落实情况。"全村60户贫困户都纳入了农村低保，村民人均享受国家惠民资金带来的转移性收入占到人均纯收入的79.1%。"马占海一一作答。

总书记在察看了村里的集雨水窖后，要求当地政府抓紧解决好村民饮水困难，"要把水引来，把路修通，把新农村建设好"。他鼓励乡亲们发扬自立自强精神，找准发展路子，苦干实干，改善生产生活条件，早日改变贫困面貌。

这是党的十八大之后，习近平总书记考察慰问的第一个民族自治县。

带着殷殷嘱托，东乡干部群众在山岭破碎、沟壑纵横的黄土地上展开了一场力度空前的"扶贫大决战"。

带着使命责任，马秀兰到东乡后，为了尽快进入角色，她在最短时间内走遍了全县24个乡镇和所有的贫困村，全面掌握第一手资料，为研判分析、精准施策奠定良好基础，并凭借着精准的判断、强烈的责任担当和非凡的胆识魄力，首先从自身做起，坚决扛牢主体责任，充分调动党政班子成员的积极性，带动全体县级干部主动抓、盯住抓，一级带着一级干，凝聚攻坚合力。

战鼓催征马蹄疾，号角跃进攻坚酣。

随着脱贫攻坚进入鏖战期，临夏州和东乡县全面下沉攻坚力量，按照最强的领导力量、最优的帮扶资源向深度贫困乡村倾斜的原则，确保各级帮扶干部吃住在村、工作到户。"共有3500余名州、县、乡帮扶干部全覆盖包抓全县215个行政村、1760个社、6.38万农户，确保小康路上不少一户、不落一人。"马秀兰清晰地记得这组数字。对贫困发生率高于10%的38个贫困村、贫困发生率5%至10%的18个村（含11个非贫困村），东乡县实行州级、县级干部驻村包抓，并专门抽调2655名县直机关干部，对全县5318户三类重点户实行到户作战，实现所有干部全员攻坚、重点对象双重包抓，构建横向到边、纵向到底的责任体系。

其次，从集中解决"三保障"底线任务入手，确定了2019年解决"三保障"及饮水安全面上问题、2020年查漏补缺巩固提升的思路。一方面统筹所有干部对全县所有农户"两不愁三保障"情况进行全覆盖摸底排查，摸清了底数，建立了问题清单；另一方面把所有扶贫项目资金重新统筹整合，集中用于解决教育、住房和饮水"三保障"问题。

同时，组建县委督查组、核查组，以"三保障"为重点，全覆盖对全县6.38万农户连续筛查了5轮，一轮一轮解决不托底、不保障问题。

"既不降低标准，又不吊高胃口。"马秀兰总是强调，要吃透精神，要实事求是。围绕"两不愁三保障"底线任务，她带领全县干部科学谋划统筹，以绣花的功夫，整合全省各级帮扶力量，紧盯春台、龙泉2个省级深度贫困乡镇和133个深度贫困村，全方位加大项目资金投入力度，全县近80%的财政专项扶贫资金投向深度贫困村。

一周一调度、一周一分析。聚焦脱贫短板问题，她每周召开一次调度会议，以视频形式延伸到24个乡镇，选择2至4个预脱贫村，研判诊断实际问题，动态运转"一户一策"，并以此为提升帮扶成效的重要抓手，精准落实各项扶持政策。

建立问题清单，逐户补标提标，逐一销号清零。"长期以来，住房难、吃水难是东乡县山区群众面临的两大难题。"马秀兰到东乡工作后，改变了以往分批次解决的思路，集合人力、物力、财力，一次性从面上解决所有问题，不仅完成了任务，保证了资金效益，而且避免了反复建设、反复出问题的现象。

在住房安全方面。2014年以来，改造危房18634户，落实补助资金4.89亿元，全县存量危房全面消除；"十三五"以来共投资16亿元、实施易地搬迁5255户28023人，并确保每户搬迁户至少有2人就业，目前搬迁群众实现就业 1.25 万人、户均 2.3 人，做到了"稳得住、有就业、逐步能致富"。

在饮水安全方面。2014 年以来投入 6.3 亿元，先后建成 11 项农村安全饮水工程，农村人饮入户率、供水保障率分别从 2014 年的 65%、63% 提高到 2020 年的 97%、95% 以上，全县群众户户吃上了干净的自来水，彻底告别了"人背畜驮"、水比油贵的历史，彻底解决了千百年来困扰东乡群众的吃水难问题。

此外，2014 年以来，全县累计投入 10.89 亿元，新建、改扩建学校 432 所，实现了村村都有幼儿园、乡乡都有寄宿制学校；想方设法确保适龄生入学，义务教育巩固率从 2014 年的 51.4% 提高到 2020 年的 96.2%。全面落实健康扶贫各项政策，贫困人口基本医疗保险实现全覆盖、参保率达到 100%；医疗费用报销率从 2014 年的 61.56% 提高到 2020 年的 91%，基本实现了小病不出村、大病有保障的目标。

在马秀兰的带领下，东乡县从集中解决"三保障"底线任务入手，拉开了脱贫攻坚冲刺的大幕——2019 年，首先解决饮水安全方面的问题；2020 年，进入查漏补缺巩固提升阶段，对所有农户"两不愁三保障"情况进行全覆盖摸底排查，建立了问题清单；同时，重新统筹整合扶贫资金用于解决教育、住房和饮水问题，并以"三保障"为重点，所有农户经 5 轮筛查，全面解决不托底、不保障问题，推动"3+1+1"全面清零达标。

困扰东乡千百年的绝对贫困问题得到了历史性解决。

"马书记是全县发展的掌舵者，是群众摆脱贫困的领路人，她带领东乡整个民族撕下了深度贫困的标签。"东乡县扶贫办主任尚学智感慨道。

四

东乡，历史文化悠久，民俗风情浓郁。境内有丰富的马家窑、齐家、辛店、下王家等新石器时代彩陶文化遗存，尤其是下王家遗址的发现，填补了东乡县乃至临夏州旧石器时代文化的空白。唐汪大接杏、河滩桃梨、大红袍花椒、东乡洋芋等土特产在省内外享有盛誉。

而同样值得一提的是我国最早的青铜器物，就发现于甘肃省东乡族自治县林家村距今约5000年的马家窑文化遗址。别看它形制简陋，式样单调，又满荷锈蚀，这却是目前所知我国资格最老的金属刀，当之无愧地被称为"中华第一刀"。

东乡虽然贫穷，但并非一无是处，灿烂优秀的文化，是东乡人的精神底色；丰富独有的特产，是东乡人们奉献给世界的礼物。

马秀兰提出，靠山吃山，靠水吃水，要把资源优势转化为经济优势。产业，马秀兰时刻不忘产业与脱贫致富的重要作用。

2019年，习近平总书记在内蒙古考察并指导开展"不忘初心、牢记使命"主题教育时就指出："产业是发展的根基，产业兴旺，乡亲们收入才能稳定增长。要坚持因地制宜、因村施策，宜种则种、宜养则养、宜林则林，把产业发展落到促进农民增收上来。"

东乡县坚持把产业扶贫作为脱贫攻坚的核心任务来抓，因地制宜、因势利导，积极借力、深挖潜力，不断丰富产业发展的外延和内涵，充分释放产业带贫益贫效益。

自古以来，东乡县群众就有"无牛羊不成家"的传统。如何把传统养殖产业打造成富民强县的优势产业？对此，全县按照规模养殖与分散养殖相结合的思路，在实施产业奖补增收工程基础上，创新开展牛羊产业发展达标提升工程，充分调动群众养殖积极性，并依托龙头企业，加快品种改良，打造"东乡贡羊"品牌，配套实施牛羊活禽交易市场、屠宰冷链加工基地等项目，健全完善县乡村三级防疫体系，推广有机肥循环利用，实现种养结合，推动传统牛羊产业向精深加工现代产业发展。

因地制宜，因地施策。东乡县结合实际，大力发展农村产业，一种"产业+"模式正在全县兴起。东乡县有农民合作社656家，其中有贫困村创办的合作社448家，带动全县2.96万贫困户实现了产业致富。为了加大农业产业化项目投资建设，全县实施现代农业产业园、易地扶贫搬迁后续产业培育、高原夏菜示范基地、果蔬保鲜库等项目建设，为县域产业扶贫提供了强大动力，有效促进了贫困村农产品淡存旺销，提高了农产品销售收入。

随着"龙头企业+合作社+贫困户"发展模式和利益联结机制的建立，积极扶持发展农民专业合作社和村集体经济。目前全县已建成了菌棒生产基地、黑木耳生产基地、香菇生产基地，在全面开展马铃薯、大田玉米、肉牛、肉羊等国家、省级品种的基础上，积极开展大接杏、金银花、花椒、藏红花、藜麦、油菜、向日葵、百合等种植业发展规划，加速推进农产品保险业务建设力度，全县种养产业综合保险参保农民45173户，形成了"餐饮+基地+农户"的农业产业发展新模式。

强化龙头带动，全县重点依托"东乡贡羊""东乡手抓""东乡土豆""东乡黑木耳"等地域特色农产品品牌优势，积极引进培育发展龙头企业，从全产业链打造方面进行精细布局，积极探索"企业、合作社、农户"三个方面的利益联结机制，创建"企业+合作社+农户""合作总社+合作社+农户""餐饮+基地+农户"模式，积极引导东沃农投、前进牧业、伊东羊业、伊森菌业、燎原乳业、田地马铃薯公司等龙头企业进驻东乡，带动全县合作社、农户进行种养殖生产，通过建立养殖基地、结对订单养殖农户的方式，解决企业手抓羊肉等特色产品的高质量供应。

"坚持规模养殖与分散养殖相结合，在'155'产业奖补增收工程基础上，创新实施牛羊产业发展达标提升工程，充分调动群众养殖积极性。"全县依托龙头企业，加快品种改良，打造"东乡贡羊"品牌，实施牛羊交易市场、屠宰冷链加工基地等配套项目，健全完善县乡村三级防疫体系，推动养殖业提质增效，全县牛、羊饲养量分别达到7.4万头、170万只。

此外，全县通过产业奖补、技能培训、龙头带动、选树典型等行之有效的措施，让群众发展产业有方向、脱贫致富有干劲，贫困群众看到了发家致富的希望和前景，自我发展能力不断提升，充分调动了群众致富的积极性。

打赢脱贫攻坚战，东乡县从来不缺"超常规"的勇气与魄力，以非常政策、非常举措、非常力度，为这场波澜壮阔的脱贫攻坚战贡献出了"东乡经验"和"东乡智慧"。通过几年努力，全县的产业发展模式一改过去的传统粗放式路子，朝着更加多元、更加精细的产供销一体化方向发展，逐步构建起了骨架完整、脉络清晰、联结紧密的现代产业发展体系。

产业振兴，乡村发展。在推进全面脱贫摘帽之时，东乡县农村经济实力逐步增强，农业产业化、农业科技化步伐明显加快，贫困户变为脱贫户，农民的腰包逐渐鼓了起来。

五

对于一个地方来讲，项目是经济社会发展的"牛鼻子"。

许多地方的发展实践表明，大项目、大发展，小项目、小发展，没有项目，发展就将成为无源之水、无本之木，高质量发展就是空中楼阁。尤其是重点项目，其对经济发展的拉动更是不言而喻。

针对全县项目建设管理水平不高、多头实施项目、工程进度滞后、项目质量不达标等突出问题，马秀兰主动学习研究项目工作，敢于担当、敢于负责，较真碰硬规范整顿。把各乡镇项目实施权全部收回，由项目主管部门负责实施，统一建设标准，理顺实施机制，聘请第三方专业机构对所有扶贫资金进行财务检查和绩效评价，对重点项目单位全程跟踪审计，确保所有项目规范有序、质量达标、资金使用安全。指导成立了县委巡察组、项目督查组、惠农资金督查组、纪律作风督查组、审计检查组等专项督查组，进一步健全完善了重大事项报告、财务审计、项目管理、招商引资等一系列管用的制度办法，用制度的硬约束和巡回督查监督保证了依法依规用权干事，各级干部的标准意识、制度意识、程序意识、质量意识明显增强。

马秀兰还把项目建设作为推动发展的主要抓手，抢抓机遇，先后引进了方大集团、碧桂园、厦临公司、前进牧业、鑫源公司、腾达实业、燎原乳业等省内外大型企业来到东乡县工业园区兴业发展，提升区域经济发展能力，为群众就业创造便利条件，增加群众收入，为合力攻坚注入了更多活力。深入推进"沿河、沿库、沿川、沿路"四大经济带建设步伐，加快发展高效设施农业发展区、肉牛规模养殖区、肉羊规模养殖区、中药材连片种植区、经济林果连片种植区和乡镇旅游产业示范区六大片区建设,通过完善产业扶贫奖补政策、引进龙头企业、建立合作社带贫机制等一系列扶持措施,全县实现了多产发展、多元支撑的"3+N"产业体系,形成了以畜牧养殖产业、东乡美食餐饮产业和劳务增收产业三大产业为主导,以扶贫车间、光伏、设施农业、五小产业、旅游、电商等新兴产业为补充的产业发展格局。

在充分结合乡情、村情的基础上,依托扶持发展村级集体经济资金、光伏扶贫、东西协作项目、农村集体产权制度和"三变"改革、组团发展、领办合作社等方式,规范提升全县农民专业合作社,全力助推合作社提质增效工作,助推村级集体经济发展,贫困村集体经济发展基础得到进一步夯实。

行百里者半九十。2020年是全面建成小康社会和"十三五"规划的收官之年,是脱贫攻坚的决胜之年,如期实现目标任务本来就有许多硬仗要打,然而突如其来的新冠肺炎疫情给脱贫攻坚增加了难度。东乡县也面临着同样的难题。

疫情防控、脱贫攻坚收官战双重考验。

如何统筹做好疫情防控和经济社会发展,是摆在马秀兰和同事们面前的一道"选择题"和"必答题"。她鼓励大家,特殊时期,信心比黄金重要。越是形势逼人,越是挑战严峻,我们越是要坚定信心决心,振奋精神,鼓足士气。

马秀兰谋划在前,审时度势,敢于担责,积极创造条件,多举措推动复工复产,最大限度化解疫情影响。县上提前编制扶贫项目库、整合各类资金、下达资金计划、开展项目前期工作,所有项目基本具备开工条件。后来,面对省州招标交易平台关闭、项目无法招投标的现状,她积极汇报,想方设法加快招投标相关工作,28个项目顺利开标,比其他县市赶超了1个多月时间。同时,针对冬季摸排出的"三保障"方面的遗漏问题,她顶着风险和压力,不等不靠,在2

月中旬迅速组织"三保障"类查漏补缺项目陆续开工建设,到户工程类项目实施几乎没有受到疫情影响。特别是针对疫情造成返乡人员滞留、无法外出务工的问题,一方面通过县内组织扶贫车间复工、开发公益性岗位、金融贷款扶持创业、发动施工单位认领就业等方式,内部挖潜消化吸收;另一方面,分年龄、分技能、分意向、分需求建立完善覆盖所有农户的户情台账和劳务资源数据库,及时对接省内外企业用工需求,加大组织输转力度,稳定输转规模效益。

2020年全县输转劳务8.7万人,较2019年的7.06万人增加了1.64万人,保证了群众持续稳定增收。

最终,在马秀兰的带领下,东乡县做到了疫情防控和脱贫攻坚两手抓、两手硬,奋力实现了"疫情防控＋脱贫攻坚"双战共赢。

六

群众利益无小事,一枝一叶总关情。

县一级在我们党的组织结构和国家政权结构中处在承上启下的关键环节,县委书记在推动改革发展、促进长治久安、服务人民群众中承担着重要责任。

在马秀兰同志的眼里,群众的事再小也是大事,她始终坚持情为民所系、利为民所谋、权为民所用,身体力行破难题、解民忧、干实事,成为全县扶贫干部的榜样,成为群众的贴心人。

短头发,甚至有些灰白,平常总穿一身黑衣服,朴素而简约,毫无修饰打扮,走起路都带着风,和邻家大姐一样,因为太忙,她根本顾不上去装饰自己。今年才48岁的她,似乎比同龄人苍老许多,用家人的话说,这一头灰发,都是工作操心操白的。这就是马秀兰在群众眼中的样子,虽然极为普通,却很亲切。

在东乡县许多干部眼里,马秀兰对干部严管厚爱、宽严相济;对群众笑脸相待、循循善诱。她用大量的时间深入乡村了解情况、听取意见、制订方案,用少量的时间吃饭休息。

"每次下乡调研,总有大批群众围坐到马书记身边与她拉家常。马书记没有一点架子,亲切地与大家交流沟通,受到群众广泛爱戴。"一提起马秀兰,很多干部都这么说。她经常性地深入乡村调研督导重点工作,了解基层实际情况,耐心听取基层意见,手把手指导乡村扶贫干部扎实开展工作,与群众拉家常,掌握群众困难和需求,亲自跟进解决群众诉求,得到了群众的一致认可。

人民群众是打赢脱贫攻坚战的主体。脱贫攻坚战打响以来,东乡县把开展"村民知情大会"作为激发群众内生动力、精准落实各项政策、提升群众满意度的有效载体,坚持村每季度至少1次、社每月至少1次,让干部群众面对面座谈,干部讲政策、群众提意见、现场作答复。

"马书记带头参加村民知情大会,带头公布联系方式,带头落实干部接访、遍访贫困村贫困户等制度,多渠道倾听群众意见建议,让群众随时反映问题,并延伸开展公开公示,创新搭载村级广播宣传平台,保障群众参与权、知情权和监督权,进一步密切了党群干群关系。"她身边的工作人员说。

2019年以来,东乡县乡村两级累计召开村民知情大会1959场次,参与群众达22.9万人次。

脱贫攻坚任务能否高质量完成,关键在人,关键在干部队伍作风。东乡县把打造一支纪律严明、作风过硬的干部队伍作为推进工作的最大保障,为经济社会各项事业发展奠定坚实基础。

从任职第一天起,马秀兰就采取超常规措施整治作风顽疾。她不拘一格、打破"论资排辈"等传统落后方式，把善于打仗、敢打硬仗、能打胜仗的优秀干部选起来、用起来，激发全县各级干部心无旁骛干工作、敢死拼命促攻坚的强大合力。

会议纪律松弛是基层工作的突出问题。马秀兰从解决这个问题入手，倒逼各级干部养成重视纪律、遵守纪律、执行纪律的好习惯，以会风转变带动纪律作风转变。

马秀兰要求，要加大机动式考核和随机抽查检查力度，县纪委、县委组织部联合组建作风纪律督查组，常态化开展督查检查，对不担当不作为的干部狠下决心迅速调整撤换。一批责任不落实、工作推进不力、作风不实的干部因此受到严厉处罚，这一做法使得各级干部的执行力和落实力明显增强。

2019年以来，对责任不落实、工作推进不力、作风不实的干部开展提醒约谈422人次，诫勉谈话43人，函询1人，调整岗位78人，转任非领导职务47人，免职15人，降职8人，责令检查16人，各级干部的执行力和落实力明显增强。加大基层一线选拔任用干部力度，从"3+1+1"清零主战场、社长联户长和疫情防控一线择优甚至超常规提拔使用了一批干部，为脱贫攻坚和各项事业发展注入了新鲜血液，提供了人才保证。同时，大力实施干部能力素质提升工程，按照"晨读夜学昼服务"形式，推广"1+24"视频会议模式，拓展载体平台，常态化开展夜校培训班、骨干轮训班、能力提升班，全方位提升各级干部脱贫攻坚能力水平，学风政风明显好转。

全县上下凝聚了"敢死拼命、敢打硬仗、能打硬仗、能打胜仗"的东乡精神，形成了"感恩奋进、顽强拼搏、自信开放、文明诚信、美丽和谐"的新时代东乡形象。

在省委省政府2019年度脱贫攻坚成效考核中，东乡综合评价为"好"的等次，在省管领导班子考核中被评为优秀班子，打了一场翻身仗、逆袭仗。

千年梦想，百年奋斗，今朝梦圆。民族复兴，摆脱贫困，全面小康。

时代造就英雄，伟大来自平凡。马秀兰，这个普通的名字，在东乡人民心中，她永远不凡、永不褪色，人们将永远认识她、记住她、学习她。

在全国脱贫攻坚总结表彰大会上，马秀兰被授予"全国脱贫攻坚先进个人"称号。

"习近平总书记的深深嘱托和殷切期望，今天全部实现了，东乡民族实现了一次历史性跨越！"马秀兰激动地说。

山大沟深、交通不便、产业滞后……一个个短板如大山般横亘在眼前，阻碍困难群众实现增收、奔向小康的步伐。通过努力，2020年东乡县实现剩余贫困人口、贫困村全部脱贫退出，贫困发生率下降为0，贫困村退出率100%，退出贫困县序列。

其中，凝聚着马秀兰的全部心血。

在中国共产党成立100周年之际，中央组织部对在县（市、区、旗）委书记岗位上取得优异成绩的103名同志授予"全国优秀县委书记"称号，予以表彰。马秀兰是表彰人选中最年轻的女县委书记。

作为全国县委书记中的优秀代表，马秀兰面对脱贫攻坚关键时刻尽职责，勇担当，问初心，让信仰之火熊熊燃烧，把人民至上的情怀理念埋入胸中，融入血脉，以赤子情怀守初心，以忘我精神担使命，向深度贫困发起最后的冲刺，始终奋战在脱贫攻坚一线，把整颗心、整个身都奉献给了脱贫攻坚伟业，把初心使命化为一座座精神的丰碑。

（作者：王　选）

踏破铁鞋
——记西和县交通运输局党组书记、局长张富生

张富生简介

张富生，男，汉族，甘肃西和人，大专文化，中共党员，1994年参加工作，自2016年3月起任西和县交通局党组书记、局长。自脱贫攻坚工作开展以来，他始终坚决贯彻落实习近平总书记关于脱贫工作的重要论述和省、市、县关于脱贫攻坚的决策部署，全身心地投入解决广大贫困村群众行路难问题，牢固树立"要想富，先修路""脱贫攻坚，交通先行"的理念，全县交通运输工作取得了长足的发展、路网结构进一步完善、通行能力进一步提升。2018年全面实现了交通扶贫"两通"目标任务，极大地改善了人民群众人居环境和出行条件，为脱贫攻坚奠定了坚实的交通基础。

道路干净整洁、小院错落有致、村民热情好客，一条条蜿蜒盘旋的乡村公路通向了村民家门口，犹如一根根藤蔓，把一户户人家串联在一起，把一个个好日子连接在一起。

漫步在西和县的农村，笔直而宽阔的道路，路两侧整齐的绿化树，还有防护栏、标识牌、边坡沟渠，共同组成了一幅幅交通画面，让人恍惚间行走在城市，可这实实在在就是西和的农村。

千百年来，路，不但没有把人们送进富裕的彼岸，还一直像一把枷锁，困住了西和农民的脚步。行路难，行路难。要出门，就得行走在羊肠小道上，这些小道最多能过一辆架子车，逼仄处，连一头毛驴都挤不过去。家里种一点经济作物，运不出去，更别说卖个好价钱了。每到夏天，黄土被踩踏得虚哄哄的，脚一落地，能把脚面淹没。脚下快一点，扬起的黄土，犹如滚滚沙尘，席卷起来，能把人淹没。而到雨季，遍地泥泞，一脚踩下去，泥便粘满鞋底，稍有不慎，便滑倒在地。下雨天，人们哪里也去不了，只能站在门口，看着屋檐下滴落的雨水，感叹着。而到了冬天，大雪封山，厚厚的积雪，更是把一个个村庄封锁了起来，人们好久出不了村，到不了集上，甚至连买一包盐都困难。

说起路，生活在西和沟沟峁峁里的人，有道不完的苦水，有说不尽的故事。

"以前，遇到下雨下雪天气，孩子上不了学，大人出不了门，生个病，只能眼巴巴等着天晴，种点半夏，刨不回家，烂到地里了。"西峪镇崆峒村村民杨高育常常这样感叹。

这样的感叹，是一种无奈，更是一种期待。

作为西和县土生土长的张富生，对行路难有着无比切身的感受。他就是在泥泞里一步步艰难走出大山的人，而他的父老乡亲还被困在山里，那一声声感叹也像锤子，一下下叩打他的心坎，让他内心难以安宁。

2016年3月，张富生担任西和县交通局局长，他知道，他终于有机会给西和的乡亲干点实事了。而那时，脱贫攻坚的嘹亮号角正在神州大地吹响着，一切正当其时，一切机缘巧合，一切都是最美好的开始……

要修路，就得全面掌握全县的交通状况。张富生知道，对于道路，他的认知可能是片面的，也是感性的，这在以前，无可厚非，而现在他作为局长，就得把全县的路装进心里，他就要像熟悉自己的掌纹一样，熟悉每一条路，否则，这个局长就是失职的。

于是，他走出办公室，走在烈日风雨中，他要用脚丈量那一条条遍布山梁沟壑的路。

他带领技术人员深入一线调研，遍访了全县16镇4乡384个行政村1300多个自然村。

每到一村，他都要和当地群众探讨交流，详细记录村情民意，征集方方面面的意见和建议。边远村社泥泞的道路是群众的堵点也是他关注的重点，农民对路的期盼是他的压力也是他前行的动力，他看在眼里，记在心里，他的足迹是全县交通规划的草稿，他的数十本调研笔记是全县交通建设的思路。

西和县地处秦巴山区，受自然条件和发展基础等因素制约，是全国189个深度贫困县、全省23个深度贫困县之一。

"要想富，先修路""道路通，百业兴""脱贫攻坚，交通先行"，这些耳熟能详的话都显示了交通在脱贫攻坚工作中的重要作用，这些耳熟能详的话张富生早已倒背如流。

张富生下定决心：要让贫困地区的群众早日脱贫致富奔小康，交通必须要当好"先行官"。

他深知西和县山大沟深、沟壑纵横、长期落后的交通环境是脱贫攻坚必须攻克的难点，也是制约经济社会发展的瓶颈，"晴天一身灰，雨天一身泥"是当时西和县交通的真实写照。他自我加压，念好规划"紧箍咒"，带领专业规划人员和乡镇、村社一道科学合理地确定了全县农村公路建设的目标、规模、重点、技术标准，结合实情高质量制订了西和交通扶贫规划，为全面改善农村的交通条件，为全县交通事业的发展，助力脱贫致富奔小康规划了交通扶贫蓝图，奠定了基础。

蓝图绘出，信心满满，只等干就行了。

然而问题又来了，修路不可能一蹴而就，也不是百十万就能解决的事，需要大量资金来做支撑。那么，钱从哪里来？没有项目和资金的支持，再完美的规划，也就是废纸一张。一个迫切而现实的问题摆在了张富生面前。加之西和县交通发展包袱重、欠账多，脱贫攻坚战又正如火如荼，到处都需要钱，教育、医疗、住房、饮水、兜底保障，都很重要，都不能落下。在财政收入本就很低的西部县区，要从大盘里为交通建设多分一杯羹，简直太难了。甚至因为挤压，原本属于交通建设的资金和项目都在缩水，怎么办？

张富生还是觉得天无绝人之路，还是觉得世上无难事只怕有心人。他想到了两条办法：

——政策倾斜力度不大、项目筹备不多，就一次次主动对接省市，汇报困难，争取政策倾斜。

——县里的配套资金不够，那就积极争取其他财政扶贫资金。

因为多次和工作人员跑省进市，积极争取项目计划、建设资金，上级单位的同志们一看到张富生，都笑称他是"要钱局长"。但他不在乎这个略带嘲讽的绰号，只要能争取来项目和资金，就是叫他要饭的都行。

锲而不舍，金石为开。在他一次次的跑动、一回回的努力下，一个个项目终于落地西和，一笔笔资金终于进入账户。

有了项目，有了资金，张富生的干劲更足了。他按照"改建国省道、提升县乡道、改造通村路、打通村组路、兴修产业路"的交通扶贫总规划，2017年以来，先后实施了3条132公里省道提升项目；2条55公里县乡道改造项目；2条27公里旅游线路改善项目；通过实施一批窄路改宽、畅返不畅整治、千村美丽村组道路、安全生命防护工程等交通巩固提升项目；打通并硬化了全县自然村组道路519公里，自然村组道路通畅率达到80%；同时，积极争取财政扶贫资金，新建了涉及全县20个乡镇在内的产业路52条175公里，有效解决了群众出行难、过河难、产业输出难的问题。

截至2020年，全县交通行业完成各类固定投资47473万元，"十三五"期间，累计投资12.31亿元。

在改善农村候车环境方面，他想农民之所想，急农民之所急，建设了集农村客运、货运、运政、路政、公路建设与养护为一体的具有综合服务功能的20个乡镇交通综合服务中心及一批农村客运停靠站。全县道路交通的改善为实现乡村振兴奠定了坚定的基础，农村面貌发生了巨大变化。

产出全国市场近七成的半夏，让西和县有了"中国半夏之乡"的美名。近年来，西和县精心培育这项富民产业，"小半夏"成为推动脱贫攻坚的"大引擎"。

入秋后，半夏逐渐进入采挖收获的季节，一片片田地里一派繁忙景象，到处都是忙碌采收半夏的群众。村民们正在采挖成熟的半夏，耙土、挑拣、过筛、装袋、过秤，一道道工序在欢声笑语间完成，四处洋溢着丰收的喜悦。

全县半夏种植2万亩，亩产370公斤，年产量7400吨，产值达6.3亿元，产量占全国市场的75%以上，销售到重庆、四川、浙江、福建，出口到韩国、日本和东南亚等国家和地区，半夏产业已成为助农增收的支柱产业。

而在之前，每逢半夏采挖，一遇到雨天就难以下地，只能眼睁睁看着，即便采挖回来，路不好走，也没有客商来收，一年的收入就指望着卖出这些半夏，可无人前来问津，这让群众伤透了心。

如今，伴随着一条条公路的延伸，特色产业可以规模化发展了，农民不出门就可以挣钱了，原先不值钱的农特土产品远销省内外了，群众的口袋鼓起来了，乡亲们的脸上笑容出来了。而张富生的白发多起来了、身体更加消瘦了，虽然顶着一脸倦意，但他欣慰地笑了。

如今，崆峒村村民杨高育又感叹了起来，他感叹的是宽敞的路通到了家门口，他感叹的是旧日子一去不回而新日子更有奔头，他感叹的是今非昔比。"自从乡村道路硬化后，我们村的面貌焕然一新，小孩上学也方便了，一些土特产也能拉出去卖了，走在路上，人心里乐开了花啊！"

现在，走进崆峒村，条条都是硬化的水泥路，直通家家户户门口，切实改变了过去"晴天一身土、雨天一脚泥"的现象。住在西峪镇崆峒村的群众，都和城里人一样方便、干净地上班挣钱。

"我们村实施村组道路硬化5.8万平方米，村内道路硬化实现基本全覆盖，切实改变了群众的出行条件，方便了群众生产生活。"西峪镇副镇长柴文祥说。"新硬化的路通车后，农贸市场、超市也纷纷建了起来，生活、出行都方便多了。"崆峒村村民杨高育的话语中能感受到，宽阔平坦的大道不仅连通了山里山外，也为该村产业发展和乡村振兴创建了一个新的平台。

公路通，百业兴。如今的西和县，一条条平坦笔直的农村公路，镶嵌在一片片沉寂的田野和一个又一个的村庄之间，打破了农村的自然封闭状况。一个以县城为中心、乡镇为节点、连接城镇、辐射乡村、方便快捷的农村道路网络基本形成，解决了农民出行难、乘车难问题。老百姓在家门口就能坐上"方便车""经济车""安全车"，高速公路直接通到西和，下辖乡镇和建制村全部通沥青（水泥）路，路的蝶变让村民实现"抬脚上路，出门上车"的幸福梦想……

此外，西和县积极构建县、乡、村三级农村物流电商服务体系和县、乡、村三级物流配送网络，推进城乡交通运输"路、站、运、邮"协调发展，充分发挥农村公路的整体运营能力和综合服务水平，让从前无人问津的特色农副产品走到"台前"，带动乡村产业发展，服务乡村振兴。

同样，十里镇姚河村监委会主任姚双全逢人就说，以前天气下雨，路根本走不了，2019年新修了通村公路，修好以后，彻底解决了村里最大的难题，村民出行又方便，再也没有烂泥路，还多了挣钱的门路。

通路的畅通，带动了无数个产业的发展。村里发展起的养鸡产业就是其中之一。过去由于交通落后，当地产品外运的物流成本高，要发展产业简直是奢望。随着农村公路不断完善，不仅可以使当地产品"走出去"，也可以引进新产品，有效降低了生产成本，也让更多的群众走上脱贫致富之路。

养鸡场总经理张磊说，我们运输饲料的车是40多吨，以前根本没法走，修好这条路之后，极大地方便了饲料运输。同样，也方便了鸡苗的运输，每天大约有5万只鸡苗能送出去。员工上下班也非常方便，以前靠双腿走路来上班，现在是开车。

路通了，村容村貌也发生了根本性变化，村民的增收致富路越走越宽敞。截至2020年年底，全县硬化提升公路总里程达到1855.4公里，20个乡镇384个建制村全部通硬化路、通客车。建制村水泥路通畅率达到100%，通客车率100%，"畅通最后一公里"如期实现。

交通建设，铺下的是路，通达的是富。越织越密的公路网络，让城乡之间沟通更顺畅，并释放出了巨大的经济效益。

这一切，都离不开张富生。每次下乡，行走在畅通宽阔的公路上，他总是感慨，功夫不负有心人。每当看到奔驰在路上的车辆、行走在路上的群众，他满心欢喜。他知道，他们的脚下，有他落下的汗水，有他熬白的头发，在这一场脱贫攻坚伟大战役中，有他的一份功劳。

路修好了，张富生开始思考另一个问题，那就是日常养护。三分建，七分管。管理不到位，不出几年，花费了大量心血修建的道路就成了"筛子路""搓板路"，那时候，群众定然又是一片责怪之声。

然而，农村公路养护机制不完善、资金不足、人力缺乏等窘迫状况，又一次让张富生犯难起来。但他不信邪，那股子修路时的"犟劲"又上来了。

他吆喝来交通局班子成员，大家坐在一起，一道分析研判，一道探讨解决之法。最终，制订出台农村公路管理养护模式，按照"有路必养，有路必管；养必良好，管必到位"的原则，大力推行"农村公路养护＋扶贫"模式，在全县 384 个行政村建档立卡贫困户中选聘了 2033 名贫困群众为乡村道路养护管理员，既解决了农村公路的养护问题，又帮助贫困户通过就业增收脱贫。

在工作机制方面，积极推行"路长制"、深化农村公路养护体制改革，完善了农村公路管养工作机制，积极探索农村公路灾毁保险等。

在施工作业方面，开展了水泥混凝土路面微裂均质化处治等新技术、新工艺试点工作，并逐步在全县范围内推广应用，成效良好，提高了农村公路养护质量。并于当年 5 月 25 日召开的陇南市交通脱贫攻坚项目建设现场推进会议上对全市进行了现场观摩推广。

在科技创新方面，建立了农村公路信息化管理平台，创建"互联网+交通"模式。建立了全省首家农村公路信息化管理平台，通过500部手机5个信息末端实现公路"建、管、养、运"等信息实时上传、互动，进一步实现农村公路养护管理"信息化、智能化、精准化、高效化"。

在公路养护工作中，遵循"建养并重，均衡发展"原则，坚持公路养护与交通脱贫相结合、与"全域无垃圾"相结合、与"平安交通"相结合，各中心倒班对列养的干线公路及桥梁定期进行隐患排查、标准化养护和病害处治，保障了主干线安全畅通。乡村对列养的农村公路实行常态化养护。每年入冬之际，坚持"政府负责、部门协调、乡镇动员、群众主体、企业示范"养护机制，发动各乡镇干部群众对全县国省干线和农村公路进行集中养护，实现了"路面平整无病害、路肩整洁无堆积、边坡稳定无塌陷、边沟畅通无积水、桥涵完好无堵塞、沿线设施安放整齐无损坏"的养护目标，全县公路列养率达100%，为全县经济发展提供了"安、美、畅、洁"的交通运输保障。

同时，坚持农村客运与交通建设统筹安排，"路、站、运、管"统筹推进，城乡公交一体化、农村客运小型化、重点乡镇网络化进程持续加速，布局合理、便民快捷、安全有序的农村客运网络已基本形成。

此外，坚持以服务"三农"为出发点，紧紧围绕"为民、亲民、便民"的原则，把维护人民群众的利益作为农村公路建设的落脚点。工程建设过程中，在满足技术要求的情况下，他们充分利用老路，杜绝大挖大填，合理保护耕地，防止毁坏树木和大幅度拆迁，及时恢复或增设小桥涵，满足农民群众土地灌溉的需求。同时，加大道路行道树绿化、边沟渠砌筑、乡牌村牌、安保工程等农村公路配套设施建设力度；着力加大项目整合，村村通水泥路，水泥路建到哪里，堤防工程就修到哪里，进一步延长了公路使用寿命。最大限度地雇用项目实施地农民工，增加当地农民收入。同时，积极争取建设补助资金，要求业主单位足额、及时支付施工企业工程款和农民工工资，切实保护农民合法权益。

"质量是一项工程的命脉，只有紧扣质量关，工程才算过了第一关。"张富生常对施工方说，并要求深刻吸取折达公路考勒隧道质量安全教训，举一反三，警钟长鸣。对此，全面推行"工程质量终身责任制"和"质量责任追究制"，建立健全"政府督查、部门指导、社会监督、行业监理、企业自检"五级质量保证体系，严格执行规划设计、招标投标、市场准入、施工管理、原材料进场、督查巡视和检查验收等基本建设程序，做到通村水泥路"建一条，成一条""宁愿少干、慢干，也不能出现质量问题"。严把工程路基、砂砾垫层、水泥稳定层及路面施工四道工序关口，一道工序结束后，施工单位上报验收报告，待技术人员现场验收合格后方可开展下道工序施工。严格在建工程检测监督，对存在严重质量问题的路段进行强制铲除，将施工单位列入农村公路建设黑名单，今后不得参与公路建设项目投标和施工，对工程质量实行"零容忍"，做到了"工程建设到哪里，技术指导在哪里，试验检测跟哪里"，确保了农村公路建设质量。

这几年，路修好了，张富生的身体却垮了，满头灰发，让他成了同事和朋友们口中的"老张"。大家知道，老张就是这么一个人，严于律己，以身作则，数年如一日，除了在单位办公、开会外，其余时间一直在一线调研、检查、督查，双休日也几乎没有休息过一天。家里的事情很少顾及，都是家人顶着。有时候家人抱怨他，他总是笑呵呵地说，等忙完这段时间就好了，可工作总是忙不完，忙完了这件事，另一件接踵而至，甚至有时候他还没事找事干。如此年复一年，日复一日，他从来没有消停过一天。

2018年，由于长期劳累过度加上长期下乡饮食无规律，导致张富生阑尾炎发作，但由于工作太忙他断然放弃了住院治疗，只是暂时服用药物缓解了疼痛。2019年9月由于得不到有效治疗，张富生阑尾炎再次急性发作，不得不住院做了手术，但手术后第五天他便拖着疲惫无力的身体到单位上班安排工作。

他这个人就这样，对自己要求严，对别人要求也严，对施工方更严。在项目管理上，他要求与施工单位及时签订《廉政合同》，约法三章，从不搞"关系"工程，不向施工单位推销材料设备，不挪用建设资金，也督促单位职工加强自身思想建设，杜绝一切不良之风。他身边有些人知道交通项目有钱，而他又是一把手，总有人托关系找他，让给个项目干，想从中牟点利，每一次来，他都拒绝，对方缠，他板起脸来，弄得对方很难堪。人都说他一根筋、面皮硬，没点人情味。他听到了，置之一笑，他知道不能开这个口子，不能破坏了规矩，如果他搞了关系、收了钱财，对不起组织，自己心里有愧，他常给家人说：岂能尽如人意，但求无愧我心。

说他心硬，但他又是个心软的人，他知道农民的艰辛，知道靠双手靠血汗挣钱的不易。他一心想给群众多办点事，因为每次看到那一张张被黄土浆洗过得粗糙的面孔，心里就隐隐发酸，将心比心，他想到自己的父母。他号召施工单位，一定要就近吸纳贫困户到工地来干活，有些群众有机械和设备，也要用他们的，这样群众就能在家门口挣到钱，还能把农活兼顾住，两不误。他还要求，一定不能拖欠农民工资，因为每一分都是他们风吹日晒、披星戴月换来的血汗钱。为了能从制度上保证不欠薪，在他主持下，印发了《西和县交通运输局"无欠薪"攻坚年实施方案》，要求建设项目在项目招标时严格审查投标单位的信誉问题，存在拖欠农民工工资不良记录的，不能参与投标，农民工工资支付情况是资格审查的一项重要内容。同时建立农民工工资支付保障金制度，签订项目施工合同时，中标单位必须先向人社局交纳项目工程中标价3%的农民工保证金，这作为签订合同的前置条件，凡未按要求交纳的，一律不得签订施工合同。项目工程实施过程中，拨付工程进度款时跟踪监督施工单位做好工程款的逐级发放工作，确保农民工工资优先足额发放到位，不出现拖欠农民工工资的情况；每逢重要节假日，如出现施工单位拖欠农民工工资情况的，立即从农民工保证金中列出先行垫支，并从下一期计量款中扣回补足。

张富生的这些做法，群众打心眼里高兴，说起县交运局张局长，大家都竖大拇指。他知道，只有把农民朋友当亲人，才能与他们感同身受。

这些年，一条条公路，一件件实事，为广大农民群众注入了动力、坚定了信心、振作了精神、增添了活力，极大地增加了贫困户收入，加快了脱贫攻坚的步伐。

功夫不负有心人。

在国家、省、市行业部门的大力支持下，在县委县政府的坚强领导下，几年时间，张富生团结带领交通运输局一班人，长期奔赴交通建设一线，争当先行官，日夜奋战、攻坚拔寨、以干克难，全县交通运输工作取得了显著成效。

2016年全市交通运输工作现场会在西和召开；2017年全省交通运输工作现场会在西和召开，西和县还被命名为"全省四好农村路"示范县；2018年西和县被交通运输部、农业农村部和国务院扶贫办授予全国首批"四好农村路"示范县；2019年被省交通运输厅列为"农村公路信息化管理"示范县；2020年被交通运输部、财政部确定为深化农村公路管理养护体制改革试点县。

在张富生这个"火车头"的带领下，西和交通运输工作已成为西和一张靓丽的"名片"，将为全面建成小康社会、实现乡村振兴，提供坚强的交通保障。

"建好、管好、护好、运营好"，如今，西和县"四好农村路"的好经验、好做法，已在全省示范推广，参观考察的更是一波接着一波。虽然忙于接待，也忙于介绍经验，张富生觉得，授人以渔，何尝不是一件好事呢！

2021年2月25日，中华民族的历史翻开崭新篇章。当天在北京召开的全国脱贫攻坚总结表彰大会上，习近平总书记庄严宣告：我国脱贫攻坚战取得了全面胜利！

张富生被评为"全国脱贫攻坚先进个人"，这是对他最好的肯定，也是最大的褒奖。坐在台下，胸前佩戴着红花，张富生内心澎湃，热泪不止一次地流下来。他的所有努力，都得到了应有的回报。

面对荣誉，张富生说，这是西和县党委政府高度重视、全力支持的结果，是西和县交通运输部门努力拼搏、实干苦干的结晶，是广大群众鼎力支持、通力协作的成果。

张富生说，脱贫摘帽不是终点，而是新生活、新奋斗的起点。在今后的工作中，我将把组织给予我的崇高荣誉转化为工作中的动力和源泉，在管理上高效规范，在养护上创新完善，在运营上改革优化，继续当好交通"先行官"，发扬一不怕苦、二不怕死，顽强拼搏、甘当路石的"两路"精神，大力推进全县城乡交通运输工作一体化、均等化发展，着力提升交通运输综合服务品质，不断开创西和县交通运输事业发展新局面，扎实做好脱贫攻坚与乡村振兴的有效衔接，为实现乡村振兴奠定坚实的交通基础。

（作者：王　选）

曲告纳的春天

——记舟曲县曲告纳镇党委书记刘鹏武

刘鹏武简介

刘鹏武，男，藏族，甘肃舟曲人，中共党员，1980年5月生，2000年10月参加工作，本科学历，现任曲告纳镇党委书记。任现职以来，他深入贯彻落实习近平总书记关于脱贫攻坚重要指示精神和中央、省、州、县委关于脱贫攻坚决策部署，把带领贫困群众脱贫致富作为增强"四个意识"、坚定"四个自信"、做到"两个维护"的行动自觉，始终恪守"民字为本、实字为先、干字当头"的工作理念，带领曲告纳镇贫困群众如期脱贫。

2020年9月2日下午，刘鹏武站在拱坝河边，1980年出生的他头发已经过早地花白了，在他眼前这条流经曲告纳镇全境的河流已经不再是熟悉的样子，它霸道地侵占了原本应该是道路路基的地方，河面比平时宽出了许多。8月，持续大范围强降雨引发的暴洪和泥石流至今仍然让河水浑浊不堪，虽然河道里抢险修筑的分流坝牵制住了它的撕扯和咆哮，逐渐减少的降水量也减少了它野兽般摧毁一切的破坏力，但夹杂着泥沙和碎石的河水依然带着蛮力奔流，昔日润泽着曲告纳的拱坝河，如今却像是被套上锁链的野兽，两岸被它的利齿扯碎的路基与河面一起形成了一个敞开的巨大伤口，毫不留情地提示着刘鹏武20天前那场自然灾害对曲告纳的伤害。

他刚刚得知曲告纳镇通向武都区两水镇的道路恢复通行，39处道路损毁点全部被抢通，心里稍稍感到了一丝欣慰。作为此次舟曲县暴洪和泥石流灾害波及的山后五镇中受灾最严重的乡镇，曲告纳镇16个行政村36个自然村13100余人严重受灾，通往曲告纳镇的生命道路全部损毁中断，饮水、电力、通信不同程度受损，曲告纳近十年的扶贫建设成果就被这暴洪和泥石流轰然击碎、掩埋；多少人对幸福小康生活的努力和期盼，一瞬间只剩下淤泥、碎石和断壁残垣。

这个藏族汉子回想着这20天来的一幕幕，心里就像堵着一块巨大的石头，这块石头随着暴洪和泥石流在8月17日的夜里砸在他心上，憋得他心里疼，压得他喘不上气。可是作为曲告纳镇的党委书记，全镇群众下一步生活困难怎么解决？脱贫任务怎么完成？面对这满目疮痍，群众追求美好生活的勇气和志气还能不能重新点燃？这一付付担子，没有给他伤感的空间和机会。路通了，供电恢复了，全镇因为预警、转移及时，没有一例人员伤亡，救灾尚未完全结束，灾后重建就迫在眉睫。

不管这一方山水对人们是温润的养育还是肆虐的伤害，人们追求美好生活的脚步是不会停止的,他的脑海里回响着习近平总书记的话语,"人类在与自然共处、共生和斗争的进程中不断进步。和谐是共处平衡的表现,但达成和谐需要有很多斗争。中华民族正是在同自然灾害做斗争中发展起来的伟大民族"。是的,不管大自然给予我们什么,共生和斗争都会辩证地存在于我们与自然相处的历程中,共产党人所有的奋斗,都是为了人民的幸福生活,"人民至上,生命至上",只要群众的生命安全得到了保障,我们的不懈奋斗就有了意义,不管是三年还是五年,我们奔赴的目标一定会实现,美好的家园我们会靠双手再重建,脱贫攻坚的路即使有曲折,我们也能再走一遍,而且会走得更快、更好。

高举的旗帜有多鲜艳,重生的步伐就有多豪迈

在藏语里,"曲告纳"是两条河交汇的意思,这两条在曲告纳交汇的河流名叫拱坝河和铁坝河。拱坝河是白龙江的一大支流,落差1830米,孕育着大年坝文化,灰陶双耳罐和磨制石斧诉说着白马、氐、羌自春秋战国时就流传延续的古老故事。

曲告纳镇,是一个纯少数民族(藏族)乡镇,地处素有"陇上桃花源""藏乡江南"的甘肃省甘南藏族自治州舟曲县东南部,是舟曲县山后片的交通枢纽,素有"藏乡江南南大门"之称。东与陇南市武都区两水镇接壤,南与本县博峪乡和陇南市文县中寨乡接壤,西与拱坝乡相连,北与陇南市武都区坪垭乡毗邻。位于青藏高原与黄土高原的断层带上,南依博铁山梁、北依大年山梁地带,属高山峡谷区,地势两面高,中间狭长,全镇海拔在1100~3500米之间。气候垂直差异明显,河川地带气候温暖湿润,高山地带则较为寒冷,面积444.54

平方公里，下辖16个行政村，常住人口11184人。

自2013年起，曲告纳的人们就一直努力在绿色发展中消除绝对贫困，攀缘在陡峭山峰上九曲回肠的道路硬化了，赭墙青瓦的新安置房盖起来了，满山满谷的荞麦、核桃、花椒、羊肚菌的根扎进土地汲取着生长的力量，从岭藏鸡、中华蜂、黑土猪越养越肥壮。

2019年，曲告纳镇有效消除了"两不愁三保障"的短板和不足，实现现行标准下的全面脱贫摘帽和贫困退出，正当曲告纳上下一心鼓足干劲巩固脱贫成果，实现进一步产业增项、农民增收的关键时期，一场巨大的自然灾害的到来，拦腰阻断了曲告纳镇在脱贫攻坚路上疾驰的脚步。2020年8月17日，对于曲告纳来说，原本奔向幸福生活的梦想被大自然无情击碎，这个伤痕累累的日子，也是曲告纳人高举党旗，凤凰涅槃，从悲壮走向豪迈的新起点。

8月6日以来，舟曲县境内先后发生4次强降水过程，引发泥石流灾害，共造成19个乡镇176个自然村不同程度受灾，受灾人数达61875人，直接经济损失达36.08亿元。其中，共有307户830人房屋受损，108个自然村交通中断，119个自然村电力中断，农作物受灾面积达1151.95公顷。作为受灾最严重的后山五镇之一，曲告纳镇境内累计降水量达257.5毫米，铁坝河、拱坝河流量峰值达610立方米每秒以上，超百年一遇标准。

暴雨引发26条干支流沟道暴发山洪泥石流，房屋、农田、公路、水利、电力、通信等设施连根拔起，全镇16个行政村13103余人受灾。每当刘鹏武回想起那一幕幕的惊心动魄、轰轰烈烈、刻骨铭心的抢险救灾画面，心潮依旧难以平复。

舟曲是经历过伤痛的地方，因此对暴洪泥石流自然灾害的预防格外细致，预案和措施更加完备。8月的曲告纳闷热潮湿，是强降水频繁的季节，容易发生暴洪泥石流自然灾害。入夏后镇上的干部连续

60多天两班倒值班值守,没有休息。从8月初开始,刘鹏武脑子里防汛减灾这根弦就绷得更紧了,他时刻关注着天气的变化,提前组织安排防汛减灾工作。

镇村两级党组织都未雨绸缪,精心部署,制订了预警应急预案,绘制了全镇36个自然村详细逃生路线图,按照"党组织+网格"管理模式,每个村都由预警员、网格长、联户长专户专人对口预警通知,党员干部带头24小时值班值守,驻村干部全部进村入户,党小组长、网格长、联户长时刻备战应急抢险工作,各村反复开展应急避险演练。同时组织对全镇范围内的多处泥石流滑坡、沟道等地质灾害隐患点进行拉网式排查,通过微信群发布汛情预警信息,张贴防汛公告,警示辖区群众,持续做好入户防汛减灾宣传。

8月6日下午,天气异常闷热,刘鹏武关注到了县上发布的强降水预警信息,此时的他最担心的是前临河道、后有滑坡、左右临沟的李子坪村,这样的自然环境,在强降水来临的时候是最容易发生地质灾害的。心里的担忧让刘鹏武无法安坐在办公室,他来回踱着步子,心里想着前期的应急预案和防汛减灾措施哪里还有没有疏忽和漏洞,边想边走出办公室,开始观察云层变化。

夏日高阔的蓝天上卷积云像是满天的鱼鳞,"鱼鳞天,不雨也疯癫",虽然还是一半的晴空,却预示着危险的来临。刘鹏武心里的焦虑凝成了一疙瘩,隔一会儿就望望天,天色慢慢不那么明亮了,云朵聚集成棉花包似的,云层越来越厚,翻卷着膨胀着身躯,这是要下大雨的征兆。刘鹏武急忙拨通了县指挥中心的电话,紧接着又向县应急管理局和气象部门对接核实,证实了未来几天的持续强降雨。

获悉准确预警信息后,刘鹏武立即组织召开镇村两级防汛研判会,各村党支部制订了应急预案、避险方案、逃生路线,对隐患点进行科学分析、考证、研判,安排专人对所有灾害隐患点进行24小时预警监测。风险就在眼前，群众的生命安全是第一位的，不能等到暴雨来了再决策，必须立刻对李子坪村、茶坪村群众进行紧急转移。

8月6日的夜幕降临了，闪电毫无顾忌地撕开天空的黑幕，雷鸣声从远处的山坳里隆隆地越过山峰，暴雨一瞬间倾泻而下，沟道倾泻而下的泥石流将沿途的便桥、农民养殖专业合作社、沿河民房全部冲毁，冲垮了茶坪村和李子坪村的多处道路，旧村庄里已经空无一人，只剩下一些大型机械和私家车辆淹没其中。群众已经全部转移到安全地带，沟系河道冲出的暴洪泥石流响声震天，闪电一闪一闪照亮了集中在高处的林地里的群众惊恐的表情，呐喊声、哀嚎声、哭声一片。

洪水还在冲击着土地，16支由党员干部、村"两委"班子组成的抢险突击队已经在漆黑的夜里，蹚着齐腿深的洪水前行，他们攀岩而上，赶到受灾群众身边，受了惊吓的群众见到抢险突击队的到来，就好像见到了主心骨，委屈和恐慌一下子宣泄出来，心里也逐渐安定踏实了。

群众不能一直待在林地里，查看灾情、安抚群众、运送物资都需要路，现在恢复道路交通是头等大事，刘鹏武的电话一直响个不停，调集装载机、挖掘机，部署连夜全力施工，抢通临时便道，向上级汇报灾情，请求支援。因为及早果断处置，群众转移及时，这场大雨没有造成人员伤亡。连续8天昼夜不停，抢险队伍按照茶坪村抢险应急救援现场指挥部要求倒班清淤疏浚，抢通了通往李子坪村的路。

正当多数人认为这一次强降水就此结束，危险已经过去的时候，刘鹏武的心里却一直在打鼓，他的担心没错，8月13号，他接到了州县气象部门未来4天降雨量即将超过200~250毫米的预警灾害信息。刘鹏武本来就有多年失眠的老毛病，即将到来的强降雨可能带来的危险和可以采取的措施在他脑海里反复预演，整夜辗转反侧，躺下去又坐起来,他担心8月6号的暴雨只是一个开端,持续强降雨会引发更大的灾情。

县气象局每小时一次的《雨情快报》就像锤子一下一下敲击着刘鹏武的神经,一下比一下敲得重,从肩胛到太阳穴都开始隐隐作痛。降雨量从10毫米增长到50毫米、85毫米……持续增长的降雨量最终引发了暴洪,全镇36个自然村多处道路中断,山体滑坡,人民群众的生命财产安全受到严重威胁,刘鹏武当即将情况汇报县委县政府主要领导,对涉险的扎尕、李子坪、总拱坝几个重点村的群众实行强制转移避险,同步联系公安、派出所进行了全面封锁戒严,防止已经撤离的人员再次返回,发生伤亡。

"8月6号第一次灾害发生后,我总觉得没这么简单。后来一看预警信息,根据县上的决定,我就给各村下死命令,所有群众必须转移,有不愿意走的,直接抬着走,一个都不能少。"刘鹏武后来回忆道。

各村组织网格长、联户长进入暴洪泥石流过境的危险路段,敲锣、打鼓、喇叭喊话,用最快速有效的方式警示周边群众,挨家挨户拉网式排查,上门劝导沿河、沿沟、沿坡群众有序疏散转移和撤离。

"我们这里月子期间是不能出门的。"当时莫洛村村民杨九成正在坐月子。"生命最重要!"村支书韩虎军正和其他村干部挨家挨户叫人转移,一遍一遍地叮嘱逃生的路线。遇见杨九成这样说,几个年轻人三下五除二把杨九成用被子包得严严实实,架着上了山。

老人们拉着门框不愿意离开家,嘴里念叨着死也要跟老宅子在一起,小孩子们被吓得哇哇直哭,村干部们组织精壮的村民搀着背着,硬拉硬扛也要一个不剩地转移走,"莫要收拾家当了,留得青山在,不怕没柴烧,赶紧转移!"

17号当日,降雨量已经累计达到257.5毫米,铁坝河和拱坝河的流量已经达到了650毫米每秒，引发全流域暴洪泥石流灾害！

各沟系的泥石流如千万匹脱缰野马一样，践踏着曲告纳的土地。泥石流带着隆隆的巨响，从高处裹挟着巨石、树木、泥沙以惊人的速度源源不断堵塞河流，水位不断上涨，像张着嘴巴的恶魔，贪婪地侵蚀着一切，房屋、村庄、道路、田地都被铺天盖地的洪流推倒、掩埋。

一时间，全镇道路全部中断，拱坝河岸边的路基整块整块地齐刷刷被冲毁，掉落在河里的轰轰声被暴洪泥石流的嘶吼声淹没。刘鹏武亲眼看见了藏族中学的桥梁被暴洪瞬间冲得只剩半座。田园生态佳苑小区、宏达酒店门口的路基每隔几分钟就垮掉一部分，这里面安置着刚刚转移的群众，易地扶贫搬迁安置楼和商铺、民房已经岌岌可危，高高的楼体如同立在悬崖边上，脚下就是滚滚洪流，随时都有可能倾倒。

怎么办？刘鹏武脑海里快速地闪动着应急措施，他一面紧急调度附近的施工队，发动镇上全体党员干部，组织群众就地取材，焊接钢管笼，装入沙袋、石块、水泥块等沉降物，齐心协力投掷河中，保护河堤路基。一面想方设法了解其他村庄的受灾情况。可是全镇16个行政村36个自然村46个村民小组已经电力中断，通信失联，那一夜，曲告纳被洪魔分割成一个个孤岛，那一夜，曲告纳是孑然独立哭喊着的孩子；那一夜，曲告纳也是一个豪迈的汉子，坚信此刻唯有自救，也坚信上级和兄弟的支持和援救一定会来。

8月18日早上，镇党委成立16支党员突击队，再次深入失联的16个行政村核查灾情，安抚群众，各村党员冒着被洪魔吞噬的生命危险，闻令而动，冲锋在前，跋山涉水，翻山越岭，攀岩爬坡，往返徒步4天，积极开展抢险自救。

刘鹏武刚刚连夜组织完田园生态佳苑小区和易地扶贫搬迁安置楼的应急抢险处置，就和战友们一起徒步向失联的莫洛村进发，遇到无法徒步过河的地方，就站在抢险的铲车铲斗里涉水过河，遇到爬坡的地方湿滑难行，就地捡一根树枝拄着继续走，头发和着雨水贴在前额上，全身湿透，脚下不管是曾经的道路还是田地，都已经被洪水卷来的碎石铺满。

随着太阳的升起，雨势虽然渐渐小了，但一路上满眼的泥浆、巨石、残垣断壁却更清晰了。到了莫洛村，群众涌过来，刘鹏武询问受灾情况，安抚群众情绪，这一夜，莫洛村没了大片的道路田地，却没有一人伤亡。他知道此时必须稳定群众的情绪，鼓舞大家的信心，他对大家说："受了天灾，这是没办法的事，只要人还在，就不怕，这天灾咱们不是没见过，以前能挺过去，现在也能！咱们现在的首要任务是生产自救，只要干起来、动起来，没有过不去的坎。"

经过漫长而焦急的等待，刘鹏武得到了全镇群众全部安全转移安置和无人员伤亡的好消息，但也得知了重度受灾村基础设施和群众住房损毁殆尽的坏消息。

盖欧村40余户民房，3户倒塌，30户不同程度受损；通往博峪镇的道路桥梁被冲垮，村口的房屋，院墙倒塌，淤泥灌进屋里。站在淤泥上，伸手就能摸到屋顶，居民家中的家具，已经没有几件能够抢救出来。卫生院一栋二层小楼倒塌，文化广场和临河的居民庭院已经被巨石、泥沙、漂流木堆满，广场上的篮球架也被掩埋在泥石流中，只露出篮板和篮筐。

莫诺村、西周村85户村民住房全部被泥石流淹没，其中12户民房完全被泥石流掩埋。这里原本整齐排列的易地扶贫搬迁安置房，整栋被泥石流淹没，只剩一个个屋顶孤独地暴晒在烈日下。村内文化广场、乡村舞台被深埋得不见了踪影，标准化开放式党群服务中心一层彻底被掩埋，两层小楼变成了一层平房。

其他村落也难逃厄运，昔日赭墙青瓦、碧柳依依的村落满目疮痍，农田里的荞麦、小麦……荡然无存，只剩一片狼藉和荒凉。被淤泥埋到大半的大门上漏出来的"源远流长"的字样和金色的福字，好像诉说着原本对幸福生活的企盼。只是这灾害肆虐之后，群众的欢声笑语不复存在。

刘鹏武心痛啊，组织安排他到曲告纳工作，他费尽心力领导着大家把原本各项工作排名倒数的镇子干到了数一数二，现在却没剩下什么。可是现在不是把心痛拿出来说的时候，"我们将全力出击抢修通村便道，争取第一时间将生活物资送到群众手里，给群众带去党的温暖，解决他们的生活之需"。他对记者说。当务之急是发挥党员先锋作用，投入抢险自救工作。

后来刘鹏武在甘南组工的乡村干部讲堂上发自肺腑地说："这是我亲眼看见无情的暴洪将近十年来脱贫攻坚奋斗的成果一点点吞噬，特别是近几年刚刚实施的生态文明小康村毁于一旦，昔日山美水美、产业兴旺的曲告纳满目疮痍，我们向往美好生活的老百姓昨天还在宽阔干净的文化广场里载歌载舞，歌颂新时代的幸福生活，我们的党员和群众昨天还在窗明几净的村级党群服务中心商议村上大事，我们自力更生、艰苦奋斗的贫困户眼看着步入全面小康的门槛，却被无情的洪水再一次拒之门外。所有这些都在肆虐的洪水面前毫无还击之力，那几天，我不止一次在心里想起，每当想起，心痛不已，哀伤不止。"

曲告纳没有在暴洪泥石流面前低头，曲告纳的党员没有在暴洪泥石流面前退缩，曲告纳的群众也没有在暴洪泥石流面前放弃追求幸福生活的希望。刘鹏武说在这场与洪水赛跑、与暴洪泥石流较量的战役中，曲告纳不怕、不惧、不畏，党员干部和群众站在一起、绑在一起、战斗在一起，直面灾难，迎接挑战。灾难的洗礼只会让曲告纳更坚强。

8月22日，在铿锵有力的入党誓词中，曲告纳镇受灾群众安置点临时党支部成立，在党支部的组织下，党员们有序地开展着抢修道路、堵截洪水、清理河道、运送物资、转移群众、搭建帐篷等应急救灾工作，安全转移安置受灾群众 3200 余名，在前所未有的灾难面前，在党组织的坚强领导下，在广大党员夜以继日地无私付出下，受灾群众通过投亲靠友安置了 356 户，集中安置 93 户。镇政府向受灾群众发放了米、面、油、被褥等急需生活物资，为分散安置的 388 户村民发放了过冬用煤 776 吨。将符合条件的 72 户低保户、五保户和残疾人全部纳入制度性社会救助保障范围，落实了各项救助政策。全镇没有因灾情造成一名群众流离失所，没有一户居民衣食无着。

刘鹏武作为一名基层乡镇党委书记，在如火如荼的抢险救灾战场上，尽管 20 多天每天都在泥泞中艰难前行，在协调作战中得不到片刻休息，但是他坚定地相信，没有一面党旗会在历经狂风暴雨的冲刷后褪色，没有一名党员会在滚滚洪流的洗练后失去斗志，灾害能毁掉脱贫已经取得的成果，却打不垮党员干部和群众的斗志。在暴洪过后的泥土上，曲告纳一定会重建美好家园，一定能够追赶得上全国脱贫攻坚的步伐。

脚下沾有多少泥土，心中就沉淀多少真情

刘鹏武作为一名藏族党员干部，一心想要带领着曲告纳的藏族同胞和各族同胞携手并进，一起奔向康庄大道。

"心里装着群众、工作依靠群众、发展为了群众"，作为一名基层乡镇党委书记，刘鹏武深知要打赢精准脱贫攻坚战，坐在办公室里空想肯定是不行的，必须走到群众当中去，去听听群众怎么说，了解群众怎么想，分析群众的脱贫存在的困难到底症结在哪里。

到曲告纳镇上任伊始，他就坚持遍访贫困户，他说入户走访必须"人到、情到、神到、心到、力到、效到"，人不到，光听汇报是没法了解真实情况的；情不到，就没法真正体会群众的所思所想，没法对群众的情感感同身受；神不到，就思考不出精准的脱贫措施，拿不出确实可行的办法；心不到，群众就感受不到你的关心和真心，就不会信任你；力不到，工作作风飘忽，再好的脱贫政策也落不到实处；效不到，没有工作落实效率的督查推进，曲告纳就不可能和全国人民一起脱贫奔小康。

刘鹏武走遍全镇16个村，走进精准扶贫对象的家中，这些精准扶贫对象在他眼里都是亲人。在走访路上，他走过56道弯的陡峭山路，赶上过早沏的"都玛"茶，也走过天黑后的下山路；手里提过送给困难群众米面油，怀里也抱过阿妮家的胖孙娃；五保户的床边他亲手擦过嫫拉脸颊上流下的眼泪，阿库家的院子里他也和大家一起规划过明年地里该种点啥。

每到一户，他都是与贫困户先拉拉家常，叙叙乡情，详细询问家里的人口几个，收入多少，孩子读书读得好不好，家里老人身体是不是还健康硬朗，新农合买了没有，看病有没有落下账。心和心拉近了距离，再讲讲扶贫的好政策，谈谈怎么样才能谋发展，早脱贫。厚厚的民情日记里记录着全镇困难群众的信息。在贫困户精准识别、复核工作中，他带领全镇党员干部深入农户家中查看情况、核实收入、把关评议，足迹遍布了全镇36个自然村，精准识别出全镇贫困户888户4202人，有了贫困户一户一卡的底数，才能有一户一策的精准确定，为脱贫攻坚精准施策奠定了坚实的基础。

摸准了面上困难的情况，这一户一户的贫困户还得和干部们"结穷亲"，这结了对子，才能把这屋里屋外的事情当成自家亲人的事情操心。刘鹏武的帮扶对象在李子坪村，每个月就算工作再忙，他也得跑上两趟。自己这异性兄弟家里困难，他就想方设法帮他落实扶贫政策，光是扶贫慰问金前前后后就有 2 万余元。光给财物无法解决根本问题，拉着家常宣传政策，鼓励劳动脱贫才是康庄大路。

除了自己的帮扶户，这镇上哪家贫困户家里有大事情他都操着心。"两不愁三保障"除了解决不愁吃、不愁穿，基本医疗、教育、住房安全都得关注。

群众不了解新农合政策，总有人忘记按时缴纳新农合的费用，得了病就抓瞎。刘鹏武操心着今年哪些人没缴纳，每一户未按时缴纳的困难群众都安排镇上先垫付，别让群众生病时落了空，再去挨家挨户宣传政策说明情况；阿吾村残障贫困户多，山大沟深出行不便，为了能让他们享受上残疾人帮扶政策，就得给这些残障贫困群众都办上残疾证，这些群众自己到县上办理太不方便，他就跑到相关部门协商上门办理；拉尕村村民黑老四得了脑膜炎和肺结核，看病的花费掏空了家里不说，还欠下了医药费，黑老四自己难受，都不想治疗下去了，刘鹏武倡议社会捐款 20 余万元帮他渡过难关，治好了病，好日子还在后头。

扶贫先扶智，不让孩子们因贫困辍学是底线。山里的孩子当家早，一个镇上就有 56 个学龄孩子辍学跑去广州、深圳等地打工，刘鹏武觉得，现在社会发展这么快，孩子们要是不读书，没个毕业证，将来走出这群山，就跟没有身份证一样，一辈子咋能活出个样子！家长们觉得读书不如早挣钱来得实惠，他就安排专人去做家里人的思想工作，又去广州、深圳把孩子们接回来送回学校，可是没几天有些孩子又跑出去打工，那就接着再去找，再去接回来，思想工作接着做，孩子们最后都回到了课堂；村里的女娃娃想读书，成绩也好，却被家里留下带着弟弟干家务，开学几个月了，女娃娃心里着急呀，家里人思想工作做不通，为了让女娃娃能圆读书梦，刘鹏武安顿镇上解决这家的生活家务问题，硬是把女娃娃送回了学校；杨才让等6名大学生缺学费，刘鹏武帮着筹集学费1.8万元，这山里沟里一定要出大学生才行，年轻人有了文化，才算有了翅膀，才能带着乡亲们飞过山峰看看世界有多大。

盖欧村的杨东平家里失了火，房屋被烧得只剩个黑框子，刘鹏武记在心里，帮他重新修好了安全住房；甘二西、谷拾英等5户帮扶户安全住房不达标、生活有困难，他四处奔波筹措资金为他们修缮房屋，添置简单实用的家电、家具、家居用品物件，有了安心住的地方，才能谋算着产业咋发展；夏窝子的搭板房改造成安全屋，不再四面漏风了，群众屋里生火烧炕的生活习惯却还在，防止一氧化碳中毒又成了新问题，用民族语言录好了用火安全宣传语音，天天在村里的大喇叭上循环播放，发信息发微信时刻提醒，群众的生活细节都装在了他心里。

脱贫路上一个都不能少，最困难的对象也不能漏掉。刘鹏武结对帮扶的五保贫困户老人生活困难，他张罗着给老人修安全屋。老人年纪大了，为了方便，屋里加盖了卫生间，没有家具，他从自己办公室搬去柜子、床，从自己家里背着铺盖、电褥子给老人铺上。老人去世了，他放下手头的事情立刻赶到村上，拿出自己一个月的工资按习俗张罗老人的后事，就想着老人苦了一辈子，好容易过上两年好日子却走了，刘鹏武怎么会不亲自送送这最后一程呢？

刘鹏武把贫困户当亲人，却把自己的亲人"冷落"了。父亲年迈多病，早些年因为车祸落下了脑病，腰椎颈椎也很不好，加上脚趾不能落地的毛病，基本没法行走。老父亲一年总要住院七八回，他这个儿子日日夜夜却都在镇上白天黑夜地忙脱贫攻坚，没时间在床前尽孝。父亲病倒的时候，他忙着白天走访了解贫困户，夜晚召开研判会，没给父亲端过一杯水，掖过一次被。

全面建成小康社会 甘肃奋斗者（上）

老父亲住院，有时在舟曲，有时要去宕昌，还要时常跑去兰州、西安医治，十来年的乡镇工作一直都在忙，刘鹏武抽不出时间去陪伴；丈母娘患有胰头癌，五次化疗，刘鹏武只去探望过一次。妻子是个个性要强的人，一开始还想着能指望上他，一次又一次的只剩下自己操持，也就没了还能指望的心思，能咋样呢？总不能哭着喊着让他撂下一镇子的人和工作就守在小家里吧。

工作日忙也就罢了，周末、节假日也不着家，家里父母、岳父岳母四位老人和两个孩子，洗衣做饭也好，生病照料也罢，老人的生活，孩子的学习，都扔给妻子。刘鹏武轻声说："我媳妇是个好人呢。"两人15岁时就是同学，后来到兰州上学，缘分又让两人再次遇见，也就是这"青梅竹马"的感情才能理解他工作的不容易吧。

说起两个孩子，刘鹏武也觉得有些遗憾，大儿子高二了，一米八几的个子，是个阳光少年，篮球打得很帅气，小儿子五年级，学习好又乖巧，可是刘鹏武忙起来，儿子的生日一样会忘掉，儿子心里失落，却不曾生父亲的气。妻子在老城区上班，每天中午晚上还要赶回家里给孩子们做饭，这样的奔波久了，就想让刘鹏武帮她调个离家近的工作，可是他呢，把基层干部两地分居、工作离家远、家庭存在困难的事都忙着给县上领导汇报，争取解决，就是绝口不提自己的困难。

过节了，家里做上一桌子的饭菜等着他，老人趴在窗口眼巴巴地望着大门口，他忙着工作，人不回来，连一个电话都想不起来打，饭菜凉了，人也没有影。四位老人想念他，也想着他能多陪在身边，可是难得有机会见到他，嘴里说出来的却只有"好好工作，注意身体啊"。妻子心里要说没一句怨言，是不可能的，可是难得等到他回家，话到嘴边，看着他疲惫的样子，又生生咽了回去。

问起家里人支不支持他的工作，他是沉默的。这个男人作为镇党委书记，说起工作，说起脱贫攻坚，能从发展产业到保护生态，再到下一步重点工作应该建立完善的防止返贫体系，滔滔不绝讲三四个小时；说起家里的事，他却一句也说不出来，他说不知道从何说起，也不知道该如何说。作为儿子、作为丈夫、作为父亲，他心存愧疚，只想着哪天退休了，不用忙工作了，就可以好好陪陪家人了。

可他知道脱贫攻坚胜利了，还有乡村振兴呢，这操心群众的日子，操心乡村发展的工作是干不完的。他也怕老人年纪大了，身体不好经不起等待；怕孩子长得飞快，等他有时间了，娃娃早就远远地飞走了；怕妻子为了帮他尽孝消磨了青春，磨损了容颜，到那时就算有时间陪她逛商场，买衣服，那些鲜亮的颜色怕也不能穿了。但选择了这入党誓词，选择了这份职业，承担着这付重担，那就不能放下自己的责任。所有的愧疚和亏欠就放在心里吧，所有不被理解的憋屈也都放在心里吧，藏家汉子的胸怀应该是比那陡峭的山峰高，比那展翅的雄鹰飞翔的天空高，装得下这方天地，也装得下未来更远的奋斗路。

心中有多少美好的期盼，就能栽出多少幸福的果实

曲告纳是美丽的，被也西、也地卡出侬、扎支则沃、圭果、托俄纳这些山峰拥抱着，被拱坝河、铁坝河滋养着。冬天的酷寒里，连绵山峰被皑皑白雪覆盖，刀劈斧削地险峻巍峨，在冰凌的映衬下就好像闪着银光的利刃，带着曲告纳切断贫穷延续的志气，指向天空；春天野花开遍山岗，铺天盖地的色彩热情而绚烂，向人们展示着面向幸福生活的期盼；夏天的山谷与峰峦里垂挂着清凉而晶莹的瀑布，滋润着矮的草、高的树，一眼望去，满目苍翠。半山峰上萦绕着云雾，如同仙境一般，山谷里回响着民歌，质朴的藏族居民在这里劳作、生息，磨糌粑、煮奶茶。

曲告纳是脆弱的，舟曲是全国滑坡、泥石流、地震三大地质灾害多发区。山高、谷深、石头多，坡陡、土薄、水流急，沟壑纵横、地质疏松、山体分化、破碎严重，大部分属于是炭灰夹杂的土质，加之拱坝河和铁坝河在曲告纳汇集横穿而过，泥石流、山体滑坡、山洪等自然灾害频发。许多山村地处高山谷地，土地资源极其稀少，全镇16个行政村散落在周边的高山峡谷，长期以来，受地理环境及基础设施等因素制约，农业经济发展较为缓慢。

刘鹏武是在初春时节来到曲告纳镇任党委书记的。在此之前，他当过两年插岗乡副乡长，又在憨班乡当了近四年乡长，四年半党委书记，无论是在憨班乡还是在曲告纳，他都一直恪守"民字为本、实字为先、干字当头"的工作理念，奋战在脱贫攻坚的战场上。

要带着全镇脱贫，就得实实在在从产业上下手。曲告纳镇16个行政村36个自然村，村村情况不一样，刘鹏武为了了解情况，一个村一个村地跑，一个村一个村地开座谈会，对症下药。瓜欧村绿水青山，峰峦叠嶂，峡谷地平，拉尕村地处高山谷地，土地资源极其稀少，却风光秀美，都适合搞生态旅游；岔吾古村依气候条件适合花椒种植；木耶村的党员致富带头人把羊肚菌种植搞得风生水起；乔玉诺村搞起了集体经济和土地流转，种植中藏药……有了产业发展方向，有了多渠道、广领域促进贫困群众持续增收的思路，也有了"一村一品"的产业发展原则，接下来就得找到助力产业发展的模式，"党支部+'三变'+合作社+农户"就是曲告纳党建引领，助推产业发展，助力脱贫攻坚的发展模式。

铁坝河蜿蜒流淌，浇灌着瓜子沟大山深处的樱桃园、葡萄园、金丝皇菊园……花也好、果也好，金灿灿、沉甸甸的。金秋时节，金丝皇菊花开的时候，菊园一片连着一片，"满谷尽带黄金甲，唯有悠然见青山"。深度贫困村瓜欧村海拔1100~3500米，是纯藏族村。镇党委为瓜欧村和舟曲县陇升种养殖农民专业合作社牵线搭桥，引进金丝黄菊作为种植主打产业。通过土地流转，种下了金丝黄菊。这黄澄澄金灿灿的菊花，在地里怒放时，是乡村生态旅游的特色美景，采摘筛选送入加工车间，就成了一盒盒抢手的绿色环保养生佳品。现在的瓜欧村有着"陇南别院，藏乡仙苑"的美誉，该村充分利用原有的峰林、峡谷、冰川的景色，打造出了以山水民俗文化为主要内容，休闲、观光、采摘为一体的田园综合体。旧寨子里建起了一座座红顶白墙的小洋楼，村民成了车间工人和农家乐老板，土地入股分红和种植务工收入创收，让村民们在家门口就能轻松地过上幸福生活。

三月的木耶村和岔西村，遮阳棚里调节过酸碱度的土壤上，一行行、一垄垄的培养料上，一个个长着白杆的褐色小伞长得正好，这宝贝可食用、可药用，味道鲜美，益肠胃，化痰理气，它就是民间常说的"年年吃羊肚、八十照样满山走"的羊肚菌。在镇党委和政府的指导下，木耶村通过积极协调对接县农牧局，解决种植技术问题，并向农户提供免费菌种，种起了羊肚菌，平均亩产有300多斤。岔西村还凭借着典型的林区气候适宜黑木耳生长的优势，进一步提高土地利用率，利用闲置土地，开启了以羊肚菌为主、黑木耳为辅的"菌耳轮作"模式，种植起了黑木耳，困菌、开口、养伤、催芽、长耳、采摘、晾晒，村民们忙碌着，喜悦着。

阿吾村祖辈种着荞麦，却种得零零散散，只够自家饮食，从没动过要把这荞麦变成产业的心思。在镇党委不断优化传统农业生产体系、大力发展特色种植产业，同时加大传统农产品的附加值开发力度的号召下，阿吾村决定以荞麦种植为主打产业，做好农产品加工，同时带动乡村特色农业旅游产业的发展。800多亩的荞麦连片种起来，花开起来如同带着粉色娇羞的精致的白精灵，月明荞麦花如雪，田园产业综合体里游客们与荞麦花有着一场美丽的邂逅。

这山水美景、这花海林涛，这些养殖种植的果实，没有狠心，换不回来。要想扶贫政策落到实处，就得躬下身子沉下心，浮在表面玩花活搞不出来真成绩。刘鹏武知道想要干好脱贫攻坚工作，狠抓作风建设缺不得，驻村干部得守得下，帮扶干部得沉得住。光靠倡导、自觉不行，工作作风要监督，工作绩效要考核，工作整改要倒逼，项目建设要跟上，不只纪委要参与，自己也要亲自参与。

刘鹏武的性子直，只要是为了工作就不怕得罪人，光说这一户一册，他就在会上发过火，强调了整整七次，村上拿来的册子里还是缺这少那，别说精准，齐全都没做到，单这一样最基础的工作都没做好，还谈什么脱贫奔小康？刘鹏武心里急得直冒火，直接撕掉了几本册子，全部打回去重新做。事后他也有些后悔，给被批评的同志道了歉，也反思过自己工作方法是不是简单粗暴了些，可是一个重度贫困镇，建档立卡对象人数快比得上有些乡镇的常住居民数，不狠抓工作作风、不力推工作实效，怎么可能完成脱贫攻坚的硬任务。就算有些同志暂时不理解，这老好人也是做不得的。他经常跟扶贫干部说："你得把贫困户的事当成自己家里事，自家有几亩地，明年该种什么，得操心，得谋划，只有当成自家的事，才能给群众办好事！"他坚持注重以整改促脱贫，针对每个村里通过上级反馈和乡镇自查发现的问题，他都要参与研判、督催整改、核查落实，整改完成举一反三问题1560条。

现在的曲告纳，特色富农产业越搞越红火。劳务输转，以中藏药材、花椒、羊肚菌为主的种植和生猪、中华蜂、从岭藏鸡养殖成了主导产业，上百亩的连片药材种植基地、荞麦基地、核桃基地、花椒基地加起来17个，大果樱桃种植示范园里，樱桃把脸涨得紫红紫红的，娇艳欲滴，750余亩的羊肚菌种植基地，12800亩的花椒基地，加上金丝黄菊、美人椒种植，全镇种植经济林果达到2.1万余亩，中藏药材18000多亩，从岭藏鸡、中华蜂、黑土猪达2.3万只、5000箱、2500头，全镇依托特色种养殖带动农户1467户、带动贫困户347户。

收入美了，环境也要美。曲告纳镇坚持以"净、绿、亮、美、畅"作为环境卫生标准，高标准建设生态文明小康村，扎实开展河道清淤整治，拆违治乱，深入开展"巾帼家美"评比，"美丽庭院"创建等活动。刘鹏武以身作则、以上率下，狠抓村容村貌建设，组织镇村党员群众开展环境卫生整治活动150余场次，清运垃圾、杂物600余吨，栽植3苗木花卉6.3万余棵（株），粉饰房屋立面6万平方米、文化上墙300余面，无论是在寒冬的雪地里清扫积雪，还是在酷暑的烈日下身捡垃圾，无论是身着红马甲的志愿者，还是深受鼓舞参与其中的村民，每个人都在为亲手描画幸福美丽的乡村新画卷添上一抹自己心里的色彩。党建强村，产业富民，曲告纳人的幸福日子，和这翠绿的山，清凉的水一起，走进了新时代。

2021年2月25日，刘鹏武在人民大会堂参加了全国脱贫攻坚总结表彰大会，中共中央、国务院授予其"全国脱贫攻坚先进个人"称号。获得荣誉的刘鹏武觉得，这份沉甸甸的荣誉是激励他继续在本职岗位上奋斗下去的力量，他说："作为一名基层党员，能够有幸在人民大会堂参加如此高规格的会议，获得如此至高的殊荣，我感到十分荣幸，也备受鼓舞。我为自己能够参加脱贫攻坚这场伟大战斗，经历这场波澜壮阔的伟大历程，感到十分光荣和自豪。虽然今天领奖的是我个人，但我清楚地知道我取得的成就不只是属于我个人，更是属于省、州、县委政府及社会各界的，是属于和我一同奋战在脱贫攻坚第一线的全体同志的。今天的奖励既是鼓舞，也是压力，我们一定在今后的工作里锐意进取，继续前进。"

刘鹏武不愿意被报道，他说脱贫攻坚的成果不是哪一个人单打独斗干出来的，是大家齐心合力干出来的，老是表扬他这个个体，不好。应该去歌颂这个群体，去歌颂这个伟大的时代。是的，我们要去歌颂，去赞美，每一个奋斗着的个体都是时代的缩影，每一份执着的奉献都在汇聚成高山大海，透过这一个个身影，我们看到的是一股凝聚的力量，是整个中华民族伟大复兴的未来。

2021年2月12日，辛丑年的春节来临，也是这一年的藏历新年，切玛和青稞苗供起来，桑烟飘起来，贴对联、吃饺子，传统的民俗和新生活交融着。到二月二的时候，青龙星会从东方的地平线升起来，那是春天播种的讯息，曲告纳的春天，还会播种下更多的希望，收获更美的未来。

（作者：金永华）

苹果花开香满坡

——记清水县土门镇梁山村党支部书记冯小明

冯小明简介

冯小明,甘肃省天水市清水县土门镇梁山村人,女,汉族,中共党员,现年45岁。2013年至今担任梁山村党支部书记。2018年2月12日,习近平总书记在四川成都召开打好精准脱贫攻坚战座谈会,她作为基层代表,在这次会议上向总书记汇报了梁山村的脱贫产业培育发展工作。冯小明肩负梁山村的脱贫攻坚重任,顽强拼搏,用心用情用力展现了一名村支书的时代风采,书写了一个深度贫困村的美丽蝶变。

牛头河和黄土坡

流淌在陇山西南麓的渭河，有条支流叫牛头河，几千年来它被叫作西江、桥水，盘沿缠绕地流过上邽，如今这个地方名为清水。民间传说里，黄帝、炎帝、神农都出生在牛头河的源头，清水县城建在河谷的小片平原上，三面环山，一方临水，县城边的王家山是陇山支脉，山坡上春夏两季多开着斑斓的野菊、草莓、蒲公英和许多不知名的野花，是天水旖旎风光里的一片温润的花瓣。牛头河长久地滋养着清水县的诸多村落，却是一条"偏心"的河，清水全县85.1%的面积都在海拔1500米以上，这一大半的山上的土地守着牛头河，望着牛头河，却没被这条带着神话传说一直流淌的河流眷顾。单说山梁上的土门乡平均海拔1510米，最高的地方海拔1841米，全乡5.2万亩耕地全都是黄土山地，虽说离县城也就46里路，可与山下县城"小江南"的柔美水乡风光相比，更多的却是黄土高原常见的西北汉子气质，胸膛宽阔却粗糙，沟壑连绵，山高路陡，层层叠叠，爬上一座山脊，放眼望去，又是一道又一道的山梁，土地黄茫茫一片，干巴巴的，和人们的日子一样不滋润。

过去的许多年里，山上的日子总是比不得山下川里的日子，川里的地平整、有水源，地虽不多却种啥都好。山上的地，都是一铲子一锄头在黄土坡坡上刨出来的梯田，依着山势，宽宽窄窄，远远看起来一坡一坡的梯田倒蛮是壮观，拍起照片也是好看。只是农家人自己知道，这梯田农机开不上去，家里有大牲口的还能让牲口帮着人侍候地，没有的，施肥收割都得靠人肩挑背扛。这黄土比不得别的地方的黑土养庄稼，老天又不舍得赏雨，人吃的是窖水，吃多了胀肚，就这也匀不出来水给庄稼，一年年的农活干得辛苦，庄稼的收成却漂亮不起来。

说起干农活，也不是谁比谁家懒了、笨了，只是天气旱、下雨少，要看天吃饭，种了小麦、玉米、高粱、洋芋、胡麻……收成却不如意。苹果倒是几乎家家都种，秋天结了甜甜的果子，红红的咬一口都心里甜，可从山坡坡的土路上拉出去卖却是个难事，这土路不光崎岖，还晴天扬土雨天翻浆，莫要说汽车，架子车、拖拉机都没法顺顺当当地开。村里的苹果红了，一堆一堆、一筐一筐，堆满了果园子，填满了地窖，村里人守在村里的果园里出不去，外面的销售商因为运输难，成本高，也不愿意翻山越岭进来收购，就算有意愿来的销售商，那可是拿着圆圈圈模具的，这圈圈就是圈住价钱的紧箍咒哩，苹果小了，样子丑了，更卖不上价钱。辛苦一年，城里面一斤苹果卖几块钱，村里的苹果却还卖过一毛钱一斤的收购价。换回来的钱抵不上人工和肥料的本钱。有些年成看起来是丰收了，可苹果就成堆成堆地烂在果园的路边，卖不掉也存不住，生生糟蹋掉了。

一年年不如意的年景下来，村里人伤了心，也伤了志气，没了踏实干活的心思。就算是手揣在磨得油光锃亮的衣袖里，蹲在朝阳的墙根下晒晒太阳，在场院上说说东家长西家短，闲话说了半天，时间耗到日头躲到山后面，也没想过咋奔个好日子，连羡慕人家的心思都渐渐没了，穷就穷呗，反正也逃不脱这黄土坡。一年四季做点不用太多油水的浆水拌汤，浇点素臊子，天气冷的早晨散点苞谷面糁饭，碴点稀饭、糊糊，啥日子不是个过，只要自己烟囱还能冒烟，就甘心两顿饭一个倒。

年轻人和中年人但凡有点活络心思，都跑出去打工了，能去县城去县城，能走得更远的去省城，有点手艺的吃个技术饭，没学上啥手艺的，工地上打个小工做个保洁，收入也强过侍弄庄稼，一年到头也就逢年过节回家一趟。混得好的,把娃娃带出去上学,把爹妈接出去照应娃娃。混得不好的,也不愿意再回到这土坡坡上穷窝窝里,宁肯苦着待在城里,也不想把力气使在没有啥回报的土地里。村里变成啥样,是更穷了还是稍微有点起色,已经走出去的人心里不在乎,老人跟着后人走了的,房子没人住,院子草长到半人高,地撂荒了不种也就罢了,反正也没啥意思。

留下的人,勉强打着精神侍候庄稼,吊在半空中的日子让心里没着没落的,就算睁着眼想看看前面的日子,也不知道该往哪边看,也不知道还能看着个啥。实在日子过不下去就找村上乡上,等着发点扶贫款慰问金低保金,再不济磨着缠着等着村上乡上发点东西,救个急、过个年节。日子一眼望到头,没啥盼头,也没啥指望。

除了几个出了名的干散人还有着精神头奔日子,打整的连旧床单也得洗得发白,小院里还规规整整,剩下的人莫要说找个出路挣个钱、翻修翻修房子,许多人就是家家户户的垃圾,都懒得拾掇,屋里炕上桌上到处油亮得发黑,村里的垃圾都一堆堆地敞在路边上。一来二去,这个国家六盘山片区扶贫开发重点县里的小山村,越发深深地藏在了黄土埋起来的茧里。

新生活和新起点

2021年的2月,春天才刚开始悄悄透出萌芽的气息,坐在天水到北京高铁上的冯小明注视着窗外,齐肩的头发扎成简单的马尾辫,没有过多的修饰,消瘦的脸上戴着近视眼镜,在旅客中并不显眼,没有人知道她的内心此刻正澎湃着巨大的波涛。身上藏蓝色的西装是离开天水去北京前在自家镜子前比来比去、精心挑选的,她觉得西装白衬衫正式又庄重。这次去北京要参加的会议可不是一般的会议，在冯小明心里，这次会议不只对自己，对千千万万和自己一样的基层扶贫干部，对全国人民都是时代的里程碑，那可是要向全世界宣布一个中国所取得的伟大成就的重要时刻，能参加这次会议可是值得铭记一辈子的，每一个细节都马虎不得。

这次去北京是她第三次见到习近平总书记了，2018年2月12日，她这个村书记就作为基层代表在成都参加了习近平总书记主持召开的打好精准脱贫攻坚战座谈会。在会议上，冯小明向总书记汇报了村上的脱贫产业培育发展工作，在汇报时她提到，村里的个别贫困户晒太阳晒习惯了，脱贫致富慢腾腾的，和蔼可亲的习近平总书记最后微笑着对她说："你回去了以后告诉乡亲们，先脱贫致富，致富了以后再晒太阳。"总书记的关怀和嘱托冯小明刻在了心里。"打赢脱贫攻坚战，中华民族千百年来存在的绝对贫困问题，将在我们这一代人的手里历史性地得到解决。这是我们人生之大幸。"总书记的这句话激励着她。是的，人生有千百种活法，最大的幸运应该就是迎着时代的潮头，为历史性的胜利去全力以赴，去奉献自己。

会上的指示安排和其他地方汇报的经验做法她一个字都没忘，全都密密麻麻记在她的笔记本上。这本子可是她的宝贝，上面不只有学习的记录、工作的思考，还装满了全村1600多人的屋里屋外，吃喝生计。那次会议以后，冯小明心里想的、手头做的比以前更多更细了，她知道总书记所说的精准脱贫攻坚战是场硬仗，这仗必须要打，还得打得漂亮，不豁出去可是不行的，不只自己要奔跑，还要带着全村人一起奔跑，幸福是奋斗出来的，奔向小康路必须全力以赴。

一晃三年过去了，虽然还是春寒料峭的时节，冯小明的心却是炽热的，两天前人民大会堂大礼堂里隆重热烈的气氛还在包围着她，每一幕画面都还在她脑海里一帧一帧反复回放。主席台上熠熠生辉的国徽，分列两侧的鲜红红旗，大礼堂穹顶的红五星让她心潮澎湃。二楼眺台上"紧密团结在以习近平同志为核心的党中央周围，全面推进乡村振兴，巩固拓展脱贫攻坚成果，为全面建设社会主义现代化国家、实现中华民族伟大复兴的中国梦而团结奋斗！"的标语已经化作记忆的永久密码，深深地镌刻在她的脑海里。

作为国家六盘山片区扶贫开发重点县里的代表，来到北京接受全国脱贫攻坚总结表彰的先进个人，这不是冯小明九年脱贫攻坚工作历程里第一次获得荣誉，但却是一份最为沉甸甸的荣誉，人民大会堂里佩戴过的红花、奖章和习近平总书记亲手颁发给她的荣誉证书都已经被她里三层外三层地精心包好，放在随身的包里，她把包抱在怀里，贴近自己的心脏，耳畔反复想起那句"时代造就英雄，伟大来自平凡……脱贫摘帽不是终点，而是新生活、新奋斗的起点"，感受着那里面透出的那股让她浑身上下充满力量的气息。她望着窗外，心绪飘回了村里，想着那里的乡亲、花椒树、苹果树、核桃树、土蜂蜜……是的，这不是终点，而是新生活、新奋斗的起点，我们的路还很长。

苹果花和花椒树

苹果树，适生于山坡梯田、黄土丘陵，果实性凉、味甘，宜缓解中气不足、精神疲倦。孙思邈曾说其花"益心气"。

花椒树，别名秦椒，海拔较高的山地常有栽种，生性喜阳光、耐寒旱，果实香气浓，味麻辣而持久。《先秦诗经·国风》云："椒聊之实，番衍盈升，彼其之子，硕大无朋。"

村书记冯小明带着的一村人生活着的这个山坡坡，在黄土高原上浅山干旱区一个叫土门乡梁山村的地方。

冯小明是个会种花椒树和苹果树的女人。

在甘肃这个地方，黄土和戈壁盘踞了大半，男人和女人的性子也像这高原似的，红彤彤的脸膛上带着敞亮，可天水不一样，这"陇上江南"既有着黄土高原的豪爽也有着江南水乡的润泽，在"羲皇故里"传承的文化孕育下，方言里还保留着许多古时的提法，甘肃人都把天水妹子叫"白娃娃""瓷娃娃"，是对天水妹子温婉美丽的夸赞。

45岁的冯小明是个地道的天水妹子，不高的身躯略显瘦弱，脊背却总挺得板板正正，白白净净的皮肤上留着劳作和日晒的痕迹，大眼睛双眼皮，脸上略带着疲惫的神情，眼神里有着似水的温情，这温情里裹着的却不是柔弱，是一股子不服输的倔强劲儿，温和与坚定在她身上一起交融着，却一点也不违和。

冯小明和爱人承包着邻村的30亩荒地，栽种着花椒和苹果。她和所有女人一样，爱美，她心里喜欢苹果树开花时候的样子，那一朵朵苹果花簇拥在一起，衬着花心里一丝丝细细的黄花蕊和花萼下新绿的叶子，满树挂满着白里透粉的花团，一朵朵都拼了命地绽放，好像这苹果树的灵性偏要自己每一年都用尽全力地绽放，用自己的美丽回报为它浇水施肥的人和扎根的这片土地，衬着这果园里忙碌的冯小明脸色也是白里带粉，笑颜里透着欣喜。

冯小明骨子里的温柔被平日里的风风火火的日子遮盖了起来，曾经家里的孝顺姑娘、慈爱的妈妈，现在在村里却要做一个"当家人"，这可不是那么容易。不说肩上担着千多口人将来的日子往哪儿奔的担子，早晨惦记着自己照顾了9年的梁大爷，都92岁了，身边也没个人照应，该去看看家里还有没有蒸好的馍馍，中午谋算着特困户冯虎林三兄弟的房子漏了顶歪了墙，得趁着危房改造的机会修整修整，可这家人穷得怕是给了补贴也盖不起新房。就说这平常日子里东家西家闹个纠纷矛盾，需要搞调解、改绞绞，村容村貌太差需要动员村里人各家出劳力清运堆在路边的垃圾这些小事，都不是光费口舌就能解决的，没点威信，没点泼辣劲儿肯定不行。更不要说一个女人就这样当了村干部，还有人悄摸摸地在心里等着看笑话哩。村委会里闹事的、冷眼在旁边看热闹的，不在少数。冯小明一个女人，不是没有被气哭过，心里的委屈有时都装不下，只能化作泪水从眼睛里溢出来，可是这条路已经走了，就得挺直腰板走下去，抹掉眼泪，工作还得继续干。

日子长了，她这性子里也越发显出些花椒果实风风火火的麻辣劲儿，她后来还跟人说过："这村里的工作，是硬生生把个温和的女子逼成女汉子哩。"为村里的事，她想到啥就立马行动起来干啥，谁要是不服气呀，她还真不怕，咱带着大家走的路是康庄大道，遇到点阻力困难怕啥哩，这好日子的滋味，大家能慢慢品着哩。花椒树是为数不多的适合在高海拔地区种植的经济作物之一，生性不怕冷不怕旱，果实又麻又辣有滋有味让人舍不得放不下，冯小明的骨子里有这股子天不怕地不怕的泼辣劲和韧性，就是要在这黄土高原上养出好日子的甜果果。要是没有这股泼辣劲儿和韧性，在这黄苍苍土茫茫干巴巴的山坡坡上，任谁也养不出这成片成片花椒的香，苹果的甜。

兴许就是这一树树的花椒熏出了她的性子，就说这花椒的果实一把把红彤彤沉甸甸的，虽不鲜亮艳丽，可多了些人间烟火的麻辣鲜香的实在味道，冯小明身上也没有多少时尚丽人的气息，就是个干净立整，近视眼镜片遮住了漂亮的大眼睛和双眼皮，却没遮住她笑起来两颊上的酒窝和一口整齐的牙齿，也没遮住这笑容里带着的五月阳光似的暖烘烘的气息；花椒树不那么高大，冯小明的身躯也是单薄的，单薄到谁也不知道她一个女同志是怎么把这个贫困村村支书的担子一扛就是9年，还带着一村的人把日子越过越红火。

说起承包这30亩荒地种花椒和苹果，冯小明却不是为了自家发家致富。2013年她当上村支书，面对的却是一个全县最典型的黄土高原干旱深度贫困村，5个自然村6个村民小组，全村上下324户1644口人，建档立卡贫困户就有213户947人，贫困发生率高达52.88%，5个自然村这边山坡一个，那边山梁一个，走过去串个门都要走一晌午。村里耕地倒有4723亩，人均下来近3亩，可黄土坡坡上自然条件差，这些年来这地里种的、棚里养的又没选准个好产业好品种，地里那点儿农业收益都没法拿上桌面摆一摆。这穷根根在黄土里面扎得深，在村里人心里扎得更深，穷惯了，穷怕了，就算是康庄大道摆在山尖尖那头远远看得见，大家的脚跟跟也不愿往前挪一挪。

虽说前面四年在村上当过文书，也选上过村主任，不是不了解村里的情况，也不是没有思想准备，可是这当选书记后的担子却比以前工作时更重了。村里党员大会选举时，大家这一票一票可全是郑重其事的信任和期待。"小康不小康，关键看老乡，关键在贫困的老乡能不能脱贫"，可是村里贫困率这么高，贫困程度这么深，没有龙头产业，也没有致富带头人，怎么干才能让全村上下一个部落的脱贫致富，任命文件宣布的这天晚上，冯小明失眠了。

丈夫一直很支持冯小明的工作，他心疼她，觉得她的肩膀太单薄，扛着一村的老老小小，责任太大，总怕她哪天就累倒了。这媳妇原本在南方的厂子里打工，干起流水线上的活是把好手，一个女孩家收入抵得起几家庄户人侍弄庄稼。跟自家结了婚，生了娃，为了娃娃，收了心思回了村，养鸡种田伺候老人，也是干得热火朝天。可是村里的年轻人都不爱回到这土坡坡上，村委会里缺个识文断字心思细的文书，老支书瞅准了冯小明，觉得这女孩见过世面又细心，一趟一趟往家里跑，劝说她为村里分个忧。可一开始，家里老人不愿意哩，觉得她一个女人家不该掺和那些破烦事。可冯小明被老支书说动了心，偏要去干一干，就不信自己干不好。

　　自从回到村里当起文书开始，冯小明就一天天早出晚归的，自家的鸡卖了，家里的娃娃也顾不上了，一门心思都放在了村里的工作上。当了村主任、村支书，就更是忙起来没个早晚，给家人一顿像样的饭都很少做过。有时回到家，饭都没力气垫吧一口就在床上躺下了，可是院子外面有人一喊冯书记，她可就立马打起了精神头，穿上鞋就往外跑。她呀，总有操不完的心，想不完的事。这忙活劲儿，还真不如当初一起出去打工的时候来得轻松，干完自己的事就能嘻嘻笑笑地过个家常日子。说起自家的日子，冯小明心里悄悄地装着一桩心事，这些年忙着操心村里的大事小事，自家孩子根本顾不上，莫要说好好地陪伴，就是娃娃的学习也是一点都操不上心，大儿子中考的时候，冯小明刚当上村支书没几年，抓产业、搞基础建设、治理村容村貌，忙得脚不沾地，孩子学习咋样她没时间过问。中考过后，孩子成绩不理想，没考上高中，去读了中专，虽说后来继续努力也读了大专，可这事却成了冯小明心里藏着的永远的遗憾。如今小孩子读中学，她还是一头扎在村里，还是没时间去陪伴。作为一个村支书，她负了责任，作为一个母亲，她却是自责的，孩子一辈子的路呀，确实被耽搁了。她也想过，要是自己没去干这村上的工作，安心在家养养鸡，顾顾娃，是不是孩子们会生活得不一样，以后的前程会不会更好更有出息。可是世间安得两全法，她的心和时间都给了这村里的一砖一瓦、一树一花，能匀给孩子的实在太少了。

　　丈夫的担心不是没有道理，冯小明干工作太拼命，自从在成都参加完打好精准脱贫攻坚战座谈会，总书记的嘱托就给冯小明打上了强心剂，她比以前奔跑得更用力了。就在那年春天，村里的各项工作全面铺开，果园补植改造，春播，修路，冯小明每天就跟打仗一样，早出晚归，嘴唇干裂开了口子，脸上晒得起了皮。丈夫看着她疲急的样子劝她歇歇,可是她不听啊,终于有一天冯小明晕倒在退耕还林的群众大会上。丈夫心里这个害怕,去医院的路上一直紧紧攥着她的手,喊着她的名字。好在冯小明醒了,大夫说她这是因为长期劳累造成的血小板太低、缺钾和大脑缺血,导致心脏不太好。一向好脾气的丈夫这回急了眼,说什么都不让冯小明再当这个村干部了。平日里这女人顾家不顾家、管不管娃都可以不埋怨,但再这样下去,命都没了。可是,他终究拗不过这个女人,冯小明出院没休养几天,就又开始工作了。

这一阵丈夫总是能听到冯小明半夜翻来覆去睡不踏实,可也不跟自己说心里到底有啥事装不下。他知道当选村支书是该高兴的事,自己媳妇干散攒劲着呢,也知道这村主任本就不好当,媳妇一天天遇到的难事可多哩。这当上村书记,困难就更多了,想把一群心里觉得没奔头的人的志气提起来,没个搬山移海的耐性,还真不成。

思来想去这样下去不是个事,还是张了口:"有啥事你括净麻嚓说嘛,你个把稳人,啥就能让你这样了?"(天水方言,意为:有啥事你就说嘛,你是个稳当人,咋就这样了?)

冯小明这几天本就因为想要给村里寻一条林果种植路子,和大家商量,却被人推三阻四的,不是说家里没劳力干不起来,就是说穷,苗子肥料人工投不起,还有的说叫她断了这心思,稳稳当当有啥不好,这村里的穷气还真是她一个女人就能赶走的?

她心里一直相端着(天水方言,意为:揣摩,思考)下一步该咋干才能让村里人信服,才能提起干劲,被丈夫这么一问,马上一骨碌坐起来,跟丈夫说:"村里要致富,就得选些好产业,林果、畜牧、劳务都得搞,可是光讲政策不带头干起来行不通,村里人都各气色哩,我看旁边村里有几十亩荒地,我埋着力想要租下来种果树,种花椒,咱家先干起来,干好了,有了效益,才好让其他人下决心呢。"

丈夫顿了顿，半晌没说话，对这个家庭来说，这决定可是个大事，租几十亩地，且不说租地、树苗都要用钱，种花椒两年才挂果，三年才能看出收成，苹果少说也得三年才能看见果子，这万一最后没干好，还给人看了笑话，这要干起来，得下狠心呢。

冯小明猜出丈夫的心思，轻轻捶了一下丈夫的肩膀："不是我梢轻得很，我是党员，是村干部，脱贫致富奔小康，我不带头让谁带头，咱们都不愿尝试担风险，光耍嘴皮子，谁能听，村里兀早的样子你也知道，我都撕不展，哪能带着村里人一起干大事嘛。"

丈夫虽然心里没底，可是知道这个女人心里有股劲儿，那是干啥事就非得干得漂亮，再为难也要想办法不肯落在人后面的人，那除了帮衬着她，还能拖后腿不成。

"知道你哩，也别隔空子了，明天就去看地方。"

说干就干，两夫妻租下了邻村 30 几亩撂荒地，查资料、选苗子，捡拢园子，三四月间种下花椒苗苹果苗，下足底肥，花椒第二年苗子就长到一米多高，春剪秋剪，疏枝定型，这 30 多亩凄凄冷冷的撂荒地，又迎来了有花有果有滋味的日子，也让村里人看到了冯小明的决心。

冯小明自家把事情干在了前头，榜样做在了前头，这树苗子长着，村里人也看着。慢慢的，呕人的、各气色的人越来越没话说，觉得这女支书把稳着呢，愿意跟着她干，相信只要勤劳肯干，再加上选准产业就能走上发家致富路的人越来越多了。

种下梧桐树，引得凤凰来，不只自己村里的人搞起了种植养殖，连外来的人都瞅上了村里外出打工的人撂荒的土地，先是有人租下 60 亩荒地种无刺大叶梅花椒，再后来呀，村里五六百外出劳务输出村民的荒地逐渐都被流转出去，打工的收入和土地流转的收入双份地揣进了口袋。冯湾自然村建起了 2000 亩花椒示范基地，陈尧自然村建起了600余亩的苹果基地，白水沟自然村发展核桃栽培园680余亩，大家伙种着干着，越干越有精神，全村的果园子也是越捻拢越大，越捻拢越多，大家都埋着力，不只要种得多，还得种出高品质的果子，要拿到大城市的超市去卖哩。

惊蛰还没到，地气还没通，这果园管理技术培训会就开起来了，这大大妈妈、丫公丫家、丈门大丈门娘、后人女孩一答里都来听技术员讲发家致富的技术门道哩。咋在开花第二天用毛笔授粉？啥叫以花定果？啥时候追肥最好？怎么增温保墒？这科学精准侍弄果树的门道可多着哩！

有了致富思路，也有了龙头产业，村里人奔日子的劲头儿提了起来，大家种下了苹果、花椒、核桃，做起了手工粉条、五谷杂粮、农家浆水、土蜂蜜的生意，村里种着3356亩的苹果、花椒、核桃，销售是个大事情。冯小明又开始琢磨着怎么把这些农家宝贝销售出去了，她寻思着，酒香也怕巷子深，这好东西产出来，光靠在家等着可不行。引进活水，寻找外援，建个村级果品交易市场，再建个村级电商服务中心，也赶个网络销售的新时尚，这主意成。市场建起来，销售商来了，销路也打开了，一年就能卖出10万公斤苹果，那真是红艳艳的小山哩，再也不愁苹果烂在地里卖不出去。线上交易额一年也有60多万元，好多人家还买了花椒烘干机，村民梁保全说他网上卖花椒一斤55元呢，用看不见摸不着的网络信号就能赚钱，山里的人以前可不敢想。

还有困难户光靠务农脱不了贫，需要就业，咋办呢，劳务输出也是一条好出路。冯小明自己回村前出去打过工，知道有技术含量的劳务输出能给脱贫增收保住底，可没技术咋办？那就请来专业的职业培训学校搞培训，根据不同家庭的特点"一户一技"，建筑工、电焊工、钢筋工、家政服务、驾驶员、电商培训、牛肉拉面师、果树工,学了技术有了手艺,打工挣的钱都比以前多了。不只走出去能创收,自己村里的果品交易市场还有16个工作岗位呢,土坷垃里刨钱的人拿上了工资,一年也有5000元哩。

村里人收入上去了,冯小明却没时间坐下来休息,她心里想着别的事哩。要挖穷根根,得挖到人们心里去。苹果花开得美,可这村容村貌还是破败样子。女人们扯着闲话,男人们顾着个家,人心没有拧成一股绳,这脱贫致富的路走不长。

这改思想、扶志气,实践新时代文明得从哪里入手呢?冯小明心里思量着,想要工作强,支部就得强,党员问政会、村民代表会大家一起商量,就从整治村容村貌、移风易俗这两件下手抓。来场环境整治大比武,党员干部带头干,党员先锋队、志愿者服务队都建起来,厕所要改造,垃圾要回收,陈窑古戏楼也修缮一新,标准化卫生室建起来了,便民金融中心和"爱心超市"开在了群众的家门口。

在梁山村有许多居家外出的人家房屋年久失修,残垣断壁比比皆是。如何整治村庄面貌,又成了摆在冯小明面前的一大难题。上门做工作,人家不听,工作局面打不开怎么办?冯小明又从自家下手了。自家院外本来盖了一间小卖部,是公公去世前一手盖起来的,公公去世时才58岁,那年腊月二十八,公公已经把过年的猪杀好,年货备齐,小卖部卖的东西全部备好,却就那样突然地走了,这成了一家人永远的伤痛。这房子是一家人对公公的念想,更是婆婆所珍视的。现在冯小明想要拆掉它带头整治村容村貌,婆婆那里她不敢去也不忍心张口,连一向支持她的丈夫这一关都难过。可是怎么办呢,村里的工作总要推进,冯小明前前后后思量了几夜,这嘴总是要张的,这决心也总是要下的。

拆房子不只是拆了对公公的念想,也会拆掉家里的一条重要经济来源,这村干部的工资早先并不高,全家还指望这小卖部能挣点活钱，给老人看病，给娃娃读书用。丈夫怎么都不同意，冯小明除了自己反复做工作，还请了亲戚帮着说道，好不容易过了丈夫这一关，婆婆那里又该怎么办？冯小明的婆婆脾气好，自打她进门，就一直很疼爱她，一起住了20年，从没红过脸。婆婆其实心里知道冯小明打算干什么，拆，舍不得，不拆，一天天的，冯小明给村民们做工作吃的苦受的气她都看在眼里，心疼着呢。就对冯小明说："拆去吧，谁让你干上人家的事情了呢？"说完这话，婆婆转身用衣角擦了擦眼睛，冯小明知道，这个支持她工作的决定，婆婆做得有多艰难。在拆房的那天，婆婆流泪了，冯小明心里也不是滋味。带头拆了白水沟自然村婆家的小卖部，冯小明又去冯湾自然村做娘家的动员工作，带头拆除了院外建的鸡舍、猪圈以及柴房，大大小小共四座。

冯小明带了头，白水沟自然村的拆危治乱工作得以顺利开展。冯湾自然村的拆房也顺利完成。全村先后拆除危房和空心院72户，危墙3671米、乱搭乱建276座；完成庭院硬化42户，修建了村庄小广场3个、停车场2个、凉亭1座、公共厕所2座、柴草堆放场8个、垃圾回收站1个。总书记说过，政策好不好，就看乡亲们是哭还是笑，如今在梁山村父老乡亲们的脸上经常能看见灿烂的笑容。

冯小明还把新时代文明实践站建在了村里，村民们时常在"幸福都是奋斗出来的"大标语旁边围坐在一起，这可不是以前坐在一起扯闲话、倒是非了，说的学的都是咋样才能当上"最美家庭"，哪些人才配得上"好媳妇""好婆婆"的标准哩。发落女孩出嫁，娶媳妇的事情，那些开箱钱、彩礼钱的陋习都转变了，如今的梁山村，攀比的可不是这些，比的可是好家风、好民风。

红门楼、绿树映，家家户户的门前栽花种树，矮的是冬青、高的是垂柳，随着如雪的梨花淡白柳深青，迎春的岁岁阳和先占取，妇女们也搞起了"炕头经济"，一双双巧手学会了编织绒线花，下雨阴天，茶余饭后"最美巧手"都忙着上下翻飞编织美丽生活哩。女人们手里一朵朵毛茸茸的绒线花是人面绒花相映红，村里的苹果花也越开越盛了，春日里3000多亩的苹果花海，香飘满坡，熏得这脱贫致富的日子越来越甜，越来越美，春天的小山村从黄土坡的茧里展着翅膀，飞出来了。

土泥道和小康路

冯小明知道，困难群众一直是总书记心中最大的牵挂。总书记在地方调研的时候，经常到老乡家里和大家一起聊一聊生活情况，亲手摸摸炕头，试试炕烧得热不热暖不暖，翻一翻民生簿，算一算增收账。

作为最基层的扶贫干部，冯小明心里清楚得很，要扶贫，先扶志，要致富，得先知道这家家家户户屋里头缺啥，心里头想啥。了解群众的困难和思想，把群众的冷暖放在心坎上才能真正干好扶贫工作。村子里要脱贫，光有产业思路还不够，还得因地制宜，因人施策，她这"当家人"心里得有一本"明细账"。这本"明细账"不只记在冯小明的笔记本上，也记在她的心里，每一笔都是她一户一户走访来的。

梁大爷92岁了，孤身一人，情况特殊，身边没个照应，快一个世纪的生活经历让老人看过了太多事情，也体味过了人世间的冷暖酸甜。多年前他就想着，自己这把年纪了，又是一个人生活，老觉蹬手的，指不定哪天就一个人躺在屋里走了，估计都没人能发现，也没人给穿老衣，落草了谁往枋里抬哩？虽说这年纪越来越大，是个老寿星了，只是这想法一直藏在脑子里，一想起来就觉得凄凉，就觉得活着太久也是没啥意思的。

可是这些年，梁大爷心里头这些凄凉倒是越来越淡了，他晓得，现在呀，有人惦记他管他哩。9年了，冯小明一直牵心着他，村上的志愿服务队不是来铺地面、改土炕，就是扫洒卫生、洗衣剪发，院子里隔三差五热闹着哩，梁大爷那些心思可再没来烦扰过他。

冯小明心里可一直惦记着梁大爷，还有那些五保户、残疾户，咋给他们修安全屋，咋让他们穿得暖睡得香吃得好都得考虑到。一个村富裕不富裕，精神文明建设得怎么样，可不能光看富裕户的日子，那还得看村里最困难的人过得怎么样，只有最困难的人都过好了，才能算"小康路上一个都不能少"。

"爷，这几天咋样啊？"冯小明边搊着老爷子从屋里出来晒晒太阳边问。最近工作忙，她心里惦记着呢，得空就过来看看。

"好着哩，干粮时还看着窗上爬着花花牛儿哩，你忙的，我这又要攘踏你，心里过不去嘛。"

"你这前几天迊风了，松了些没？"（天水方言，意为：你这几天着凉了，好些了吗？）

"请先生观掂了，松了松了。"（天水方言，意为：请大夫看了，好些了。）

"吃得合心不，年纪大了吃不好，要撑人跑肚哩，可要注意。有啥困难就跟村上说，不要觉得攘踏我了，这是应该的。"

"现在这日子过得，想吃擀饭吃擀饭，菜水一点不少，比以前过事情还好嘛，谢谢党和政府，也谢谢冯书记你嘛。这日子真是越过越好，莫说我，就说这冯虎林家，一家后人三个，两个残疾，以前穷滴，墼子房子都快塌了，现在村上镇上帮着跑危房改造，还跑着找人又是捐钱又是捐东西的，这一划新的房子，漂亮得很嘛。我活这么大岁数，经了几辈子人了，这放在以前想都不敢想，现在好日子就在眼前，都是党的政策好，你们这些干部们关照我们关照得好，才有这不受穷的好日子嘛。共产党好啊，村干部好啊，你这女孩也是好啊。"

说起冯虎林，冯小明往他家没少跑过，作为特困户，他家确实困难，能当壮劳力的年纪，他两个兄弟不是失明，就是智力残疾。申请上了危房改造资格，却连需要自筹的那部分钱都拿不出，要不是村里一直向镇上反映情况，土门镇党委书记王长荣得知这一情况后四处为他家奔走，拉来了爱心企业和爱心捐款，这新瓦房咋也盖不起来。

不只是他家，冯小明的笔记本上民情台账里，全村213户建档立卡户和非建档立卡的一二类低保、五保户的情况都记录得详详细细、明明白白的，谁家的孩子考上了学校需要资助、谁家发展产业缺资金、谁家有多少亩耕地能栽果树、谁家的房子是危房需要纳入危旧房改造，没有一样是她心里没数的。这可是绣花一样的功夫，也是冯小明热头下面，黑夜个，迎着早烧晚烧挨家挨户跑出来的。

梁山村兀早没有一条硬化路，都是些土泥道，夏天里下霈雨，响雷闪火闪，撑着伞都没用，雨点子和着泥能打湿大半个裤腿，冯小明泡雨也要走访；大风天兀里都是塘土，呛脸风吹得地里的胡墼都跟着跑，吹在脸上生疼；冬日里天太冷，下雪还好，化雪冻得人敧哩，冯小明还得牵心着贫困户家里买上碳没，赶着去看，一步不稳，滑一跤，甲骨头胳坠子生疼，爬起来接着赶路，回到家才发现身上青了一大片。她这宝贝本本上记下的不只有全村人的吃穿生计，还有的是冯小明走过的每一步走访路。

冯小明在这土泥路上的走访不只走进了贫困户的家，也走进了老党员、老干部、老乡贤、群众的家。她知道，一个人的能力是有限的，见识也是有限的，单打独斗打不赢脱贫攻坚这场硬仗，250多人，建议300多条意见，条条都记在了宝贝笔记本上。她和村"两委"班子一起总结出了梁山村自然条件差、贫困程度深、基础设施薄弱、产业发展不足、生产生活不便、部分群众等靠要思想严重等内外根源，集思广益确立了以全力推进致富不忘党恩、富民产业培育、传统文化保护、村容村貌治理、基础设施建设、林业生态建设、精准关爱行动、内生动力激发、农村"三变"改革为主攻方向的"九个精准脱贫专项行动"。有了底数,有了思路,冯小明又开始动起了心思,闷头在这山坡坡上,想出来的主意大不过头上这一片不大的天,得走出去,看看别人都是怎么干的,她一拍大腿,走,咱们观摩学习去,这一走出去,外面的世界打开了大家的眼界,想法点子更多了,这条学习路,一走就坚持了十年。

"嫂子,你这人刹利得很嘛,这用新蒜苗炝的浆水味道才是尖得很,家里的猪出栏咋样?"

冯小明来的是建档立卡户梁世珍的家。梁世珍家里人口多,8口人吃喝花销负担很重。背着一家老小的日子,老梁虽说有心干点事想走上勤劳致富的路,可是缺钱啊,没有起步的资金,脑袋里想啥都是画个饼子,拿不到碗里吃不到嘴里。

经过走访,村上了解了梁家的困难和求发展的想法,帮他申请了5万元精准扶贫贷款,还贷了3万元的互助资金,老梁脑子里的想法终于能实实在在地落在地上了。他建起了养猪场,带头干起了生猪养殖,2018年村上又联系帮扶单位给他资助3万元,这下老梁的致富心思更活了,他扩建了圈舍,一年出栏40来头生猪,还种了10亩苹果,三年过去全部挂果了,红彤彤的苹果和膘肥体壮的生猪变成了汽车新房,梁世珍也成了村里的"光荣脱贫户",挺直了腰杆给乡亲们做宣讲,村里人看见梁家这样负担重的家庭都能致富,也都思量着自己脱贫致富的路该咋走,好几户跟老梁讨教养殖到底咋搞,也发展起了家庭养殖,挣了钱,脱掉了贫困的帽子,连这祖辈人吃的浆水面,闻起来都格外香了哩。

梁小红是冯小明跑得最多的建档立卡户之一,他这人脾气犟着呢，心里有一套一套的自己的道理，这道理怪剌剌的，却有很多人跟他一个心思，说来说去就是对致富没信心，对村上不信任，自家过不好，也不想给村上集体的事情多出力，更不要说把这位女支书说的那些大政策听进去了。每次冯小明来他家，他都相端着把这位女支书咋样尽快送出门。

"我说书记，我没工夫跟你谝传，你再不要卖派了，啥扶贫，啥产业，啥致富，这些话根本没处准究，这山里多少年啥样，我又不是心里没下数，你们村上要是把稳，村里人能穷这么几辈子？"

"梁小红啊，我这是给你讲讲咱们将来的日子咋能越过越红火哩，咋能说是卖派呢？富裕日子是自己干出来的，不是伸手要出来的，国家有政策，大家有干劲儿，日子总是有奔头的。你这样不进步，等大家都富起来了，别人咋看你嘛！"

"别人说我吃瞎障也好，说我的日子过得五麻六套的也好，那扶贫不就是发点钱发点东西，不发钱扶的啥贫，你这些官话能买白面不？你要是来给我送扶贫款，我倒高兴，不是送扶贫款的，就不要再说了，我不眼馋人家日子，你也别来闲话说了一浪汤，靠说就不穷了？村上的事，不要来攘踏我，这是给我寻病呢。"

可他低估了冯小明的耐心和决心，她知道，要是能做动梁小红的思想工作，让他行动起来，对于那些和他一样有等靠要思想的人来说，一定是个重要的转变。他今天这样说，这冯书记隔几天还来，他明天甩个冷脸色，冯书记不在乎，隔天还来，来了就给他讲扶贫政策，做思想工作，给他举例子，谁家以前咋样，怎么踏踏实实一步一个脚印在政策帮扶下脱贫了，现在的日子过得多红火。梁小红后来跟人说，他那时都怕了这位女书记了，看起那么一个柔柔弱弱的女人，咋就有那么一股子劲呢，没完没了地劝呀说呀，不想听耳朵也经不起这样磨呀。

梁小红其实也不是个一点道理也听不进去的人，其实他心底里也想脱贫致富，只是等靠要惯了，慢慢地磨掉了志气。有道理的话，说得时间长了，人总能听进去的，哪怕一次听进去一句半句呢，思想总能改变。自己立起了脱贫致富的志气，可不比等着扶贫款、低保金来得硬气呢。梁小红服气了这位女书记，也把女书记天天给他说的总书记的话记在了心里。

"总书记说过，幸福是奋斗出来的。只要自己有信心，黄土都会变成金。"梁小红能这样说，也能这样行动，他主动向村里打问扶贫政策，也种了5亩花椒，还养了2头牛，买了一辆三轮车搞起了运输，借助国家能源局对口帮扶清水县的良好机遇，和22户贫困户一起安装了户用分布式光伏电站，单这一项，每户一年就能收入3000元左右。一年下来，梁小红家里头人均可支配收入终于上了5000元，解决了"两不愁三保障"，2019年，梁小红家里脱了贫，他呀，不只不再说怪话了，还当上了二组的小组长。走在路上，腰杆挺得直板板的，村里有个啥安排，比谁都热心跑得快，那些和他一样心思的人都在慢慢转变了。

大家有了致富的心思，还得想办法让大家一起都富起来，梁山村采取"党支部＋合作社＋贫困户"模式，成立起"党社联建"农民专业合作社，吸纳合作社社员224名。合作社建起来，干啥呢？干养殖，养牛、养猪、养羊。一百头牛的养牛场，每年为贫困户和村集体分红6万多，36户贫困户搞起了牛羊猪养殖，存栏量达到298头。

产业搞了上去，基础建设要跟上，危房要改造，饮水要安全，道路要硬化，要干的事、想干的事干完一件又一件。村里的老路是土泥路，村里的老人诙谐地戏称为"扬灰水泥"路，他们天天盼着能有通村通组硬化路。冯小明知道村里人走着这土泥路的苦，她刚当上村干部的时候，一个村民突发急病，救护车是叫来了，可是天下大雨，这土泥路上陷车轮子，根本开不进去。救护车只能停在离村口有一公里远的硬化路上，再着急也没办法，冯小明他们好几个人只能连抬带背才把人抬上车，到医院时大夫说再晚来几分钟就没救了，当时冯小明心里就深深地感觉到修路不仅仅是为了致富，没有路，着急的时候人命都可能保不住，还谈什么生活，谈什么好日子。

冯小明下定决心，不从这土泥路走出去，这一村人就走不出小康路。修路这事，从来都不是件简单的事，她一趟趟找镇上县上汇报，找市上省上要支援，2014年修通了村上的第一条水泥路，村上的一个老人用干瘪的双手触摸着刚硬化好的水泥路面，就像一个久经沧桑的老人抚摸刚出生的孩子一样，口里喃喃自语，一遍又一遍地说：真好，真的好啊！冯小明当时就流泪了。冯小明硬是给梁山村硬化了3条8.5公里通村路，硬化了39条22.4公里村庄巷道。坑洼不平的泥泞路变成了宽敞干净的水泥路。脚下的路修好了，现代化的宽带网络也得全覆盖。

村里人从这土泥路里跳了出来，日子红火起来，扶贫路越走越宽，昔日破败的小山村，如今牵着村里人的心，山绿了，水清了，走出去的人也惦记着家乡的树和人，惦记着家乡的今天和明天。现在梁山村的路，不只是能开进开出收苹果的大汽车，平日里走起来都舒心，干净结实的路面，路两旁新种的柳树苗已经长得老高，风一吹，树叶沙沙地响，就好像在蓝蓝的天上作画的笔，描画着梁山村小康路上的明天。

冯小明呢？她没有时间停一停，歇一歇，还在心里继续盘算着下一步乡村振兴村里该干些什么。在这位2018年甘肃省抓党建促脱贫攻坚致富带头人、2018年甘肃省脱贫攻坚奖奋进奖获得者、2019年甘肃省"最美扶贫人"、2019年甘肃省"三八红旗手""甘肃省劳动模范"、2019年全国城乡妇女岗位建功巾帼标兵、全国妇联第十二届执行委员、甘肃省妇联兼职副主席、全国脱贫攻坚总结表彰的先进个人的心里,自己永远都是这黄土坡的女儿。"脱贫摘帽不是终点,而是新生活、新奋斗的起点",总书记的嘱托还在耳边回响,土地的女儿会用自己的全部去回报母亲,就像是这漫山的苹果花,用自己最绚烂的绽放、最丰硕的果实、最坚实的脚步、最温暖的深情,去献给这山、这水、这片土地和那些牵挂在心头的1644位亲人。

(作者:金永华)

花海中的彩霞

——记华亭市河西镇仿真花加工扶贫车间负责人岳彩霞

岳彩霞简介

岳彩霞，女，45岁，华亭市河西镇杨庄村人，初中文化程度。注册成立华亭县"彩虹桥"民间制品农民专业合作社并担任理事长，建成河西镇仿真花加工扶贫车间，带动河西镇及县域内其他乡镇贫困群众、留守妇女、残疾人等弱势群体居家就近就业，实现共同增收致富。

早上5点起床，一口气爬到杨庄村的山顶，再晃晃悠悠下山，这是现在的岳彩霞开启每天生活要做的第一件事情。从山顶向下望去，可以清晰地看到自己生活的杨庄村，看到自己每天忙碌的车间和厂房。一边下山，一边看着漫山遍野的花儿，岳彩霞有些恍惚，桃花、杏花、梨花，就连路边地里的野葱花，每一朵都像是自己车间里刚刚做出来的。现在它们一朵朵，挂着清晨的露珠，在初晨的阳光下闪闪发亮。

往事如烟。曾经，岳彩霞就像村里别的女人一样，过着和父辈一样日出而作、日落而息的生活，给下地干活回来的丈夫端上一碗热水，给年幼的女儿喂上一口米汤，乡村的日子就是这样普通而温暖……这样平静的日子一晃就过了10年。

人的经历和磨难是难以预料的。2006年，岳彩霞的丈夫因病去世了，丈夫的去世让这个柔弱的女人一时间六神无主，她躺着不吃不喝。几天过去了，一双小手替她一遍一遍地抹去眼泪，看着女儿突然懂事的模样，岳彩霞翻起身来走向灶台，做起了只有两个人的午饭。

历经苦难总让人坚强。"生活"这两个字说起来就得用力，这种用力不是喊叫，而是让一个女人学会了忍耐，忍耐生命赋予她的责任，忍耐现实给予她的苦难和折磨。

父母年迈，女儿幼小，家里没有了壮劳力，但生活总要继续。一家子的重担全都落到了岳彩霞的肩上。农忙种地，农闲了给工地上做饭，一到冬天施工队停工她又去别处打工。再累再难，委屈和心酸她都一个人扛了下来，6年过去了，岳彩霞哄着老人开心，照顾着女儿上了中学。

女儿很争气，考上了县里的中学，岳彩霞就带着女儿在镇上租了一间房，她一边打工一边照顾女儿，母女二人相依为命。直到有一年的冬天，岳彩霞得了重感冒高烧不退，刚开学一周的女儿从学校跑回来看她，见岳彩霞一个人躺在床上没人照顾，女儿顿时掉下了眼泪。她一直以为妈妈是坚强无比的，一直都是妈妈不辞辛劳地照顾着自己，到处打工挣钱，可是今天她才发现，妈妈也会倒下，也会有顶不住的时候。女儿一边流着眼泪，一边摸着妈妈干裂带着血痂的嘴唇，突然说："妈，你再找一个人吧。你躺在床上病了身边连个倒水的人都没有，你这样我还怎么放心去上学？这个学我不想上了！"

女儿的话出乎岳彩霞的意料，这些年都是她和女儿互相做伴，没有爸爸的孩子格外懂事，女儿从不让妈妈操心，学习成绩优异，生活自理能力也很强。这些年也总有人给岳彩霞说媒，但她怕女儿不接受别人，不好相处。为了不让女儿受委屈，她从没有过要再婚的想法。妈妈的心里装的全是女儿，女儿的心里也时时刻刻惦记着妈妈。就这样，娘俩抱在一起，哭啊，说啊，直到天亮。

岳彩霞生病的几天里，女儿一直寸步不离，一连守了几天几夜，说什么都不去上学。看见女儿这次的执拗劲儿，岳彩霞想，不能再耽搁下去了，得先哄着女儿去上学。于是岳彩霞就答应去见见朋友介绍的对象，也就是她现在的丈夫尚维国。

尚维国家境贫寒，第一次去他家里，岳彩霞就见到了倚靠在屋角里的两个小孩儿，大的8岁、小的6岁，见到岳彩霞，孩子的眼神躲躲闪闪，一副怯生生的模样，可两个孩子的小脚丫却一点一点试探着往她这边挪。岳彩霞把准备好的零食塞给孩子，他们不吃，就拿在手里，脚步还是不停地往她跟前蹭，一直蹭到她身边，越贴越近，最后就紧挨着她的腿坐下，一动也不动。谈话间岳彩霞得知原来孩子们的妈妈去世快6年了，两个孩子当年太小，不记得妈妈的样子，看到别的孩子都有妈妈，她们也想要个妈妈，也想跟别的孩子一样被妈妈搂一搂抱一抱。岳彩霞临走的时候，一直内向胆小的两个孩子竟然拽着她的衣角不放，边哭边跟着跑了好远的路才撒手。回家以后，岳彩霞心里就不是滋味，那胆怯的小眼神总让她的心里一揪一揪的。

都说没娘娃天照顾，可谁都知道，没妈的孩子最可怜。再次见到孩子们，岳彩霞忍不住一把搂过了两个小脑袋，从此娃娃们有了个操心他们吃好穿暖的妈，两个破碎的家变得完整和温暖。"孩子们哭着拉住我不松手，我心里面难受死了，一见面就那样，我就心软的呀，冲动了，再没多考虑就答应了！"从认识到结婚只有26天时间，岳彩霞自己都没想到她的第二次婚姻能有这么快。

"我这人最大的毛病就是心软！"岳彩霞就这样嫁到了华亭市河西镇的杨庄村。岳彩霞说："刚到这个家的时候，两个生病的老人，三个孩子，种的十几亩玉米地根本没法维持家用，三个孩子都要上学，老人也要治病，丈夫就外出打工挣钱补贴家用，那时候真的很难。"

后来岳彩霞又生了一个儿子，因为丈夫在外面打工常年不在家，只有她一个人照顾家里。儿子几个月的时候，为了多挣点钱，她把家里的一半玉米地改种了药材。药材卖得比玉米贵，但是种它也最费力气，需要人一遍遍地除草。家里面两个老人都下不了地，岳彩霞早上五点就起来去地里干活，到了九点就急忙跑回家喂孩子。最累的时候，干活的间隙她就直接累倒躺到了马路边上。繁重的体力劳作让她腰疼得厉害，晚上没办法入睡，就往腰里垫个啤酒瓶子，这样才能睡个囫囵觉。

到了药材收割的时候，岳彩霞又犯了难，要把收好的药材拉到指定的地点统一去收。药材的抢收季，村子里家家户户都在忙，没有人能来帮忙。岳彩霞就自己一趟一趟用三轮车拉，碰上雨天，路上又泥又滑，前面拉不住后面就翘了起来，连人带药材都滚到泥水里。

两个老人一年生病住院两三次，丈夫常年外出打工不在家，不到一岁的小儿子嗷嗷待哺，这样的日子，岳彩霞现在回想起来，她都不知道自己是怎么撑过来的。

有一年过年，岳彩霞去串亲戚，在他们村里见到了两个养猪大户，看到人家养猪能致富，岳彩霞羡慕不已，详细了解了情况以后，岳彩霞决定试试养猪这条路。

上一年卖药材挣了些钱，岳彩霞把这些钱全都拿出来买了小猪仔。自从养了猪，岳彩霞就像多养了个孩子，早上起来第一件事就是赶紧进猪圈打扫、喂食，晚上下地回来还要去看几遍小猪的情况。

当时七八个月的小儿子刚会翻身，岳彩霞早早起来就进了猪圈，从猪圈里忙完回来，还没进屋就听见了小儿子哇哇的哭声，岳彩霞急匆匆地跑进屋，看见儿子趴在地上，额头上摔得鼓出来鸡蛋大的一个包。岳彩霞从地下抱起儿子又急又气，自己坐在床边哭了好久。

岳彩霞想，就算生活再怎么难，我也不能忘了自己的初心，自己苦点累点都不要紧，不能亏了孩子们。当初进这个家的时候，岳彩霞就不想看到这些缺爹少娘的孩子比别人苦，她发誓一定要给他们提供好的条件，要让这些孩子都过得无忧无虑。

岳彩霞继续精心饲养着她的小猪仔，可是不到一个月，就有一只小猪病了，这可急坏了岳彩霞。她请来村里的兽医，可人家说小猪得的是传染病，治不了了，让她赶快埋了。一只小猪仔要五百块钱，岳彩霞可舍不得扔，她想起最穷的时候自己连一百块钱都拿不出来。她想尽各种办法，去村里借养殖技术的书、自己上网查，还把面糊糊一点一点往奄奄一息的小猪嘴里灌。

镇上有个好心的女镇长听说了岳彩霞的遭遇，就托人请来了农牧局的技术员，没想到技术员看过猪仔后还是给出了同样的结论，让赶快埋了算了。可是岳彩霞还是不死心，她自己买了消炎药，每天给小猪打针，继续喂着面糊糊。就这样坚持了半个多月，小猪有了些精神，后来竟然奇迹般地好了。

岳彩霞养猪养得越来越有信心，养殖技术也越来越成熟。她养的小猪从来不生病，同行都说岳彩霞看管太细心了。她家养的猪从抓来直到卖掉一点药都不用，销路特别好。后来了解了市场行情，得知养母猪的利润大，岳彩霞又贷了扶贫贷款买了几头母猪，到了母猪下崽时她一守就是一夜，还学会了自己接生小猪。

养猪的时间一长，岳彩霞发现亲戚朋友来找她时，都站在屋外喊她，不进来，要是进来得捏着鼻子才能进来。猪越养越多，气味也越来越难闻，她天天进猪圈已经习惯了，自己竟然没有察觉。好心的邻居们谁也没有当面说过她，这让岳彩霞觉得特别对不起这些邻居们，所以每到夏天，她就背着一箱兑好的药水到左邻右舍家里喷药、除臭、打苍蝇。

岳彩霞养猪养得越来越顺利，最多的时候养了七八十头猪。家里的境况也得到了很大改善，旧房子翻新了，贷款也还清了。村民们看到这些变化，有几家也开始学着岳彩霞养起猪来，岳彩霞毫不吝啬，她把自己这几年摸索出来的养殖技术，手把手地教给大家并随时指导。

自强坚韧、乐于助人，2015年岳彩霞被推选为村里的妇女主任。

没出过门的岳彩霞，参加了全县组织的巧手骨干培训，第一次观看展览让她新奇不已，野桃核做的各种小玩意、农家妇女的刺绣，在这里竟然变成了一个个有价值的精美工艺品。

岳彩霞想，刺绣这门手艺村里面几乎家家女人都会做，连自己也会绣个小孩的虎头枕，更别说村里的老人了。村里做刺绣的人很多，可从来没人想着把这些东西变成商品。

就这样，岳彩霞萌生了一个想法，她想把这些手工绣活儿给卖出去。可是收集这些东西要先给钱，岳彩霞打听了一下价格，起码需要两万块的周转资金。岳彩霞又犯了难，两万块可不是一笔小数目，家里也没有这么多钱啊。看着一筹莫展的岳彩霞，憨厚老实的丈夫尚维国却说："需要多少钱，我帮你去借，你想干我就支持你干！"

有了家人的支持，岳彩霞更有底气了，她开始张罗收集村里女人们的绣品，从一个荷包、一双鞋垫，到一顶帽子、一套满月衣服，只要是刺绣做得好的，全都收来再往出卖。为了拓宽销路，岳彩霞在镇上租了一个小院子，还起了个名字叫"巧手馆"，在里面弄了个展厅，把这些绣品全都展示出来，然后也找了亲戚朋友们来帮忙，微信上也发了广告，线上线下都宣传了一遍。过去镇上从来没有卖过这些绣品，大家都感觉特别新奇，可是来看的人很多，真正买的人却不多。绣品的生意萧条，都是零零星星卖出去一两件，遇上类似端午节这样的传统节日才会卖得稍多一些。

就这样，岳彩霞一边养猪，一边做"巧手馆"。有了实践经验，岳彩霞也开始仔细琢磨了，她觉得这样零敲碎打，根本不挣钱，有时候一件绣品挣两块钱，有时候甚至还会按收购的原价卖给人家。这样尝试了几个月，岳彩霞终于发现，卖手工艺品，能上规模和拿到大量的订单才是最重要的。

有了这样的想法和几个月的经营经验，岳彩霞开始留心了，她积极参加各种培训，努力寻求着新的出路，随时准备着迎接一个新的创业机会。无独有偶，一次岳彩霞去参加县上的手工技能培训，期间和学员相互交流的时候，见到了学员在手机上拍的仿真花照片，岳彩霞很是惊讶，照片上的仿真花让人分不清真假。等见到了实物，岳彩霞简直不敢相信自己的眼前是一朵假花，她禁不住去摸了摸那花瓣，掐了掐叶子，竟然是假的。岳彩霞了解到这种仿真花主要做外贸出口，由仿真花公司按照订单每月发放原材料，再统一回收成品，按月结算工资，所以根本不用担心销售问题，特别适合农民在自己家里做。这种模式对于岳彩霞来说，简直是再完美不过的事了。这些年村里的男人都外出打工了，留守的老人、妇女不正适合做这个吗？不耽误做饭和带孩子，也不愁卖给谁，坐在家里就能挣钱了，这么好的事谁不愿意做呢？

岳彩霞兴奋极了，可了解清楚仿真花公司的签约条件后，又给她泼了一瓢凉水。原来考虑到规模和人员问题，公司不跟县级以下的单位合作签订单。岳彩霞不想放弃这么好的机会，只要有一点点希望，她都要坚持试一试。岳彩霞去找镇里和县里的领导，找妇联的领导，她整天忙忙碌碌、风风火火，找了一次又一次，功夫不负有心人，终于在县镇两级领导的出面协调和妇联的努力推动下，岳彩霞顺利拿下了第一笔订单。那时候的岳彩霞信心满满，她心里想，只要把订单拿下来，有什么难的，咱们村里有的是想干的人，我肯定能把这些女人组织起来一起干。

2017年，岳彩霞的仿真花事业就这样一波三折地开始了。

在多方宣传和领导的支持下，仿真花项目在村里正式启动了，仿真花公司来了专门的技术员，给50个人培训了整整两天，等到培训结束后，原材料一到，就又不是那么回事了。真正开始需要人做工的时候，没几个人愿意干了。有的人来试了一下就走了，有的人看着岳彩霞忙前忙后的，实在不好意思走，碍于面子才跟着一起做。

村民们从来没见过仿真花，给这个一直闭塞的小村子引进新鲜事物并不容易。养猪养羊都见过，道理也浅显，想要吃肉，当然会有人来买，地里撒上种子浇了水就会种出庄稼，有了收成自然也是好光景，这样原始的认知让人踏实。可这些假花，看着是好，精致程度也确实以假乱真，可是花朵在这里并不是稀罕物，这里的山上，野花儿漫山遍野，不当吃不顶喝的，谁会买？辛辛苦苦费工费力，做了又卖给谁去？村民们有着自己的担忧。

最初就只有五六个关系特别好的熟人跟着岳彩霞干，因为是第一次做，每朵花的大小尺寸，拖盆整体的剩余空间，都要严格按照公司的标准来制作，大家就拿尺子一点一点量。满天星的花头特别小，有的人眼睛不好、手法也不熟，做一会就手疼得不行。做的人太少，花型又难，确实特别难做，进度也非常慢。订单又有时间限制，如果错过时间的话，要赔偿费用。岳彩霞心急如焚，全家人也跟着发愁，家里的人都来帮忙，连4岁的儿子也帮着粘花瓣。为了赶工，岳彩霞和朋友们没日没夜地干，大家都知道岳彩霞签了合同，完不成订单是要给公司赔偿的，来做花都是为了给岳彩霞帮忙，不让她赔钱。岳彩霞每天早上7点开始一直到半夜都趴在桌子旁做花，为了抓紧时间赶工，大家都忙得顾不上吃饭，岳彩霞就每天给大家买些油饼和面皮子。

一个组织留守妇女创业致富的规划，现在却变成了大家来为岳彩霞个人帮忙。

第一个月的订单就这样在一片观望和质疑声中艰难地完成了。跟着岳彩霞干活的人每人领到了200块钱的工资，做得最好的一个人领到了400块钱。

第一个月惨淡收场。家里人说岳彩霞挣的200块钱还不够给大家天天买面皮子和油饼的钱呢。可是岳彩霞不想轻易放弃，她决定再坚持一个月看看。

到了第二个月，来做花的人就多了一些，之前挣到钱的人都留了下来，还有一些观望的人也加入了进来。一些年轻人手底下慢，人也坐不住，反而一些老年人做得特别好。

一次赶集，岳彩霞在镇上碰到了村里张银平的母亲，聊起自己的儿子，老太太老泪纵横："儿子到现在还是想不通，他天天都说自己不想活了！我现在老了，身体也不行，万一哪天我没盯住，趁我不注意他在家里寻个死，叫我可咋办？"

岳彩霞看着老太太束手无策的样子，心里既难过又担忧。张银平是高中毕业生，当年村里大家普遍文化程度都低，高中生也并不多，他已经算是有文化的人了。可是没想到他在煤矿上干活出了意外，受伤成了高位截瘫，整日只能躺在床上的张银平和母亲两个人相依为命，性格也变得异常孤僻。

岳彩霞突然间想到，腿残疾了，可他双手都是好着的，是不是可以给他找点活干，每天就不胡思乱想了？岳彩霞把这个想法告诉了老太太，"做仿真花儿？我儿子他能行吗？不愿意做可咋办？"岳彩霞说："你拿回去让他做，他自己愿意了能做就做，不能做我自己把材料取回来。"

张银平自尊心强，悟性特别高，岳彩霞去张银平家只教了一次，他就做得又快又好。腿不能动，他就趴在床上做。自从开始做仿真花，张银平再也没乱发过脾气，人也没过去那么消极了。他每天都有了工作任务，花儿也越做越多。一个月下来，他是全村做花最多的人，赚了500块钱。

到了发工资的日子，张银平把自己收拾得干净利落，早早就坐着轮椅等在外面。因为性格孤僻，他和大家都不说话，也不进屋，岳彩霞就把工资拿出去交到了他的手上。一向要强的张银平望着岳彩霞哭了，他说："我在床上躺了这么多年，今天终于觉得自己不是个拖累了，作为儿子，我也能养活我娘了，有了这500块钱我们娘俩的生活费也够了！"

除了张银平，跟着岳彩霞做仿真花的还有两个残疾人，这个月也都领到了工资。

第二个月的订单完成速度比第一个月快。可是岳彩霞对质量把得特别严，为了还原仿真度，一把满天星，高的地方要求是深黄色，低的地方是浅黄色，谁的花颜色做错了还要改，那么多的满天星，大家做得很慢，所以数量还是上不去。

第二个月岳彩霞挣了不到400块钱。这一次岳彩霞自己都没了信心，她不太想再坚持了。可让她放不下的却是跟着她做花的三个残疾人，岳彩霞想，刚给了他们希望，走出了自卑，建立了信心，这时候如果她打退堂鼓，放弃的不仅仅是订单，而是他们重新燃起生活的希望啊。岳彩霞不忍心了，咬咬牙，为了这三个人，那就再坚持一个月吧。

岳彩霞刚下了决心，仿真花公司就传来了好消息，公司特别满意岳彩霞团队的货品质量，决定下个月的订单提高成品的回收价格。得到了公司的认可，岳彩霞顿时添了信心。

听说工价涨了，许多妇女和老人都开始跟着岳彩霞做花了。到了第四个月，已经不用岳彩霞挨家挨户去动员了。村子里那些背靠墙根晒太阳的人再也坐不住了，有的家里老的小的齐上阵，参与的人越来越多。村里扎堆打牌聊天的人们不见了，路边上、家门口、村子里随处可见三三两两聚在一起做手工花的人。

只要原料车一到，准备卸货的时候，来领材料的人就已经排起了长队，大家都想赶在中午之前领完材料回家给孩子做饭去。早上9点开始领货、登记、收成品，等把货收完，材料发完就12点以后了。等大家走了，岳彩霞再把货物分类收拾好，打扫完卫生，已经下午5点多了。岳彩霞忙得每天中午都顾不上吃饭，又累又饿，奔波了一整天，她两条腿肿得都走不回去了，还落下了胃疼的毛病。

可是，每天看着大家在一起做花，又说又笑又闹的时候，岳彩霞就感觉心里特别踏实。尤其是几个残疾人，从刚开始的自卑、愤怒、孤僻，跟人不接触，慢慢到开始跟人说话聊天，他们每个人都有很大的转变，大家都说连从来不会笑的张银平都学会笑了。

"你就像太阳一样照亮了我心中的黑夜……"每个月来领工资的时候，张银平都会给岳彩霞写一首诗。岳彩霞知道，从不跟任何人说话，到现在能把心里的感受告诉她、写出来，是多么的不容易。张银平亲切地称呼与他同龄的岳彩霞为"岳姐"，他渐渐地为她敞开了心门。在车间里，不管年龄大小，大家都叫岳彩霞"岳姐"，岳彩霞心里明白，这句称呼是大家对她亲人般的信任。

有时候遇上赶订单晚上要加班，大家都自觉赶工到很晚。这几个残疾人在家里不是在炕上趴着就是躺着做花，也赶工到晚上，有的跪在床上赶工，第二天膝盖又红又肿，都磨破了。岳彩霞心里不是滋味，她不停地劝："你们几个就好好休息，不要跟上做了，你们跟我们不一样，不比健康人，坐又坐不住，身体受不了。"他们却说："岳姐，我们不能拖你的后腿！"为了不落下进度，按期完成订单，他们总是跟大家一样尽心尽力。

"大家的这种劲头，就是我坚持下去的最大动力。"岳彩霞从那个时候就觉得，这已经不是简单挣钱的事了，她觉得她的肩上有了责任，她要负责把这些人带好，要给大家谋个可靠的营生。

有一年冬天，晚上大家在一起赶工，突然停电了。大家谁都没回去，点上蜡烛继续干。为了方便干活，大家就坐在地上，天气那么冷，屋子里到处都是蜡烛，烛光映着一张张专注的脸，岳彩霞看着这样的场景，觉得既温暖又感动，她用手机拍下了这张照片，发到了微信朋友圈里。

很偶然的一个举动，却引来许多人围观。仿真花公司的经理和员工都被那张深夜秉烛加班赶工的场景深深地打动了。就是这样一个农村妇女，带领着一群朴实的农民，只要是认定的事，就会这样踏踏实实地干下去。

岳彩霞说："庄稼人爱认死理，要么就不认可，不理你，一旦信任这个事，认上趟了，说得啥时间交货，只要咱给人家公司答应过的，不管咋样都要说话算话。"不管多大的订单量，岳彩霞的团队从没拖延过交货日期，哪怕是迟一天也没有。

出活快、质量高、守信用，仿真花公司越来越认可她们，就把大部分订单都给了岳彩霞。现在跟着岳彩霞干活的人已经有八十几个了，每次订单一来，大家都开始抢着接活了，老人们生怕自己被落下，年轻的生怕自己分到的材料少，所有人的积极性都异常高涨。岳彩霞开始策划，既然能接到更多的订单，如果在周围的村子多设几个这样的点，人手充足了，就能有规模。

岳彩霞开始找县上的领导，汇报了她想要扩大规模、多处设点的想法，说出了她想带动更多的乡镇贫困户和残疾人创收的规划。

在县里的支持下，每个乡镇都设了一个仿真花制作点。为了起到更好的示范参观和推广作用，在县城也开设了一个点。让岳彩霞没想到的是，仿真花的制作很快就得到了县城里很多人的认可，大家非常喜欢这种创收模式，参加做工的人比村镇的人还要多，很多人都是在工作或者家务之余，把材料领回家，自己加班抽空做，到期来交货。大家都说："这种方式太好了，既不耽误日常工作和生活，还能补贴家用，生活费有了，孩子学费有了，每月家里有了盈余，岳彩霞真是给大家办了件大好事！"

就这样，岳彩霞带着一帮老弱病残和留守妇女做花致富的故事，在全县传开了。县委组织部的领导听到这个事情以后，就带着几个工作人员来实地了解。他们来的那天早上，刚好碰到岳彩霞给大家分发材料，一群老人、妇女挤在门口领材料，还有坐着轮椅等在门口的残疾人，每人手里抱着一大捆花，挤挤攘攘，地方又太小，一时间场面有些热闹，也有些混乱。村民们忙着抢材料，也不管那么多，没人给领导们让地方，结果领导和几个工作人员愣是没有挤进来。还有村民朝着他们喊："你们领不领花，不领就排到我后面。"领导们被逗笑了，他们一行人详细了解了仿真花的加工模式、购销渠道，查阅了订单合同和每月的工资发放表,感慨地说:"这样的场景已经很久没见到过了,这几年村子里外出打工的人多,留守农民干事的积极性这么高,贫困户、残疾人也有了一条主动脱贫致富的路,这么好的事情,我们要大力支持!"

2018年,在各级党组织和政府的大力扶持下,岳彩霞的仿真花制作点被认定为"河西镇仿真花扶贫加工车间",新建了一千多平方米的加工车间。加工车间采取"岗前培训+固定就业/灵活就业"的模式,聚焦建档立卡贫困群众、残疾人及弱势群体,通过现场实训、上门服务、一对一指导等方式,先后为全市2000多名群众开展仿真花订单式培训23期。初学者在车间内集中组装,不会的可以问主管,如果组装不规范别人也能及时发现。而熟练后就可以领料回家加工,不分早晚充分利用空闲时间,也不耽搁农活家务,多劳多得。目前,仿真花车间已经可以加工满天星、梅花、葱花、藤条、雪球等100多种花型,有固定员工750人,兼职员工1300人,其中贫困户219人,残疾人26人,解决了群众就业难的问题,帮助贫困群众实现了以技脱贫、以技致富的目标。

张银平在仿真花扶贫车间不但挣了上万元的工资,还被授予了河西镇仿真花订单加工"优秀员工"称号。他说:"新车间的环境特别好,有展厅、加工区、办公区、会议室和培训室,大家搬进了敞亮的大车间,还专门修了残疾人通道,现在我们残疾人自己坐着轮椅就能方便进出车间了。"

"在仿真花扶贫车间上班,离家近,能照顾老人小孩,也能赚钱养家。"贫困户梁小蕊说,"我到仿真花扶贫车间上班近2年时间,挣了3万多块钱,平均下来一个月有1500元的收入,感觉日子充实了,有了奔头!"

要说挣钱,岳彩霞现在挣的钱还不如当年养猪的时候挣得多。

她自己也是公司按提成每月发工资。"我现在越干越感觉到自己不仅仅是挣多少钱的事了，因为这么多年一路过来，我接触到了很多弱势群体，我感触最深的就是有很多可怜的人，他们来找我的时候都过得特别艰难，可因为手工花对手指灵活度要求很高，他们的残疾程度不同，我自己也没办法，无能为力帮不上忙。我恨不得我自己是个百万富翁，办一个大大的厂子，让他们都在里面干，可我真的没办法。"

村里有个残疾人，因为受过伤，两个手上就只剩下两个指头，以前是跟母亲两个人，后来他的母亲去世了，他一个人待在家里，又难过又心急。看着大家都热热闹闹地加入手工业队伍，他又羡慕又无奈，他跑来对岳彩霞说："岳姐，我一个人在家心里面特别难受，时间太难打发了，只要让我跟着你干，我不要工资，你让我干啥我就干啥！"看着他跟大家说说笑笑，力所能及地帮忙搬运着货物，岳彩霞的心里不是滋味。后来听说仿真花车间能招收残疾人，陆陆续续又来了好几个人，岳彩霞就把他们都留了下来，自己还给他们做饭吃。可是这些人只能干粗活，车间里又没啥粗活可干，实在没什么适合的岗位，他们也挣不上钱，这样下去不是个事儿啊。

岳彩霞的仿真花项目现在红火了，但她心里装的还是那些就不了业的残疾人。为了拓宽就业渠道，增加岗位种类，岳彩霞准备上一个制作教学用的教具手工项目，依托从幼儿园到小学阶段的手工课程，制作课本对应的植物教学模具。这个项目如果投入生产，就不单纯拘泥于手工制作这样单一的技能了，像外包装这样的活，有些手指残疾和不太灵巧的人就都能干了。

现在岳彩霞的仿真花车间有了规模，有了名气，不愁销路也不愁人工，明明可以歇歇脚了，可岳彩霞依旧选择了忙碌。雨天一身泥，晴天一身土，她每天早上带着司机给6个加工点送货、收货。每到一个加工点，去的时候是满满一车原材料，走的时候就是满满一车成品。

　　岳彩霞就这样来来回回地奔波着,她要亲眼看到每个加工点的情况,记下每个残疾人需要解决的难处。她的身体很累,可心里踏实。

　　现在的岳彩霞还在为教学模具的投资和项目的落地多方奔走着,她和她的车间团队满怀希望。岳彩霞说,她最大的心愿就是能有再发展的机会,有个大大的厂子,让所有的残疾人,可怜的人都有活干,有饭吃,有钱挣,大家其乐融融地聚在一起说说笑笑,就这样一直过下去。她的手里拿着盛开的桃花、梨花、杏花……大家还是区分不出来哪一朵是真哪一朵是假,你一言我一语,时不时有人去摸摸叶脉清晰的叶子。

(作者:李　端)

苍山为证

——记临洮三益现代农业专业合作社理事长龚志荣

龚志荣简介

龚志荣，男，汉族，1972年10月生，高中文化程度，中共党员，现任甘肃省政协委员、定西市临洮县太石镇三益村党支部书记、村委会主任。龚志荣是土生土长的三益人，曾在兰州从事蔬菜贩运和餐饮生意20余年，2013年响应临洮县委"能人引领"工程的号召，带着20年的积蓄回乡创业，被党员和群众高票推选为村委会主任。多年来，肩负着带领群众脱贫致富奔小康和实施乡村振兴的历史使命，坚持奋战在脱贫攻坚一线，显现着一名共产党人的担当。

他带着1200万回农村，当起了村干部，3年时间，不但把所有存款花完，还贷款800多万元。

你没看错，这是真事，这不是故事。或许你会疑问，这个人不会是个傻子吧？没错，他是个"傻子"，他只知道一心给村里砸钱，却从来不知道往自己腰包里装钱。但是他的"傻"，"傻"到了乡亲们的心窝里。说起他，谁不翘个大拇指？说起他，谁不念叨个好字？

人活一辈子，短暂又仓促，该如何让自己过得有价值，如何让生命有意义，而不是碌碌无为。思考这个问题的人，很多很多，但能到答案的人未必很多。龚志荣就常常思考这个问题。

1986年，14岁的龚志荣来到省会兰州。人来人往，车流穿梭，两肩黄土还未抖干净的龚志荣站在兰州街头，以一个未成年孩子的眼光打量这个陌生而繁华的城市，他的眼里满是胆怯和无知。他不知道未来的路在哪里。

未来的路，在脚板底下。在兰州，这条路他一走就是20余年。他啥活都干过，很多早期的经历都已模糊，但他干得最长久的还是贩蔬菜和开饭馆，从清洁工一路做到总经理，到最后，他在兰州拥有了"金城第一炒"主体店、加盟店8家，社区蔬菜超市3个。他起早贪黑，他吃苦耐劳，他也讲诚信、讲质量、讲品行。慢慢地，他挣了钱，而且还是大钱，他看着银行卡上的数字——1200万。他打小就没有想过自己会拥有这么多钱，他觉得不可思议。身家超过千万，成为远近闻名的"能人"。在很多人眼里，他已经是人生赢家，以后的日子，只剩下吃喝玩乐了。

龚志荣也这么想过，我有这么多钱，虽然比不上亿万富翁，但在三益村，那个生他养他的地方，已经算是人中龙凤，以后，学着那些朋友去世界各地旅游，人生才没有白过。但他又想起三益村，他的故乡，那个还被困在临洮县大山里的小村落。

他的心里不安起来，他有钱了，可那些乡亲们还过着穷日子啊。他再一次问自己：人活着，到底该怎样度过？把那些钱撒到世界各地，它的价值在哪里？

三益村，他似乎听见故乡在召唤，他似乎看见故乡的炊烟在眼前升起，他似乎看到那些发小们两腿泥水在黄土里挣扎，他似乎听到了孩子们把几毛钱反复数来数去的响声……他更加明白，人活着，不只是锦衣玉食，不只是光宗耀祖，不只是位于人上，人活着，更应该去报恩，去扶贫济困，去惠及他人。

回到故乡，在出生的地方，帮助家乡摆脱贫困。他心里出现了这个想法，那么强烈，犹如一棵竹芽，顶破泥土，要从心坎上长出来了。他的这个想法，从那一刻起，彻底改变了他的人生航向。多年以后，他回想当初，还是会会心一笑，他并未为当初的选择而后悔。因为时间已经证明，且还将继续证明，他没有做错。

也是机缘巧合，2013年临洮县启动"能人引领"工程，他响应号召，带着账户上超过1200万元的存款回到了村里，被党员和群众高票推选为村委会主任。2014年年初，龚志荣被选举为三益村村委会主任。

"南北两山夹一沟"正是对三益村地貌的典型描述。在这个黄土覆盖的穷沟里，吃喝犯愁，挣钱无路，人们祖祖辈辈过着看天脸色吃饭的日子。穷巴巴的日子，就像山顶的风，把人刮干了，也刮蔫了，就像头顶的烈阳，把人晒乏了，也晒无望了。对于这一切，龚志荣无比清楚，他不需要调研，不需要走访，他出生于此，成长于此，他对村里的情况了如指掌。

干就行了！

一开始，龚志荣并没急着大搞开发，而是先解决了两件"最紧迫"的大事。这两件事，也是他从小想着如果以后有钱了要干的事，而且是迫在眉睫的事。

第一件，吃水。祖祖辈辈跑远路挑水吃，如果遇到天旱，连口泥浆都没有。为了挑水，龚志荣自己不知磨破了几次肩膀皮，不知在雪地里摔倒过几次。看着黄土起伏，看着乡亲们嘴皮干裂，看着田地里青苗喊渴，他对吃水，有着切肤之痛。于是，他投钱，首先在村里打了几十口井，解决三益村乡亲一直以来吃水难的大问题。现在，终于不用为了吃水而跑几十里路了。有了水，人心踏实了，心情润朗了。

打出"清泉"解决口渴还不够，关键还得解决思想上的"干涸"。村里人穷久了，也穷木了，加之封闭在山沟里，对于外面的世界认知很少，人们想出去看看，但各种因素影响，只得留守在山里，代代如此。于是，龚志荣又自掏腰包，拿出七八万元，带着全村八十多人前往西安考察现代农业。

解决完这两件大事，村民有了实实在在的获得感。这个时候，龚志荣知道，全面推动三益村改变现状的时机到了。

过去，三益村因条件恶劣而出名，撂荒地多、经营分散、靠天吃饭、销售渠道不畅……龚志荣"精确诊脉"三益村的贫困症结所在，认为这样的贫困山区，要改变现状，就得把靠山吃山、靠水吃水做到极致，才能解决好该村6个村民小组236户1031人摆脱贫困困扰问题。他凭借自己吃苦耐劳的精神，在外创出千万家业积累的人脉，与村民代表商议，并委托兰州大学城市规划院编制了《三益村总体建设规划》，将三益村及相邻站沟等村废弃耕地和荒山规划为经济林果区、生态修复区、光伏农业区、采摘农业区、民俗体验区五大区域，确定了"农林牧业齐发展、生态建设作保障"的思路。

"临洮到兰州只有一百公里，要把兰州这个大市场用好、用活。"龚志荣不仅了解兰州的市场需求，更熟悉农村生态，只有把三益村打造成一个集现代农林业、观光旅游、休闲运动为一体的现代农业示范园区，真正成为兰州的"菜篮子"和"后花园"，才能把三益村这一潭死水搅活。

奔着这个目标，龚志荣马不停蹄地干了起来。他先后打了三把牌。

第一把，招商引资，调整结构，发展产业。

蔬菜种植是龚志荣最得心应手的领域，加之村里也有一定的蔬菜种植基础。他一心想把三益村蔬菜做成标杆，把沿洮河一带发展成集种植、深加工、销售为一体的蔬菜产业链。

龚志荣说，他对兰州市民和对三益百姓都有很深的感情。"菜贵了伤民，菜贱了伤农。"他的"蔬菜梦"就是让兰州市民减少菜价开支20%，让老百姓增收20%。

带着他的"蔬菜梦"，他一连下了三招棋，每一步都走在"要害处"。

第一招，立足市场强龙头。创办全县第一家集生产、加工、销售净菜为主的企业——甘肃三益农业科技有限公司，建设蔬菜冷藏库3200平方米、净菜加工车间1500平方米、蔬菜交易棚5000平方米、净菜配送超市2000平方米；建立生产基地5000亩。生产加工的"净菜"销往内蒙古、甘肃兰州等周边省市，年销售蔬菜10000吨，实现销售额1800余万元，吸纳务工人员50余人，月工资3500元以上。

第二招，立足村情育产业。建成双层钢架塑料大棚116座，日光温室19座，塑料大棚、日光温室年收入分别有10000元、30000元以上，带动周边发展无公害蔬菜20000亩。按照"支部+净菜公司+基地+担保贷款+贫困户"的帮扶模式，与三益及周边村326户贫困户签订帮扶协议，解决蔬菜销售难问题，并高于市场价5%~10%收购。公司积极推行"农超对接"、"政企对接"、电子商务等新型营销模式，帮助农户销售蔬菜20余万吨，户均年增收5100元。

第三招，则属于延伸棋，立足增收促脱贫。争取项目引进良种基础母牛80头，组织输转富余劳动力386名，实现劳动力应输尽输。引导群众通过土地流转收租金、吸纳务工领薪金、带动经营挣酬金、订单收购保底金、农资直供省资金、项目带动分股金等增收渠道增加收入，改变了当地产业单一、增收困难的局面。

此外，他先后引进和培育企业和合作社15家，发展杏子1000亩、大樱桃300亩、葡萄200亩、紫斑牡丹200亩，建成放养鸡基地2处、生态养殖小区7个，三益村整体建设取得了明显的阶段性成效。

"刚开始是自己干，现在是大家一起干。"龚志荣说，目的只有一个，就是把村里的产业发展起来。

光有优质健康的蔬菜还不够，龚志荣又瞄准了"城郊休闲游"的机遇。"在城市生活久了，渴望回归自然的休闲体验。"

这就涉及了第二把牌：完善村域功能，形成特色板块。通过土地流转，他整合了12900亩土地，再进行多方融资，建成了百兆光伏产业园、金华农业生态园、南山杏园等农业园区，初步形成了"北山光伏产业+饲草种植""南山生态修复+经济林果+旅游""后山集中养殖""村道沿线高垄马铃薯+饲用玉米+蔬菜种植"等区域板块。这些板块，大的占地数千亩，小的也有上百亩。站在观景台目光所及，有些已颇具规模，有些正在如火如荼地建设中。

第三把牌，也就是龚志荣最得意的一把牌，也是三益村的骄傲之一，那就是光伏扶贫。临洮属于光照二类地区，光照时间充足，同时分布有大量可供开发利用的闲置荒坡地，为发展光伏发电项目提供了得天独厚的资源优势。龚志荣充分利用三益村、站沟村荒山荒坡资源，按照"政府投资引导、企业建设管理、资产收益扶贫、贫困群众分红"的思路，想尽一切办法，引进投资7.07亿元，先后建成了25兆瓦集中式、1.2兆瓦分布式、60千瓦分布式、"十三五"光伏扶贫72.535兆瓦等光伏电站，总装机容量99.335兆瓦，年均发电量

9536.16万千瓦时，年均售电收益7483.3万元，年均扶贫收益4735万元，带动全县187贫困村每村年均增加村集体经济收入20万元以上，带动全县5221个光伏村级公益性岗位年均增加工资性收入7000元。其中1.2兆瓦光伏电站已连续四年为太石镇400户入股贫困户每户每年分红3000元，6个60千瓦村级光伏电站年均收益1.5万元以上。

不止如此，光伏发电同时带动太石镇400户贫困户通过公益性岗位年均增收3000元以上，群众交口称赞。

昔日荒山坡，如今"聚宝盆"，三益村建成了全县光伏扶贫基地。

站在三益村沿公路在半山腰修建的观景台上放眼望去，全村景致一览无余：南山及山下的农业生态园区占地广阔，层次分明，遍栽各类经济林木；北山占地数千亩的一片片深蓝的光伏电板整齐排列，在阳光下散射出耀眼的光芒，蔚为壮观，分外吸睛。

这一系列变化，带给了村民实实在在的好处。

在村民张菊英家，她家前院不大，但建有精致的小花园，房子宽敞明亮。后院则占地不小，院子里码放着小山一样的打包青贮饲料，一边的牛棚里，饲养着21头西门塔尔牛。另外，她家还存栏50多只羊。

回首2013年，张菊英家可不是这样。当年，张菊英家是村里的建档立卡贫困户之一。

这几年，富有养殖经验的张菊英一家，在龚志荣的支持下，争取项目资金扶持，依靠养殖迅速富了起来。

对比以前"两双筷子一个碗"的辛酸，现在"盖了房子、赚了票子、抱了孙子"的富足，张菊英感慨不已。

村民马金兰一家也是建档立卡贫困户。善于种菜的她空有一身本事，种的菜总是没有销路，眼看着好端端的菜，换不来钱，这让她异常苦闷。

还是龚志荣，他带着村里人，到处跑市场，跑销路，并利用三益农业科技有限公司高价回收她家的蔬菜。这一下，彻底解决了马金兰的后顾之忧。4个大棚年稳定纯收入在4万元左右，种的蔬菜再也没有出现难卖的现象。这几年，马金兰家建起了新房，日子越过越红火。

几年前，村民杨成军家还是村里家庭条件最差的。以前，杨成军一家人从事零散养殖，面朝黄土背朝天，收入微薄，生活艰难。他的妻子形容道："以前我们的生活过得不好，是庄子最困难的一家，房上连瓦都没有，下雨天经常漏雨。"

2014年，在龚志荣帮助下，杨成军积极发展牛羊养殖业。不懂技术，龚志荣安排他们两口子积极参加各类养殖培训，慢慢地，牛羊存栏量不断增加，养殖规模不断扩大。

2019年，龚志荣为杨成军家争取到养殖产业达标奖4000元，这可把他乐坏了。他笑着说，牛养得好还有奖金啊，我上了那么多年学，一毛钱的奖金可都没挣个。龚志荣也笑着，拍了拍他的肩膀说，你只要肯干，在好政策的帮扶下，好日子还在后头呢。杨成军使劲点了点头。

现在，杨成军家里存栏牛20多头，羊70多只，已经成了村里有名的养殖能手。

谈起家中这几年的变化，杨成军说："通过发展养殖，儿子娶了媳妇，新房也盖上了，孙子也抱上了，现在生活过得确实好着呢，这是我们做梦都想不到的。"

脱贫不是终点，而是起点。杨成军通过养殖摘掉了贫困户的帽子，改变了生活现状，乡亲们也在龚志荣的带动下建起了牛棚羊舍，走上了发展养殖的道路，牛存栏量达到了100头以上，成了全县养牛示范村。

当然，龚志荣想干和要干的不只是这些。

作为村里的党支部书记和村主任，他要为三益村全权负责，不光要让群众富了口袋，他还将群众急忧愁盼记在心中，积极落实支部书记常访贫困户和脱贫攻坚"四巩固、六提升、五促进"行动，争取资金油化道路8.5公里、硬化道路28公里、改造危房63户、衬砌渠道12公里、接通自来水220户。逐户逐人对接摸底解决群众需求问题182件，落实了产业奖补、肉牛示范村养殖、危房改造、厕所改造、教育扶贫、消费扶贫、务工补助、民生救助、光伏扶贫等一批惠民政策，确保所有贫困户高质量脱贫。发挥村干部调解作用，排查矛盾纠纷并化解96件，全村生产生活条件和村民的获得感、幸福感、安全感不断提升。

钱包鼓了，硬件好了，龚志荣想到了环境面貌。

在他印象中，三益村虽然不是到处脏乱差，但随处可见的垃圾、无人清理的烂墙头、顺手堆放的杂物、摆在路口的柴草等，让原本就不整洁的村庄更加凌乱。一定要把环境整治好，村容村貌就像一个人的穿着打扮，如果邋邋遢遢，谁看着都不舒服，就算再富有，人家也不会多看几眼。

为了解决农村人居环境"脏乱差"的突出问题，龚志荣与"两委"班子成员积极谋划，引导分社定责，建立村社干部包抓环境整治责任机制；分片划段，建立环境卫生保洁网格化管理机制；分区定箱，建立垃圾投放和清理机制，成功创建清洁村庄。绿化荒山2000亩，栽植行道树26公里、牡丹1.2万株，改造墙体风貌1.2万平方米，修建党建广场1处、村民游憩广场3处。

美丽乡村建设是美丽中国建设的重要组成部分，作为美丽乡村建设内容之一的农村"厕所革命"，则是改善农村人居环境的重要环节。三益村因地制宜、因户施策，探索卫生旱厕改造模式7种，指导适地改造户内厕所120户，全村整体面貌得到有效提升，也创建出了农村宜居环境新模式。

走进三益村村民家中，沼气池改造卫生厕所，洁净程度和城里不相上下。

不光是厕所干净了，厨房里窗户明亮，院落里干净整洁，门前屋后也整整齐齐。在家门口附近，还堆放着几个桶状用塑料膜包裹的秸秆包。村里将"厕所革命"与秸秆资源化利用有机结合，这些秸秆袋装微贮饲草是村民将堆放的秸秆粉碎打包。这样既解决了秸秆乱堆乱放问题，又解决了秋冬季节牲畜饲料短缺问题。

2020年4月，甘肃省清洁村庄创建和卫生旱厕现场会在三益村召开，三益村的经验做法得到了各级领导的一致肯定，也成为其他地方学习的楷模和标杆。

走进三益村，干净整洁的巷道，独具特色的围墙，错落有致的房屋，优美宜居的庭院……一幅崭新的乡村画卷映入眼帘。

工作干得好，群众有口皆碑，他也成为实打实的名人。

作为支部书记，龚志荣不辱使命，千方百计整合各方资源，促进了站河流域各村联动发展，创建了龚志荣"能人引领、三链建设、强村带动"抓党建促脱贫攻坚促乡村振兴的特色品牌，实现了能人引领与脱贫攻坚深度融合，党建工作与产业发展紧密结合，探索走出了基层党组织凝聚能人干事业、班子能人引领群众创家业、干群抱团发展摘穷帽的新路子。龚志荣带领三益村脱贫致富的事迹，为西北贫困地区脱贫攻坚提供了可借鉴、可复制、可推广的成功经验，得到了各级组织的充分肯定。

"如果带着'交差'的心态搞扶贫，就只有苦没有甜；如果把扶贫看作发展机遇，就会有干劲。"龚志荣常会这样鼓励大家。

"他用了6年时间，就完成了三益村人几辈人想都不敢想的事。"临洮县扶贫办干部这样评价他。他带领三益村脱贫致富的事迹，为西北贫困地区脱贫攻坚提供了可借鉴、可复制、可推广的成功经验，得到了各级组织的充分肯定。

2018年，三益村率先实现整村脱贫，116户480人贫困人口实现稳定脱贫，贫困发生率由2013年46.8%下降到0。

2015年4月，龚志荣获"甘肃省劳动模范"荣誉称号；2015年10月，荣获"定西好人·精准扶贫标兵"荣誉；2017年3月，荣获定西市"造林绿化先进个人"荣誉称号；2017年10月，荣获"2017年全国脱贫攻坚奖奋进奖"；2017年12月，荣获甘肃"最美人物"称号；2019年3月荣获定市"造林绿化先进个人"；2020年4月荣获定西市"造林先进个人"。

2020年8月，三益村也被确定为中国扶贫交流基地。

如今，每天早上6点刚过，龚志荣便从炕上爬起，洗漱完毕出门。在这梁峁起伏的黄土高原上，他有自己放不下的梦想。

馍馍配白水，就是这个黝黑的脸上透着高原红的44岁西北汉子的早饭。吃过早饭，发动起那辆两年跑了13万公里的越野车，又开始了一天的忙碌。

2021年3月26日，龚志荣受邀为全省新任村党组织书记示范培训班（第二期）学员授课。

他围绕三益村的基本情况、抓党建促脱贫攻坚促乡村振兴的做法经验启示、总书记的教诲砥砺前行和今后的奋斗目标，讲述自己响应临洮县委"能人引领"工程的号召返乡创业的亲身经历，现身说法基层党组织凝聚能人干事业、班子能人引领群众创家业、干群抱团发展摘穷帽的新路子。

像这样的交流活动，隔三差五就会有，起初，他还有些紧张，时间一久，便可以侃侃而谈了。他觉得把自己的经验分享出去，让更多人受益，何乐而不为呢。

"益国、益党、益民就是我心中的三益村。"龚志荣说,言语之中透着豪情。但这个刚硬的男子汉除了给外界展示的精明能干、一心为公、勤恳踏实,他也有柔弱的一面,心软的一面。

三年时间,龚志荣不但把所有存款花完,还贷款800多万元,目前靠妻子在兰州经营的饭店和自己在镇上的三益"净菜"公司勉强支持三益村的投资。"压力太大,贷款的利息都快把我压垮了。帮助大家脱贫,并不是每户给5万元钱就行的事,而是要帮助他们打造村级产业,帮助他们稳定增收,这远没有想象中的那么简单。"龚志荣说。

谈到自己的妻子,龚志荣满是愧疚。"我这个岁数已经折腾不起了!我怎么就花钱买不到愉快呢?"龚志荣给记者看妻子杨林霞发给他的短信。"我们一般是一周才见一面,有时一见面还会吵几句。"龚志荣说。

杨林霞也常说:"嘴上说不支持,实际也没有办法。"来自妻子和父母的抱怨,也让这个上有老、下有小的西北汉子心怀愧疚,他没有把钱用来给家人创造优越的生活条件。

肩负压力,心怀烦恼,每当要宣泄的时候,龚志荣会爬上山头,看一看已经种好的杏树,唱几首山歌。"兄弟,你有坚韧不拔的吃苦精神和善良豁达的高贵品质,你一定会实现梦想!我会一直支持你!"朋友们发来的类似短信和各级领导干部的关怀也鼓舞着龚志荣砥砺向前。

"农业发展就是见效慢,再有个几千万你再看!我相信,只要坚持就能成功,不怕困难,坚持就没有干不成的!一定要把农业搞下去!"龚志荣把这些话说给村里人,也说给每一个招商引资来考察的企业老板。

龚志荣摩挲着自己保存的"农村是一个广阔的天地,在那里是可以大有作为的"语录说:"我是党员,不能让老百姓失望,一定要帮助他们稳定脱贫，不再返贫。"

"每当看到自己栽下的树苗、种下的苜蓿吐出绿叶，我都感叹种子力量的强大。我也坚信，这些树苗终有一天会长成参天大树，种下的苜蓿也会绿遍整个山野。"龚志荣说。

八年来，在他的带领及广大干部群众的共同努力下，三益村生产生活条件发生了翻天覆地的变化，成了远近闻名的样板村。乡亲们在龚志荣的带领下，腰包鼓了、房子新了，日子过得甜甜美美，三益村发展取得了明显的阶段性成效。

2021年，龚志荣本人获得"全国脱贫攻坚先进个人"荣誉称号。

"谢谢您，您是临洮人民的骄傲！""感谢您，让我们的生活发生了翻天覆地的变化！""没有您的开导和指引，我可能连媳妇都没娶上呢！"……表彰大会结束后，当龚志荣打开手机，收到了家乡群众的"刷屏"信息。大家在向他祝贺的同时，也再一次表达了感激之情。

看着一条条来自家乡父老的信息，龚志荣倍感自豪，也深感责任之重。

参加完全国脱贫攻坚总结表彰大会后，龚志荣就马不停蹄赶回三益村，同村社干部和乡亲们分享心中的激动和喜悦，讲述自己此次北京之行的所见所闻。

"总书记的话接地气、暖心窝，每句话都充满了力量，给我们下一步的乡村振兴工作鼓足了干劲……"龚志荣说。

走下领奖台，迈上新起点，乡村振兴的号角已经吹响，对于未来，龚志荣信心满满。他将带着总书记的嘱托，带领乡亲们继续向前冲，依托乡村振兴战略，充分发挥实干苦干精神，把脱贫攻坚成果与乡村振兴相结合，坚持走绿色发展、生态农业的路子，以更加饱满的激情和创造力为建设农业强、农村美、农民富的新三益而努力。

脱贫了、胜利了，荣誉来之不易。

每当夜深人静，他小心翼翼从柜子里取出"全国脱贫攻坚先进个人"的荣誉证书和奖章，很慎重地摆在桌子上，轻轻摩挲着。他知道，这是对他至高无上的褒奖。他知道，无论时光如何流淌，那些拼搏的日子，那山山沟沟间留下的脚印，那乡亲们挂在脸上的笑容，甚至那满园的瓜果蔬菜，都已镂刻在生命里，成为他人生路上最灿烂的风景。

他是欣慰的。

他想一直"傻"下去。

荣誉证书鲜红的封皮，在灯光下，异常耀眼夺目，他把手放在证书上，他隐约听见了自己心跳的声音，那么有力……

（作者：王　选）

产业扶贫路上的"羊倌"

——记古浪县黄花滩绿洲生态移民产业专业合作社党委书记胡丛斌

胡丛斌简介

胡丛斌，男，汉族，现年55岁，大学学历。曾经在部门机关、教育系统工作，后下海经商，靠努力打拼成了全县远近闻名的致富能人。在事业的高峰期，他积极响应古浪县委县政府产业扶贫的号召，毅然决然放下了自己干得风生水起的生意，成立了古浪县黄花滩移民区兴盛种羊繁育有限公司，当起了全县最大的"羊倌"，挑起了带领贫困群众发展致富的重担，成为全县羊产业发展的领头羊。

产业扶贫路上的"羊倌"

一

古浪县地处河西走廊东端,南依祁连山东延支脉乌鞘岭、毛毛山,北靠腾格里沙漠,是青藏、蒙新、黄土三大高原的交汇地带,自古就以"驿路通三辅,峡门控五凉"的地理位置闻名河西。在这片土地上,有着深厚的文化积淀,早在4000多年前的新石器时代,就有我们的先民在此繁衍生息。汉元狩二年(公元前121年),汉武帝收复河西走廊之后,在此置县。明初,又取藏语水名"古尔浪洼",冠县名为古浪。县境内南部为中、高山地,并以低山丘陵沟壑向中部过渡,中部为倾斜平原绿洲农业区,北部为荒漠区。县境东西长约102千米,南北宽约88千米。这种南枕乌鞘岭,北接腾格里沙漠的地理环境,使近代以来的古浪大地,一直不停地上演着沙进人退的生态话剧。

2020年夏天,我曾专程前往古浪采访,当地负责接待的同志向我介绍说,古浪县的各级干部和机关工作人员,每年开春有一项重要工作,就是压沙治沙,种树种草,数十年来雷打不动,从未改变。每年春节假期一过,全县上下所有单位的干部职工全体出动,和群众一起进驻腾格里沙漠北缘,先在沙丘上下压好草方格,再在低处种上草,种上树。这种艰苦的劳动,他们每年差不多要干一个月。

　　天留下了日月,
　　佛留下了经;
　　人留下了子孙,
　　草留下了根。

全面建成小康社会 甘肃奋斗者（上）

八步沙"六老汉"锁黄龙，
三代人治沙就树了典型。
……

这是当时古浪城里一段神情悲壮的三弦弹唱，说的是古浪县八步沙林场"六老汉"三代人治沙的故事。20世纪80年代，地处腾格里沙漠南缘的八步沙，是古浪最大的风沙口，沙丘以每年近10米的速度向南推移，默不作声地吞噬着农田和村庄。"北风一夜沙骑墙，早上起来驴上房"是当时腾格里南缘所有村庄的真实写照。古浪县作为三北防护林前沿阵地，很早便着手治理荒漠沙害，改革开放之初就对沙漠地带实行了"政府补贴、个人承包，谁治理、谁拥有"的政策。但寸草不生的沙漠，治理难度实在太大，即使有政府补贴，再三动员，依旧无人响应。

面对黄沙持续不断地侵扰，当地的一些人选择了离开脚下的土地，远走他乡另谋生路，但更多的人选择了留下，他们中的一些人，则选择了用自己的双手改变它。当时漪泉大队56岁的老支书石满第一个站出来，与同村的贺发林，台子大队的郭朝明、张润元，和乐大队的程海，土门大队的罗元奎一起以联户承包的形式，组建了八步沙集体林场，老汉们毅然决然地打起铺盖卷，背着干粮袋，扛着铁锹进了沙漠，率先投身到了治沙造林改变生存环境的事业当中。他们住"地窝子"，啃干馍，就咸菜……寒来暑往，经过10余年苦战，"六老汉"硬是用汗水浇绿了4.2万亩沙漠。经过两代人的努力，"六老汉"的头发全白了，八步沙神奇地变绿了。组建八步沙林场之初，"六老汉"就一同约定，无论多苦多累，往后每家必须出一个后人，一直把八步沙治下去。为了父辈的嘱托，他们的第二代相继接过了父辈治沙的铁锹，成了八步沙第二代治沙人。经过"六老汉"两代人

30多年的坚守，将八步沙从昔日不毛之地的大沙漠，变成了今天当地百姓增收致富的聚宝盆。

"六老汉"治沙的故事，很多年前就开始在古浪流传，几乎家喻户晓。当年家住古浪县南部山区的胡丛斌，很早就听说了这个故事，他为此感叹的同时，也曾下定决心，要为改变山区家乡的落后面貌出谋划策，贡献自己的一份力量，但时时处处却让他感觉到力不从心。

1984年，18岁的胡丛斌走出古浪县南部山区的家乡参加工作，先后在当地的行政机关和教育系统工作，这种工作被当地人形容为旱涝保收"铁饭碗"，是被无数人羡慕的。但在胡丛斌眼中，这种按部就班的工作，并没有给他带来成功的喜悦，相反给他带来更多的却是空虚和束缚。时间一长，他甚至觉得这种工作并不是他实现自我价值的途径，甚至不能像"六老汉"治沙一样，为改变家乡落后面貌做一些看得见摸得着的实事。于是他果断地扔掉自己的"铁饭碗"，下海经商了。

他暗自下定决心，一定要混出个人样来。到自己有能力的时候，一定要为家乡父老做一点力所能及的事情。哪怕像"六老汉"一样，治理好一片沙漠也行。

此后，他离开山区老家，靠自己不懈努力，打拼成了古浪县远近闻名的致富能人。

经历了数十年商海浮沉，夜深人静的时候，胡丛斌常扪心自问：我这样的人生，算是成功的吗？

二

胡丛斌离开家乡后，生活在古浪县南部高深山区的乡亲们，还在山乡为各自的生活忙碌。因地理位置偏僻，信息闭塞，交通不便，基础设施落后，山区乡亲们一直是"靠天吃饭"，世代受穷，无法实现真正的"两不愁三保障"。

由于自然条件的严酷，到了2012年，古浪县仍是全省18个干旱县和43个国家新一轮扶贫开发工作重点县之一，贫困面达47.4%，特别是居住在海拔2500米以上南部高深山区的贫困人口，还有近5万人，行路难、饮水难、上学难、看病难等问题十分突出，且因灾因病返贫现象严重，脱贫攻坚任务异常艰巨。

为了探索更加广阔的脱贫攻坚路子，建立更加稳定长效的脱贫机制，在省直相关部门的大力支持下，武威市决定在古浪县组织实施生态移民暨扶贫开发黄花滩项目，开发整理黄花滩闲置土地，安置南部山区生态移民。

古浪县中部辽阔的黄花滩，是典型的旱滩地，由于冲洪积作用，地势较为平坦，大部分地方土质良好，土层较厚，适宜农作物生长。只要能解决水的问题，这里就能开发出大量的良田，昔日的荒滩就能变成一处适合人们生产生活的绿洲。

这个项目分为水利骨干工程、田间工程和移民安置工程三大部分。其中水利骨干工程于2011年10月经省发改委立项批复，提前实施。这个项目规划从临近的景电二期工程引水至黄花滩项目区，发展灌溉面积8.62万亩，搬迁南部山区贫困群众5万人左右，设立10个村委会。在项目区按照户均3亩经济林、2亩设施农业、人均0.5亩高效节水田的模式，发展生态经济林3万亩，设施农业2万亩，高效节水农田2万亩。先期实施的水利骨干工程从景电古浪灌区南北分水闸取水，并对原景电二期北干渠进行扩建，沿途新建提水泵站3座调水至黄花滩。2015年全部建成并投入使用。

这个项目是通过实施生态移民和培育特色产业，计划在5年内将古浪县南部山区贫困群众整建制、大批量搬迁到项目区进行安置，支持搬迁群众围绕"设施农牧业+特色林果业"的主体生产模式，发展壮大增收致富产业，实现搬得出、稳得住、能致富的目标，努力将该区域打造成为节水灌溉示范区，设施农业样板区，易地扶贫开发综合示范区，取得良好的生态效益、经济效益和社会效益。这就是当时整个河西走廊乃至甘肃全省，规模最大的生态移民工程。

这个计划投资12.7亿元的古浪县生态移民暨扶贫开发黄花滩项目，2011年年底在古浪县西靖乡平原村开工。项目建成后将从根本上改善古浪县南部山区群众的生产生活条件，前景十分广阔。

2012年，古浪县经过一年周密规划和扎实准备，开始实施易地扶贫搬迁工程，陆续将世代居住在南部山区的近5万贫困群众，整体搬迁至生产生活要素已经相对优越的黄花滩生态移民区。

南部山区搬迁区域内的人们拖家带口，带着十分复杂的心情告别了山大沟深的故乡，告别了那片"靠天吃饭"的土地，来到了相对平缓的黄花滩上。

离开长期居住且熟悉的生活环境，5万山区移民在当时内心都有一个共同的忧虑：我们如何脱贫，我们又拿什么来致富，我们如何过上稳定的好日子？

当然，这个话题在古浪县思考的人很多，也时刻摆在县委县政府和各部负责人的案头。

思考这些问题的人当中，当然还有胡丛斌。

其实，胡丛斌在经商过程中，也经常去黄花滩生态移民区，那里有他的乡亲，有他的朋友，他时常关注着乡亲们搬迁后的日子。时间一长，乡亲们的忧虑，也成了胡丛斌的忧虑。

"我也是他们中的一员呀，我能为大家做些什么呢？"

忧虑中的胡丛斌，常常这样问自己。

经过一段时间的考察，胡丛斌把目光投向产业扶贫上。只要选准一个项目，形成一定规模，就可以带动一个产业。他要走发展产业带动乡亲们致富这条路。

胡丛斌身上，有那种西北人特有的干一行爱一行钻一行的韧劲，他在黄花滩上种了1万多亩的优质枸杞。为了提高枸杞成活率，他白天几乎全都在地里，到了晚上，他又开始看书学资料，钻研枸杞种植技术。不管刮风下雨，田间地头都会看到他忙碌的身影。

为了从根本上解决移民群众搬迁后发展致富的问题，古浪县一直把产业扶贫作为主攻方向。2017年，根据移民群众曾经热爱养羊的生产生活习惯和发展养殖业的愿望，于当年12月组建成立了黄花滩生态移民区兴盛种羊繁育有限公司。在荒滩上白手起家办公司建羊场，说起来容易做起来难啊。谁来推动？谁来具体负责？移民区上上下下都在思考这个问题。

新组建的黄花滩生态移民区兴盛种羊繁育有限公司的经营方向是：建立起贫困群众入股，公司提供种羊供应、托管养殖、技术指导和羔羊回购等服务的"羊银行"产业扶贫模式，这是以前从来没有过的新鲜事，没有人做过不说，有人还认为这是个麻烦事，先期得垫资，后续麻烦事肯定不断。到底由谁来管理这个"新兴"产业扶贫项目，一时成了迫在眉睫的棘手事。

就在移民区上下一筹莫展的时候，胡丛斌这个名字不约而同地进入了大家的视野。

"他有经营公司的经验。"

"他曾在政府机关工作，熟悉政策。"

"最重要的是，他老家就是南山里的，他懂移民们的想法。"

他一言你一语的讨论当中，胡丛斌的优势在几个人选当中凸显出来了。

那时候在黄花滩移民区，很多人都知道胡丛斌，知道这人干事认真，说话算数，有经营管理头脑，都认定他是负责新组建的种羊繁育公司的最佳人选。

很快有人去找胡丛斌商量，征求他的意见。

老胡明白了对方来意后，马上说："不干，这活我干不成，我没养过羊，万一养不好，耽误了脱贫致富的大事，我可没法给乡亲们交代。"

一开始，胡丛斌对这份新的"差事"拒绝得很彻底。他知道隔行如隔山这个道理，他是真的不敢耽误了黄花滩移民群众养羊致富的大事。他只想一门心思种好自己的1万多亩枸杞，带动枸杞种植户发家致富。

过了几天，劝说他的人又换了个思路对他说："老胡，种枸杞和养羊都是县上主推的产业扶贫项目，可是你细细算一下，你种枸杞才能带动几个贫困户？但养羊产业一旦发展起来，就会有成千上万的贫困户从中受益。这跟你种枸杞带动贫困户脱贫相比，体量要大出很多呀！"

胡丛斌不语。

劝说他的人见还是说不动胡丛斌，又另选方向，继续做他的思想工作："老胡呀，你可是一名党员，你以前不会做生意不是做成大老板了吗？你不会种枸杞不是也种了1万多亩吗？不会养羊，你也可以学呀。"

胡丛斌一时什么话也说不上来了。

三

一个白手起家的公司要想发展得好，必须选择一个有能力有实力的好管家。不知是哪句话打动了胡丛斌，正处在事业高峰期的他，果断地响应古浪县委县政府产业扶贫的号召，毅然决然放下了自己正风生水起的房地产生意，加入了古浪县黄花滩移民区兴盛种羊繁育有限公司，当起了全县最大的"羊倌"，挑起了带领贫困群众发展致富的重担，成为全县羊产业发展的领头羊。由于他吃苦耐劳、敢打敢拼、能干会干，且事业心和责任心强，没过多久，古浪县委县政府就聘任胡丛斌为公司董事长，他从此挑起了"羊银行""行长"的重担，成了名副其实的"羊倌"。

后来他私底下对人说出了接下"羊倌"这副担子的另一个原因，他说，人嘛，一生总要干点有意义的事情，关键咱还是一名党员呀，不能光顾了自己。

组织的肯定、大伙的期盼，让他在带领群众脱贫致富的道路上信心倍增、激情倍增。新"倌"上任，最大的难题是如何在飞沙走石的戈壁荒滩上建起一座种羊繁育基地。

从上任的第一天起，他就不顾家人的劝阻和反对，毅然决然地收拾行李，在荒滩上的公司"安家落户"。

羊场建设的日子里，胡丛斌每天待在工地上，监督施工进度，时不时亲自上手浇水泥、搬钢筋。材料、设备不够，就从自家公司拉，既当施工员，又当监理员。为了建羊场，他里里外外搭进去了100多万元。家人们知道后，开始有些不理解："几万移民真能指着这个羊场脱贫？你搭进去这么多钱，能回本吗？"

"羊场可以给乡亲们发展产业脱贫致富的信心，必须得把这个羊场建好，必须把这个产业搞好。"胡丛斌说，"作为一名共产党员，就是要带领群众致富奔小康。建羊场，我不要工资，个人不求回报，只要乡亲们能过上好日子，我啥都认了。"

家人劝不住他，也就只能由他去了。

过去，黄花滩并没有人搞过大规模养殖，刚引进种羊时，群众不敢养。"养了一辈子羊，就是扔到山坡上放，哪见过专门盖羊圈的，这纯粹是糟践钱呀。"老百姓不理解规模养殖的理念和做法，脑子里一时转不过弯来。"集中搞养殖，不怕瘟疫肆虐？"

在一片怀疑的目光和质疑声中，2018年1月1日，新建起来的种羊繁育基地，迎来了首批300只湖羊入驻圈舍。

在胡丛斌的意识当中，养羊无非就是给羊喂草饮水。谁知羊场羊群扩大到4000只左右的时候，胡丛斌坐不住了。他发现有的羊不吃草，情绪表现得十分低落，老是躲在角落里不愿动弹。胡丛斌有点着急了。

但光着急有啥用？这些"羊问题"，归根结底还是得想办法解决呀。

从此，他开始了自己的学习之路。通过向畜牧专家、老养殖户不断请教，他才知道这是由于羊更换了环境，产生了不良心理反应。那以后，他逐渐学会了给新进羊群饮水中加入"黄芪多糖""电解多维"等营养物质，来慢慢提高羊只适应环境的能力。

四

2018年夏天，随着羊群数量的不断增加，出现了有的羊不吃草、有的羊生病的现象,胡丛斌的压力越来越大,除了向人学,他还向羊学。

每天早晨6点刚过,胡丛斌就来到羊圈,观察羊如何吃草。慢慢地,胡丛斌通过观察羊的采食过程,判断出羊的饥饱程度,从而总结出由快到慢、少填勤填的喂养方法。

一个个土办法、笨办法,解决了胡丛斌养羊路上很多难题。后来,他只要在羊圈里安静地扫一眼,就会发现哪只羊身体不舒服,哪只羊肚子饿了。以前总想当好一个"羊大夫",生怕羊生病。后来他就开始认真研究怎样当好一个"羊厨师",让羊吃好了吃饱了,羊的免疫力自然就强了,生病概率也就降低了。

转眼来到了这一年的12月底,黄花滩迎来了多年不遇的严寒天气,公司新建养殖场内的"外国羊"刚刚投放,还没有完全适应本地环境。如果羊受冻出现死亡,不但国有资产要受到巨大损失,还有可能动摇贫困群众发展羊产业脱贫的信心。胡丛斌怎么能坐得住呢?

傍晚时分,严寒袭来,回家不久的他顾不上吃饭休息,就和公司的防疫员们直奔养殖圈舍,巡回指导饲养员采取最有效的防冻措施,整夜逐棚查看照料。经过一夜的守候,羊总算保住了。

他有一个信念,就是带领公司职工凭借困难面前不低头的魄力和勇气,认真学习养殖技术,精心研究饲料配方、品种改良、畜禽防疫等养殖技术。他始终坚守初心和使命,下定决心要把为老百姓致富增收的事干成、干好。

"党叫咱干啥就干啥。"

这是胡丛斌经常挂在嘴边的一句话,他想把"羊产业"经营管理好,让其如何尽快发挥效益,让贫困群众最大程度受益。按照古浪县产业扶贫总体规划,他结合移民点实际情况,提出了两种运作模式,第一种模式是"公司+贫困户自养",有养殖能力的贫困户以政府提供的发展产业资金1万元作为借贷种羊的保证金，注入兴盛公司，能够得到20只母羊和1只公羊，满3年后，贫困户向公司返还同等标准羔羊21只，剩余基础母羊继续发展扩群，1万元保证金退还贫困户；第二种模式是"公司+合作社+贫困户托管分红"，无养殖能力的贫困户，加入所在乡镇村遴选确定的专业合作社，贫困户以1万元产业发展资金入股，所得21只羔羊由合作社统一管理饲养，按照每年不低于2000元标准向贫困户分红。通过这两种运营模式，辐射带动移民区及周边乡镇4000户1.5万名贫困群众增收。在他的悉心经营下，2018年6月，兴盛种羊繁育公司首次向50户贫困群众投放羔羊1050只，标志着"羊银行"产业扶贫模式开始发挥效益。仅2018年一年，公司就累计向贫困户投放种羊2.6万多只，为贫困户分红700多万元。

60多岁的陈玉庆老两口自从实施易地扶贫搬迁来到黄花滩绿洲小城镇后，就来到兴盛种羊繁育公司打工，两人一个月加起来能挣5400元，2018年就实现了稳定脱贫。在兴盛种羊繁育公司，像陈玉庆这样就近在羊场打工挣钱的贫困人口有300多人，每人每年稳定收入在3.2万元以上。

从群众中走来，就要为群众谋幸福。从担任黄花滩生态移民区兴盛种羊繁育有限公司董事长开始，胡丛斌的心就无比坚定。他凭着一腔热情和一抓到底的执着，短短一年多时间，"羊银行"的规模就迅速发展壮大。胡丛斌提出的"羊银行"产业扶贫模式，通过为入股贫困群众提供种羊供应、托管养殖、技术指导和羔羊回购等服务，已经稳定带动4000户1.5万名贫困群众如期脱贫。一个个新的种羊基地投产，年过五旬的胡丛斌像年轻人一样，背起几十斤饲草包，一趟一趟往羊圈跑。养殖场哪里有问题，哪里就能看到他的身影。

"我就是个羊倌——要为老百姓蹚出脱贫致富路的羊倌。"这也是胡丛斌经常挂在嘴边的一句话。

到2021年,公司生产经营享受免税政策,完成投资7300万元,建成母羊繁育基地5处,累计引进湖羊、杜泊等种羊3.8万多只,产羔7.5万多只,羊存栏达11万只以上,为全县产业扶贫奠定了坚实的基础。

五

胡丛斌性情刚毅,做事精益求精、雷厉风行,但他又心细如发,始终情系群众,无论走到哪里,心里放不下的总是贫困户。公司招聘饲养员和防疫员,他首先考虑贫困户,公司出台一些优惠政策,也首先向贫困户倾斜。目前公司有员工312名,贫困群众就占到了80%。对每一名新招聘的员工,在每一个工作环节,他都不厌其烦、耐心细致地进行讲解培训、示范指导;每一个管理房的灶具、床铺、生活用品都是他精挑细选的。为最大程度调动工人的工作积极性,他主导在公司设立了"三心奖",从自己7万元的董事长工资中拿出了5万元对工作表现突出的工人进行奖励,目前,这一奖项已成为古浪养殖领域的最高奖项。

"打铁还须自身硬",只有不断地学习才能把从事的事业干好。他一直酷爱学习,总是挤时间为自己"充电"。公司里灭灯最晚的总是他的房间,在他的办公室,案头摆放的最多的是党的理论政策、企业管理和养殖技术等方面的书籍。正是他这种孜孜不倦的学习精神,让他具备了能够准确理解掌握党的政策的敏锐思维、与时俱进把握市场运行规律的战略眼光、勇往直前敢打敢拼的工作魄力。也正是对业务知识的学习,让他具备了渊博的养殖专业技术知识,每当有人与他探讨养殖业，在他脸上满是兴奋自信，养殖成本、饲养周期、品种特性、利润构成、各类数据信息，津津乐道，侃侃而谈。

自己一个人好不算好，他总是挤出时间，利用自己掌握的养殖技术知识，近年来先后培训公司工人及周边乡镇养殖群众3000多人次，为周边20多家个体养殖户进行养殖技术指导，得到了群众的充分认可。

"如果乡亲们不脱贫，我就绝不离开这里。"胡丛斌说。

他是这样说的，也是这样做的。6年多风里来雨里去，他一直把"羊银行"的事当自家的事来办，儿子说他的心全在羊场里，妻子说家只是他累了回来休息的旅店。胡丛斌却说："羊场的事再小也是大事，如果羊病了，产羔率上不去，我怎么向贫困乡亲们交代？"

从引进基础母羊、赊销羊只饲料、垫支建设资金……脱贫奔小康的路上，他究竟为贫困群众发展脱贫产业做了多少事，连他自己也记不清了。然而，正是这份沉甸甸的责任和深切真挚的为民情怀，胡丛斌赢得了贫困乡亲的赞誉和认可。从羊场选址到规划建设、从种羊引进到羊只投放，再到饲料搭配、防疫免疫，每个生产经营环节，他都亲力亲为，既当"指挥员"，又当"战斗员"。他坚持每天与养殖人员吃住在一起，进棚入圈指导培训是每天的必修课，他的脚步踏遍了5个养殖点的每寸土地，他的身影洒遍了每座养殖圈舍的各个角落，羊圈就是他的"办公室"，羔羊就是他的"命根子"。他每天起早贪黑查看羊只生长情况，想方设法优化饲养配方，降低养殖成本，提高母羊产羔率和存活率，始终奔波在公司生产一线，眼睛里总是布满血丝。2018年12月底，公司新建养殖场内的"外国羊"刚刚投放，胡丛斌顾不上吃饭休息，和公司的防疫员们直奔养殖圈舍，巡回指导饲养员采取防冻措施。2个月后，当"澳白""杜泊"等母羊顺利产下第一茬羔羊后，他的脸上露出了久违的笑容。2019年5月，他感到身体不适，家人陪他去医院检查，结果发现胆结石，家人朋友劝他住院手术治疗，他却放不下公司的事，感觉没有时间，自己也经常说，忙过这几天就去住院。但一直到现在，住院的事也因没时间而搁浅着。不忘初心、牢记使命，是共产党员的价值追求。作为奋战在产业脱贫一线的一名普通共产党员，他始终恪守着"奉献不言苦，追求无止境"的人生格言，以实际行动诠释着新时代共产党员无私奉献的为民情怀和艰苦创业的优良作风，用忠诚和担当在古浪大地上谱写着一曲坚决打赢脱贫攻坚战的生动篇章。

在今天的黄花滩上，从西往东看，是一片片崭新的村庄和楼房林立的绿洲小镇。这里安置了祁连山东段保护区核心区干城、横梁、新堡等8个乡镇的群众。谈到这次搬迁，现任《飞天》主编阎强国感同身受。他的老家就在古浪新堡乡，那里生产条件艰苦，自然资源似乎一直以来就满足不了人们的生活。他中专毕业后到相邻的天祝松山一所畜牧学校任教，并在那里开始了自己的文学之路。当年他的中篇小说《红色的云雾》描写的就是改革开放后家乡的变化，发表后引起巨大反响，并被改编拍摄成电视剧《云雾》，获广电部十年改革题材优秀电视剧奖。他也从那里走进省城兰州，成了当时省文联最年轻的专业作家。我们采访期间，他对天祝古浪的民俗风物总是如数家珍，原来这里的大部分草滩牧场、村庄和小镇，他都用自己的脚步丈量过。他的父母和村里的其他村民一样，四年前搬迁到了绿洲小镇，住进了宽敞明亮的楼房。人们在这里重新分到了土地，建起了日光温室和养殖暖棚。不愿种地的农户，可以将土地流转给村集体，由村集体发包给企业统一经营，村民可获得固定收益。而建档立卡贫困户，可以将扶贫补助资金全部入股到养殖企业和养殖合作社分红，自己还可以在扶贫车间务工挣工资。而保证这一切的，是这里引来了黄河水，有了一个个产业扶贫项目。整个黄花滩移民区依托景电提灌工程，设计建成了超百万方的蓄水池数十个。每年两次调蓄黄河水资源3000多万方，有效满足了黄花滩移民区12.4万亩耕地用水和生态用水。昔日只能生长零星沙生植物的黄花滩，如今已经变成了阡陌纵横的金银滩。

黄花滩羊产业的蓬勃发展，不但让贫困户有了脱贫的"载体"，更带来联动效应。胡丛斌说："通过养殖技术的培训和传导，群众科学养殖的意识明显增强。同时，草产业逐渐兴起。值得关注的是，新品种羊的大规模培育，将一步步淘汰原有品种，从而达到培育古浪县羊品种品牌的目的。"

在2021年2月25日召开的全国脱贫攻坚总结表彰大会上，习近平总书记庄严宣告："经过全党全国各族人民共同努力，在迎来中国共产党成立一百周年的重要时刻，我国脱贫攻坚战取得了全面胜利，现行标准下9899万农村贫困人口全部脱贫，832个贫困县全部摘帽，12.8万个贫困村全部出列，区域性整体贫困得到解决，完成了消除绝对贫困的艰巨任务，创造了又一个彪炳史册的人间奇迹！这是中国人民的伟大光荣，是中国共产党的伟大光荣，是中华民族的伟大光荣！"

大会上，胡丛斌获得了"全国脱贫攻坚先进个人"荣誉称号，参加大会的他，心情久久不能平静。但他心里清楚，这份荣誉属于所有奋战在脱贫攻坚一线的基层工作人员，更属于那些与他并肩前行艰苦奋斗的乡亲们。

回到黄花滩，胡丛斌又忙碌了起来。那个多年前挂在心上的问题，也有了答案。

"对我的人生来讲，乡亲们都富裕了，才是我最大的成功。"胡丛斌这样对自己说。

如今已经年近60的胡丛斌，还从未想过松劲歇脚，干事创业的劲头反而更足了。生态宜居，产业兴旺，乡亲们精神昂扬振奋——这是他梦想中的黄花滩移民区新农村。乡村振兴的战鼓已经擂响,在党和国家的领导下,在我们大家的共同努力下,这个梦想一定能够在黄花滩上变为实现!对此胡丛斌信心十足。

（作者：王新军）

油橄榄和橄榄油

——记陇南市祥宇油橄榄开发有限责任公司董事长刘玉红

刘玉红简介

刘玉红，女，汉族，陇南市武都区人，祥宇集团董事长。多年来，她牢固树立"质量就是生命"的经营理念，树立全员质量意识，层层把好每一道关口，在不断做大做强祥宇橄榄油品牌的同时，把回报社会同企业发展紧密结合起来，积极开展油橄榄产业扶贫和"千企帮千村"活动，实现企业发展和贫困村脱贫的"互惠双赢"，为决战脱贫攻坚、决胜全面小康无私奉献。

说产业

甘肃有令人瞩目的产业。2021年，甘肃省原煤累计产量为4151.1万吨，比上年同期增加了303万吨，产量累计同比增长7.5%。甘肃省煤炭集中分布于庆阳、华亭、靖远和窑街等矿区。

中国一直被认为是贫油的国家。玉门油田成为新中国第一口油田。铁人王进喜就是玉门人，在玉门参加我国刚刚开始的石油建设，成长为我国第一代石油工人。大庆油田会战，王进喜前去大庆参战，成为大庆油田最著名的英雄。

中华人民共和国成立之初，镍矿被列为紧缺矿种，寻找镍矿是一项紧迫的任务。1958年10月7日是个难忘的日子，金昌的科研工作者从一块状似孔雀石的矿石中发现了镍。

野蜂酿蜜，羊群绕过荨麻，白家嘴子的黑虎山，挖出了宝藏。这里就是后来的"金川铜镍矿区"。20世纪50年代初期，一支浩浩荡荡的找矿大军就是这样满怀豪情地辗转于甘肃大地，他们是令甘肃产业发展彪炳史册的英雄豪杰。

以产业发展为杠杆的扶贫开发，是促进贫困地区发展、增加贫困农户收入的有效途径，是扶贫开发的战略重点和主要任务。陇南是甘肃省重要的有色金属矿产基地，铅、锌、锑、黄金等矿种在省内乃至全国都占有相当的比重。

除了矿产，陇南还适宜发展一种特殊的种植产业。这里适合种植油橄榄，是中国油橄榄一级适生区。陇南位于甘肃省东南部，地处长江流域嘉陵江水系白龙江中游，属北亚热带半湿润气候向暖温带半干旱气候过渡带，年均气温14.7℃，素有"陇上江南"之称。海拔

1500米以下的河谷及半山地带，气候特征、土壤条件等要素都与世界油橄榄主产区地中海沿岸国家相似。这是陇南独有的优势，找到优势，才能够扬长避短，走出一条独有的特色产业发展之路。

油橄榄

油橄榄是世界上一种历史悠久的著名树种，人类栽种油橄榄已有数千年之久。橄榄树文化在西方文明发展中的印记可谓比比皆是。

希腊神话里，雅典是雅典娜女神的领地。有一次，上帝想送雅典娜一件特殊的礼物，精心挑选后，他将橄榄枝郑重其事地赐给雅典娜。海神波塞冬一直想将雅典城占为己有，并通过阴谋窃取了雅典城的所有权。无奈，雅典娜只好拿出上帝的礼物——橄榄枝。当第一棵油橄榄破土发芽，雅典娜也因此得到了雅典城，并以智慧女神的身份戴上了用橄榄枝编织的桂冠。从此，在雅典，人们用橄榄枝作为婴儿诞生的祝贺，用橄榄油及橄榄枝花环作为竞技胜利的奖品。油橄榄在雅典人生活中成为最受尊敬的树种。

大约在15世纪的大航海时代，当时的海上强国西班牙，用轻快的帆船，把橄榄枝载到了南非、澳洲、美洲以及东方的中国和日本。橄榄枝是生命之树的代名词，也代表着西方文明的传播。

伴随着丝路驼队的铃铛声，大约在公元8世纪前后，有一种被称作"齐墩树"的木本树种从波斯被引进到中国。在唐与大食国（现阿拉伯）争夺中亚的怛逻斯战役中，唐朝被俘的杜环于公元751—762年间遍游了大食国全境，在他所著的《经行记》中有这样的记载，"又有荠树，实如夏枣，堪作油，食除瘴"。

唐代段成式在《酉阳杂俎》中记载"齐墩树出波斯国，亦出拂林国（叙利亚），拂林呼为'齐虚'。长二三丈，皮青白，花似柚，极芳香，子似杨桃，五月熟。西域人压为油，以煮饼果，如中国之用巨胜也。"巨胜说的是芝麻。这种如芝麻一样出油的果实，唐人用来除疥癣，极为灵验而价格昂贵。

这种在中国历史上被称作"齐墩树"的神秘树种——就是今日的"油橄榄"。

油橄榄果实可以榨油，橄榄油在西方被誉为"液体黄金""植物油皇后""地中海甘露"和"美女之油"，是世界上唯一以自然状态供人类食用的木本植物油，有极佳的天然保健功效、美容功效和烹调功效。

油橄榄生长所需的适宜的土壤、气温、日照、空气湿度以及降水量等气候条件颇为严苛。除地中海沿岸外，其他地区只能在适生区零星种植。橄榄油也因为其产量少和上佳的营养成分成为世界稀缺资源。

1963年，周恩来总理到阿尔巴尼亚访问时，了解了油橄榄树的情况后，决定回国引种。1964年3月3日，周恩来总理在云南昆明海口林场亲手栽下第一株代表中阿友谊的油橄榄。阿尔巴尼亚政府向中国赠送1万株油橄榄树苗，在云、贵、川等长江以南的8个省12个引种点同时试种。总理要求派人去阿尔巴尼亚学习油橄榄种植技术，并再三嘱咐大家要像抚育小孩子一样"一定要种好管好油橄榄"。

中国油橄榄事业的发展浸透着周总理的关心和爱护。

1975年，在甘肃省委省政府的倡导下，陇南先后从武汉、南京、汉中等地引进30多个油橄榄品种6万多株苗木，分别在白龙江、白水江、西汉水流域20多个乡镇进行试验栽培。

陇南油橄榄产业快速发展，为陇南开辟了一条全新高效的脱贫途径。至2021年年底，陇南油橄榄种植面积已达75.96万亩，产量约占全国总产量的70%以上，是中国最大的油橄榄生产基地。大片大片绿浪翻滚,这是陇南老百姓盼望的好日子来了。油橄榄在风里挥舞着手臂,发出"沙沙沙"的响声,好像在说"好啊,好啊。"

油橄榄树并不起眼,叶片泛白,细长的叶子,手掌般聚拢着,栽种4至5年后开始结果,盛果期可长达50年到100年。也就是说,油橄榄还是长寿树,一朝种树,接下来,是种植农户们子子孙孙都望得见的好日子啊。

致富树

政府免费发放油橄榄树苗,可是村民们还是不肯种油橄榄。这时有两个因种植油橄榄被大家叫作"树疯子"的人响应政府号召倾力种植油橄榄,他们就是刘元勇和李慧。刘元勇,陇南市人民检察院职工,军人出身,性格坚毅果敢,做事执着而干练。李慧,陇南市中医院职工,她温婉善良,执着务实。

1999年,刘元勇和李慧夫妻俩在佛堂沟租赁荒山荒坡一千多亩,种植油橄榄。

佛堂沟地处汉王镇与龙凤乡交界处,沟深15公里。刘元勇、李慧夫妇的家就在这里。佛堂沟没有路,多年来老百姓一直是在简易的小道上赶牲口、跑三轮,山路弯弯,险道盘盘。

佛堂沟多泥石流,常常是一场雨,引得泥石流肆虐而至,庄稼毁了,把一年的收成和辛劳席卷而空。刘元勇还记得有一次,家里唯一的一辆三轮车也给泥石流埋了,村庄满目疮痍,有民谚为证:三十里的佛堂,一辈子不走不想。家乡的日子苦啊,家乡的老百姓更苦。乡亲们常年因地质灾害颗粒无收,他们夫妇看在眼里急在心里,谋划着怎样改变这里的面貌。

一番痛苦的思想斗争之后，夫妇二人毅然辞去了令人羡慕的公职，在佛堂沟栽植油橄榄。一开始种树，是为了治理泥石流，绿化荒山。政府推广种油橄榄树，刘元勇和李慧就用它做绿化苗木。种着种着，发现油橄榄抗寒耐旱，四季常绿，病虫害少。于是，越种越多，一年时间，平整山地1200亩，开挖山坡平台10000多条，栽植油橄榄30000多株。用刘元勇自己的话说，党和政府号召我们种植油橄榄，我们应当积极响应，参与到种植油橄榄的队伍中来。

为了种好油橄榄，他们翻山越岭寻找水源，倾尽家中积蓄改变种植条件，先后修建了蓄水池、园区公路、输电线路、防洪堤坝，治理了六条泥石流沟。土地的投入是个无底洞，家里的积蓄，能借的，能贷的，都垫进山前山后的沟里土里。投得越来越多，不见收成。山路弯来弯去牵肠挂肚的，站在梁上，眼前是陡峭的崖坎，夫妻俩觉得自己也是一棵长在坎边的油橄榄树，天旱少雨，长得干焦憋屈，心里窝着火，那个着急。村里人都说，刘元勇和李慧种树种成"树疯子"了。

他们钻研栽树剪树技术，带领员工开展高接换优，施用优质有机肥料。天阴，要下雨了，别人回家，夫妻俩却带人拖着一捆树苗就上山了。佛堂沟的山梁梁上，一条条新挖出来的坎被雨淋透了，一左一右，张开赤裸的臂膀，环抱过来。黄土梁风大雨冷都顾不上，他们冒着雨抢墒种树。湿滑的土路哪里能走，那天种完了树，大家都是滚了满身泥回去的。

刚种下的油橄榄树，要让树第一次喝饱水，然后用土盖住，不让水分蒸发，叫保墒，这是树苗成活最重要的一步。

油橄榄树长一长之后要施肥。白天不能施肥，会晒得伤了树。他们收集村里的农家肥用土拌了，晚上，带领大家摸黑挑粪上山。一棵树一勺子肥，再浇上水，半夜才忙活完。月亮很圆，可以当应急灯，照着亮一路回来。

土里刨生计辛苦得很。刘元勇和李慧挺着一种精气神往前走，他们琢磨着，这树是个好东西，长大了经济效益比种别的强。大不了就是白干，也算是把荒山绿化了。说到底，种树，不是坏事。

为了鼓励和带动当地村民，他们把自己钻研出来的育苗、种植、施肥、修剪技术免费教会农民，并让他们进园务工增加收入。每年接纳当地村民3000多人（次）务工，累计发放工资500多万元。

李慧是个精明、能吃苦的山里女人。在女儿刘玉红的记忆里，小时候等妈妈回家，妈妈总是这棵树修修，那棵树剪剪，总是说马上好马上好，可是总是走不了，一等就是好几个小时。刘玉红觉得妈妈更爱她的树苗子，都不管她是不是饿肚子。

树一年又一年地种下去，佛堂沟的泥石流治住了。

2000年，国家计委将陇南武都区列为"山区经济产业化油橄榄示范项目县"，投入资金900万元进行基地建设和配套基础设施建设，所属19个乡镇420个村可栽植油橄榄的面积在50万亩左右。自此，陇南掀起了油橄榄产业开发热潮。

白天夜里地忙，刘元勇和李慧夫妇带领大家一鼓作气，硬是一年年坚持着，把佛堂沟农场周边的山上山下、沟里沟外，到处都种上了油橄榄树。

在他们的示范带动下，佛堂沟油橄榄示范园已成为面积大、设施全、效益好的"国家油橄榄标准化示范区示范基地"，祥宇油橄榄公司因此荣获"国家油橄榄标准化示范区示范企业"，刘元勇被授予甘肃省、陇南市"乡镇企业家"称号，受到了省、区、市各级领导的高度称赞。李慧也因此荣获了"全国三八红旗手""中国经济女性年度杰出贡献人物""全国三八绿色奖章""全国十大绿化女状元"提名奖等荣誉称号。

20多年的辛勤付出，昔日荒凉不堪的佛堂沟，如今油橄榄果实繁茂。秋天的时候，这树结出圆圆的果子，乌黑发亮。有孩子好奇，打下来塞进嘴里，咬一口就吐了，又苦又涩。也有说咬开了可以擦家具擦皮鞋的，很是润泽。刘元勇和李慧夫妇，用慧眼和辛劳，收下大自然给他们的这份丰厚的馈赠。随着陇南油橄榄种植面积的不断扩大，部分前期种植的油橄榄树已进入挂果期，并且产量逐年迅速增加，当地政府领导心急如焚——他们明白，如果这些果子无人收购，将极大地挫伤果农们种植的积极性。

　　面对繁茂的果实和政府的各种优惠政策，刘元勇动起了开办榨油厂的心思。刘元勇用自己的宅基地和佛堂沟农场做抵押，解决了建厂的资金困难。和相关职能部门协商时，都很支持。政府大力扶持和鼓励发展油橄榄生产企业，给出了各种减免政策。办厂的相关手续迅速落实。

　　厂子起名叫"祥宇"。说起"祥宇"名称的由来，还有一段感人至深的故事。1964年周总理将中国大规模引种油橄榄的重担交给油橄榄种植专家徐纬英教授后，她深感责任重大，一边积极引种试验，一边在几经挫折后，思谋着如何依靠企业化运作推动油橄榄产业发展，于是在90年代，她申请注册了"祥宇""神州"两个饱含深意的商标。"祥宇"来自周总理字"翔宇"的谐音，表达的是对中国油橄榄事业奠基人周总理的崇高敬意和无尽思念。

　　她也深知，一个科技工作者毕竟精力有限，不可能既从事科学研究，又创办生产企业。当她多次来到武都考察油橄榄产业发展时，通过接触，深深地为刘元勇夫妇干事创业的精神所感动，她在刘元勇夫妇身上看到了中国油橄榄事业的希望，于是将饱含深意的"祥宇"商标，赠送给了刘元勇夫妇。

　　刘元勇四处打听哪有卖橄榄油榨油机的。国内没有这种机器。

后来打听到，70年代联合国粮农组织给陕西城固县赠送了一台意大利贝亚雷斯原装出厂的榨油设备。

当年全国试种油橄榄树，城固县试种成功，就有了这台机器。后来，城固县不再种了，机器闲置了下来，由陕西林业局林场保管。有人要把机器拆了卖了，说占地方。当时谈克德局长始终不同意把机器拆开来，他说，放着还是个东西，拆了可真就是一堆废铜烂铁了。

刘元勇找到陕西林业局林场，看到了这台意大利贝亚雷斯的生产线，用不到100万的价格买回了这个宝贝，在武都吉石坝的老厂区建起了祥宇油橄榄开发有限责任公司，开始榨油。

国内没有人会安装调试，他们从西班牙橄榄油主产区高薪请来专家安装。当这台机器异常顺利地运行起来时，一筐筐新鲜成熟的油橄榄果倒入机器，变成鲜榨橄榄油流出来的那一刻，多么的激动人心！祥宇公司第一次利用当地所产的鲜果榨出了符合国际标准的食用橄榄油。祥宇人欣喜若狂，地方政府领导也喜上眉梢……

油橄榄榨油项目上马，再加上销售和推广，油橄榄一条龙产业结构雏形凸显。

此时一斤橄榄果能卖四五元。出门打一年工，人家几株油橄榄树结的果子就卖出来了，还有这样的好事呢。四里八乡的人见了，这下不用干部做工作，大家开始自觉在自家地里种上油橄榄树。

李慧继续带领乡亲们在佛堂沟种树。

陇南适种区域四里八乡的乡亲们也都种上了油橄榄树。

由于祥宇公司的龙头带动，不但农户种植的积极性空前高涨，油橄榄生产加工企业也如雨后春笋般纷纷成立，陇南油橄榄产业发展步入了快车道……

树是自家的孩子吗

在女儿刘玉红眼里,橄榄树更像是母亲李慧的孩子。母亲种树种得如同绣花般,哪一块地怎么种,种几个品种,种得越来越讲究了。

一开始种,间隔是4米乘5米,一亩种33棵树,后来发现间隔太小,不利于树的后期生长,于是改成5米乘6米,一亩地种22棵树。树距拉得大些,几年后树才能长得丰盈。

在别人眼里似乎长得都差不多的油橄榄树,在李慧看来却像是如同自家的孩子一般亲切。莱星、鄂植8、佛奥、阿斯、城固32、奇迹、皮削利、皮瓜儿、贺吉布兰克……油橄榄树都有自己的名字。

皮削利要和莱星、鄂植8、佛奥、阿斯等夹杂着种。因为皮削利是授粉树,有点像公树,风吹着,它就给别的树授了粉,授了粉的树才可以结果。

莱星和佛奥是最好的品种,它们是中熟果。贺吉布兰克结圆圆的青色大果,橄榄果不怕压,不像别的果实那么娇气。

城固32嫁接出了奇迹,现在它也是晚熟果了。摘完果后修剪,果柄要剪掉,不然第二年是不挂果的。

李慧说起油橄榄树,就像是优等生的父母遇到有人问起孩子,刹不住嘴,滔滔不绝。每一株橄榄树为什么长成现在这个样子,李慧心里都有数。这一株长势不好,是因为种得靠近坎边,水保得不好,树的长势就不好。另一株种得端正,这会儿已经开花了,满树小小的繁花,开成热热闹闹的春天。

树种下去,要浇足6次水,长势才会好。为了给油橄榄树浇上水,他们专门购置了提灌设备,把水引来。有水浇灌,油橄榄树苗终于可以舒展着生长，没那么干焦憋屈了。

2012年，陇南制订出台了《关于加快油橄榄产业发展的决定》和《油橄榄产业发展扶持奖励办法》，整合发改、扶贫、林业、水利、交通等各类涉农资金，财政每年安排1000万元资金，采取以奖代补、贴息等形式，鼓励租赁集体荒山、荒坡、荒滩，鼓励农民流转土地、集中经营，大力发展油橄榄，实现适宜区全覆盖。

令人肃然起敬的企业

在陇南，油橄榄的发展是政府关心的一件重要工作。油橄榄收购也是武都区的一件大事。每年陇南武都区委区政府都会下发专门文件，帮助指导油橄榄收购工作。

区工信局负责鲜果交售量、加工量、库存量的统计，督促加工企业敞开收购、满负荷生产。

区物价局负责全区油橄榄鲜果收购及橄榄油销售价格的监督检查。

区食药局负责各加工企业油品质量的检测检验工作。

区质监局负责各加工企业的计量衡器的鉴定、质量安全监督管理工作。

区金融办负责联系区内金融机构为区内加工企业落实贷款。

区林业局负责做好技术服务指导。

区交警大队负责各加工企业收购鲜果期间周边交通秩序的保畅工作。

区公安局、综合执法局、交警大队负责鲜果收购现场治安、交通秩序维护工作。

区供电公司负责各加工企业的电力保障工作。

区供排水公司负责各加工企业的加工用水供给工作。

各乡镇负责组织农户按品种、分时段、整村组采摘、有序交售……而祥宇公司要做的，是按鲜果等级和政府参考价敞开收购，开足马力满负荷生产。

各司其职，一个也不能缺。

陇南有大大小小许多生产橄榄油的企业，但陇南60%以上的油橄榄鲜果，都是由祥宇油橄榄开发有限责任公司收购的。说起祥宇油橄榄开发有限责任公司，它是陇南人的骄傲。祥宇是亚洲最大的油橄榄加工基地，世界领先的油橄榄加工厂。中国第一个油橄榄行业发明专利、第一个国家油橄榄工程技术研究中心、第一个德国原装冷榨生产线……这样的第一，有十多个。

祥宇公司办公楼的墙上迎面有一行大字——"打造一个品牌，带动一个产业，造福一方百姓"，这是刘元勇和李慧的初衷。

今日佛堂沟，山路加宽，车辆通行，万亩油橄榄基地，风过处，是油橄榄树唱歌的声音。一家人富了不是富，祥宇带动着更多的陇南老百姓富了起来。

又到了收获的季节，天空亮堂，比平时又多了一些喜气洋洋，街上跑着的车辆都像是沉甸甸的，一大早人们就忙了起来。

212国道上，车水马龙，热闹非凡，这是四里八乡的乡亲们来祥宇油橄榄开发有限责任公司交油橄榄果的场景。各种三轮车、小货车排着长队。在陇南，油橄榄鲜果采摘收购是一年一度的大事件。祥宇是陇南最大的油橄榄加工企业。刚开始，祥宇的老生产线一天可以消化20吨橄榄鲜果。

2009年，祥宇从德国引进了第一条福乐伟生产线，日消化鲜果230吨。2010年，祥宇从德国引进了第二条福乐伟生产线，日消化鲜果增加了230吨，达到460吨。2011年，这一年的气氛异常凝重。

油橄榄丰收，祥宇厂子里的生产线却消化不掉这么多的鲜果。

依旧是车水马龙，乡亲们来厂子里交油橄榄果。可是，收果子的速度越来越慢，终于停滞了下来。祥宇的生产线已经满负荷运转了。四里八乡的乡亲听说了，怕到得晚了便不收了，一年的收成就泡了汤，更着急。于是把熟了的不熟的都抢摘了，争着抢着来交，队越排越长，丰收了的农民们昼夜排队等着。油橄榄果不经放更不经碰，稍稍一碰，再过个夜就有了腐烂的样子，眼看着不能用了。

这个时候，祥宇油橄榄开发有限责任公司董事长刘元勇给厂里的采购下了道死命令，宁可让果子烂在我们的院子里，也不能烂在农民手里，宁可让企业亏了，也不能让农民兄弟吃亏，打击他们种油橄榄的积极性。于是，厂子里不再按生产线的承受量收果，而是有多少收多少。多出来的、不新鲜的油橄榄果一边收，一边倒入厂区外的大土坑就地掩埋，这是令人心痛和动容的一幕。

当时女儿刘玉红十分不理解父亲的举动，她抱着母亲痛哭道："爸爸为什么要这样做？为什么这些损失要我们承担？"母亲劝慰她说："孩子，人在做，天在看，你爸爸是在做一件积德行善的好事，你还小，不懂事，要相信善有善报。"

这一年，祥宇公司倒掉的腐烂果子价值300多万元。这一年，所有的油橄榄果按一斤不低于8元的保护价格通通收购了。祥宇公司的善举，赢得了一大批果农的信任，后来这些人都成了祥宇公司的铁杆粉丝和合作伙伴，农民们种油橄榄果的积极性更高涨了。

祥宇的当务之急是继续扩大鲜果的日生产能力。于是，他们立即考察上马了新的生产线。

2011年冬天，祥宇油橄榄开发有限责任公司的创始人刘元勇先生走了。死亡是只鹰，张开翅膀停留在陇南高而远的天空。那天傍晚，天边的云朵，被火焰烧红了，久久没有暗下去。

继任的董事长,是他的女儿刘玉红。刘玉红,兰州大学法律系毕业。在刘玉红的记忆中,父亲从来没有表扬过自己,即使某件事情自己认为做得很完美,但从来换不到父亲的赞扬;而一旦做错了事情,经常被他批得泪流满面。在这种严格的家庭氛围中,刘玉红养成了对自己的高标准、严要求,这一点在她后来执掌公司时派上了大用场,这时她才理解了父亲的良苦用心。

父亲走了,一切忽然就不一样了。企业如同一列火车,停滞了下来,变得危机四伏。

办完丧事,她和母亲的悲伤还没有来得及平复,就有村民们找上门来。他们带来了成编织袋的花椒,送给刘玉红,说是家里种的,一点心意,怎么着都要让收下。坐半天不走,最后嘴里嘟囔着,说就是想来问问刘玉红,她父亲走了,那秋天油橄榄果还收不收了,不问清楚他们睡不着觉。

刚送走一拨,又来一拨。

多种编织袋装的花椒在客厅里码成一堵墙,乡亲们拿来了,怎么也不肯拿走。满屋子浓烈的麻香味。父亲走后,诸多事务缠身,个个都要决断,刘玉红整夜整夜地失眠。这天晚上,辗转良久,好不容易睡着了,一个又一个黑色的圆鼓鼓的小精灵跳出来,嬉笑着围着她追逐打闹。她惊醒,才睡了几个小时,天还未亮,窗外漆黑一片。小精灵是梦里的,早消失不见了,奇怪的是那小精灵的笑声,清脆的童音,分明还在耳边回荡。黑漆漆的梦里,大片大片的树影,分明就是佛堂沟的万亩油橄榄林,刘玉红忽然明白,那黑色圆鼓鼓的小精灵怕是油橄榄果吧。也难怪乡亲们惦记,她也放不下啊。这小小的果实里,凝聚着太多的汗水和希望。

刘玉红面对一波又一波找上门来的乡亲们给出了一样的回答,收!我父亲在的时候怎么做的,他走了我还是一样怎么做。

花椒散发出的浓烈的麻香味还在满屋子飘着，刘玉红不让别人动，她说就摆在这里吧，可以时刻提醒着她，警醒着她，做父亲的未竟之业。

刘玉红要做的事情太多了，父亲走了，她甚至来不及悲痛。头顶的太阳又圆又白，像警钟时刻警醒着她。

父亲离开了，刘玉红比任何时候都更想把祥宇继续做成一个令人肃然起敬的企业。

救命的贷款

打击接二连三。先是银行通知今年不继续为祥宇油橄榄开发有限责任公司提供贷款。接着是各种上门催款的人。账面空了，资金链濒临断裂。刘玉红董事长跑遍了陇南各家银行贷款未果。

时间过得飞快，眼看2012年收果在即，可是银行的贷款还没有着落。刘玉红又梦见那黑色的圆鼓鼓的小精灵，只是这次没有声音，它们围着她上下飞舞，她醒来，那群小精灵就又消失不见了。有人建议减少收购，也有人建议企业调整发展方向。

银行的贷款没有着落，拿什么收购种植户的油橄榄果？事关多少老百姓的切身利益。这是祥宇的大事件，更是陇南的大事件。刘玉红只好来到省城兰州，一家一家地跑银行。

危急时刻，兰州银行伸出橄榄枝，在仔细研究了祥宇的资金链条，和当地政府协商，又多次实地考察抵押产业之后，同意贷款一个亿。

银行方的效率很高。他们说，一方面我们看企业的项目资质，另一方面我们也看企业的当家人，祥宇有着很好的企业诚信，我们放心，我们会尽快放款的。

第二天，一个亿的贷款到了账。这可是笔救命的贷款啊！

贷款到账的第一件事，刘玉红通知厂里，全力备战收购和生产事宜。2012年的秋天，祥宇如期收购，购果总量超过上年总量的17%，继续保持了快速增长的势头。

这一次的危机，事后看来，反而成了好事。祥宇迈过了小打小闹的阶段，逐渐成长为集约化规模化的龙头大企业。

离共同富裕更近一点

2015年，祥宇再次斥资420万元，从意大利进口了贝亚雷斯新设备，日消化鲜果量再次增加了240吨。

当贝亚雷斯的工程师们来到祥宇吉石坝的老厂区，看到他们70年代出厂的油橄榄榨油设备感到万分惊奇，因为现在这款机器在他们国家已经没有了。于是，他们提出，用一条全新的生产线换这台机子。刘玉红董事长并没有答应。这是一台有纪念意义的榨油机，它对每一个祥宇人有着特殊的意义，它见证了企业的成长，它是企业的排头兵。她要留住它，它就是祥宇的根，将来，祥宇要建一座橄榄油博物馆，把这台机子放进博物馆里。

为了避免农户、企业利益再次受损，祥宇公司吸取经验教训，逐年推行了"订单农业"，引导农户按照订单要求适时、适量采摘，实现了采摘工作的科学化管理，这一成功经验在之后的数年间被成功复制到其他油橄榄加工企业。

祥宇定制了5万个食品级塑料专用果筐。按海拔由低到高，油橄榄树的品种从早熟到晚熟划分区域，按日生产量将果筐发给农户，采取订单预约采摘，由祥宇专门的质量技术人员上门，规范有序收购鲜果。收来的果实不能挤压和受伤，立即进入清洗和榨油的流程，从采摘到榨油，8个小时限时鲜榨。

做一个祥宇人是有成就和有荣誉感的。汉王镇朱能村，当祥宇公司的人进村收果子的时候，老百姓打着欢迎的横幅，放炮迎接他们的到来。晚上8点收购还没有完成，村里李玉兰大娘，盛情邀请收购人员去她家里吃饭，非要让他们吃了再忙活。大娘朴实的笑容，总是会让他们心里充满暖意。

"订单农业"的推行，解决了盛果期农民们的无序采摘和无序交纳的大问题。既让果农吃上了定心丸，又为公司开辟了稳定的鲜果来源。

种树，榨油，实在是太辛苦了。可是，刘玉红知道这里面有着成千上万老百姓的利益，是情怀，是产业，也是一个企业的初心。"打造一个品牌，带动一个产业，造福一方百姓。"刘玉红再一次想起祥宇墙上的几句话，它不仅写在墙上，它也写在每个祥宇人的心里。

除了佛堂沟，祥宇又开辟了汉王镇杨坝村栈道湾油橄榄种植基地。每年两个油橄榄种植基地，都会有数千名农民工进园务工，带动人们增加收入。

刘元勇夫妇创立的陇南市祥宇油橄榄开发有限责任公司现已发展成了亚洲第一，世界100强中排序第88位的油橄榄全产业链企业，成为了中国油橄榄界的旗舰和标杆。截至目前祥宇牌特级初榨橄榄油获得国内外各类荣誉200多项，其中在各橄榄油原产国获得金奖25枚、银奖25枚、铜奖5枚。

随着祥宇橄榄油知名度的不断提升，刘玉红开始大力拓展销售渠道，先后开设了20多家专卖店，发展了500多家经销商。北、上、广、深等一线城市及济南、兰州、西安等许多省会城市都有祥宇橄榄油专卖店，现在专卖店数量以每年2至3家的速度递增着。

2020年12月，祥宇橄榄油广告在CCTV—1、2、13三个频道黄金时段同时播出，并入选新华社"民族品牌工程"。祥宇公司的社会影响力和祥宇橄榄油的品牌知名度，正向着更高的目标迈进。

在刘玉红的带领下，祥宇公司已经发展成为集油橄榄良种育苗、集约栽培、规模种植、科技研发、精深加工、市场营销、旅游体验为一体的全产业链综合性企业，产品有六大系列100多个品种。公司受邀参与了橄榄油国家标准起草，"祥宇"商标被认定为"中国驰名商标"；被国家农业农村部等八部委审定为"农业产业化国家重点龙头企业"；成立了行业首个院士专家工作站和国家油橄榄工程技术研究中心，荣获了"甘肃省人民政府质量奖""甘肃省科技进步一等奖"，被认定为：首批"专精特新小巨人""国家绿色工厂""全国放心粮油示范工程示范加工企业""国家粮食应急保障企业"。

2020年6月9日，甘肃省深度贫困地区脱贫攻坚现场会在陇南召开，国家部委相关领导，省委省政府主要领导，对口帮扶市分管领导，省直相关厅局分管领导，十四个地州市主要领导、分管领导等100多人参加了现场会，与会代表参观、学习了祥宇油橄榄公司产业扶贫模式。

7月27日，全国产业扶贫工作推进会在陇南召开，国务院扶贫办主要领导、分管领导，甘肃省委主要领导、省政府分管领导，国家部委分管领导，全国27个省区市扶贫办负责人，省直相关厅局分管领导等200多人，现场学习、观摩、交流了祥宇油橄榄公司产业扶贫经验。

8月28日，国务院新闻办公室"消费扶贫行动新闻发布会"在北京召开，祥宇公司董事长刘玉红被邀请到新闻发布会现场，接受国内外媒体采访，介绍公司产业扶贫成效。

11月10日，由国新办组织的国内外媒体采访团120多名记者来到祥宇公司，全方位采访了祥宇油橄榄公司领导、职工及油橄榄合作社负责人，听取他们对产业扶贫成效的介绍。

11月24日，2020全球减贫伙伴研讨会观摩团成员100多人来到祥宇公司参观学习，向世界介绍、推广祥宇公司产业扶贫成功经验。

2021年1月20日，祥宇公司被国务院扶贫办确定为"全国产业扶贫考察点"。

2月25日，祥宇公司董事长刘玉红被评为"全国脱贫攻坚先进个人"，在庄严的人民大会堂接受了党和国家领导人的颁奖。

这一系列事件说明，油橄榄产业是造福一方百姓的支柱产业，是陇南人的"摇钱树"，产业扶贫是诸多扶贫模式中值得推广的成功模式。

据陇南市官方公布的扶贫资料显示：陇南市油橄榄种植涉及武都、文县、宕昌、礼县四个县区42个乡镇、338个行政村、40万人口，其中建档立卡贫困户7600户3.44万人。三年来通过油橄榄产业助推，油橄榄适生区农民人均纯收入增加了4013元，同比增长17%，产业贡献值平均达到2200元。

今夜，刘玉红再次梦见那黑色的圆鼓鼓的小精灵，它们唱着歌围着她上下飞舞，她醒来，那群小精灵拖着长长的光影，渐渐消失不见了。她觉得，种下油橄榄，帮乡亲们把满树油橄榄果变成好日子的时候，她似乎就离梦想更近一点了。

陇南的油橄榄产业是大山深处，绿色、健康、无污染的生态经济产业，是陇南独有的、应该珍惜的产业，是常青树。这使陇南人过上了好日子，也是数十辈子人的好日子。

数不清的陇南人为油橄榄产业发展奉献出说不尽的心血和汗水，它像一根绳，集结在一起才能产生强大的合力和向心力。

（作者：王 琰）

"我是农民的儿子"

——记天水市秦州区医疗保障局党组书记、局长柴永生

柴永生简介

柴永生，1970年10月生，大专学历，中共党员。1991年7月参加工作以来，大半生奉献给了农村，自2015年党的脱贫攻坚政策实施以来，他已有了27年的基层工作经历。在乡镇一步一步干上来的柴永生，担任过副乡长、镇长直至乡镇党委书记，一直扎根在扶贫一线，呕心沥血大半生，也乐在其中大半生。"拿工资办事，凭良心做人。干工作要对得起良心，对得起共产党发的工资。"这是柴永生经常挂在嘴边的话。

个子不高，人偏瘦，老式的三七分头发，虽不稀疏，但也两鬓微斑。常年穿着白衬衣、深蓝西装、青布裤子，既像个干部，又像个邻家老哥。

1970年出生的柴永生，才50岁出头，可乍一看，跟60岁的人一样，明显老气。他那些一起当过乡镇一把手的同事，无论年龄大小，都叫他老柴。老柴，是因为他长得老气，也因为他乡镇工作资历深。后来，好多共过事的人，不是调动，就是高升，老柴还在乡镇当着他的书记。人们开玩笑，老柴，进步有点慢啊！老柴笑笑说，你把个老哥欺负啥呢。

他知道，工作升迁，是组织考虑的事，他考虑的是，把工作干好。

"拿工资办事，凭良心做人。干工作要对得起良心，对得起共产党发的工资。"这是柴永生经常挂在嘴边的话。

1991年7月参加工作以来，柴永生一直工作在乡镇，一步一步，从普通干部，到副乡长、镇长直至乡镇党委书记。

2012年12月，柴永生被组织任命为皂郊镇党委书记。而此前，他已经在皂郊镇工作多年，对这片土地颇为熟悉。当时的皂郊镇还很穷，到处是烂泥路和危旧房，群众收入来源很单一。虽然离城区仅有半个小时车程，但大多数村庄都在316国道沿线两侧的山上，人们进趟城，得下一道山，回趟家，得爬一道山。老百姓除了守着一亩三分地靠天吃饭外，便是靠出门打工挣点零用钱，再没别的收入来源，剩余时间"一家人大眼瞪小眼"。

乡亲们确实穷啊，可作为一个镇子的"父母官"，不能眼睁睁地看着这穷日子一直过下去，我也是农民的儿子，怎能忍心这样穷下去呢？柴永生扪心自问，觉得要干些实事好事，不求功名，不问前程，就是让大家的日子好过起来。

"不搞花里胡哨的东西，要脚踏实地干实事，帮助老百姓过上好日子。"柴永生很务实,他开会常对干部这么说。

于是,他就把全镇的村村落落、沟沟壑壑跑了个遍,兜里揣个小本子记了密密麻麻一本,夜晚回来认真研究党的扶贫政策,寻找致贫原因,思考解决的办法,每想到一个致富点子,他总是很兴奋,大半夜召集班子开会讨论。大家揉着惺忪的睡眼,心里有怨言,嘴里不敢说,他们都知道柴书记的脾气,批评起来黑着脸,六亲不认。有人打趣道,柴书记,多大的事,放一夜能过期吗?他一本正经地说,不把问题解决了,我一晚上睡不着,再说,脱贫攻坚,还真等不起。

一年三百六十五天,除了进城开会,他都在镇上,要么进村入户,要么研究工作。即便行走在田间地头,他也时常琢磨着他的扶贫"小算盘",用老百姓的话说,"柴书记是个闲不住的人,谁家的水井在哪里,谁家的炕眼门在哪里,他都一清二楚"。

他心想,我的"小算盘"打好了,全镇人脱贫致富的"大算盘"才能打好。在他反复打"算盘"的过程中,他发现,皂郊有这么好的区位优势,土地也不贫瘠,群众又不懒惰,为啥穷?最根本的原因就是没有产业。大家在几亩地种麦子、玉米、洋芋,一年下来,收不抵支,就算打工,也不稳定,有时遇到天灾人祸,日子更是雪上加霜。

一定要把产业搞起来,脱贫致富,发展产业是关键,增加就业是核心。

他最先盯上了皂郊西南的西坡梁。

这里以前是一片荒芜烂坡,大片土地闲置,春长野草秋生荒,柴永生却在这里看到了"生机",他立马动员镇上有威望的农民企业家和致富带头人高吉奂、冯车帆、李江生等,给他们讲扶贫好政策,动员其开发利用的种种"好处",经过他不懈努力,企业家被感动了,"有这样一心一意为咱皂郊镇造福的好书记,赔了我也干!"高吉奂第一个举手赞同。有镇党委书记做主心骨,村民们就有了底气,种苹果树、核桃树、樱桃树，发展产业经济链，很快就看到了效益。

他的信心更足了，劲头更大了，去外地考察学习回来，他有了更大胆的想法，"一定要把西坡梁产业园建成一个大型田园综合体"。他和企业家们一起泡在西坡梁的荒山野林里，修农路，建果园，引进农民专业合作社、农业龙头企业来投资发展，实施水、电、路等基础设施建设为产业发展作支撑，为打退堂鼓的企业家打气鼓劲，到处跑着要项目谈合作。

三年以后，一个15000多亩的田园综合体建成了。春天，漫山遍野的苹果花满山飘香，核桃穗轻轻柔柔在风中摇摆，高大的皂角树站满山冈，一派生机盎然。秋来园里挂果，一派丰收景象。省、市级各类合作社来了，农业龙头企业加入了，种植大户也多起来了，众欣、林联有机苹果种植获得了国家级3C认证，成功注册"林联蜜园"商标，先后通过国家"绿色食品"和"有机产品"认证，有机苹果被列为天水市伏羲文化旅游节祭祀专用果品。

到2020年，皂郊镇西坡梁田园综合体已成为秦州农业供给侧结构性改革示范地、绿色有机果品生产示范基地、特色养殖示范基地、天水市公祭伏羲大典贡品直供基地、休闲观光农业示范基地、自驾游及旅游房车营地、"返乡"青年双创基地、电子商务中心、市民"菜园子、果篮子"示范基地、山地自行车训练基地、国家AAA级景区等全产业链田园综合体。

在促就业方面，通过"公司+基地+农户"的经营模式，促进新型经营主体规模化、标准化生产，延伸产业链条，扩大就业面，增加就业机会，解决农村剩余劳动力和返乡农民工就业问题，也为当地群众创业搭建平台。在促扶贫方面，通过实施带动规划区贫困户参与种养、加工、物流、服务等全产业链生产，增加贫困户收入，加快规划区贫困户脱贫致富步伐，促进区域经济社会全面发展。

脱贫路上，一个都不能落下。

老湾里是皂郊镇最偏远和贫困的村之一，雨天烂泥坑，晴天尘满天，连吃水也很困难。村里人娶媳妇，人家都笑话，就那鸟不下蛋的鬼地方，一百万的彩礼都没人去。听着别人嘲笑，老湾里的人整天低着头，腰杆子软哒哒的，因为穷啊，在人面前说不起话。柴永生看在眼里，记在心里。一定要把老湾里的穷病看好，看不好，就是他的心病。于是他一次又一次去老湾里，走访群众，开展调研，也一次又跑进城，争取项目，争取资金。慢慢地，几年时间，村里通上了水泥路，接上了自来水，危房进行了改造，群众建起了果园。老湾里的变化有目共睹。

2017年，老湾里的张小军还是困难户，家里穷得"叮当响"，条件很不好。柴永生了解情况后，利用精准扶贫产业到户的资金帮他采购了5只绵羊，农闲时候，一家人在扶贫车间打工。当养羊的数量有20多只时，张小军光荣脱贫。

2020年，柴永生又帮其二次申请到5万元的精准扶贫专项贷款，鼓励他把养殖业做大做强。如今，张小军已经是养殖专业户兼致富带头人，他感激地说："不是柴书记一路帮忙，我和我们村的好多人都还在贫困线上挣扎呢！"

如今的老湾里，群众走上了水泥路，住上新房子，喝上了自来水，有了租地收入、务工收入、果盘收入，生活好起来了，小车开进村了，新媳妇娶进门了，整个村容村貌也发生了翻天覆地的变化。

如今，谁再要嘲笑老湾里人，大家可不答应了。老湾里，今非昔比。

"老湾里的脱贫问题解决了，我的心病就去了一大半。"看着正在走向小康路上的老湾里，柴永生心里的一块石头落地了。

另外半块心病就是杨家沟。

杨家沟村曾是皂郊镇典型的深度贫困村，下辖杨家沟、唐家沟、吕家河等5个自然村，全村有农户380多户1300多人，2013年有建档立卡贫困人口156户705人。

柴永生深知，只有帮助村民培育壮大扶贫产业，才能真正找到致富门路。在他的推动下，杨家沟村将产业利益与广大群众、贫困户相连接，以"党支部+合作社+产业"模式大力发展特色种植养殖产业，并采用贫困户投工获薪金、入股获股金的形式，不断提升贫困群众致富的内生动力。

村民唐富保，就是依托稳定的养殖产业，实现了增收脱贫。

"柴书记对我支持很大，刚开始准备养牛，他还特地来看了场地，给我的精准扶贫专项贷款资金也很及时，5万元贷款帮了大忙，柴书记，真的挺好的。"唐富保逢人夸赞柴永生。

如今，杨家沟的养殖户已达到20家，果品面积有3000多亩。劳务输转、林果、养殖三大产业，已成为杨家沟村脱贫致富的主导产业，贫困群众收入不断提高。

2019年，杨家沟村实现脱贫摘帽。

其实，柴永生是个"野心家"。有了产业发展的成功经验，在基础上，他提出了坚持服务精准扶贫主线不变化、"龙头+基地+农户"的产业模式、"土地租金+务工薪金+入股分红"的增收方式等致富计策也成了秦州区脱贫攻坚的学习模式。

行路难、读书难、吃水难、就医难、娶媳妇难，在皂郊镇另外一些村庄，这些难题多年来一直都压在群众心头。自然条件恶劣，基础设施落后，经济环境封闭，就地脱贫难度大，加快脱贫攻坚步伐、同步实现小康的任务十分艰巨。该怎么办？柴永生同样还为这个问题在寻找答案。

脱贫攻坚一来，秦州区坚持"人口向城镇集中、资源向优势区集中、产业向园区集中、土地向规模集中"的原则，以易地扶贫搬迁项目为平台，对贫困区域群众实现应搬尽搬，以大搬迁促进大发展。

易地搬迁，答案来了。柴永生借着秦州区启动大规模易地搬迁的东风，开始了"挪穷窝""拔穷根"，全力实施易地搬迁项目。经过几年的努力，皂郊镇易地搬迁项目建成了安居家园、段家沟新村、皂郊村民安置房等5个集中安置区，共涉及13村538户2441人，其中建档立卡贫困户142户652人。

韩爱生是刘家沟王家山自然村的村民，如今他早已住进了易地搬迁房。从十几里外的山沟沟，搬进了镇上宽敞明亮的新居，除了住房条件的改善外，一出门就是市场、商铺，还有方便的公交车。他常说，这辈子没想到他能住进这么好的楼房。

住进了新房子，曾经的五大难早已不是问题。乡亲们出行更加方便了，村里的摩托车、电动车、汽车也慢慢多了起来。年轻人都买了电动车，许多妇女挖了野菜，骑上电动车直接到城里去卖，来去真是方便自由，如果想进城，随时都能乘坐7路公交车，20分钟左右，就能到广场。住进易地搬迁房的群众无不感慨，而其中，柴永生功不可没。

此外，为了确保搬迁群众"搬得出""稳得住""能致富"，皂郊镇还依托当地自然资源，因地制宜发展特色种植业、养殖业及农业休闲观光旅游产业等，成立种养专业合作社，积极推行"公司＋基地＋搬迁户"的模式，覆盖全部集中安置点，促进农业产业化经营与搬迁贫困户精准对接，以农村产业发展支撑搬迁群众稳定增收，确保搬迁户就业有渠道、产业有发展、收入有提高、脱贫有保障。

担任镇党委书记期间，仅2017年，柴永生就为全镇争取扶贫资金1650万元，实施扶贫项目25个，扶持贫困村新建果园3600亩，技能培训1200人次，全镇稳定脱贫贫困村4个，贫困人口539户

2489人，贫困发生率下降为6.6%。在长坂坡农业示范园区完成果树建园7120亩，秋季完成退耕还林补植建园800亩，新建众欣、林联、光达、豫阳合作社果品贮藏大棚40座。还争取来了皂华路维修养护工程、绿洲家园、果品交易市场等5个重大项目。周边杨集、冯家坪、闫家庄、高家庄、虎皮沟、徐家店、兴隆、袁家河、店镇等9个行政村也均已全部脱贫，这些数字的背后，凝结了柴永生无尽的心血和汗水。

柴永生在皂郊镇一待就是满满六年。"群众不脱贫，我的日子也没滋味。"6年时间里，他带着群众改善落后的基础设施、改变居住条件、发展产业，一系列改变让群众彻底摆脱了过去靠天吃饭的贫困局面。

27年来，他一直扎根在扶贫一线，呕心沥血大半生，也乐在其中大半生。

健康扶贫是脱贫攻坚战中的一场重要战役，也是一场必须要打好打赢的硬仗。因病致贫、因病返贫这一脱贫路上的"拦路虎"，是习近平总书记反复强调必须解决好的问题。

2019年2月，柴永生调任为秦州区医疗保障局党组书记、局长，虽然职位变了，但他脱贫攻坚的信心没有变。以前，他操心的皂郊镇的几万人，现在，作为医保系统一把手，他得操心60万秦州人的健康。

在新的岗位上，他一如既往，履职尽责，心怀群众。

"干医保工作更是良心活，老百姓情况都不好，要尽可能多帮助困难群众，尤其是那些贫困线上的弱势群体，他们太不容易了！"这是柴永生经常挂在嘴上的话。

一路走来，柴永生深知"看病贵"和"因病致贫"给群众带来的苦楚和困难。一到新的岗位，他认真研究党的惠民政策，学习医疗保障政策，找来很多专业书籍学习，很快把这块业务及相关政策搞得清清楚楚，让好政策不浪费，给真正有困难的老百姓尽可能提供政策范围内的帮助。

柴永生深知，因病致贫的人群，医保是基础，就像防护网一样，一定要对群众要做到三重保障，一是医疗保险报销，二是大病保险报销，三是对建档立卡贫困化、低保户、五保户、孤儿等特殊群体进行医疗救助。一重保障保基本，二重保障保大病，三重保障托底线，只有做好这三重保障，群众才不会出现看病难，对巩固脱贫成果的巩固才能起到有效作用。

要做好这三项工作，提高参保率很重要，那就得大力宣传。

当地首先构建起了以"医疗保障局+乡镇人民政府+县乡医疗机构""医保干部+乡镇干部+第一书记+村干部"为宣传队伍，"普通话+方言"为宣传语言，"宣传载体+线上+线下"为宣传方式，通过乡镇"乡村振兴大讲堂"、医疗机构下乡义诊、宣讲"十进"等多元化方式宣传参保意义、参保政策、参保程序，调动群众参保积极性和主动性，稳定参保率。通过多种渠道引导农牧民群众要紧跟国家及省州县委关于医疗保障惠民政策的新部署，积极响应国家政策，及时主动参加医保，让群众充分了解并享受医保惠民政策，补齐医保扶贫短板，推动医疗保障政策进村入户。

此外，举办医保政策暨医保扶贫政策专题培训会，分5期对全区驻村帮扶工作队人员，16镇7个办事处分管领导及业务人员，50个定点医疗机构分管院长及业务人员，全区420个行政村村医700余人就落实好医保政策和医保扶贫政策进行集中培训，切实打通医保服务的"最后一公里"。

为了切实做到工作精准，他带领扶贫工作组逐村逐户、逐人逐项排摸情况，扎实开展参保核查行动，建立了与民政、卫健、扶贫多部门协调机制，定期交换、比对、核实数据，在医保扶贫路上不落一户、不落一人，为医疗保障扶贫对象精准识别、退出和政策享受奠定了坚实基础。通过一系列工作，秦州区医保扶贫政策得以优化，防范化解因病返贫致贫长效机制得以建立，基本医保、大病保险、医疗救助三重制度常态化保障得以全力统筹，医疗保障公共管理服务水平的不断提高，增强了参保群众的获得感、幸福感。

玉泉镇盐池村村民杨建军被确诊为主动脉夹层主动肿瘤，经治疗已恢复健康。虽然二三十万元的住院治疗费对他这样的普通家庭来说是不小的开支，但他却没有发愁。

"政策太好了，报销了二十几万元，我自己就掏了几万元，这完全得益于好政策。"杨建军说。

石马坪街道南一社区居民穆国玺和杨建军有着相似的经历。2010年，穆国玺妻子被确诊为尿毒症，高额的治疗费让这个家庭陷入困境，但穆国玺说："每年11万多元的费用，医保报完剩5万元左右，疑难救助报完剩2万多元，这样下来，我们家就能负担得起。"

杨建军和穆国玺所说的正是基本医保、大病保险、医疗救助三重制度常态化保障政策。近年来，为了给参保患者提供优质便捷的住院治疗服务，秦州区积极作为，让"先看病后付费"和"一站式"即时结报政策落到实处。

为了提高"一站式"结报的准确性，保证能"一站式"结算，在柴永生主导下，给患者办理入院手续时，针对不同医保类别提前告知家属准备相关材料，这样能保证"一站式"结算。

长期以来，异地就医报销难、垫支压力大，一直是转诊病人的痛点。为此，针对特殊原因不能异地报销人群，柴永生安排在区人社大厅设置便民服务台进行手工报销，做到就医报销不求人。

在参保缴费是群众享受医保的前提，为了方便群众参保，柴永生还要求简化办事程序，让数据多跑路，群众少跑腿。在医保中心推行医保经办事项"不见面"办理。一是城乡居民参保缴费开通微信、支付宝等多个缴费通道，办理医保参保登记后，即可网上缴费。二是按照开通网上异地就医备案渠道，患者在微信"甘肃省医疗保障局"小程序或"国家医疗保障平台"中即可申请办理，减轻患者负担。三是大力推广使用甘肃省医保电子凭证，实现办理购药，线上异地就医备案，医保缴费记录、个人账户余额、医保结算费用等医保信息线上查询等"一码通"服务。四是公开多条对外服务电话专线，安排专人专岗值班，畅通电话咨询通道。指导参保单位、参保人员、定点医药机构尽可能通过线上办理，或通过邮寄、传真等方式灵活办理医保业务。目前，累计异地就医备案905人。

除了做好政策性工作，柴永生还把群众的事当作自己的事。他经常对干部讲，干医保，就要有一颗菩萨心，要将心比心。每次听说群众有健康方面的难心事，他都会主动帮助。他是农民的儿子，知道疾病给一个家庭带来的负担。他知道，把医保工作干好，就是积德行善。为此，他多次入户调研，调整、简化、规范困难人群门诊慢特病准入门槛，推动措施落实到人、精准到病，累计办理困难人口慢特病审批17823人，逐层简化了慢特病准入，把精准施策落到实处。想方设法为困难群众、贫困户解决医疗报销困难，关爱失独老人，不遗余力地救助重病儿童和困难群众，践行着良心做人，用心做事，为老百姓办好每一件小事的原则。

关子镇参保农民赵凯霞是贫困户，女儿王悦婷患有极为罕见的脊髓性肌肉萎缩症，为给其治病家里已花光所有积蓄，并借有高额债务。后来辗转到了北大第一医院治疗，一种每针高达70万人民币左右的特效药剂让一家人陷入了"两难困境"，对于靠打工维持生计的她一家来说无疑是"天价"。当柴永生收到这一家人的求助信，立刻约见了这家人,他要想办法帮助这家人救下这个年幼的小生命。为减轻医疗负担,他赶快向市医保局上报请示相关报销事宜,遗憾的是市局答复该病使用药物为自费药品,不能报销。他立即召开党组会议讨论决定,尽最大努力,在孩子治疗结束后,给予当年最高支付6万的医疗救助。"一定要尽我们自己最大的努力,想各种办法帮助这个可怜的孩子和家庭。"随后,他又积极组织捐款,时常打电话问候孩子病情,抽时间买东西去探望孩子。

"用心做事,良心做人",是他常挂在嘴边的一句话。他说:"干医保工作更是良心活,为有困难人群和贫困户解决实际困难,是我们义不容辞的任务,也是做人的本分。"

玉泉镇玉泉路76岁的参保居民白存女,在新天坛创伤骨科医院以骨性关节炎住院的时候,不慎将医保证参保发票等资料遗失,导致住院期间的五六万元费用未按医保报销,出院后按自费结账。这给生活拮据的老人造成了巨大困难。2020年11月,老人意外找到了遗失的资料,找到医保局恳求帮他报销。经过多方协调,最后转成手工结报终于帮老人完成了报销。类似情况的还有甘谷村民谢爱玲,还有因"蛛网膜下腔出血"救治无效死亡未来得及报销住院费用的参保居民,他都一一协调彻底解决了。

天水镇元树村是医保局的帮扶村,柴永生通过走访入户认真了解了村里基本情况,与村"两委"共同制订了帮扶工作计划和具体措施,确保建档立卡贫困人口全部实现"两不愁三保障"和稳定增收不返贫。他主动协调联系了辖区陈忠和中医骨伤医院,抽调医院中医科、内科以及骨伤科各科室医务人员一行9人组成队伍为元树村开展义诊活动,给村里行动不便的村民带去了福音。义诊活动免费为村上50多位患者进行了测量血压、针灸、心电图以及小针刀治疗各种颈肩腰腿痛等项目,为28人开具中药处方,小针刀治疗10余人。

"医保局领导好呀，亲自带名医专家给我们免费治疗，我这病腿去一趟医院太折腾了，专家到我们家门口直接就看了，谢谢谢谢啊！"患有多年腿疾的王大爷说。

2018年，玉泉镇孙家坪村村民县永军，诊断出来"白血病"，作为家庭主要劳力的他，一场突如其来的疾病，使整个家庭难以支撑，柴永生得知这一情况后，积极协调，让患者及时享受到了低保、临时救助、大病救助等医疗保障政策。

"我们是农民，没有啥收入，如果不是好政策扶持，如果不是柴局长帮助，我根本承担不起。"县永军无不感慨地说。

数载笃行不怠，一路勇毅前行。

截至2020年年底，秦州区医保局共为11084名建档立卡贫困人口，报销住院费5005.91万元；为169249名困难群众拨付参保资助1893.27万元；医疗救助贫困人口10156人，拨付医疗救助资金1281.64万元；全区城乡居民办理门诊慢病卡34082人，其中建档立卡贫困人口办理慢病卡17823人，占总数的52.29%。全区建档立卡贫困人口基本医疗保险参保率达到了100%。这些数字的背后，凝结着柴永生的心血和汗水，诠释了他作为一名共产党员的职责和担当。这份"亮眼"的成绩单，其实就是柴永生时时处处为群众办实事的一份佐证。

"我是农民的儿子，党的干部，在脱贫攻坚的路上，我必须奋力向前，拿出我最好的良心，尽我最大的努力。"柴永生是这样说的，也是这样做的。

2021年2月25日，全国脱贫攻坚总结表彰大会在北京隆重举行。柴永生荣获"全国脱贫攻坚先进个人"并接受表彰。在脱贫攻坚战中，他扎根扶贫一线，奋斗在基层，做群众的贴心人，脱贫攻坚的引领者，甘为孺子牛、铺路石，为打赢打好脱贫攻坚战，带领群众致富无私奉献，挥洒自己的智慧和力量。

"很荣幸自己能深入参与脱贫攻坚这场伟大的战役，作为基层的坚守者、耕耘者，在以后的工作中我将倍加珍惜这份荣誉，作为一个土生土长的秦州人，我对秦州有无比深厚的感情，这片美丽的土地是我的根，我相信我们的心愿是一致的，我将在医保工作中，更加发光发热，把医保工作做好，为人民服务，将人民所需所想所盼，做细做实，发自内心地希望秦州未来的发展越来越好，秦州的明天更加美好。"柴永生说。

刚从会场出来，柴永生到办公室，批阅完一大堆材料，交办了工作，他又叫来司机要下乡调研。

去往村里的路上，他途经工作多年的皂郊镇，如今这里楼房比比皆是，超市饭店应有尽有，道路两侧干净整洁，香花槐正盛开着，十分灿烂，人们各自忙碌着，远处，是西坡梁，早已一派葱郁。

柴永生看着车外的一切，心想：所有的努力，终究会换来丰收的果实。

（作者：王　选）

要做就做贴心人　要干就干贴心事
——记合水县固城镇王昌寺村第一书记、驻村帮扶工作队队长王大勇

王大勇简介

王大勇，男，共产党员，合水县固城镇王昌寺村第一书记、驻村帮扶工作队队长。他是这样一个人，老百姓家的鸡毛蒜皮事都是大事，只要群众有需要他都会随叫随到；他是这样一位驻村队长，每天走村串户，脸上始终挂着笑容，提起老百姓的事，他总是滔滔不绝。虽然已过了不惑之年，但他像小伙子一样，乐此不疲地忙碌在脱贫帮扶的第一线，被誉为"王昌寺村的新当家人""群众身边的贴心人"。

合水古称乐蟠，位于甘肃省东部，踞陕、甘两省交界处，是著名的黄河象故里、古石刻之乡。

合水生态良好，自然环境优越。合水光照充足，雨量充沛，四季分明，气候宜人，是庆阳市的"后花园"和"天然氧吧"。全县森林覆盖率56.9%，是"全国绿化模范县"。

然而，良好的生态环境并没有让当地的老百姓过上富足日子。作为六盘山集中连片特困区，合水县2013年有建档立卡贫困村34个，贫困户11942户4.96万人，贫困发生率32.4%。其中，固城镇王昌寺村便是全县深度贫困村中的贫中之贫、困中之困。

这里自然条件艰苦，山大沟深路窄，没有产业，广种薄收，还要看年景，日子过得很艰难。为了讨生活，年轻人常年在外打工，村里只剩下老人和孩子。5个村民小组454户人家依山分散居住，全村建档立卡贫困户202户，贫困发生率高达40.4%。

穷不过王昌寺，是周围群众对王昌寺村的印象，这种印象，固执而持久，祖祖辈辈如此。谁家的姑娘要是嫁到王昌寺，那就意味着受穷；谁要是从王昌寺来，那就多半是个穷汉。

王昌寺，穷名在外。王大勇早有耳闻。

但不巧的是2015年夏天，王大勇偏偏被组织安排到了这个村来当第一书记、帮扶工作队队长。王大勇一听，头皮发麻。可这是组织的安排，没有回旋余地，他只能硬着头皮来到了王昌寺。

王大勇从小一直生活在县城，对农村生活并不了解，在他的印象中，农村应该是天蓝水绿、风吹草低见牛羊、把酒话桑麻的地方。

虽然来之前做了大量的心理准备，但一进村，眼前的景象还是让他大吃一惊，相当一部分村民住在半山腰黑黢黢的窑洞里。特别是村委会仅有的几间平房因年久失修已成危房，办公设施破旧不堪。在听完村干部的介绍后，村子的贫困状况更是大大超出了他的预期，他一下子感到压力特别大，不知从哪儿下手。

"既来之则安之，再难也得干！"思来想去，他迅速安顿好住宿，决定先走访走访群众，了解了解情况再说，说不定通过走访调查，把底子摸清楚的同时，还能与群众拉近拉近关系。他来之前，单位领导就反复给他说，要做好群众工作，一定要跟群众处好关系，打成一片。

群众不认识、不相信我，我一次、两次、三次跑，我一有机会就到群众家里唠嗑，我就不相信，他们不支持我。王大勇这么想。

然而，现实总比想象还残酷。

第一次上门走访，就让王大勇吃了个闭门羹。那天，他来到贫困户杨占江家门口，隔着大门叫了一声，院子里出来了一名中年妇女，抱着小孩儿，问他是谁？王大勇自我介绍说是新来的驻村干部，走访了解情况。听完介绍后，妇女用不信任的目光反复打量着王大勇，一言不发，也没有让他进门的意思。为了证明自己的身份，王大勇拿出了身份证给她看，妇女还是摇摇头。王大勇再次告诉妇女，自己是新来的驻村干部，是帮助她家脱贫致富的。几番犹豫之后，妇女才打开了院门，有一句没一句地和王大勇说话，无法真正沟通交流。

接下来的几天时间，王大勇上门走访非常不顺利。

自我介绍根本不管用，群众不认识他，没有人知道他是驻村干部，即便知道了，也不会相信他说的话是真的。在不少村民眼中，他只是一个"外人"，在这里镀个金，待不了几天就会走。他能服这村里的水土，接上这村里的地气，改变村里人的想法，帮助王昌寺村脱贫摘帽吗？大家根本不相信。

王大勇陷入深深的沉思，这都是贫困造成观念和心理上的自我封闭，他们在有意无意地回避他。如何打开工作的被动局面，成了眼前最难的事。

就在王大勇急得团团转的时候，县总工会金秋助学活动让他感到眼前一亮，他欣喜地觉得或许这是唯一让群众认识接纳自己的机会。了解到此次资助对象是以贫困户和务工子女家庭为主的信息后，他立即找到了村干部详细了解情况，在逐户开展摸排过程中，他得知贫困户王万金、王永刚两家孩子考上了大学，正为学费发愁。与县总工会对接后，两家的情况均符合资助条件，资助办理也是最后一天了。王大勇迅速通知他们准备各自的申报材料准备上报。

当时正值雨季，那天雨很大，通往县城的班车也因雨停发了，两家人进不了城。情况紧急，王大勇马上向驻村工作队员交代完手头的工作，就开自己的车，冒雨带着他们直奔县总工会。在县总工会办公室，几个人忙着填表、复印相关证件、准备照片，经过3个多小时的忙碌，终于在下午下班前完成了所有资料的填报和审核，共申请到助学金4000元。事后，王万金的妻子赵红燕逢人就说："新来的王书记给人真办事哩，我娃上学家里正缺钱，他就给我们想办法帮了大忙，他是个大好人！"经她一宣传，王大勇为他们申请助学金的事儿，在村上传开了。

经过这件事后，王大勇自己深有体会，只要给群众办过实事，不论大小，群众都会记住你。有些事对自己来说只是多跑一点路，可在群众那里就是解决了眼下最急、最大的事情了。接下来，入户走访一下子顺利了许多，因听说过王大勇真心为群众办事，大家都愿意把心里话说给他听，王大勇也慢慢融入了这个大家庭。

起初，王大勇觉得，既然来驻村怎么也要干点大事，可真正到村里工作一段时间后才发现，这跟他想得不太一样，不管干任何事都要从小事情做起。为了尽快熟悉村里的情况，王大勇从走村串户开始，给每家每户都拍了照片，详细记录了家庭情况，建立了一个小档案。

贫困户杨安梅患有严重的精神类疾病，丈夫去世之后，女儿出嫁了，儿子也常年外出打工，家里就她一个人，生活非常困难。2018

年12月，是一年中最冷的天气，王大勇和驻村队员侯立强商量，自费买来棉被、棉衣、褥子、米面等过冬物品，提前送到杨安梅家里，帮她收拾屋子，整理被褥，回到村上，他们又联系了杨安梅的女儿，让她经常来家里照顾她母亲。在和县民政局、县残联等单位衔接后，为杨安梅争取到临时救助资金，落实了低保政策和残疾人补助，与村上协调为杨安梅打了一眼小电井，解决了吃水困难，杨安梅的生活较以前有了根本好转。

贫困户习明礼的儿子习铜虎，因上山劳动时不幸坠崖，导致腰椎受伤，双腿失去了知觉，多年卧病在床，行动非常不便。第一次入户时，王大勇被眼前的情景惊住了：习铜虎躺在床上，面无表情，眼神茫然无助，问什么都特别烦躁，由于长时间卧床，屋子里有股酸臭味。回到村部，习铜虎家的情况一遍遍在王大勇眼前浮现，他的心情特别沉闷，短暂调整后，王大勇决定尽自己最大的努力，帮助习铜虎他们一家重树生活的信心和勇气，帮助这个家庭渡过难关。他向县残联汇报申请了轮椅，与帮扶王昌寺村的甘肃蓝科高新公司机关党支部衔接，为习铜虎捐赠了价值1万元的移位机和运动康复辅助设备，解决了习铜虎上下床的问题。同时，动员他家人在村上合作社务工，增加收入，改善家里生活条件。在后来的走访中，王大勇发现习铜虎的眼神变了，笑容多了，性格也变得开朗起来，一家人脸上露出了久违的笑容，这个苦难的家庭在王大勇他们的帮助下再一次挺住了。

在村上的时间长了，王大勇发现村里有许多留守老人长时间不修剪头发，不理胡子，个人卫生习惯较差。问明原因后，得知他们去街道理一次发就得20多块钱，他们怕花钱，加之他们年龄偏大，自己的儿女不在身边，出门很不方便。得知情况后，王大勇拿出400多元购买了两套理发工具，在驻村办公室设立了"爱心理发屋"，定期免费为村里的留守老人理发，解决了他们生活上的实际困难，老人们逢人就夸王大勇好。

村上一到农闲时节或茶余饭后，就会有人聚在一起聊天消磨时间，人多嘴杂，时间长了，经常闹矛盾，影响了邻里关系。王大勇回家时看到县城广场每天早上或者下午有人跳广场舞，不仅锻炼身体而且丰富业余生活。于是，他就向单位领导汇报，向县妇联争取舞蹈服装和音响设备，让驻村队员王红梅担任指导老师，利用下午休息时间组织村上妇女进行排练，经过一段时间练习，群众的热情被动员起来了，参加的人越来越多，人数迅速达到了50名。每到下午或农闲时，他们会自发组织，大大方方健身，快快乐乐跳舞，群众的文化生活丰富了，关系更加融洽了，大家信心满满创造幸福美好生活。

驻村4年，王大勇和驻村工作队为群众解决的困难和问题有上百件。

齐家姐妹握手言和，不再为房子排水的问题闹得面红耳赤；贫困户王正伟如今是村上的护林员，儿子王峰养殖肉兔为家中增收；姬志龙、李金保、齐效金等贫困户的家里都安装了防风烟筒，解决了冬季取暖的安全问题……

这一桩桩、一件件为民实事都办在了群众的心坎上。

一想到刚到王昌寺时，每天要面对的事都是些鸡毛蒜皮的小事，东家儿子娶媳妇办婚宴、西家老婆要装假牙，每天为这些拿不上台面的小事操心，啥时候才能脱贫？这让他特别痛苦和烦恼。现在，王大勇早已明白，实际上在村民们看来，这些琐碎的小事却是他们家家的大事，要取得乡亲们的信任，就得从小事做起，从点滴做起，从鸡毛蒜皮的小事做起。

通过这一件件的"小事"，王大勇终于搭建起了和群众沟通交流的"连心桥"。在跑遍全村之后，王大勇将贫困户的分布情况绘制了一张简单的路线图随身携带，这也成为他随后走访入户、开展工作的指南。

一边抓"小事",一边谋"大事"。经过走访调研,王大勇发现有三件事得好好抓一抓,一是改陋习,二是强基础,三是兴产业。

王昌寺村是2013年全县34个建档立卡的贫困村之一,和村里群众打交道时间长了,王大勇慢慢发现,村里群众办红白喜事相互之间攀比严重,这让原本经济上非常紧张的贫困家庭负担更加沉重,但多年形成的陋习让群众敢怒不敢言。如何改变陋习观念、树立新风正气,把群众的心思引导到脱贫致富奔小康上来?

为了改变这种不良风气,王大勇挨家挨户走访,一圈下来他发现单个给每个家庭说的时候村民觉得这个是好事都能接受,能减轻负担,但具体到实际操作中,大家又觉得以前一直都礼尚往来惯了,谁也不好意思开这个头。

于是,王大勇召集村民开会,准备集体讨论订立一个村规民约来遏制大家的不良消费行为,让他没有想到的是,平时私下里都表示赞成的村民坐到一起开会时都三缄其口,没有人带头发表意见,更没人愿带头表决,这样连续开了两次会都无果而终。第三次,王大勇准备把这个事定下来,大家讨论的积极性比前两次高了许多,但究竟搭多少,没讨论出一个标准。有人说,搭多少是人家私人的事,我看工作队就不用操这个心了。有人附和着,说,就是,祖祖辈辈流传下来的东西,有啥讨论的。

王大勇一时没了头绪,最后,他发现本村姓齐的人比较多,应该是村里的大户,在一次不经意间听人说县委党校副校长齐永年与齐家家族是一个户族。他便把齐永年请到村里,一起做他们的工作,提出了修改族规中不合时宜的部分,细化了红白事参加人数、饭菜烟酒标准、随礼标准等内容。

经过讨论修订,村上的村规民约对红白喜事从简操办做了明确的规定，比如结婚的礼金规定为50元，喜宴上的烟10元、酒20元，酒席标准每桌不超过280元等等。对此，大家觉得这是个好事，能减轻负担，大家拍手赞成，老人们说：改陋习，转观念，新时代，这才叫新事新办。

吕崖窑组新建的居民点有6户群众乔迁新居，村干部和群众都来贺喜，大家送来了对联，放了鞭炮，乔迁的几户村民都不摆宴席不请客，攀比风从这里开始"刹车"。

村里以前像这种乔迁之喜都是大设酒席，家家户户来给帮忙，还要搭份子钱，少则100元，多则200元，甚至还有300元、500元。一桌子饭都是三四百块钱的标准，花费大不说，也费人。村里现在定下的新规，众人受了益。

与此同时，他还在村里成立王昌寺村"正气银行"，以"存储良好美德，用积分兑换实物"的方式，引导村民继承发扬传统美德，树立新风正气。

坐落在王昌寺村文化广场旁的一间看似普通的平房，其实可并不普通。尽管里面排列整齐的货架上摆满了琳琅满目的商品，但它并非传统意义上的超市，而是一家"银行"。屋外门楣中间"正气银行"四个大字分外醒目，"扶志扶智""崇德扬善"八个字分列两旁。说起这"正气银行"，它和天津有着不解的渊源。2019年是合水县脱贫摘帽的攻坚之年，天津市红桥区作为合水县的东西部扶贫协作对子，在全县12个乡镇各选出1个村作为试点，建设"正气银行"，通过正气换积分、积分换物资、积分换荣誉、积分换扶持的模式，对孝亲敬老、乐于助人、不等不靠、自力更生发展致富的贫困户进行奖励，促使当地群众以正能量行动换积分，以积分换物资，激发贫困群众脱贫致富的内生动力，实现精神扶贫与物质扶贫齐抓共管，进而提升扶贫红利与乡风文明共同增长。

知道这一情况后，王大勇主动跑到县上，为王昌寺村争取来了一个超市。

在"正气银行"里，小到牙刷、牙膏、毛巾、香皂，大到棉衣棉被、厨具水壶等，各类生产生活用品一应俱全。所有物品无须花钱购买，而是要以积分兑换的方式来获取。"银行"所用的正气币面值，分别是1分、2分、5分和10分，每1分价值人民币1元钱。村民参加一次义务劳动可以积10分，把这10分的正气币存到他的银行存折里，慢慢累加。今后就可以拿着正气VIP卡来刷卡，直接用积分兑换商品。

存储的是正能量，兑换的是精气神，积累的是好习惯，弘扬的是新风尚。"正气银行"开办以来，王昌寺村的村容村貌美了，邻里互助多了，矛盾纠纷少了，行善举、献爱心在这里蔚然成风。

此外，为了进一步培养文明新风，王大勇还邀请"全国孝亲敬老之星"、固城村上门女婿文廷高讲30年如一日照顾岳母的孝道故事，进一步倡导社会正能量，带动全村风气向好向善。如今，王昌寺村村民已摒弃传统陋习，与时俱进，一门心思奔小康，人人都在谋自己的幸福日子。

党建是推进脱贫攻坚工作的原动力，抓好党建工作，才能强基础。

来到王昌寺村后，王大勇发现老党员比较多，而年轻党员较少。在和老党员交心谈心的基础上，他两次组织全村38名老党员到南梁、延安开展重温入党誓词、"党旗在我心中"等主题活动，参加组织活动后，老党员们纷纷表示，自己找到了久违的组织归属感和荣誉感，同时也有了责任感，主动参与村里的大小事情，帮助村干部出主意想办法。王大勇紧紧抓住这个机会，充分发挥老党员作用，按照《甘肃省党和国家机关党支部建设标准化手册》提出的村级党组织六个方面的标准要求，制订了全村党员发展计划，将村里群众基础好、创业带富能力强的年轻人严格按照程序标准吸纳发展到党组织中来，为党组织增添新的力量，先后发展年轻党员6名，全村党员总数达到了52名。建立和完善了村党支部、村民委员会报告工作制度、学习制度、例会制度等，逐步规范和完善了"三会一课""主题党日"等日常标准，村党支部建设实现了标准化，党组织的凝聚力和党员的先锋模范作用发挥越来越明显。

王昌寺村地处子午岭林缘地带，全村454户，将近一半是贫困户。当地村民一直以来都以种植玉米为主，广种薄收，日子过得很艰难。王大勇发现，这里森林覆盖率达到了76%，而且光照充足，雨量充沛。为啥有这些得天独厚的优势，产业却发展不起来呢？

分析情况后王大勇认为，多年的传统生活方式，大多数村民们习惯于老婆孩子热炕头的生活，对新鲜事物不愿接受，老观念、老传统和不愿干、不会干的实际情况非常突出。同时，发展资金的短缺也让好多群众望而却步。

在全面吃透村情户情基础上，以发展主导产业、壮大村集体经济、带动贫困群众增收为重点，同村"两委"班子、广大党员和群众代表制订了《固城乡王昌寺村2018—2020三年帮扶规划》，为全村202户建档立卡贫困户制订了"一户一策"脱贫（巩固）方案。

脱贫致富，产业是最有力的支撑。王昌寺地处川区，土壤肥沃，水源丰富，光照充足。依托这一天然优势，经过充分论证，王大勇决定带领群众发展苹果和瓜菜产业。接下来，他们按照省市县农村"三变"改革政策要求，认真学习文件，吃透上级精神，摸清实情，与村上"一班人"领着大家一起干。2016年，他们采取"党支部+企业+合作社+农户"发展模式，积极争取上级政策，招引企业，流转土地，新建蔬菜大棚，建成合水县首个现代化农业示范区，配套安装了水肥一体化智能设施，流转土地2000亩建成蔬菜种植基地，带动群众种植高原夏菜3000亩，建成苹果园1260亩，菜和果让全村人均年增收1300多元，每年实现村级集体经济收入10多万元。

同时，按照"党支部+企业+乡村旅游"的发展模式，依托当地生态资源，打造集种植养殖、观光旅游、休闲娱乐为一体的田园综合体，新修硬化道路，完成漫水桥、休闲广场的修建，栽植金叶榆、红叶李等景观树，绿化美化环境等配套设施建设，成功举办了金秋菊花节等文化活动。

此外，还先后实施易地扶贫搬迁项目21户81人、住房提升改造39户，投放湖羊19户57只、黄牛4户4头、仔猪16户64头、乌鸡400只，新打小电井64眼。面对村部老旧等问题，争取资金75万元，对村部等基础设施进行集中改善，让党员有了活动阵地，让群众有了休闲文化广场，还给村里装上了路灯，群众晚上出行十分方便。

有了产业，群众的钱包鼓了，收入增加了，发展的劲头更足了。易地扶贫搬迁分散安置、农户住房提升改造、新打小电井等工程的实施，湖羊、黄牛、生猪、乌鸡等家庭养殖产业的发展，拓宽了群众增收渠道，也坚定了脱贫致富的信心和决心。

初秋时节的王昌寺景色迷人，处处呈现出一派即将要丰收的火热景象，千亩高原夏菜进入采摘期，沉甸甸的青苹果挂满枝头，等待着阳光的最后"润色"。

村民齐效鹏在果园里忙得不亦乐乎，家里人手不够，王大勇张罗着乡亲们一起去果园里帮忙摘袋子。"他这个人就是说到做到，自己想到的事情，都能够做到，这几年相处下来，和我们都有了深厚的感情。"齐效鹏说。

站在山畔，看着眼前的一切，王大勇感慨地说："这里就是我的故乡啊。"

2018年年底，王昌寺村实现稳定脱贫186户，贫困发生率下降到2.37%，实现了整村脱贫出列。

王昌寺村实现了整村脱贫，消息传来，村民们奔走相告，欢欣鼓舞。

王昌寺村脱贫后，王大勇的爱人想，这次他肯定要回来了。

而王大勇觉得，王昌寺村刚刚脱贫，各方面还比较脆弱，禁不起折腾。

最终王大勇还是选择继续留在王昌寺村，而他的妻子默默扛起了家里的一切。

在村里不知不觉已是数载光阴，谈起当年为啥一次次留下来，王大勇说出了他的心里话："人的观念一定要改变过来，改变不过来还是有问题，虽然脱贫了，但还是有一定风险存在。"

王大勇说如今村里环境改变了，村民手里也有了钱。但他最不放心的就是群众的观念跟不上，制订村规民约的目的也是想从制度上对过往的陋习做个彻底改变。虽然开会讨论村规民约时大家意见不统一，但是村民们悄然发生的变化却是对这位第一书记的认可。

在王昌寺村的这些年，王大勇说他和这个村子的命运紧紧拴在了一起。驻村的这些年，他总是一身劳动布工作服，一双普通的运动鞋，不同的是，脚上的运动鞋是他驻村以来换的第4双，前几双都是把鞋底磨透了。

他是这样一个人，老百姓家的鸡毛蒜皮事都是大事，只要群众有需要他都会随叫随到；他是这样一位驻村队长，每天走村串户，脸上始终挂着笑容，提起老百姓的难事，他总是滔滔不绝。虽然已过了不惑之年，但他仍然像小伙子一样，乐此不疲地忙碌在基层一线。

他的事迹先后在中央电视台《焦点访谈》《新闻调查》《为了可爱中国》《决战贫困》等栏目播出，甘肃卫视《扶贫第一线》栏目，《甘肃经济日报》《新甘肃》和《陇东报》、庆阳电视台分别进行专题报道，他被誉为"王昌寺村的新当家人""群众身边的贴心人"。

2021年2月25日，王大勇荣获"全国脱贫攻坚先进个人"荣誉称号。王大勇心里明白，荣誉属于他个人，但更属于王昌寺村的每一个人，不是所有人的努力，不是大家共同心手相牵，怎么会有王昌寺村灿烂的今天。他给村里人说，我其实给大家领了奖。

2020年年初，面对突如其来的新冠肺炎疫情，王大勇放弃休假，带领村干部和党员群众，连续坚守防控一线63天，保证各项防控措施全部落实到位。为普及好防控知识，王大勇不仅当起了村头大喇叭的定时"播音员"，还按照"音响+标语+宣传车"的方式，把一台便携式音箱固定在自己私家车顶上，在车身贴上"疫情时期""科学防控"的字样，用"山寨"版宣传车开启了移动式的防控知识普及宣传，让群众入耳入眼、入脑入心。

此外，王大勇还组织驻村帮扶工作队员和村干部组成代购服务小分队，建立4个微信群，当起群众的"代购员"。群众缺什么，只需在微信群里说一声，代购服务小分队成员得到消息后，在做好自身防护的同时，就奔赴县城统一购买，第一时间将群众所需的米、面、油等生活物资和超市发票送到群众家里。看似简单的举动，却为村民们带来了实实在在的便利。

驻村5年多时间，1700多个日日夜夜，王昌寺村454户2070口人，每家每户，王大勇都去过，村上每家的情况他都了如指掌。现在，王昌寺村的脱贫攻坚工作已经取得了全面胜利，王大勇相信，这个胜利不是终点而是新的起点，在乡村振兴的道路上，王昌寺村会继续取得更大更加振奋人心的胜利，王昌寺村的父老乡亲一定会如愿过上他们所向往的幸福美好的新生活。

虽然离开了王昌寺村，但在王大勇心里，他永远是王昌寺的一员，因为那里是他的故乡。那里的山山水水、一草一木，早已印在他的脑海中，他也成了地道的王昌寺人，成了村民的知心人。

如今，王大勇已经回到原来的岗位，但他知道，驻村开展脱贫攻坚的那段日子，早已是他人生中最宝贵的一笔财富。在王昌寺里，他知道了什么是农村，知道了什么是一心为民，知道了如何开展工作，知道了如何赢得民心。

有时做梦，他还会梦见王昌寺村，在村里的大路上匆匆忙忙正赶着去办事。而道路两侧，瓜果飘香，草木茂盛，不远处，还传来了人们爽朗而幸福的笑声……

（作者：王　选）

国家出版基金项目
NATIONAL PUBLICATION FOUNDATION

中宣部2022年主题出版重点出版物

"十四五"国家重点图书出版规划项目

纪录小康工程

全面建成小康社会

甘肃奋斗者
GANSU FENDOUZHE

（下）

本书编写组

读者出版传媒股份有限公司
甘肃人民出版社

全面建成小康社会
甘肃奋斗者（下）

目　录

怀一颗初心　担一肩使命
——记宕昌县木耳乡原扶贫工作站副站长胡天霞 …………………… 001

引得清流润民心
——记永靖县水务局局长孔存喜 ………………………………………… 015

一切为了孩子的明天
——记临潭县教育局干部丁彦荣 ………………………………………… 029

北边儿来的亲人
——记通渭县榜罗镇陈家窑村驻村帮扶工作队队员王兆平 ………… 043

老李的扶贫路
——记天水市麦积区扶贫办副主任李东平 ……………………………… 058

一路春风一路歌
——记会宁县人力资源和社会保障局副局长赵亮夫 ………………… 072

上下同心　使命如歌
——记省农业技术推广总站高级农艺师郑有才 ………………………… 087

百花村的第一书记
——记甘肃农业大学创新创业学院常务副院长侯永平············ 106

七载乡村情 筑梦振兴路
——记中国农业科学院兰州畜牧与兽药研究所副研究员陈化琦······ 123

远方的家
——记农发行甘肃省分行办公室行政经理高飞················ 139

广厦万间安居梦
——记陇南市礼县住建局副局长赵雨······················ 154

黄河之畔领头雁
——记积石山县石塬镇三二家村党支部书记张顺成············· 168

从春天出发
——记陇南市文县桥头镇椿树坪村第一书记、帮扶队长马元春····· 182

渭水源头 幸福花开
——记渭源县秦祁乡党委书记万维························ 196

撑伞人
——记静宁县医疗保障局党组成员、副局长孙杰··············· 211

后 记 223

怀一颗初心　担一肩使命

——记宕昌县木耳乡原扶贫工作站副站长胡天霞

胡天霞简介

胡天霞，女，汉族，1986年6月生，2019年12月加入中国共产党，2013年11月参加工作，宕昌县城关镇人，本科学历。2018年9月任木耳乡扶贫工作站副站长，负责木耳乡精准扶贫工作。自担任扶贫工作站副站长以来，胡天霞一直把精准扶贫、精准脱贫工作作为重中之重，无论是查阅村户两级资料，还是县上阶段性工作安排，胡天霞都能按时、全面完成，在木耳乡全面决战决胜脱贫攻坚工作中，起到了模范带头作用。

"你一个女孩子，嫁个人，生个娃，相夫教子，把家庭照顾好，工作呢，干干办公室的零散事，比如送送材料，扫扫地，就行了，当什么扶贫站站长啊！人家躲都躲不及呢！你不知道现在搞扶贫的，真是起得比鸡早，睡得比狗晚，干得比牛多，动不动就是填表报材料，动不动就是上级调研检查，干不好，挨批评不说，还来个处分，那多丢脸！你呀，真是把不疼的手指头塞进了磨眼里……"

每次和闺蜜吃饭，胡天霞都会被"教育"一顿。"教育"结束，也就结束了。她比闺蜜更清楚扶贫这档子工作，吃力，费人，不讨好。可既然干上了，说明组织器重，领导认可，怎么能随便撂挑子呢？再说，脱贫攻坚，这么大的事，作为一名乡镇干部，没参与过，岂不挺可惜的？

干就干呗，月球都能上去，还有啥事能把人难倒。

2018年9月，胡天霞担任宕昌县木耳乡扶贫工作站副站长一职，负责木耳乡精准扶贫工作。这一年，宕昌县的干部群众都憋着一口气，誓与全国一道同步实现小康。胡天霞接手这个工作时，正是紧要处，不敢有丝毫懈怠和马虎。

2013年胡天霞参加工作以来，五年时间，虽然都在基层，也一直参与脱贫攻坚，但毕竟是单一且片面的。现在，接任副站长，就得操心全乡的脱贫攻坚工作，工作安排需要更为全面、系统。

乡镇扶贫工作站作为乡镇开展扶贫工作的专门机构，承担着指导乡村两级开展扶贫工作的重要职责。胡天霞始终牢记职责，认真学习党和国家的各项路线和方针政策，深入学习领会省、市、县精准扶贫精准脱贫方案政策，只有领会了精神，掌握了政策，才知道工作该怎么入手。

胡天霞把自己当作一名扶贫战线上的新兵，从头开始。

先学习。磨刀不误砍柴工。

从扶贫意义，到如何扶贫以及扶贫的关键等诸多方面，习近平总书记都有深刻论述，胡天霞深知，一定要认真学习和领会总书记关于扶贫工作的重要论述，并在行动上要切实遵循。

通过学习，胡天霞明白，习近平总书记关于扶贫工作重要论述围绕为什么要脱贫、如何脱贫、如何保证脱贫效果等重大理论和实践问题，提出了"两个确保"的目标、"两不愁三保障"的标准、"六个精准"的扶贫方略、"五个一批"的实践路径等一系列新思想、新观点、新论断，总结了"五个坚持"的基本经验，提出了脱贫要从方法路径上重点解决"扶持谁""谁来扶""怎么扶""如何退"等重要问题。这些重要论述，涵盖脱贫攻坚的奋斗目标、战略任务、工作格局、政治保障、科学方法等方面，既是认识论又是方法论。

经过一段时间的学习，胡天霞有了更加明确的方向感和目标。起初，她对这项工作还有畏难情绪和困惑。现在，她知道该怎么干了。

胡天霞还认真学习有关文件、法律法规及精准扶贫、精准脱贫方面的相关内容，充实理论基础，熟练掌握中央、省、市、县各级组织关于全面打赢脱贫攻坚战的要点和内涵，合理运用方式方法，做到用理论指导实践，用实践促进理论学习。

通过一系列业务学习，胡天霞弥补了工作不足，提高了业务素质，同时也夯实了从事精准扶贫、精准脱贫工作的理论基础。

2018年担任副站长后，她接到最重要的一项任务便是为全乡贫困户建档立卡，并进行统筹管理。

胡天霞清楚，扶贫必先识贫。因此，需要科学制订贫困识别标准和程序，组织基层干部进村入户，摸清贫困人口分布、致贫原因、帮扶需求等情况。贫困户识别以农户收入为基本依据，综合考虑住房、教育、健康等情况，通过农户申请、民主评议、公示公告、逐级审核的方式，进行整户识别；贫困村识别综合考虑行政村贫困发生率、村民人均纯收入和村集体经济收入等情况，按照村委会申请、乡政府审核公示、县级审定公告等程序确定。对识别出的贫困村和贫困人口建档立卡，录入全国统一的扶贫信息系统。组织开展"回头看"，实行动态管理，及时剔除识别不准人口、补录新识别人口，提高识别准确率。建档立卡在中国扶贫史上第一次实现贫困信息精准到村、到户、到人，第一次逐户分析致贫原因和脱贫需求，第一次构建起国家扶贫信息平台，为实施精准扶贫、精准脱贫提供了有力的数据支撑。

这项工作琐碎，要和各种数字打交道，且数字之间逻辑严密，要求工作人员必须心思缜密、踏实认真，如果一项数据录错，那就得从头再来，这样势必耽误工作效率，甚至影响全乡脱贫质量。每次工作，胡天霞都是盯着电脑屏幕一整天，眼睛都瞅花了，眼镜度数也增加了，有时忙起来，连喝口水、上个厕所的时间都没有。

木耳乡是小乡镇，干部数量少，且大多都投入到驻村帮扶工作中了。听着是个副站长，可她连一个兵都没有，光杆司令，啥都自己一个人干。

胡天霞明白，这项工作不像驻村，不像写材料，在网上开展，虽不直接和群众打交道，但异常重要。因为数据质量是建档立卡的生命线，数据质量的高低直接关乎识别的精准度，关乎帮扶工作的针对性和实效性，关乎脱贫攻坚的质量。

渐渐地，胡天霞从原本只负责一个村的扶贫台账，到检查10个村的扶贫台账，以及整理镇级扶贫台账等，她迅速转换角色，一心钻研业务知识，成为精准扶贫的行家里手。她带领驻村第一书记、驻村工作队、扶贫专干及扶贫站全员一起学习，大家都亲切地称她"胡老师"，有问题都喜欢找她探讨，而她也总是细心地讲解。

在政府不定期组织开展的扶贫业务知识培训会上，她又化身为讲师，在培训会上积极传达上级会议精神，解读扶贫政策信手拈来，及时解决第一书记提出的疑难问题，培训会逐渐成为扶贫干部通力合作、交流沟通的扶贫阵地，为脱贫攻坚提供有力支撑。

"扶贫工作多而繁，理清思路做好部署才能打好根基。"胡天霞是这么认为的，也是这么做的。她经常穿梭在田间和贫困户的家中，迅速掌握了所有贫困户的情况。上栗镇共有393户1262人，对于贫困户主要收入来源、享受了哪些扶贫政策，哪些贫困户还需要叠加帮扶措施等问题她都了然于心。她还自我加压，坚持工作做在前面的原则，抓住"精准识别、精准帮扶、精准管理"三个重点，防止漏评、错评发生，严格退出程序。她一心扑在扶贫工作上，用真心真情赢得了众多乡村干部、贫困户的高度好评，把自己所有的精力都倾注在扶贫工作中，她用实际行动赢得了贫困户与乡、村干部认可，积极践行并发挥了一名共产党员的先锋模范作用。

建档立卡工作开展以来，胡天霞进一步加强相关业务知识学习，不断摸索、积极学习建档立卡数据管理的业务知识，和乡扶贫工作站人员一道认真、仔细地维护好每个阶段的每一条数据，通过不断努力，做到了全乡建档立卡数据零错误。

在担任扶贫工作站副站长两年多的时间内，胡天霞一个人针对全乡10个村的900多户贫困户，通过入户了解，对每一户开展巡查和对照，进一步核对扶贫资料，认真、扎实地开展基本资料核查工作，按核查表要求开展入户核查工作；仔细检查贫困户档案资料、按照村户级资料清单对贫困户档案资料和村级资料进行查漏补缺；认真核算收入按照退出标准，确保贫困退出准确。针对查出的问题，及时组织人员多次进行完善，确保了资料、档案的真实性、完整性，拉起了一张覆盖全面、灵活可用的数据网，充分发挥了数据比对优势，既做到了精准识别，又提升了工作质量。

入户时间，她只能选择在晚上，因为白天群众都下地干活去了，家里没有人。趁着晚上农闲，她走进农家院子，拿着本子，细细询问了解，做好记录，每次忙完都是半夜十一点。回到单位，她还得加班，整理调查来的数据，对建档立卡中不合适的地方进行修订。忙到凌晨，一抬头，隔着窗户，已经能看见月亮挂在天上了。

通过建档立卡工作，乡上领导既掌握了每一名建档立卡贫困人口的实际情况，又了解了每一名扶贫干部的工作情况，既为精准识别提供了有效的参考依据，又为精准退出提供了科学的决策依据，同时也为建立防贫返贫预警机制打下了坚实基础，切实解决了识别退出不精准等问题，确保了木耳乡高标准、高质量地脱贫摘帽。

扶贫对象动态调整暨贫困户退出工作是夺取脱贫攻坚全面胜利的关键一环，为了保证脱贫质量，胡天霞在全面完成乡级资料完整的基础上，严格对照"贫困村退出验收11项指标和贫困人口退出验收6项指标以及12345"的脱（返）贫程序，适时组织驻村干部、村"两委"成员和驻村帮扶工作队逐村开展村级资料的自查自验，通过不懈努力，木耳乡10个村的村级资料得到了上级有关部门的高度评价，有效确保了村级贫困退出工作的全面、精准。

在其位谋其事。胡天霞还不断创新业务指导方法，通过走村入户、村级督导、业务知识竞赛等形式，帮助扶贫干部发现问题、解决问题，提升扶贫工作业务能力。2020年5月，她同分管领导在脱贫攻坚战最吃力的时候，针对贫困户脱贫退出指标，研究设计了木耳乡脱贫攻坚短板问题"大排查"摸排表，该表内容简单明了，一是直观地反映贫困户所有信息，二是有针对性地解决农户所需所求，得到了县委主要领导的高度认可。

扶贫工作加班加点是常态。有些村报送的建档立卡户数据信息不准、不全、不及时，胡天霞便放弃休息时间，一次次再调度网格员，一次次再筛选数据。

有一年冬天，胡天霞带领几名业务骨干到一个偏远的村子入户。当时天气不是很好，正飘着雪花，加上之前连续下雨，滑坡、塌方随处可见，一车人正有说有笑时，车突然滑到了一个大坑里，试了好半天也开不出来。没办法，胡天霞带领大家费了九牛二虎之力，终于把车推了出来。车是出来了，但同事们的脸上身上到处都是泥点，鞋也成了泥鞋，重新坐到车上后，大家依旧开心地笑着，笑声里有一种积极向上的乐观精神。

和扶贫路上遇到的困难相比，这仅是一件不值一提的小事，但胡天霞至今记忆犹新，因为她知道，这就是扶贫干部，遇事不气馁、不慌张的真实写照啊！

一位位帮扶干部入户的脚印，一户户贫困户脱贫的笑颜，一个个贫困学子圆梦的喜讯……这些点滴成就都是胡天霞最大的动力。她在全国脱贫攻坚的大战场上虽然只是一个普通的"螺丝钉"，但就是有像她这样的千千万万个"螺丝钉"的联结和固定，才能成功启动脱贫"发动机"，打赢脱贫攻坚战，为贫困户撑起致富奔小康的希望。

几年来，胡天霞不知多少次熬夜到半夜时分，"五＋二""白＋黑"是她的生活常态。2018年、2019年，胡天霞担任扶贫站副站长后，正是脱贫攻坚工作最繁忙的一段时间，她根本无暇顾及两个孩子，只得留给公公婆婆看护。她爱人也是一名乡镇干部，平时很忙，顾不上家庭。有段时间，她二十多天没有回过家。虽然离县城的家仅有四十分钟车程，她自己可以开车回去看看，可忙起来就像滚轴在转动，停不下来。有时周末难得休息，回去一趟，到晚上两个孩子都抢着要跟她睡，她哄孩子睡着后，又打开电脑忙了起来。公公婆婆觉得不可思议，什么工作能忙成这个样子，她只是笑笑。

这些年，胡天霞觉得自己最对不起的人就是两个女儿。记得二女儿刚刚报读幼儿园，有一次，婆婆打来电话，说女儿怎么也不去上学，随后二女儿在电话中用还不是太清晰的话语大喊："妈妈，为什么别的小朋友都是爸爸妈妈送到学校的，而我天天都是爷爷奶奶送，你们是不是不管我了？"听着女儿稚嫩的质问，胡天霞顿时感觉心中十分憋屈。是呀，女儿都上学半个月了，她只是给报了个名，一次都没有接送过，每次在电话中许诺要去接送，但都是"空头支票"。

每当这个时候，胡天霞总有一种"不想干了，连娃都顾不上，干这个工作有什么意思"的想法。但每当看到贫困户渴望脱贫的眼神和问题解决后的喜悦时，她又不禁为从事扶贫事业而感到骄傲。于是，她只能在心中默默告诉自己：孩子，等到脱贫攻坚任务完成后，一定好好地陪陪你们。

几年时间，因长期超负荷工作，她经常腰疼到站不起身，也没有时间到医院进行全面检查。家人同事都催促她去治疗，她总是笑笑说没事。思念家人的时候，她就打开手机视频，简短地互动一下，然后带着殷殷的不舍匆匆挂断视频，再投入到紧张的工作中。

在她和同事们的共同努力下，木耳乡扶贫工作扎实推进。

扶贫就是以心换心。胡天霞深刻认识到"扶贫、扶志、扶智"工作是开展精准扶贫、精准脱贫工作的重中之重，为了使这项工作落到实处，她多方面找寻素材，并根据贫困户的致贫原因，全方位、多层次大力宣传扶贫政策，做到重点突出，宣传有方，有针对性和创造性地开展各项扶贫宣传工作，为推进全乡脱贫攻坚工作营造良好的舆论环境。

周儿村村民石小平是2020年年初的未脱贫户，家中四口人，两个孩子念初中，石小平和媳妇在家务农。胡天霞记得第一次到他家入户时不仅不受欢迎，甚至他们还有些反感。石小平40来岁，看外表是一个很注重形象的人，衣服干净，头发整齐，但院子里到处堆放着垃圾，房子里没有落脚的地方，脏鞋脏衣丢了一地，碗好像很久没洗了。胡天霞试着问家里的情况，他一副不耐烦的样子；问他有没有考虑外出务工，他说找不到合适的工作；问他今年种了多少亩药材，他说种地太苦挣不了多少钱。胡天霞指着他家院子里的一座危旧房对他说，这房子很危险，应该拆了。他却说拆了还要盖，没钱。后面再和他说话他干脆不理了。第一次的入户就这样尴尬地结束了。

之后，胡天霞找到村干部了解他家情况，原来村上之前给他调整了一个公益性岗位，干了一段时间后他说划不来，不干了。回到乡上，胡天霞越想越不甘心，马上就是脱贫摘帽的关键时期，不能让任何一个群众掉队。于是，第二天一大早，胡天霞又跑到他家，劝他把危房拆掉，他依旧不肯。第三次、第四次，直到第五次上门，他终于退步了。最后胡天霞跟他达成协议，由他负责拆掉危房，政府补贴一部分，帮他搭一间活动板房，供他堆放杂物。他很干脆地同意了。

过了一段时间，胡天霞再次入户时，顺便去他家看了一下，没想到和第一次见他时截然相反，板房搭好了，院子干净了，屋内整齐了。他很客气地跟胡天霞打招呼，向她介绍家里的变化，并邀请她吃午饭。

脚下沾着泥土，心中装着百姓。

胡天霞走遍了全乡的每个村，深入"摸实情""找药方""挖穷根"。多少个日日夜夜，她每天行走在贫困户家中，与贫困户沟通、交流……从政策宣传到政策落实，从精准识别到精准帮扶，再到稳定脱贫，每到一村一户，她总能及时准确指出存在的问题，耐心指导镇村扶贫干部抓好整改。在她的努力下，刘桥镇建档立卡贫困户信息精准，驻村工作队、镇村帮扶干部帮扶力度大，因户施策精准，当地贫困户"等、靠、要"思想也得到了转变。

除了开展日常工作，胡天霞还积极引导木耳乡群众发展产业。她觉得作为扶贫站副站长，管好数字是不够的，还要带领群众脱贫致富。

木耳乡，产木耳，且产好木耳。

"大家听懂了没有？""懂了！""产业带贫好不好？""很好！"……每次进村入户，胡天霞都要给贫困户做宣传，答疑解惑，帮助群众发展产业，增加收入。

食用菌产业作为贫困山区"无中生有"的新兴产业，具有节约资源、周期短、见效快、收益高的特点。

在她的带动下，木耳乡把发展黑木耳种植作为调整产业结构、壮大特色产业的一大举措，采取"党支部+合作社+贫困户"模式，重点支持马莲村富民特色农业农民专业合作社，建成大棚40多座，吸纳贫困户就业，与羌源富民公司等签订了黑木耳种植生产购销合作协议，群众种植积极性很高。木耳乡食用菌特色产业从无到有，从小到大，从弱到强，创出了高寒山区"产业多元化，扶贫产业化"的绿色发展新路子。

代月梅是马莲村村民，家中有五口人，为了方便照顾家中的老人和孩子，她放弃了外出务工的机会。在胡天霞介绍下，代月梅来到合作社种木耳，实现了在家门口挣钱。她说："家里还有小孩子在上学，去远处打工顾不上，在这大棚工作一天能挣100元，也能照顾上家里，感觉日子过得挺舒服的。"

扶贫扶长远，长远看产业。产业扶贫是增强贫困地区造血功能、帮助群众就地就业的长远之计。当地木耳基地的建设，改变了村里单一的发展现状。木耳基地建成后，胡天霞还通过组织开展劳务技能培训，提高农民技能，增加就业渠道，让贫困群众在实现稳定增收的同时学到实用技能，既富了脑袋也富了口袋。

抱团发展有真经，产业富民奔小康。木耳乡持续深化巩固脱贫攻坚成果，扶持壮大"五小产业"，实现贫困群众稳步增收。按照

"理顺机制、因地制宜、无中生有、远近结合、统筹兼顾"的原则，产业培育成效显著，建成木耳乡木耳梁千亩标准化中药材种植基地。全乡10个村建成中药材初加工车间，实现了药材加工车间的全覆盖，在切实提高群众中药材收益的同时延伸中药材产业，实现了贫困群众"家门口"就业，有效解决了富余劳动力就业问题。

乡上采取"公司+村集体+合作社+贫困户"的运营模式，与甘肃琦昆药业有限公司签订中药材扶贫订单，发展订单农业，大力发展规范化养殖示范点建设。目前，全乡养蜂2600余箱、养羊5000多只、养鸡20000余只，其余大小家畜存栏达到3.2万（只、头、匹），出栏1.8万（只、头、匹）。响应新疆生产建设兵团和青岛市南区对口帮扶等优惠政策，参加新疆生产建设兵团招工，全年累计完成劳务培训400余人，其中技能培训200人，输转劳务工2467人，创劳务收入3500万元。2020年，投资新建扎字、扩建木耳两村合作社办公场所两处，实现了全乡10个村扶贫车间全覆盖。省级配套产业扶贫到户资金共1291.25万元，通过入股国有企业、合作社等两种办法，不但有效地保障了资金的安全性，而且按照8%的分红比例，确保贫困户年终都能按期取得分红。

这些成绩的取得，都有胡天霞的一份功劳。

有人说基层工作枯燥乏味，她看到的是和蔼善良的父老乡亲；有人说扶贫工作是责任和压力，她看到的是村民的日子越过越红火；有人说扶贫工作又苦又累，她却说正是汗水让家乡越来越美。

作为一名妇女干部，胡天霞还充分发挥"半边天"的主力军作用，要乡妇联同志一道集中开展以危旧房屋大拆除、脱贫资料大整理、环境卫生大整治、新风正气大凝聚、党建引领大提升为主要内容的"五大行动"，激发广大妇女群众内生动力，大家积极参与、齐争共创，有力发挥了妇女在脱贫攻坚中的作用。

在危旧房屋大拆除行动中,各村妇联组织负责人深入农户家中做思想工作,并帮助拆迁队伍全面彻底拆除危旧房屋、残垣断壁、废弃棚圈等,清理各类乱搭乱建的窝草棚、粪坑茅厕,充分发挥了妇女宣传队、妇女搬家队的作用。在脱贫资料大整理中,充分发挥妇女干部心细有耐心的特点,仔细填写资料,确保所填数据与家庭客观实际相一致。各村妇联对农村厕所和圈舍进行清理整顿,对村内土堆、粪堆、草堆及农机具乱停乱放、杂物乱堆乱积、建筑材料随意摆放现象进行了清理治理,有序堆放生产生活资料,彻底打扫室内外环境卫生。积极组织志愿者为孤寡老人、病残弱者等弱势群体清理内务、清洗被褥、清扫院落。各村妇联重点宣传了社会主义核心价值观、扶贫政策、新农村建设政策、土地法、婚姻法等内容,规范了红白喜事,拒绝高价彩礼,反对铺张浪费,引导树立新风正气。乡村妇联组织开展道德讲堂,要求党员干部树牢"四个意识",遵守社会公德、践行职业道德、弘扬家庭美德、提升个人品德,自觉承担起引导妇女听党话、跟党走的政治任务,旗帜鲜明做好妇女意识形态工作。

全面完成脱贫攻坚任务后,胡天霞并没有松一口气,因为新的问题、新的任务已经接踵而至。

为深入贯彻落实习近平总书记"经验得以总结、规律得以认识、历史得以延续、各项事业得以发展,都离不开档案"重要指示精神,2021年4月6日至11日,胡天霞按照《宕昌县精准扶贫规范建档工作方案》的要求,会同乡扶贫工作站人员,严格对照精准扶贫村户两级资料清单,利用一周时间,加班加点将全乡资料以及村户两级(包括一般户)资料全部审查整理,把所有资料逐一核对,查缺补漏,整理归档,标识明确、内容翔实,做到应归尽归、应档尽档,确保档案齐全完整、分类科学、排列有序并建成木耳乡脱贫攻坚专用档案室一处两间,全面整理精准扶贫工作中形成的对国家、社会有保存价值的文字、图表、影像资料等各种形式的档案，确保了精准扶贫档案完整收集、安全保管，使档案工作与乡村振兴战略推进工作保持同步发展，为乡村振兴战略提供档案支持。

精准扶贫档案是脱贫成果的有力见证，记载着脱贫攻坚的艰辛付出和丰硕果实。精准扶贫档案是深入推进巩固拓展脱贫攻坚成果同乡村振兴有效衔接的最可靠的信息支撑，是精准扶贫工作的重要成果之一，是检验扶贫工作成效的重要依据。

摸着那一册册厚实的档案，回想起已成为历史的日子，脱贫攻坚的路上，充满了艰辛和不易，流淌过汗水和泪水，但最终收获的依然是成功和喜悦。胡天霞把那些档案抱在怀里，犹如抱着在那些日子里奋斗的自己。她要给自己一个拥抱，并要对自己说：亲爱的，你辛苦了，但所有的付出都值得。那一刻，她的眼里湿润了。

"为什么我的眼里常含泪水，是因为我对这里的土地、这里的人们爱得深沉。"胡天霞改了著名诗人艾青的诗句，经常念叨着。

在打好脱贫攻坚的这场战役中，胡天霞积跬步以至千里，脚踏实地去做好脱贫攻坚的每一件事，为贫困群众做好自己应做的工作，她用兢兢业业诠释了扶贫干部的责任与担当，用实际行动践行了基层党员干部的初心与使命。

她是精准扶贫工作的践行者、见证者；她是贫困群众脱贫致富的引路人；她用青春岁月书写人生芳华！

脱贫攻坚取得胜利后，领导给她的评语是这样写的：作为一名基层干部，胡天霞同志能够始终在思想上政治上行动上同以习近平同志为核心的党中央保持高度一致，能够认真学习运用党的最新理论成果指导实践。自担任扶贫工作站副站长负责精准扶贫工作以来，该同志一直把精准扶贫、精准脱贫工作作为重中之重来抓，无论是抓好建档立卡，还是推动产业发展，她始终兢兢业业、任劳任怨，总能按时全面完成，在木耳乡全面决战决胜脱贫攻坚工作中，起到了模范带动作用。

"生在这个见证伟大历程的年代，干着载入史册的工作，作为一名扶贫工作者，我不后悔！我也感到荣幸！"

这是胡天霞说的，从这句话里，我们能听出她内心深沉的力量。

她一直记得习近平总书记曾说过："现在，青春是用来奋斗的；将来，青春是用来回忆的。"作为新时代的乡镇干部，大家都明白"纸上得来终觉浅，绝知此事要躬行"的道理，实干才是实现自身价值的关键，只有立足当下，切实抓住新时代新发展阶段各项重大战略机遇，积极投身脱贫攻坚巩固提升和乡村振兴的伟大实践中，不断汲取力量，提高实际解决问题的能力，以更高的热情迎接各种挑战。

未来不知是否可期，但胡天霞坚信自己，一定不负韶华。

（作者：王　选）

引得清流润民心

——记永靖县水务局局长孔存喜

孔存喜简介

孔存喜，男，土族，大学学历，中共党员。自1996年7月参加工作以来，他一直工作在基层，历任副乡长、镇长、镇党委书记、食药局局长、林业局局长等职。2019年1月至今，担任永靖县水务局党组书记、局长。两年来，他始终牢记习近平总书记"不能把饮水不安全问题带入小康社会"这一要求，舍小家顾大家，白天在村头，晚上在案头，身在单位、心在一线；不怕苦，不怕累，跑遍了永靖的山山水水、沟沟壑壑。

黄河从青海而来，穿小积石山，出炳灵峡，转向东北流，汇入大夏河、洮河，又突然呈直角转向西流。

在永靖县域107公里的河道，黄河用神奇的大手笔，奇迹般地造化出了炳灵峡、刘家峡、盐锅峡等独具魅力的黄河峡谷景观。

都说"蓝色黄河　阳光永靖"，期待在永靖看到蓝色的黄河，那种就像梦幻似的从轻微颤音开始，从小提琴上奏响的《蓝色多瑙河》一样的蓝色。

但四月，在永靖遇见的黄河，有时是浓得化不开的绿色，像翡翠般温婉润滑、通透清澈、晶莹凝重。有时却是幽幽楚楚的天青色，在刘家峡库区，她像大海一样宽广辽阔，具有迷人的魅力，幻化出无穷的景象。

沉下来平静如湖，坐下来静赏花开。

这是人们对永靖最美好的印象。因为黄河，人都说，永靖是一座被水滋养的县城。永靖不缺水。但其实这句话说对了一半，永靖不缺水，也缺水。

永靖县的气候特征是干旱少雨，十年九旱，自然灾害频繁。永靖县是一个多民族聚集的地方，全县共有汉、回、东乡、保安等多个民族，属国家重点扶持的贫困县之一。

川塬区群众长期直接饮用农田灌溉水，无供水设施，在非灌溉季节，群众吃水无法保证，水量不达标。同时，该种水系流经农灌渠系，人畜共饮，二次污染严重，水质差，各种细菌、重金属等超标，导致伤寒、痢疾、肝炎等地方病频繁发生，居高不下，直接威胁当地群众的身心健康。在已建的人饮解困工程及病改水受益区，少部分实施了自来水入户，绝大部分从集中供水点取水，不得不耗费大量时间和人力、物力解决饮水问题，无法集中精力从事农副业生产，收入增长缓慢，生活贫困；且饮用水没有经过净化和消毒，农村居民饮水质量和卫生状况难以保障。在饮用集雨水的山区，靠天吃水，设施简陋或根本无供水设施，局部地区缺水依然严重。因缺水不能保证基本的生存需求和因争水、抢水发生矛盾和冲突，影响了当地百姓的生活。农村饮水安全问题十分突出，形势依然十分严峻。

水是生命之源、生产之要、生态之基、民生之本。

农村饮水安全，更是一项重大民生工程，事关千家万户、民生福祉。

"小康不小康，饮水算一桩。"党的十八大以来，农村饮水安全被确定为打赢脱贫攻坚战的重要任务，成为最基本、最重要的民生问题，也是实施乡村振兴的基本保障。

2019年1月，孔存喜开始担任永靖县水务局党组书记、局长职务。他始终牢记习近平总书记的嘱托，以"咬定青山不放松"的韧劲，"不破楼兰终不还"的拼劲，滚石上山、背水一战，敢死拼命、攻坚克难，打响脱贫攻坚歼灭战、收官战。

一上任，孔存喜就认真谋划，研究治理之策，明确努力方向。他认为，抓班子带队伍，必须从学习、教育、引导入手，于是他将每周一定为集中学习日，始终坚持，雷打不动。两年来，他作为一名党员、支部书记、党组书记和局长，带头参加学习，带头开展讨论，组织全体干部职工认真开展"两学一做"、"不忘初心、牢记使命"、党史学习教育等，学习习近平新时代中国特色社会主义思想，学习党的十九大，十九届二中、三中、四中、五中、六中全会精神，学习水务工作业务知识和法律法规。

通过学习、教育、引导和他自身的模范带头，统一了思想认识，从根本上提高了干部职工的业务水平和干事创业的本领，提高了水务局上下树立"四个意识"，做到"两个维护"的自觉性。

说起带队伍，他更是宽严相济。常言道，慈不掌兵，但他不这样认为。对于原则性的问题，比如干部管理、财务纪律、集体学习、工作质量等，他是应严必严；而干部有事有病请假、看望因病住院的干部及家属、开展工会活动等，他是应宽必宽，和蔼可亲。干部对他的评价都很高，也有人私下亲切地称他是单位"老大哥"。久而久之，潜移默化中，班子的号召力、干部职工的凝聚力都大大提高，干事创业的热情更加高涨。

一支讲政治、有纪律、善打仗的"水务铁军"成为永靖打赢饮水安全攻坚战的首要保障。

孔存喜在乡镇工作多年，他知道农村吃水有多难。每次进村入户，他都要了解群众吃水情况。每次看到年迈的老人挑水吃，他就心里隐隐泛酸。什么时候才能让群众吃上便捷安全的自来水，曾是他作为一名干部的愿望。

如今，身为水务局局长，全县老百姓的吃水问题都系于他一身。责任重大，加之饮水安全又是脱贫攻坚的重要任务，孔存喜丝毫不敢大意。于是，他把改善贫困群众饮用水条件作为脱贫攻坚战的硬仗来打，始终坚持以脱贫攻坚工作统揽全局，加快补齐农村供水基础设施短板，统筹巩固完善供水设施条件，努力实现农村饮水安全全覆盖，农村供水保障和服务能力进一步增强。

"水是人民群众生活的必需品，饮水安全事关广大群众切身利益。水利是农业的命脉，直接影响农民收入，更关乎脱贫攻坚战输赢成败。"开会时，孔存喜这样跟干部们说，要始终把质量标准作为饮水安全工程建设的生命线，坚持严要求、高起点、高标准建设，严把工程建设环节关口。

饮水安全涉及千家万户，地质结构东西各异，工作起来并没有想象得那么简单。孔存喜知道，要开展好工作，光有一腔热情不够，必须动脑筋。

位于东部山区乡镇的部分村社，群众居住分散，山势陡峭、沟壑纵横、高寒阴冷，砂石厚、土层薄，管沟开挖难度大，供水管道多为明管敷设，冬天必冻。

怎么办？

他立即召集班子成员和技术人员，实地查看，商量对策，到省内其他地区学习借鉴，请教省上有关专家，制订了因地制宜、分村施策的改造方案，对砂石结构、高山低洼，实施人机结合、跨沟钻山、炸石铺管，把供水明管深埋改造、增加保温措施，补建集中供水房；对供水管网无法覆盖、实在难以开挖、自来水入户难度较大的村社，居住10户以上的农户，实施雨水集流工程解决；对于居住特别分散的农户，通过安装水窖水净化设备、发放饮水补助的方式解决吃水问题。

徐顶乡中林村的钱家山，海拔2500多米，这里山路非常陡峭崎岖，路面最窄处，仅仅只有4米。钱家山距离徐顶乡政府8公里路程，居住着129户人家，500多人。这里道路崎岖，地质结构复杂，群众饮水有困难。

孔存喜严格落实县委县政府的决策部署，一定要给钱家山群众通上水。在他的带领下，施工人员多次深入现场，研究讨论，确定方案，最后开挖深埋饮水管道1183米，其中580米处于岩石断崖上，地质结构复杂，开挖难度大。但最终在孔存喜的带领下，在人力、机械的共同工作下，一条被挖开的渠道犹如苍龙，蜿蜒而上，通到了钱家山。

钱家山的500人终于吃上了自来水，改变了祖祖辈辈缺水吃的困境。

每一米的进展非常缓慢，施工量相当大，不过难度再大，想想勤劳勇敢的30万林州人民，苦战10个春秋，仅仅靠着一锤、一铲、两只手，在太行山悬崖峭壁上修成了全长1500公里的红旗渠。自力更生、艰苦创业、团结协作、无私奉献，充分发扬红旗渠精神，克服困难，一定让老百姓能吃上安全的饮水。如今，孔存喜想起给钱家山通水的事，依然记忆犹新。

同样，关山乡红光村马家社海拔2600多米，部分地段为岩石层、红泥、砂石地段，管沟开挖难度可想而知。在农村，水穷则贫。以前，为水所困的农民终年为水奔波、为水惆怅，年轻人徘徊在家门口，为了区区饮水而终日辛劳，几乎丧失了所有外出打工赚钱的机会，仅仅能维系温饱勉强度日。

"每天盼水、等水、挑水，耗费了大量的精力，哪还有时间去考虑生产和发展。"马家社的群众发出了这样的感叹。

大山深处，山高路远，由于缺水，群众即便渴望发展产业，也只是有心无力。

让农村群众告别"吃水难"，是让农村群众摆脱贫困、共赴小康的关键。

孔存喜深知，如果不解决马家社的饮水问题，脱贫致富就是一句口号。如果水通了，后顾之忧一解决，在各种政策的支持下，马家社脱贫才有底气。

一定要干，孔存喜和干部职工一道下大力气，克服土层薄石层厚、弯道多、石山多等困难，组织人员科学铺设管线。几番努力，马家社的群众终于喝上了清澈的自来水。

如今，几年过去了，再看马家社，群众的生活早已是另一番样貌。

如今，走进农家院子，最吸引眼球的不是落地玻璃窗的小洋房和打磨平整的水泥院落，而是摆了整整几个台阶的各类盆栽和院落一角露出来的一个白色水龙头。"打开水龙头，就能喝上和城里人一样安全、干净的自来水。天寒地冻的时候，水管员主动上门宣传，还帮助我们做好防冻措施。政府这项惠民工程真是太好了。"老百姓总是这样高兴地说。

别看这个小小的水龙头，大家可真是盼望了很久。以前村里吃水不方便，缺水的情况时有发生，大多数村民吃的都是井水、泉水，水质和卫生条件较差。一遇旱情，当地群众天不亮就得到沟里排队等水，近的一两个小时，远的三四个小时，完全靠畜驮、人背、车拉解决吃水问题，山区群众把大部分的精力和时间都用在了找水和拉水上。

在旱情特别严重的时候，沟泉水源日渐枯竭，连浑浊的"黄泥汤"也成了求之不得的甘露。21世纪初以来的持续干旱，让山区群众又一次站在了水源告急的风口浪尖上，在很长一段时间内，只能从城里买水吃。为暂时解决饮水困难，县上出动了送水车，驻地部队也主动请缨加入送水队伍。

饮水安全，关乎健康，是人类生存最基本的保障。保障贫困人口的饮水安全是脱贫攻坚的重要内容，也是全面改善农村贫困群众生产生活条件的重要抓手。

多年来，永靖县安全饮水取得了很大的成就，但部分乡镇村社仍然存在饮水不稳定的短板弱项。自开展"3+1+1"清零行动以来，全县上下坚持问题导向，明确时限，因地制宜，分类施策，扎实开展脱贫攻坚饮水安全"清零"冲刺行动，不落一户、不漏一人，确保饮水安全问题清零见底，切实保障困难群众的饮水需求。

新寺乡是甘肃严重干旱山区之一，群众生活用水主要靠集雨水窖，遇上干旱年份，水窖蓄水不足，群众要到几公里甚至几十公里外的地方拉水，部分村组群众甚至要到青海民和拉水，每立方米水的运输成本在40到70元，最高达到120元。

杨塔乡砂宗村尕湾社的8户群众因居住分散，造成自来水管线过长，开挖难度大。一直以来，当地群众的生产生活用水主要靠蓄积雨水。干旱时节，群众需要前往2公里外的取水点运水，来维持正常的用水需求。党占宾是杨塔乡砂宗村尕湾社的精准扶贫户，子女常年不在身边，水窖中蓄积的雨水仅仅能够维持老两口最基本的生活需要，遇到雨水少的时节，生产生活用水经常难以为继。

永靖县西山农村饮水安全巩固提升工程建成后，总投资6866.76万元，为新寺等乡镇的22500名群众提供安全稳定的生产生活用水，彻底结束了当地群众远距离拉水的历史。

这一项目的实施，同时促进了项目区庭院经济、养殖业和加工业的发展，使农村走上了"井、池、园"相配套、"种、养、加、运"相结合的发展路子，成为农村贫困人口脱贫致富的有效措施，推动了新农村建设。

三塬农村饮水安全巩固提升工程主要受益群众在杨塔、三塬、岘塬和太极4个乡镇，总投资为5818.75万元，净化处理的自来水经过一二级泵站、自流管线输送至2座600立方米高位水池，保障30149人的正常生活用水。

"3+1+1"清零行动中，永靖县还因地制宜，开展水窖净化提升工程，陈井镇秀岭、红泉镇砂子沟、坪沟乡坪沟村等供水管网无法覆盖区域和实施自来水入户难度大的655户农户，通过安装水窖水净化设备，提高水质标准，提升饮水质量。

柳国录是陈井镇秀岭村的建档立卡贫困户，他家以前用的是雨井水。在农村饮水安全冲刺清零行动中，他家第一个安装了水窖水净化设备。

农村饮水安全惠民工程真正保障了农民群众的身体健康，使农村与水有关疾病的传播和发病率大幅度降低，彻底结束了过去"人畜同饮一池水""全家共洗一盆水"的历史，有效杜绝了农村介水疾病的传染，提高了农民特别是妇女儿童的健康水平。

同时,农村生活条件得到极大改善。自来水进入千家万户,推动农村掀起了自发的厨房革命、卫浴革命和家庭建设革命。农民有适量的水洗衣服,厨房、卫生间、浴室的条件得到根本改善,改变了原有的生活方式,缩小了城乡差距。据调查,项目受益区有50%以上的农户用上了洗衣机,30%以上的农户安上了太阳能热水器,农户家中呈现出灶台清洁、卫浴整洁、庭院绿树成荫的新景象。

饮水工程的综合利用,也为适量发展庭院经济和加工业提供了水源保障,促进了种植业、养殖业等发展,成为农村贫困人口脱贫致富的有效措施,极大提高了农村群众生活幸福指数。

此外,农村饮水安全工程建设,还解决了制约农村青年婚姻的一大难题。以前"有水没有,吃水方便不方便"是年轻人婚恋考虑的主要因素。如今,自来水通了,小伙子找对象再也不用为水的问题发愁了。

2013年年底,永靖县有贫困村67个,贫困人口43746名,贫困发生率为27.26%。如今,全县65个村43354名贫困人口实现稳定脱贫,贫困发生率下降到0.25%。2020年2月,经省政府批准,永靖县退出贫困县序列。

2019年、2020年两年时间,永靖县按照"科学规划、点面结合、集中连片、整体推进"的原则,依据区域地理特征和可利用水资源分布现状,将全县农村区域统筹划分,实施农村安全饮水工程,涵盖了全县所有行政村。

累计完成投资1.76亿元,如期完成了脱贫攻坚农村饮水安全任务,全县17个乡镇、122个行政村、1002个社(组)的37573户、154824人(建档立卡贫困人口12396户、52647人)已全部实现饮水安全目标,饮水安全达标率100%,农村饮水安全冲刺清零行动取得显著成效。

安全饮水目标的实现，为全县全面实现小康起到了极为重要的作用。

全县农村人口达到脱贫攻坚饮水安全目标，孔存喜用自己的实际行动诠释了一名共产党员全心全意为人民服务的宗旨和舍我其谁的奉献精神。

曾有领导调研时，看到大山深处的乡村不仅家家户户通了自来水，而且连规模化养殖大棚里也实现了供水，不禁赞叹："永靖县水利部门的工作干得扎实，令人放心。"这是一句褒奖，孔存喜听了自然高兴，但他并没有骄傲，因为更繁重的工作正等着他。

业内人士都知道，要想供水工程常通久通，三分建七分管，维修养护是关键。

全县农村饮水安全全部解决，但在管护方面还存在短板。由于农村供水工程点多面广，受自然环境、人为因素影响较大，如果管理不好，容易造成饮水安全反弹。

因此，2020年，孔存喜提出，工作重点转向督战巩固成果，从供水水量、水质、取水方便程度、供水保障程度、管护机制落实等方面开展"督"和"战"工作，抽调干部职工下沉到基层一线全面开展农村饮水安全督战工作，形成上下联动机制，信息共享。

通过督查、"回头看"、大筛查等工作，全面排查农村饮水安全运行管护问题，边查边改，确保农村饮水安全成果得以巩固提升。

两年来，孔存喜组织修订了《永靖县农村饮水安全工程运行办法》，内容涵盖管理机构及职能、工程管理、水价水费、水源水质和奖惩等规定，为工程运行提供了指南；明确了农村饮水安全地方政府的主体责任、水行政部门的监管责任和供水单位的管理责任；建立了水价、投诉处理、应急抢修"三项机制"，为工程良好运行打下了坚实的制度保障。

抓好维修养护，经费是基础。他在认真执行"两部制"水费收缴制度，应收尽收的基础上，协调县财政落实了农村饮水安全维修养护基金；为畅通投诉举报渠道，广泛接受社会监督和群众监督，向全县所有用水户印发了饮水安全明白卡，印有注意事项和各级管理部门的举报电话，及时解决和答复群众来信来访，群众对供水工作的满意度得到极大提升。

通过着眼发挥农村饮水安全工程长期效益，坚持"建得成、用得起、管得好、常受益"的理念，永靖县积极探索管理模式，创新建管方式，建立长效机制，确保了饮水安全工程真正成为"德政工程""民心工程"和"健康工程"。

习近平总书记说过，脱贫摘帽不是终点，而是新生活、新奋斗的起点。

孔存喜严格落实习近平总书记"绿水青山就是金山银山"的发展理念，超前谋划，以项目落实加快推进黄河高质量发展、巩固脱贫攻坚农村饮水安全成果，提前谋划永靖县刘盐八库区地质灾害综合治理项目刘家峡水库库岸治理二期工程、永靖县刘家峡至盐锅峡城乡生活供水工程、永靖县盐锅峡库区水环境综合治理工程、永靖县黄河干流刘盐段综合治理及清库保城项目，充分发挥水利部门职能，与全县人民一道，努力写好乡村振兴这篇大文章。

不忘初心、牢记使命。他始终把解决农村饮水安全问题作为局班子的头等大事，搞调研、拿措施，以对人民高度负责的态度全力完成脱贫攻坚农村饮水安全任务为目标，亲力亲为、苦干实干。为了早日脱贫、为了人民幸福，他流过汗、挨过冻、受过气、挨过骂，这一切的一切，他只能默默咽下，从未叫过一声苦、喊过一声累、抱过一声怨。

去年下半年，当孔存喜一听说有些地方存在群众无理拒交或拖欠水费、破坏供水设施、盗用农村饮水等问题，管理工作跟不上时，他当即向县委县政府汇报，面向社会公开招聘专职水管员、抢修员、村级公益性岗位水管员，分区域组建了维护抢修队伍，履行供水知识宣传、管网巡查、维修养护、水费收缴、及时抢修等职责。经过一年的运行，解决了拖欠水费、破坏供水设施、盗用农村饮水等问题，收效良好。

这在临夏州开了先例。

此外，为充分发挥保险机制在农村安全饮水工程水毁减灾中的作用，进一步健全农村社会保障体系，增强农村用水户抵御风险能力，帮助水毁受灾群众灾后重建和恢复生产，孔存喜主持制订了《永靖县农村饮水安全工程保险承保方案》，按照"政府组织推动、保险市场运作、农户自愿参保"和"有保障、低保费、广覆盖"的基本原则，在全县范围内展开保险工作。该县农村集中供水工程覆盖的近2.88万户，用水户参保率达100%。

为加快保险承保进展，孔存喜主动与率先开展商业保险工作的兄弟单位衔接，学习先进经验和成熟的管理模式；深入调查研究，多次与保险公司商讨，最终拿出符合实际的保险方案；积极探索政府引导下的以商业保险为平台的社会风险管理新模式和农村水毁灾害防范救助新体系，确保农村饮水安全工程长久稳定发挥效益，切实保障群众饮水安全。

这在全州也是先例。

永靖县境内山大沟深、沟壑纵横。因群众居住分散，全县农村供水工程点多、线长、面广、量大，供水管线翻山越岭、跨沟爬坡，工程施工难；大部分管道埋设于黄土地层中，湿陷性强，小雨小灾、大雨大灾，维护任务重。面对困难，他非但没有气馁，反而让他更加坚定了必胜的信心。坚定的党性和不服输的个性促使他勇往直前，白天下乡督促农村饮水安全工程保质保量如期完工,晚上回单位处理繁杂事务,现场和单位两头跑。水务系统的干部职工都记得,上任以来的700多个日日夜夜,除了休息,他不在基层,就在单位,工作岗位就是他的主战场。

两年来,他以超强的能力、非凡的干劲和强有力的措施带领一班人认真实施了巩固提升、管网延伸、水毁修复、农饮清零、后续清零、冻管改造等一系列工程,进一步补齐了农村饮水安全供水工程短板。看到一条条水管进村入户,汩汩清水流出龙头,他笑了,笑得无比甜蜜、无比灿烂……

两年来,为了巩固取得的成果,他主动放弃节假日休息,在没有公务用车可派的时候,他驾着自己的车,穿梭在水厂、水池、供水管线和农户的家中,检查工程运行情况、管线输水情况、水池蓄水情况、农户用水情况,用辛勤的汗水维护着工程的运行,巩固着取得的劳动成果……

从"没水喝"到"喝好水",从"饮水难"到"饮水甜",永靖县多措并举破解农村饮水安全难题。一股股丰沛、干净、健康的清水,带着浓浓的民生温度,流进了千家万户,给群众的生活带来了实实在在的改变。

如今,全县农村供水工程全覆盖,农村人口饮水安全问题得到全面解决,农村饮水安全全部达到甘肃省脱贫出列评价标准。农村供水工程通过集中连片整合、公司化管理等方式,逐步走向规范化、标准化运行管理。

两年来,他始终牢记习近平总书记"不能把饮水不安全问题带入小康社会"这一要求,舍小家顾大家,白天在村头,晚上在案头,身在单位、心在一线;不怕苦,不怕累,跑遍了永靖的山山水水、沟沟壑壑,巩固提升、管网延伸、人饮清零、冻管改造……每一处农饮工程都由他亲自安排设计，时时查看施工进度，严把工程质量，建设现场总能看到他忙碌的身影。

孔存喜爱岗敬业、敢为人先、求真务实、无私奉献的精神赢得了水务系统全体干部职工和上级部门的充分肯定和一致好评，是全体干部职工心中的楷模、学习的榜样。两年来，由于工作业绩突出，他个人连年考核优秀；他带领的班子被县委县政府评为"优秀班子"，党支部被县委县政府评为抓党建促脱贫攻坚"先进基层党组织"。

如今，每次下乡，孔存喜都喜欢走进村民家里，拧开水龙头，看看水质，问问群众的意见，听听水流的声音。

"白花花的自来水进院落、厨房，进洗澡间，是我们农村人梦寐以求的事情。"老乡们一边看着清澈的自来水流进水池，一边高兴地说。

"你放心尝尝吧，现在我们的水可甜了！"说话间，有人给孔存喜端来了一杯水，脸上满是笑容。

清澈的自来水带来的不仅是百姓的笑脸，更是他们对政府惠民工程的高度赞扬，也是对他这位"水利人"艰辛付出的肯定。

孔存喜把这杯水一饮而尽，甘甜清冽的水，流淌在他的心里，说真的，他的心里比老乡们还甜呢。

（作者：王　选）

一切为了孩子的明天

——记临潭县教育局干部丁彦荣

丁彦荣简介

丁彦荣，男，1982年7月生，大学本科学历，中共党员，系临潭县教育局干部。自教育精准扶贫工作开展以来，他认真学习领会省、州、县打赢脱贫攻坚工作会议精神，结合临潭县实际，创新工作方式方法，以扎实的工作态度、勇挑重担的勇气，不断强化意识、健全工作机制、拓展帮扶思路、落实帮扶政策、解决实际困难，在推动全县精准扶贫、教育扶贫任务落实中发挥了积极作用，作出了突出贡献。

>有人说，教育就是爱，爱一切的孩子，爱孩子的一切；
>也有人说，教育就是奉献，如春蚕，似蜡炬。
>
>——题记

翻越"没良心的后山坡"，沿着蜿蜒曲折的公路向东走，就是临潭县石门乡，距县城65公里，山大沟深，海拔在2200~3389米。过去这里信息闭塞、交通不便，在村里，上幼儿园还是个新鲜事。

现如今，在石门这样的山区，随处可见美丽的校园，琅琅的读书声回荡整个山区，宽敞明亮的教室里教学设备先进，宽阔的操场上孩子们奔跑追逐，把欢乐洒满校园……

像这样的场景在临潭县各个校园里随处可见。曾经，对偏远山区的孩子来说，泥泞路、小瓦房、土操场是常态。

走进长川乡九年制学校，现代化的教学楼，平整宽阔的操场，教学楼里计算机教室、音乐室、美术教室、实验室、阅览室、"留守儿童之家"等一应俱全。"我们的办学条件和城区学校相比并无两样。"学校负责人宋玉平说。

"再穷也不能穷教育，再苦也不能苦孩子。"

每当丁彦荣下乡调研时，看到如今美丽的校园，听到琅琅的读书声，总是不由得感慨：这些年，农村教育变化真是太大了。在他印象中，小时候上学要走很多里山路，坐着土教室，用着歪歪扭扭的桌椅，每当下雨天，操场总会泥泞不堪，每天的早餐就是一块干馍馍，不知道什么是电脑，也没有玩具，甚至连个像样的篮球都没有。现在，楼房、多功能教室、营养早餐、各种玩具，和以前真是天壤之别。

是什么让这一切发生了如此巨大的变化？

脱贫攻坚，教育扶贫。

作为一名临潭县教育局干部，脱贫攻坚以来，丁彦荣成了教育扶贫办公室负责人，面对这一全新工作，起初，他压力巨大，虽然曾有过一些工作经历，对教育行业也知道一些，但是要开展好这一项工作，并非易事。他深知，教育是关乎国家发展、民族兴衰的"百年大计"，也是寄托亿万家庭对美好生活期盼的民生工程。

肩上的担子更重了，责任更大了。全县教育扶贫质量如何，能不能按期实现脱贫，全县学生学习生活情况怎么样，等等，这一切，都由他决定着，能不有压力？

上任伊始，为深入贯彻落实中央、省、州、县关于脱贫攻坚的系列决策部署，贯彻落实文件精神，更好发挥教育在精准扶贫、精准脱贫和阻止贫困代际相传、拔掉穷根方面的重要作用，切实摸清全县各学校及学生的基本情况，提高学校教育扶贫的质量，提升学校办学能力和教学水平，提高全县教育发展水平。他认真学习领会中央、省、州、县打赢脱贫攻坚工作会议精神全盘考虑，在全县脱贫攻坚阶段，他抓住这一难得的机会，积极投身到如火如荼的脱贫攻坚战役中。

丁彦荣深知"没有调查研究就没有发言权"，为了有效地做到教育工作与脱贫攻坚紧密结合，他积极深入全县各级各类学校实地调研，跑遍全县各级各类学校，扎实深入开展调研，找准问题症结，理清教育脱贫思路，抓住关键点、薄弱点，积极协调解决教育发展中存在的困难和问题，掌握基层数据和基本情况，力求掌握第一手资料，逐一找出制约教育发展的短板，在教育帮扶措施上因村因户而异，精准施策，对症下药，全面指导了教育扶贫工作的有效推进。根据全县教育实际，他主持修订并建立健全了教育扶贫各项规章制度，拟定了《临潭县精准扶贫义务教育专项支持计划（2015—2020年）》《临潭县进一步加强控辍保学工作实施方案》《临潭县家庭经济困难学生县级助学金实施方案》《临潭县教育局"千名教师进万家"家访活动实施方案》《临潭县义务教育阶段学校秋季招生入学工作方案》《临潭县义务教育有保障冲刺清零筛查工作方案》等一系列教育扶贫工作方案。

调查研究摸清了底数，实施方案让各项工作有章可循。底数清，路数明，方法有，丁彦荣觉得工作有了方向，肩上的重担也轻了一些。

义务教育阶段建档立卡等家庭经济困难学生控辍保学工作，是教育扶贫的核心任务之一，是影响"义务教育有保障"的突出问题，也是一块"难啃的硬骨头"。

临潭，古称洮州，位于甘肃省南部，甘南藏族自治州东部，地处青藏高原东北边缘，是农区与牧区结合部，东临岷县，北接康乐、渭源两县，西南两面均与卓尼县插花接壤。从地理特点和自然环境的角度看，临潭是黄土高原与青藏高原的过渡带；从经济、商贸、文化和人员的交流方面看，临潭又是汉族与藏族、农区与牧区的交会点和结合部。

临潭自古是东进西出、联南达北的重要通道和进藏门户。历史上，吐谷浑人、蒙古族人、藏族人等在这块土地上战天斗地、繁衍生息。自从汉唐开始，为了稳固边防、开疆拓土，统治者不断把中原地区的民众迁徙到这里。他们带来内地的生产技术与文化，与当地少数民族生产方式和生活习惯相互融合，相互促进，使这块土地成了东西融合的交汇点。尤其是始于宋，一直延续到清代的茶马互市，更使临潭成为一块宝地。来自江南、云贵、川渝的内地商人携带食盐、丝绸、布匹、茶叶等物品，与赶着牛羊、马匹，驮着皮革的边疆百姓，到了这个地方都停了下来。久之，临潭成了一个商品交流交换、人员互通有无的大市场。可以想象，身着不同服装、操着不同语言的人们穿梭于牛羊马匹和各种商品之间，这里看看，那里摸摸，一边用双方似通非通的语言交流，一边打着手势讨价还价的热闹场面。每当一笔价钱谈妥，生意成交，便会心一笑，也许相约到街上的酒馆，猜拳行令，开怀畅饮一番；也许挤在客栈的厅房里，讲讲各自家乡的故事和一路的见闻，或来到广场看一场赛马表演，然后满载而归。

作为一个多民族聚居地区，临潭特殊的地理位置，繁华的经贸商业，为人们所称道。然而，临潭教育一直存在着一个历史性问题——高失学率。

究其原因，丁彦荣经过分析，认为主要是这几个方面：一是价值取向是造成学生辍学的首要原因。孩子正处在学习知识的黄金时期，却因家庭、社会的价值取向导致过早流向社会。二是学生学习负担得不到解决，评价体系不科学，加之施教者教育方法不当，导致学生厌学、弃学。三是因区域人口观念、落后文化的影响，重男轻女，造成大量女童不能完成九年义务教育。四是移民地区人口流动大，学生在原籍与现籍上学来往随意造成学籍管理混乱。五是受移民地区与周边新增移民点生活条件所限，跨乡镇上学现象普遍，新增了不稳定因素。

要打赢教育扶贫这一战，控辍保学，这一关必须得过。只有啃下这块"难啃的硬骨头"，切实把牢义务教育控辍保学关口，坚持依法控辍、管理控辍、科学控辍、以情控辍，其他工作才能有序开展。控辍保学是基础，基础不稳，地动山摇。解决义务教育阶段贫困家庭学生失学辍学问题，只有解决了这一历史性难题，才能真正实现"义务教育有保障"，完成习近平总书记所说的"两不愁三保障"的底线目标之一。

于是，丁彦荣把宣传教育和全力劝返作为突破口，通过多形式，教育家长支持子女上学，使其认识到教育事关国计民生，事关国民素质的提高，力保适龄学生"辍学能复学、在校不失学、上学能学好"。

至今，丁彦荣还记得2018年，他远赴青海省久治县门堂乡开展辍学学生劝返入学工作，临潭至青海省久治县路途425公里，部分路段泥泞曲折，历经8个多小时的长途奔波，下午5点多他才到达久治县门堂乡。

到达后第一时间，他和县民宗局干部及时联系了寺管会主任，见面后就即刻前往门堂寺院。在门堂寺院见到扎西吉后，他认真和气地对其进行了思想动员，并讲解了有关义务教育的法律常识。同时，丁彦荣对寺院主持也做了相关法律讲解，让其明白适龄儿童接受九年义务教育的重要意义。

在工作人员的认真劝返下，寺院主持和扎西吉最后都同意在门堂乡的学校就近接受九年义务教育。

还有一年，开学报到的日子，正在上八年级的一名学生没有到校。丁彦荣知道情况后，和学校老师来到了30里外的这位学生家中，对其父母说明了来意，但他们却说："你们还是别找他吧，我们都好久没见到他了，也不知道他'荡'哪儿去了。"后来，经过多方打听，才知道这名学生在附近小学楼梯间里用稻草做了个"窝"，看到大人靠近就会立马离开。在此后的一个月里，丁彦荣和老师们到这位学生家中去了好多次，但其父母的态度越来越不配合，甚至拒绝接受丁彦荣带去的课本。

"找不到孩子，在这偏僻的小山村里就多了个游荡的问题少年。"丁彦荣说，必须把孩子找回来。

最后，功夫不负有心人，丁彦荣最终把这名学生找到，并送回了学校，然后又与其父母多次交流，苦口婆心，将心比心，最后终于做通了他们的思想工作。孩子认识到错误，重新回到校园。父母也答应继续让孩子读书。一切有了一个圆满的结果，丁彦荣在朋友圈写道："孩子，花开的季节，你怎能忘了绽放？"

这只是他劝返辍学学生返校就读工作的一个缩影。

不抛弃不放弃。丁彦荣带着这样的信念,行走在控辍保学的路上,用自己的双脚织起了一张义务教育控辍保学的网,兜住孩子的受教育权,确保上学路上"一个都不能少"。

控辍保学,不仅要"劝得回",更要"留得住、学得好"。

临潭县各级学校不断提高管理水平,开齐开足国家规定课程,配强配好班主任和任课教师,用高质量的教育留住学生,按照因材施教的原则,进行指导帮扶,开展关爱活动,帮助失辍学学生融入学校和班集体学习生活,树立学习信心,让他们"留得住、学得好、能毕业"。

为了从根本上解决辍学问题,丁彦荣还制订"一人一策"的控辍保学工作方案,建立了教育扶贫台账,摸底贫困教育人口底数台账,每年春季、秋季学期进行建档立卡贫困教育人口信息比对,精准定位每个建档立卡贫困学生,保证底数清。同时,要求各学校建立健全师生"一对一"帮扶机制。每个教师帮扶1~2个劝返复学学生,全程跟踪学生学习及生活过程,帮助解决学生学习和生活上的困难,对学生进行学业辅导和心理抚慰,消除潜在的辍学隐患,确保每一位建档立卡贫困学生不厌学、不辍学。同时,加快乡村小规模学校和乡镇寄宿制学校"两类学校"建设,全面落实各类教育资助惠民政策,不断深化教育扶贫协作,继续完善防止返贫动态监测机制和教育关爱措施,确保适龄少年儿童无失辍学。

一个个辍学学生从个体商铺饭馆,放下了碗碟,拿起了书本,回到了学校课堂,穿上了校服。脱贫摘帽时,临潭县无失学辍学学生,彻底实现了教育扶贫"一个都不能少,一个都不能掉队"的目标。

当朝阳初升,孩子们背起书包,走进教室,读书声在校园里开始回荡，一切都充满了希望。

那一刻，丁彦荣觉得所有的辛苦都是值得的，或许多年以后，那些曾经辍过学的孩子早已忘记他，但这并不重要，因为在生活的河流中，曾有偏离方向的小船，可还是被浪花送到了正确的方向上。小船，没有必要感谢浪花，只要小船平安到达远方，就是最好的安慰。

如何让农村孩子接受更加优质的教育？如何让农民工子女享受"同在一片蓝天下"的阳光……这些都是实现城乡九年义务教育亟待破解的难题，也是丁彦荣所操心的事情。衣带渐宽终不悔，为伊消得人憔悴。同事们常拿他开玩笑说："你一个普通干部，操得局长的心。"丁彦荣笑着说："教育是大事，人耽误地，地耽误一年，人耽误孩子，孩子耽误一生，这个心，大家得一起操啊。"

义务教育均衡发展是实现教育公平的重要工程，是实现适龄儿童、少年从"有学上"到"上好学"的重大跨越。近年来，丁彦荣按照临潭县教育局的总体安排部署，坚持"全力推进义务教育均衡发展、推进县域内各类教育协调发展"的奋斗目标，以提高教育教学质量和加大项目建设力度为重点，从教育管理、队伍建设、项目建设、设备投入等方面求真务实、励精图治，把推动义务教育均衡发展作为当前教育发展的重要内容和改善民生的重要举措，以改善城乡学校办学条件、均衡配置教师资源、保障教育机会公平均等为重点，努力缩小城乡之间、区域之间、学校之间的差距，让教育驶入优质均衡发展"快车道"，让每个孩子都享有更好的教育。

"师生的住房都很破旧，学生住宿上课，老师办公都太紧张了。"以前，丁彦荣每次去店子学校，老师们总是向他吐苦水。丁彦荣在校园里走走看看，觉得学校教学条件真的需要改善了。

了解情况后，丁彦荣带着师生们的期盼，积极向领导汇报，利用义务教育均衡发展的机会，争取项目，新建综合教学楼一栋，建筑面积1883平方米，水、电、暖、网络设施一应俱全，还配有自然实验室、阅览室、微机室、开水房，为全校师生解决了教学和学习的后顾之忧。

地域不同，却能享受同样教学条件。漂亮壮观的教学楼、现代先进的多媒体教室、设备齐全的实验室、安静整洁的图书室……山村学校面貌发生了翻天覆地的变化，也为义务教育均衡发展暨标准化学校建设奠定了坚实基础。

幼儿教育是基础中的基础。

为彻底解决贫困农牧村幼儿"无园上"的问题，临潭县对常住人口500人及以上有实际需求的贫困村新建、改扩建幼儿园，全县幼儿园数达到84所，落实幼儿园教师及设备配备标准，满足贫困家庭幼儿的入园需求。

"以前还愁孩子长大没处上幼儿园，现在好了，新建的幼儿园就在家门口，还享受到了营养膳食补助和两免一补政策。"古战镇九日卡村民王昌安说："在家门口上学，我们不仅可以安心务农，还能照顾老人，一举三得。"

扶贫路上，教育先行。

临潭县按照"发展教育脱贫一批"任务，以"扶贫先扶智，治贫先治愚"为总体思路，紧紧围绕"发展教育脱贫一批"的中心任务，将教育作为阻断贫困代际传递的治本之策，聚焦"两不愁三保障"要求，把教育扶贫作为脱贫攻坚的"基建工程"，抓重点补短板，抓落实促发展，完善学前教育网络，提升教育质量，促进教育均衡，阻断贫困代际传递，不断加大投入力度。近年来，全县充分利用教育扶贫、改薄项目等有利条件，改扩建学校119所，新增教学及辅助用房8万多平方米，改造提升运动场所11万多平方米，累计投入项目建设资金约4.5亿元，改善办学基础条件，提升城乡学校办学水平，配齐配足学生生活所需的设施设备。累计享受义务教育"两免一补"特惠政策21万多人次；享受"一补"的8万多人次，发放寄宿生生活补助9000多万元；为义务教育阶段学校拨付营养改善资金7000多万元，累计受益20多万人次；为全县在园幼儿免保教费2000多万元，累计受益4万多人次。全面落实乡村教师生活补助，在教师培训、职称评审、评优评先等方面向一线教师倾斜，建立荣誉表彰机制，充分发挥优秀教师的示范引领作用，研究解决代课教师享受同等专业技术人员工资待遇，将县聘教师工资待遇提高到每月4500元，将学校大灶工作人员工资列入县级财政预算，提高了工资待遇，有效激发了教师的工作热情，凝聚了人心，汇聚了力量，提高了教师职业荣誉感。

同时充分发挥教育扶贫的人才、智力、科技、信息优势，努力办好每一所学校，教好每一名学生，温暖每一户家庭，实现"人人有学上、个个有技能、家家有希望"，使贫困家庭子女都能接受优质教育，增强了脱贫致富内生动力，教育的光芒正普照在每一个孩子身上。

作为全县教育扶贫办公室的负责人，这些成果的取得，都是他用点滴汗水浇灌出来的。他曾在本子上写下这么一段话：责任是沉寂土壤中生命的萌动，也是漂泊心中那丝丝的牵挂。然而教育扶贫责任是一种情怀与精神，更是一份牵挂和担当：撑开教育千把伞，擎起脱贫一片天。

一个贫困家庭的孩子，从幼儿园到上大学，都可以通过大数据平台跟踪。在教育脱贫攻坚战中，为了整合教育资源"拔穷根"，突出"精准"保公平，甘肃首先把好"对象精准识别关"，下大功夫建设教育精准扶贫大数据平台。大数据平台具有查询、统计、分析、筛选等多种功能，"全程精准"，为教育扶持政策精准对接贫困村、贫困户、贫困人口提供有效支撑。

教育精准扶贫数据大而多，需要一定的电脑基础来进行处理。重任在肩，刻不容缓。这成为丁彦荣工作中最重要的一部分，也是最费时的一部分。为了确保工作顺利高效进行，他对自己不懂的数据处理问题经常向州教育局、县扶贫办等专业人员虚心请教，不懂就问，边学边做，边做边学。每天中午下班、晚上下班，同事们都忙完手头工作各自回家了。只有他还在办公室，盯着电脑屏幕，和一个个数字"较劲儿"。有人看到他隔三差五加班，便说，有些数字实在没办法，就编一个吧。但丁彦荣没有这么做，他觉得虽然是一个数字，但一个数字后面就是一个孩子、一个家庭，数字错了，势必会影响到这个孩子、这个家庭，马虎不得，大意不得。

经过努力，他及时准确且按要求上报了各项数据，实现了底数清、情况明、数据准。

认真学习，虚心请教，不断超越自己，这是同事们对丁彦荣的评价，也是丁彦荣一贯的工作作风。

同时，他还通过全国扶贫系统与学籍系统比对机制，对数据录入错误的积极协调各乡镇国扶系统平台管理员和学校学籍管理员及时更新和修改有关数据，确保贫困户家庭义务教育阶段国扶系统信息和学生学籍档案信息准确一致。

在做好教育帮扶本职工作的同时，丁彦荣还积极参与帮扶工作，主动承担起帮扶责任人的职责，帮助群众脱贫致富。

他说："以心换心，将心比心，你对群众真心实意，群众也能感受到你的好，才会信任你。"几年来，他的足迹踏遍了所驻村的每一个角落。

丁彦荣深知群众的疾苦，长期的基层工作为他积累了丰富的农村工作经验。怀着对农村的深厚感情和一颗炽热之心，他积极响应组织号召，深入基层、扎根农村，主动投身脱贫攻坚主战场，对贫困户的生产生活条件、致贫原因、子女上学情况、务工情况了然于心，主动对接帮扶工作队协调精准解决贫困户面临的实际困难，特别是注重贫困家庭孩子的精神扶贫。对于贫困家庭来说，他们的心理很脆弱，尤其是对于那些因残因病致贫的家庭，心理更为脆弱，有些甚至于接近崩溃的边缘。因此，丁彦荣在落实各项脱贫措施的时候十分注重对这类贫困户的心理疏导，在每次调查走访时都给予贫困家庭学生鼓励，结合自身实际，和了解到的具体案例，鼓励他们好好学习，掌握本领，以后靠知识改变命运和生活。

真扶贫、扶真贫离不开真情实感，扶贫结对帮扶工作重点在于落实帮扶措施，解决群众生产生活中遇到的实际问题，急群众之所急，想群众之所想，把"全心全意为人民服务"的宗旨，自觉运用到为贫困群众服务的实践之中。丁彦荣结合贫困户实际需求，大力宣传教育资助、医疗保障、住房饮水、低保养老等方面的政策，做到对各项惠农政策有了解，对于自身相关政策有掌握，提高群众政策知晓率，提高群众的工作满意度。积极鼓励贫困户通过种植养殖、外出务工、发展产业、开办合作社等方式方法，不断拓宽致富途径，全面增加人均收入。扎实开展环境卫生整治，组织群众每天打扫村里的公共卫生，同时，组织局里干部职工深入农户家中，帮助农户打扫卫生，做好房前屋后的卫生整治，各帮扶村村容村貌有了明显改观，群众精神面貌发生了可喜变化。

山川有界，情谊无边。

自东西部扶贫协作以来，天津市东丽区立足"受援县所需，东丽区所能"，依托优质教育资源，与临潭县开展对口帮扶。丁彦荣积极参与其中，充当联络员、组织员，保障此项工作能有序顺利开展，按照"请进来""送出去"的模式，让对口帮扶真正实现手牵手、心连心。按照需求，东丽区相关学校深入临潭县部分学校开展了一系列送教帮扶活动。通过走访交流，深化结对帮扶工作，共享教育资源，共谋学校发展；选派10名骨干教师组成"专家型讲师团"赴临潭县进行培训；通过举办专题讲座、互动交流、跟岗学习、定点送训、下校观摩、资源共享等活动；建立"一对一、手拉手"结对帮扶关系，积极开展帮扶交流活动，累计跟岗培训、交流学习800多人次。通过一系列有效合作，东丽区为临潭县培养了一支高素质的骨干教师队伍，促进了当地教师队伍素质的整体提升，带动了全县教育教学水平迅速发展，让孩子们享受到了和东部孩子同等的教育机会。

作为一名教育工作者，这些年，"时代楷模"张桂梅一直是丁彦荣的榜样。张桂梅孑然一身，却愈挫愈勇。她不向苦难命运低头已然令人动容，更让人敬佩的是她还燃烧了自己的生命去改变别人的命运。她扎根山村20载，关山踏遍10万里，只凭一颗初心，手胼足胝，创立全国第一所免费女中，先后帮助1804名贫苦女孩迈进大学，为她们打开希望的大门，斩断了山区中的贫困代际传递。她用自己的行动，传递着扶危济困、大爱无疆的精神。每次看到张桂梅的事迹，丁彦荣都被深深震撼感动，虽然工作中还有很多地方需要向张桂梅学习，但他一直以张桂梅为榜样为标杆，不断前行，不断靠近。

教育是神圣而光荣的事业，承载着铸魂育人的使命。

多年来，丁彦荣始终怀着一颗敬畏之心，结合临潭县实际，创新工作方式方法，以扎实的工作态度，勇挑重担的勇气，不断强化意识、健全工作机制、拓展帮扶思路、落实帮扶政策、解决实际困难，在推动全县精准扶贫、在自己的岗位上辛勤耕耘，恪尽职守。在他的倾心努力下，临潭教育基础设施不断完善，教学水平不断提升，"学有所教、人人出彩"的美好画卷正在徐徐展开。

世界石油大王洛克菲勒的一句话很有哲理："重视每一件小事。我是从一滴焊接剂上扬起事业的风帆的，对我来说，点滴就是大海。"

在同心共筑中国梦的今天，作为一名教育工作者，丁彦荣始终站在教育这一块精神高地上，坚守初心使命，干好干实每件事情，用属于自己的方式再谱临潭教育高质量发展的美好新篇章。

（作者：王 选）

北边儿来的亲人

——记通渭县榜罗镇陈家窑村驻村帮扶工作队队员王兆平

王兆平简介

王兆平，男，汉族，1967年10月生，大学本科学历，1989年8月参加工作，2000年7月加入中国共产党，现就职于金川区统计局。作为金川区赴通渭驻村干部中年龄最大的一个，2019年5月他主动请缨，来到通渭县榜罗镇陈家窑村，在这里进行驻村帮扶工作。他以高度的责任感和强烈的事业心，在驻村工作岗位上兢兢业业、恪尽职守、辛勤工作，出色地完成了各项任务，为扶贫工作作出了积极贡献。

> 请命赴通渭，奔波乡村间。逢山开路引洮水，甘露润心甜。
> 夜卧红旗下，起舞山鸡催。饮水挖渠建新房，寒士俱欢颜。

这是王兆平写在自己朋友圈的一首诗。这首诗刚发出去，就收到了一大波赞和评论。这44个字，分开来看，似乎很普通，但当它们组合在一起成为一首诗时，对王兆平来说就充满了意义。因为这44个字，是对他两年扶贫经历的总结，这些字里，凝聚着他过往的岁月，凝聚着他付出的心血，也是对他那段时光最好的注解。

如今，再读这首诗，王兆平依然心绪难平，依然会被回忆的列车载往并不遥远的2019年。

2019年5月的一天，在单位正常上班的王兆平找到主要领导，说出了自己的想法：想去扶贫。当时，领导听完，还有些诧异。因为王兆平是1967年生人，已经50出头的人，像他这个年龄的干部，可能都想着过个"安稳日子"，没几个人愿意放下城里舒心的生活，跑到乡里去"受罪"。领导再次问及王兆平时，王兆平很坚定地点了点头。

他知道自己50多岁了，但他知道廉颇老矣尚能饭，知道人生之路上应该留下一些记忆，知道在脱贫攻坚这场伟大的战役中应该有自己的身影。

主动请缨，只为了心中的信念。

随后，帮扶政策下来了，王兆平要去定西市通渭县榜罗镇陈家窑村开展帮扶。王兆平脑海中第一反应是遥远。他没有去过通渭，也不知道陈家窑村在哪里。他掏出手机，在百度地图上查到了这个村庄——陈家窑，在他所在的金昌市金川区东南方向，700公里以外，他脑海中又一次出现了那个词——遥远。

但主意已定，不可逆转。这是他的性格。再远能远到哪里去，没有到达不了的远方。

就这样，王兆平毅然决然踏上了前往陈家窑村开展帮扶的征程。他也是金川区赴通渭驻村干部中年龄最大的一个。

刚到陈家窑村，虽然早已做好心理准备，但看着眼前荒凉的莽莽大山，看着粘在大山上皱皱巴巴的村落，看着空荡荡的天空幽蓝而空旷。在巨大的寂静中，他第一次陷入了一种深深的失落中，怎么会到了这么一个鸟不拉屎的地方。来之前，他没有查到关于陈家窑村的任何信息。关于榜罗镇，他知道1935年红军在此召开会议：作出了把长征落脚点放在陕北的伟大决策。而通渭县，苦甲天下，干旱、贫瘠一直是这里撕不掉的标签。

村里没有宿舍，村干部给他准备了一间房——一个早已不再使用的教室。饮食不便，特别是每当深夜来临，他独守着这么一个偌大空旷的校园，又悲袭心头。

但很快，王兆平就从失落和悲叹中走了出来。我是来扶贫的，不是来享福的，正因为这里贫穷，才需要我们，如果这里很富有，那要我来干什么。吃的差点，住的差点，可又算什么，跟那些当年长征路上的红军比比，已是天壤之别了。没有克服不了的困难。这么一想，心里就通了。

"既来之，则安之"，他很快调整好了心态。

王兆平深知，要做好精准扶贫工作，关键要摸清村里"家底"，要深挖致贫"穷根"。两个月时间，他提着包，带着本子，东家进西家出，走访了陈家窑村的7个社179户群众。笔记本记了满满一大本子，都是群众的想法、呼声和意见。

179户群众，128户是贫困户，要把扶贫工作搞好，这128户是难点和重点。

为了准确把握这128户贫困户的基本情况,有针对性地做好脱贫攻坚工作,王兆平和帮扶队经常深入贫困户家中,进行认真细致的调研摸底,掌握第一手资料。在入户走访过程中,对贫困户家中基本情况、思想动态、生活状况及脱贫愿望有了很深刻的认识。同时结合精准扶贫工作的要求和本村的实际情况,明确工作目标,理清发展思路,确定帮扶措施,制订了脱贫攻坚工作实施方案和计划,为陈家窑村2019年整村脱贫打下了坚实的基础。

在接下来的工作中,不论是崎岖小路还是田间地头;不论是学习讨论的会议,还是矛盾调解的现场;不论是自来水开挖渠道,还是房屋修建的地基,阴天留下了足迹,晴天留下了背影。

陈家窑村山大沟深,群众居住分散,7个社如同北斗七星,各据一处山湾,躺在大山环抱的臂弯里,显得安宁恬静。然而现实是这里自然条件差,年轻人多数出门务工,村里都是留守老人和儿童,产业发展滞后。因为偏远,说得好听点,叫世外桃源,说得难听点,就是穷山沟。

百十年来,这里的人们,靠山吃山,一直沿用着传统的耕作方式,种小麦、胡麻、玉米等这些传统作物,生产滞后,生活落后,人们也想过上好日子,可过好日子何其之难。人们掰着指头盘算着一年的收成,可一亩麦子的账算下来,刨去化肥农药和人工,似乎还是亏本的"买卖"。可祖祖辈辈都是靠薄田度日,不种这些传统作物再种啥,人们疑惑着,困在大山里,寻找不到答案。

而解答的人还是王兆平,他知道要脱贫致富奔小康,调整产业结构和发展集体经济是关键。再不能走以前的老路子了,再走下去,生活没个奔头。于是,他和帮扶工作队以及镇村干部多次召开贫困户座谈会,和贫困户一道分析致贫原因,寻找脱贫措施,制订脱贫计划。群众有什么样的需求、有什么样的困难,就要研究什么样的政策去帮扶他们，这就是王兆平在扶贫工作中总结出的"倒推模式"。在这个过程中，他对全村179户的基本信息了如指掌，天天走村、时时入户成了他工作的基本规律。

大家你一言，我一语，都很积极，也认识到纯靠传统作物要想脱贫很难。那到底发展什么？最后，在反复的讨论中，大家一道确立了以发展种养殖业为主的脱贫致富路子。

发展种养殖，种什么？种金银花。种植金银花是通渭县委县政府确定的助农增收、壮大县域经济特色产业之一，是脱贫攻坚和乡村振兴有效衔接的支柱产业。近年来，通渭金银花产业厚积薄发，走出了一条规模化、集约化、特色化的高质量发展之路。那就借着金银花这副牌，好好打一把。养什么呢？养牛。通渭县提出了"唱响科学养殖主旋律、走好牛羊产业致富路"的口号，作为传统农业大县，饲草玉米种植和牛羊养殖基础良好，群众也有一定的养殖基础。那就把养牛这门产业发展起来。而且，还要两条腿走路，种植养殖一起搞，把优势发挥到最大化。

于是，陈家窑村的山路上，又一次出现了王兆平来来回回的身影。他挨家挨户组织动员大家种植金银花，为他们精心讲解金银花种植技术、收益情况、销售渠道等，同时深入田间地头指导种植户进行田间管理。

当许德文、潘建礼等128户家庭最初被识别为贫困户的时候，他们尚不理解精准扶贫政策，当然也意识不到自己和陈家窑村未来将要发生的变化。

45岁的许德文在王兆平的鼓励下，充分利用扶贫政策，建起了暖棚圈舍，引进了2头牛，开始了自己的养殖生涯；又在王兆平的帮助下，种植了2亩金银花。现如今，他家的2头牛已经变成了固定存栏的10头，每年稳定出栏4头，收入6万多元，金银花也长势良好，进入盛花期,每年收入1万余元,家里的生活发生了很大的变化。

和许德文一样,三角地社的潘建礼利用扶贫项目,建起暖棚圈舍,开始牛养殖,此外又种了5亩金银花,现如今成了陈家窑村有名的金银花种植大户,每年光金银花收入就有2万多元。

在陈家窑村,像许德文和潘建礼这样既搞牛羊养殖,又种植金银花的贫困户就有120多户。

如今,每到六月,陈家窑漫山遍野的金银花竞相绽放,花香四溢,沁人心脾。一眼望去,金灿灿的金银花开满山坡,人们正忙着"摘金采银",呈现出一派喜人的丰收景象。

金银花成为村里的富民产业,得益于积极的尝试和果敢的决策。

乡村振兴要靠产业,产业发展要有特色,这句话有道理。

通过和村民打交道,王兆平深刻体会到一个道理——"你对老百姓好,老百姓就对你好,你对老百姓贴心,老百姓就对你贴心。老百姓对你的态度,就是给自己最好的分数。所以,在驻村的过程当中,一定要真正把群众当成自己的亲人,一定要贴心,对工作一定要走心。"

驻村的两年时间里,他把群众大大小小的事,都看在眼里,记在心里。群众有困难,能帮的尽量帮一把。勿以善小而不为,他这样告诫自己。或许对自己来说仅是举手之劳,但对于群众来说,却是一件大事,帮助了,群众会记下这份情义。

家住康川社的贫困户焦旭杰家中有三个大学生。为了生活,焦旭杰常年在兰州打工,妻子留在家里务农。看着这么一个弱小的女人,拼命般用自己的身体支撑着这个家庭,供孩子们读书,还要种地干家务,真是异常艰苦。王兆平到她家去,仔细讲解了教育扶贫方面的政策,对于一些重要的政策,他反复说几遍。临离开时,他从衣兜里掏出钱,塞进了那只粗糙干裂的手里。人家不要,王兆平硬是给了人家，说："这是给三个孩子的一点心意，再咬咬牙，孩子们大学毕业工作以后就好了。再说，一家三个大学生，你们是咱们全村人的骄傲和榜样。"人家笑着，把钱收下了，说着感谢的话，把王兆平送出了门。

家住尧下社的贫困户陈炳强，母亲80多岁，做了乳腺切除手术，王兆平帮着及时落实了各项医疗报销政策。有些需要提供的手续陈炳强不清楚，王兆平就跑到他家去帮着一起整理。在家里，看着慈祥善良的老人，两个儿子却没有媳妇。王兆平感慨老人命怎么这么苦，心里很不是滋味。于是，他从身上掏出钱，塞给了老人。老人不收，他放下钱就跑了，边跑边说："你留下，买个补品啥的。"

在住房清零行动中，康川社有一贫困户焦耀，危房改造迟迟装不上门窗，儿子患有精神分裂症，家庭经济困难，老人的眼神无奈又可怜，王兆平又一次偷偷给老人塞了钱，并帮助他家装上了门窗。

在饮水安全清零中，家住潘湾社的"五保户"老人许建功坚决不通水，经了解才知他的难处，缺钱，而且他的邻居坟前不让过机械。在给邻居做工作无果后，王兆平将电话打到邻居在兰州工作的儿子那里，终于做通了工作，给许建功家中通了自来水。临走时老人拉着他的手："感谢党，感谢你们帮扶队。""不用感谢，这就是我们的工作。"身影消失在渐黑的夜色里。每当这时候，他就是想起20世纪60年代起，"时代楷模"黄大发带领群众，历时30余年，靠着锄头、钢钎、铁锤和双手，在绝壁上凿出一条长9400米的"生命渠"，结束了草王坝长期缺水的历史，乡亲们亲切地把这条渠称为"大发渠"。他知道，只要肯下苦功，群众工作没有做不好的。

村上最高龄的老人，最贫困的家庭，他都一一看望过，并深记于心。

助学筑梦，他为本村考上重点大学的5名学子每人资助200元，共计1000元；他号召派出单位为本村特困家庭捐赠衣物两批100余件；春节期间，他为村民书写对联400余副，"福"字200多张，花费800多元。

利用双休日等闲暇时间积极帮助贫困家庭打场、收麦、栽种花椒苹果、修圈铺路等。

……

这样的事，太多太多。每当别人提及，王兆平总是呵呵笑着说："都是小事，不值一提。"

就这样，两年时间，他的善心就像涓涓细流，流淌进了陈家窑村贫困户的心坎上，滋润着大家干涸的心灵，也滋润着他们的日子。两年时间，他就这样零零散散地花出去了五六千元，而他一个月的工资也就这个数字。

王兆平常说，作为一名干部，在为群众办实事上要始终做到"三个坚持"：坚持把群众的事当回事，坚持把群众的事当自己的事，坚持用实际行动解决群众"急难愁盼"的事。

做到这三点，才会无愧于心，才会赢得群众信任。

王兆平做到了这三点，也确实赢得了群众的信任，村里的老人们都夸他：干部见过不少，像兆平这么好的，还是第一个。

在脱贫攻坚过程中，通渭县把农村人居环境综合整治作为消除"视觉贫困"的重要举措，全面启动开展拆危治乱"百日行动"，按照"打造亮点示范——带动连成片带——持续整治提升"的整体思路，抓细抓实"拆危、治乱、提质"三个重点，统筹推进"厕所、垃圾、风貌"三大革命，着力打造"高颜值"美丽乡村，为决战决胜脱贫攻坚、全面实施乡村振兴奠定坚实基础。

结合"百日行动"，王兆平带领全村群众积极参与人居环境综合整治行动。在焦湾社，由王兆平主创，村"两委"发动群众，群策群力，就地取材，依地随形，用旧砖瓦和树根，将一块弃置多年的空闲地建成乡村花园，并在每年春季都组织一场植树活动。

为切实解决村内"脏乱差"状况，改善人居环境，通过拉条幅、微信群、乡村大喇叭及傍晚闲聊时对人居环境工作进行宣传，在全村形成了良好氛围。只要说开展人居环境整治，群众都知道整治标准，如何进行。

旧貌换新颜，新颜接新貌。

乡村之美是绿水青山之美，更是乡风文明内涵之美。在人居环境整治工作中，群众已经养成了保护环境、爱护房前屋后卫生的良好习惯。全村群众辛勤的汗水换来了洁净优美的生活环境，大家住得舒心又安心。

此外，在进村入户路上，王兆平发现村里虽然山大沟深，但树木却很少。王兆平咨询了农科院专家，从金昌购买300元的沙枣种子，在康川小河、尧下小河、焦湾小河、庄湾小河边上都撒下了种子。

说起沙枣花，她在金昌，也许最不起眼，只是众多花香满地、异彩纷呈中最容易被人忽视的"小字辈"。她花型米粒般大小，花朵淡黄色，很不起眼，羞答答地隐藏在银白色的叶子中间，但它散发出的香味却非常独特，让人"过鼻不忘"。它不像槐花、玫瑰、牡丹那样散发出缕缕清香，也不像芍药、薰衣草、马鞭草那样散发出淡淡幽香。沙枣花的香是一种醇香，香味浓烈、醇厚、绵长，几乎能把人醉倒。

沙枣树不像柳树那么婀娜多姿，也不似杨树那般直冲云霄，它的独特造型和顽强的生命力一直被视作防风固沙的首选树种，往往栽在盐碱地和多风沙地带。无论环境多么严酷、土壤多么贫瘠，它都能扎根发芽、开花结果，以坚强的身躯抵御风沙的肆虐、守卫人类的美好家园。

王兆平就这样把家乡的沙枣树播种在了陇中大地上。他希望自己就像这沙枣树一样，在这块土地上生根发芽。他希望这片土地上的人们就像这沙枣树一样，在这块祖辈生活的土地上开花结果。

他有着一个和沙枣花儿一样甜美的梦。他种下的不仅仅是一棵棵沙枣树，多年以后，当他再次回到陈家窑村时，这些沙枣树，就是他扶贫岁月的见证。

说起岁月的见证，就不得不提及另一件事——"陈家窑记忆"村史博物馆。

"想不到，看到这些针头线脑，让我想起母亲给我做衣服的场景，太珍贵了。"

"木犁、锄头这些农耕用具你记得吗？"

"在这里展示的图片见证了脱贫攻坚的巨变，也看到了扶贫人员带领贫困人口同心共筑小康的梦想。"

……

乡村文明是中华民族文明史的主体，村史是文化之根、乡愁之魂，而村史馆则让人们故土留根、文脉传承，存留那一抹乡愁。

在王兆平的策划和推动下，充分利用闲置下来的旧村委会三间办公室，建起了榜罗镇第一座村史博物馆。在他的号召下，淳朴的陈家窑村人纷纷将自己家里老物件捐赠出来。村史馆里，通过实物、图片等，以村史沿革、村规民约、民俗风情、乡贤名人、家风家训、发展成就等为基本内容，多角度展示陈家窑村精准扶贫以来发生的巨大变化，让村民时刻铭记今天的好日子是怎么来的。

一次创意，生发人们的无限乡愁和回忆，人们在乡愁和回忆中，感受到家乡的沧桑变化；一份奉献，激发人们对美好生活的向往，激励着陈家窑人更加过好日子的信心。

古老的农耕生产和生活用具，每一件都留存着一段独特的故事，也见证着陈家窑村脱贫致富奔小康的历史进程，更给后来人留下了一份特有的时代记忆。

2020年年初，新冠肺炎疫情来袭，接到镇上通知后，王兆平第一时间联系车辆，携带所筹措的防疫物资赶往村子，积极配合村"两委"开展疫情防控工作，投入到紧张有序的卡口值班执勤、摸排、消杀等工作中并捐款500元。

王兆平同镇村干部、帮扶队员将原学校废弃操场除草、耕地、铺膜，改造成菜园，除帮扶队自给自足外，还将多余的蔬菜赠与周边特困供养人员食用；自费600元购买花籽8公斤，动员村民在广场、房前屋后种植花卉；助力春耕备耕，利用帮扶单位捐赠的农用机械，自筹油料，为缺少劳动力的家庭翻耕土地15户70余亩。

他同镇村干部、帮扶队员关系很是融洽，共同入户，共同填表，同吃大锅饭，同议发展计，大家都亲切地称呼他为老大哥。经过村上全体工作人员的共同努力，陈家窑村养老保险、医疗保险收缴率双双第一，各项工作名列前茅，受到镇政府的表扬。

2019年，陈家窑村实现全村脱贫125户535人，贫困发生率降至1.56%，顺利通过了省第三方验收评估，完成了贫困户脱贫、贫困村退出的任务。2020年，陈家窑村在全镇各项经济工作考核中获得第二名，驻村帮扶工作队获得"县级优秀驻村帮扶工作队"荣誉称号。王兆平在2019年获得县、镇两级"优秀驻村帮扶工作队队员"荣誉称号，2021年被评为"甘肃省脱贫攻坚先进个人"。

这两年，王兆平吃住在村，有时一个月回一趟家，有时太忙，几个月也回不了一次。从通渭到金川，千里迢迢，有时他自己开车往返，要走整整一天，有时他选择坐火车，还要在兰州倒车，也是整整一天。

两年时间，因为和队友们一起做饭，他的厨艺大有长进，但他笑着说:"都是生活所迫啊,要不是为了填饱肚子,谁愿意把自己搞得这么多才多艺。"说完,队友们笑了,他也笑了。虽然厨艺长进了,但他人却瘦了下来。

从最初的各种不适应,语言不通,到后来,他完全成了陈家窑村的一员,和群众彻底打成了一片。

这期间,他觉得最对不住的就是自己的母亲。

"我家4口人,一人住一个地方,我尤其放心不下年老痴呆的母亲。母亲八十多岁,身体十分不好。虽然哥姐在照顾,可多年跟惯了我,我还是放心不下。"王兆平每每说起母亲,眼里的泪花就打着转。

他一直想多陪陪母亲,但忠孝难两全,他还得去扶贫。每次看望完母亲,他都依依不舍地离开,而母亲也是那般依依不舍。他偷偷擦掉眼泪,给母亲说过段时间就来看你了。可过段时间,究竟是多久,他自己也说不上。

2020年1月31日中午时分,金川区双湾镇新粮地村的村民们通过村民微信群收到了这样一条消息:"各位乡亲,大家一直关注的王老太太的葬礼取消了。王家人最终决定不请客、不设宴,子女们自己送老太太最后一程。"消息是该村党支部书记鲜舜文发出的。收到消息的村民们第一时间向王兆平一家送上最真挚的慰问。

新粮地村是甘肃省新农村建设示范村、市级文明村。春节前,村上以新时代文明实践为抓手,以"孝·善"为主题,利用春节大伙办年货的大好时机,大力推进乡风文明行动,宣讲红白理事会章程、开展"传家训、立家规、扬家风"主题实践活动,受到了村民的欢迎。

然而,正当村民们喜气洋洋办好年货准备过大年的时候,新型冠状病毒肺炎突然袭来,防控疫情成了头等大事。就在这个时候,更加让村民们揪心的是该村二组的、卧病在床的王兆平 88 岁的母亲。1月 31 日凌晨 1 时许，母亲还是挣脱了孩子们挽留的手，走了。

悲痛过后，一个现实的问题摆在了王兆平面前：村上要求丧事简办，老太太生前也说过丧事要简办，可是现在是非常时期，到底该怎么办啊？

一场争论在王兆平、哥哥王兆和、姐姐王兆存及族亲中展开。

"母亲走了，作为子孙，按照习俗要让她风风光光地离开！"

"妈妈可是村里的寿星啊！怎么能这么冷冷清清地送走，怎么能连个追悼会都没有？"

"疫情哪有这么严重？我们这里一个也没有，能有啥影响？"

"这可是生我们养我们的母亲，你怎么忍心就这样送走她？你这是不孝！"

王兆平沉默了半晌说话了："按照老规矩，母亲的后事最少要操办 5 天。如果这样，亲朋好友邻居们碍于情面都会来吊唁，这样一来，肯定会有较多的人聚集。当前正是疫情防控的关键时刻，个人的悲情不能大于防控的大势。我建议不举行追悼仪式，也不设白事宴，就由我们兄弟姐妹送母亲走。母亲一生活得很明白，我们都不要争了，相信她老人家也会同意我们这样办的。"

疫情当前，听了王兆平的话，大家都沉默了。

王兆平默默地将金川区关于疫情防控的相关要求的链接发到了他们家族微信群中，希望亲人们理解并支持他们作出的决定。受深明大义的孩子们的感染，族亲们最终同意响应政府号召，简办丧事。

"母亲，走好！"

2 月 1 日凌晨 5 时许，没有撕心的哭喊声，没有拥挤的人群，在为数不多的几个亲人的帮助下，王兆平和哥哥、姐姐默默地行走在安葬母亲的路上。

叮咚、叮咚、叮咚……一路上，王兆平的手机响个不停，那是村民们纷纷通过微信向他们致哀。一声声铃音，是关怀，更是对他们家国情怀的褒奖。

母亲就这样走了，在母亲病危的最后日子里，王兆平没有能够陪着她。每当夜深人静，想到这一点，他就心痛不已。但他知道，母亲深明大义，一定能够理解儿子的苦衷。

在到陈家窑驻村前，他曾给母亲说："我是个土生土长的农村人，深知老百姓生活不易，只有倾其所能，尽心尽力宣传落实好党的各项帮扶政策，让贫困老百姓早日过上好日子，个人舍弃点舒适，苦点儿累点儿也没关系。"母亲点着头，深表同意。

情系农村，情系农民，上为政府分忧，下为百姓解愁，让党放心，让群众满意，是王兆平的奋斗目标和永远追求。两年时光，他以自强不息的奋斗精神和爱岗敬业的工作热情，献爱于农村，服务于农民，让群众感受到党的温暖和关怀。在带领广大群众脱贫攻坚的进程中，时刻体现着一名共产党员的先进性和真正本色。

沧海横流，时光不息。每当想起那段日子，他依然怀念，怀念那里淳朴的乡亲，怀念那里风轻云淡的天空，怀念那里加班加点攻坚克难的夜晚，甚至怀念那份孤独。在梦里，那些沙枣花儿开了，小小的黄花，金灿灿地缀满枝头，散发出醉人的清香。一串串，一束束，满树丰盈，满树都是幸福的模样……

骑着马儿走过

昆仑脚下的村庄

沙枣花儿芳又香

清凉渠水流过

玫瑰盛开的花园

北边儿来的亲人

园中人们正在歌唱
一位祖母向我招手
叫我坐在她身旁
哎
一朵深红的玫瑰
插在苍苍的白发上
她的歌声多么清亮
……

（作者：王　选）

老李的扶贫路

——记天水市麦积区扶贫办副主任李东平

李东平简介

李东平，男，1973年3月生，中共党员，本科学历。2002年3月被安排到麦积区扶贫办工作，现任区扶贫开发办公室党组成员、副主任，兼任党支部书记。从事农村扶贫开发工作十九年来，他加班加点、兢兢业业、任劳任怨，将全部精力投入到扶贫事业中，以促进贫困农民收入、扶持培育富民增收产业、改善基本生产生活条件、加快脱贫攻坚进程为己任，深入学习各项扶贫开发政策，认真履行工作职责，经常深入基层开展调查研究，积极探索新形势下做好扶贫开发工作的新思路、新举措，以高度的责任心和使命感，大胆负责地开展工作，认真细致地为贫困群众排难解忧，为麦积区农村脱贫攻坚作出了积极贡献。

老李的扶贫路

2021年2月25日上午,全国脱贫攻坚总结表彰大会在人民大会堂隆重举行。

当全国1501个"脱贫攻坚先进集体"的代表上台领奖的那一刻,天水市麦积区扶贫开发办公室一片安静,全体人员目不转睛盯着直播画面,和在座的所有人一样,作为扶贫办副主任,李东平表情庄重,内心早已汹涌澎湃,此刻除了获得全国脱贫攻坚先进集体的喜悦外,更多在他心间闪过的,是8年来一个个贫困村翻天覆地的变化、是无数脱贫攻坚一线人员坚守的身影、是无数脱贫户脸上由衷的笑容……

麦积区位于天水市东南部,东接陕西省宝鸡市,是国家扶贫开发工作重点县区和六盘山特困片区国家重点扶持县区,也是省定深度贫困县区之一。

经过全区上下8年的不懈努力,脱贫攻坚工作交出了一份亮眼的成绩单:209个贫困村全部退出,13.15万建档立卡贫困人口全部脱贫,全区贫困发生率下降到0,2019年实现整区脱贫摘帽,农民人均纯收入由2013年的4355元增长到2020年的9093.2元。209个贫困村实现了道路硬化、安全饮水、动力电、标准化村卫生室、4G网络、互助资金协会、农民专业合作社全覆盖,全区果品种植面积66万亩,畜禽饲养量314.5万头(只、匹)……贫困村面貌发生了翻天覆地的变化。

一

1973年出生的李东平,熟悉他的人都喜欢叫他"老李",一是长得老气,因为长期熬夜加班、下乡入户,头发少皮肤黑,不像"70后"更像"60后"。二是工作能力强,作为一名在扶贫办工作了19

年的老干部，凡是有脱贫攻坚方面的难题，大家都习惯找他，大家总是笑着调侃说，比老李水平高的，只有老李的发际线了。

脱贫攻坚政策性强，工作千头万绪、量大面宽、任务艰巨，但李东平知道：越是面临发展困难，越要兜牢民生底线。民生连着民心，有了民心，就有信心、有决心，决战决胜脱贫攻坚，已经到了最后的冲锋阶段，踏平坎坷成大道，斗罢艰险又出发，向最难处冲锋，就需要这股心劲儿！

1993年参加工作后李东平就在乡镇工作，2002年3月被安排到扶贫办工作，相较于之前捐资、捐物、民政救济和修梯田、打水窖、兴科技、调结构、输劳务的扶贫方式，新时代脱贫攻坚工作更加注重区域开发、整村推进和精准"滴灌式"扶贫，工作的思维和方式方法与之前都有了很大不同，整个政策体系较之前也有较大的变化，可以说一切都要从头开始。

李东平在扶贫办先后分管包村驻点、项目实施、资金管理、机关运行、驻村帮扶、东西部扶贫协作、定点帮扶等工作，工作量大、任务重、政策性强，为了尽快熟悉扶贫政策，吃透区情镇情村情，面对纷繁复杂的脱贫攻坚任务，李东平把学习掌握政策业务作为做好脱贫攻坚工作的前提和基础，边干边学，白天进村入户落实工作，晚上分析研究政策、挑灯夜读，认真学习脱贫攻坚政策和习近平总书记关于扶贫工作的一系列重要论述，坚持精准扶贫精准脱贫基本方略，加强对"六个精准""五个一批"的学习，特别是中央和省、区、市关于产业扶贫、就业扶贫、教育扶贫、健康扶贫、危房改造、兜底保障等政策，抽时间学，一条一条地记，真正做到学懂弄通，为自己加油充电，从一个"门外汉"变成了扶贫政策明白人，成了脱贫攻坚的"行家里手"，为指导各镇村和行业部门精准扶贫精准脱贫工作夯实了业务功底。

正是有了扎实的政策基础和过硬的业务知识,他连续三年参加了全国脱贫攻坚成效考核、甘肃省党政正职脱贫攻坚实绩考核和2020年全国脱贫攻坚普查等重点工作,赢得了一致好评。

二

陇右贫瘠甲天下。

作为一名土生土长的农民子弟,李东平对农村有着深厚的感情,深知群众疾苦。让贫困群众有饭吃、有衣穿,能够过上富裕幸福的生活是他最大的心愿。

抓好脱贫攻坚工作,提高农民收入是根本,只有收入提高了,农民才能真真切切看到成效,才能最大程度调动农民的积极性。

怎么样增加收入呢?大部分的家庭都是男人在建筑工地打工,女人在家务农照看老人和孩子,这样的模式虽然收入较低,但是比较稳定。李东平决定从两个方面着手,一方面加强劳动技能培训,提高劳动收入;另一方面是拓宽就业渠道,增加剩余劳动力就业。他积极协调联系人社、农业、林草、妇联、团委等部门的培训资源、资金,根据贫困劳动力从业现状和培训需求,组织贫困劳动力在区上集中开展劳动技能培训和农业实用技能培训。积极实行"带薪培训",给参加培训的人员免费提供食宿,报销往返路费,2014年以来累计举办培训班968期,培训贫困劳动力52376人。同时全力拓宽对外劳务输转渠道,鼓励引导区内各种经济组织积极吸纳剩余贫困劳动力,探索建立对口帮扶单位与重大项目用工联动机制,提高劳务输转组织化程度,年均输转劳动力11万人次左右,创劳务收入22亿元以上。

就业渠道单一,大部分人外出务工虽然能够最大程度增加收入,但是就业人数少、就业风险大、就业时间短等问题依然存在。如何让老百姓在家门口获得一份不错的收入，才是解决问题的根本所在。作为农民出身的李东平，他深知只有土地才是农民的根本。麦积区自然条件多元，横跨黄河、长江两大流域，只有因地制宜，培育壮大富民产业才是打赢脱贫攻坚战的根本之策。按照区委区政府关于深入实施"一镇一业"产业对接和"一村一品"产业培育工程的要求，李东平联合农业农村、畜牧兽医、林业草原等部门的同志，通过认真调研摸底，按照"区域化布局、标准化生产、产业化经营、品牌化销售"的思路，指导各乡镇制订了符合实际的产业发展规划，紧盯"牛、羊、菜、果、薯、药"六大特色产业，累计整合产业到户资金、精准扶贫贷款、特色产业贷款等各类资金28.24亿元，大力发展果品、畜牧、蔬菜三大主导产业。截至2020年年底，全区果品种植面积达66万亩（新增6128亩），畜禽饲养量达到314.5万头（只、匹），蔬菜种植面积达8.19万亩（新增1000亩）。

区扶贫办作为统筹协调部门，围绕安全饮水、危房改造、交通道路等重点工作，整合优势资源，加大资金投入，持续增加贫困群众收入。除了担任区扶贫办副主任的职务外，李东平同时兼任区外资扶贫项目管理中心主任，为加强财政扶贫资金的管理，他和同事们认真研究，多方征求意见，制订出台了资金管理细则，实行管项目与管资金分离，由财政部门统一管理资金，项目实施部门使用资金，做到了专户储存、专账管理、封闭运行。建立扶贫资金使用情况进行跟踪审计检查机制，有效保障了扶贫项目资金安全、人员安全。在接受人民日报记者采访时，李东平自豪地说："麦积区财政专项扶贫资金和70%以上整合涉农资金主要用于到户扶持。"

道路硬化了、产业兴旺了、村民富裕了，大部分人已经脱贫致富。在走访调研的过程中，李东平发现最先脱贫的都是思想积极、为人勤奋且不甘于过苦日子的，没有脱贫的除了特殊情况需要政策兜底的人群外，大部分是坐等扶贫，自我脱贫意识不强。针对这个问题，他积极向领导汇报，在全区组织开展"勤劳脱贫光荣、懒惰致贫可耻"教育，成立宣讲小分队，广泛宣传贫困群众依靠自身努力实现脱贫的典型事迹，激发贫困群众脱贫致富愿望，变"要我脱贫"为"我要脱贫"。通过积极开展各类志愿服务，持续加强对贫困群众的关心关怀，贫困群众内生动力得到了有效激发，将扶贫同扶志、扶智相结合的措施落到了实处。同时，联合民政、残联等部门精准识别政策兜底户，建立动态调整机制，严格做到应保尽保、应兜尽兜。2014年以来共发放农村低保金5.55亿元、特困供养金5743.67万元，实现了农村最低生活保障与扶贫政策两项制度的有效衔接。

脱贫攻坚是一项系统工程，扶贫办作为统筹协调部门，在强化统筹、发现薄弱环节和督促落实方面承担着重要的工作。不管是资金管理还是项目建设，凡是需要扶贫办参与的，李东平和同事们都认真负责，在各部门单位的大力配合下，全区产业扶贫、消费扶贫、易地搬迁、人居环境整治等工作齐头并进，全区新改建农村户用卫生厕所9640座，共拆除"空心院"5174户、危墙1861处，改造维修残垣断壁884处，整治乱堆乱放8091处，柴草等乱堆乱放点1730处，清理河塘沟渠212公里、垃圾6052吨，整治黑臭水体138处，村道栽植绿化苗木98.5万株，硬化村组道路45.3公里，安装路灯322盏，设置柴草堆放点348处，创建清洁村庄80个，硬化自然村组道路110条219.81公里，累计完成农村公路建设总里程1588公里，有效解决了贫困村群众出行难、农产品运输难的问题，为全区脱贫攻坚工作的全面胜利奠定了坚实的基础。

三

脱贫攻坚不是靠哪一个单位哪一个人就可以完成的，必须在党委、政府的统一安排部署下，整合可以整合的全部资源，动员一切可以动员的力量，形成强大的工作合力，才能实现脱贫攻坚工作的全面胜利。

东西部协作是中央确定的一项重大脱贫攻坚政策，是加强区域合作、优化产业布局、拓展对内对外开放新空间的大布局，是打赢脱贫攻坚战、实现先富帮后富、最终实现共同富裕目标的大举措，是优势互补、资源共享、合作共赢的一项脱贫攻坚重大措施。自2017年天津市西青区与天水市麦积区建立扶贫协作关系以来，李东平就一直负责这项重要的工作。

对于一名老扶贫干部来说，这项工作是之前没有接触过的，如何做好这项工作，李东平有自己的想法。

扎实的政策基础是做好工作的先决条件。在认真学习贯彻落实《中共中央国务院关于打赢脱贫攻坚战的决定》和中央扶贫开发工作会议、东西部扶贫协作座谈会精神的基础上，结合省、市相关要求，李东平对中共中央办公厅、国务院办公厅下发的《关于进一步加强东西部扶贫协作工作的指导意见》进行了重点细致的学习，对指导思想、目标要求、重点任务、保障措施对照工作实际逐项逐条进行了研究分析，做到知其然，更知其所以然。

在吃透政策精神的基础上，李东平连续几年参与起草了东西部协作和中央定点帮扶助力巩固脱贫攻坚工作的实施方案，紧紧围绕领导互访、人才交流、资金使用、携手奔小康、产业合作、劳务协作等六项重点任务，制订了详细的工作措施，建立了市与区、区与区、镇与镇、村与村"四级联动结对帮扶"机制和沟通联络工作机制。通过认真分析研究，多次研究协商，把东西部协作工作的重点放在产业合作、消费扶贫、劳务协作、人才支援、扶贫车间等方面，深化结对帮扶，搭建帮扶互通桥梁，积极推动贫困户"结对认亲"、中小学校结对、医院结对、"万企帮万村"等活动，形成了"广动员、齐参与"的扶贫协作新格局，落地实施了一大批打基础、利长远的帮扶项目。2018年，当地承办了甘肃省产业扶贫现场观摩活动，得到了各级领导的一致认可和好评；2019年6月，首批开通的"西青·麦积一家亲"旅游消费扶贫绿色通道，开创了全省旅游消费扶贫先河；2020年，成功承办全省"津企陇上行"观摩考察活动，受到好评。全区东西部扶贫协作考核连续三年被评为"好"的等次，有力助推了全区脱贫攻坚进程。

在产业发展方面，探索出"龙头企业+合作社+基地+贫困户"产业发展、"轻资产"养殖等做法，投入80%以上的协作资金，围绕发展壮大特色产业，引进推广新技术、新品种，加大果蔬保鲜库建设，实施木耳产业园、麦积镇草滩扶贫产业园、阳光玫瑰葡萄新品种示范推广等项目，持续加大防灾减灾和农产品冷链物流建设扶持力度，进一步扩大产业基地规模，提升了产业园区建设水平，延伸了产业发展链条，提高了农产品附加值。

在共建产业园区方面，按照支持乡村特色产业发展壮大，进一步完善园区共建机制，采取"协作共建"等形式，推动种养加结合和全产业链打造，支持特色产业发展壮大，加快产业园区完善配套、提档升级。加大对党川中蜂产业园、麦积区花牛苹果果蔬保鲜库和中滩樱桃示范园设施项目建设投资，完善园区配套，提升园区服务，全力打造党川中蜂产业园和天水市麦积区花牛苹果省级现代农业产业园，加快推进产业链和产业园区优化升级。

在劳务协作方面，建立产业园带贫就业、残疾人帮扶等模式，立足落实劳动力到东部协作地区稳定就业、在省内就近就业和牵线搭桥到省外其他地区就业三项指标，积极实施稳岗补贴及就读补贴劳务协作项目，为务工人员提供全方位、多层面的服务和保障，促进劳动力务工增收。为贫困户家庭新成长劳动力在天津市接受学制性职业教育培训和推荐就业提供帮助，每年组织赴天津市西青区职业学校就读的"两后生"学生进行招生面试和就业推荐，实现贫困户家庭新成长劳动力在天津市接受学制性职业教育培训和稳定就业，有效推进了东西部劳务协作输转就业工作。

在消费帮扶方面，坚持把消费帮扶作为深化东西部协作，促进脱贫群众增收的重要举措，主动加强衔接沟通，开展消费帮扶进机关、进社区、进高校和参加天津市区农产品展示展销及宣传推介活动，设立农产品消费帮扶专馆、专区、专柜，搭建农产品"线上、线下"消费平台，拓展销售渠道，不断激发全社会参与消费帮扶的活力，有力地推动了消费帮扶工作顺利开展，巩固拓展了帮扶成效。

在科技帮扶方面，实施药用蜂蜜净化设施建设项目，通过利用天津医药科学技术，发挥天津市科技特派员人才力量，对蜂蜜产品药用效能进行研发，加大蜂产品精深加工，拓宽使用范围，增加蜂产品附加值，减少市场价格波动影响，促进蜂产品销售。

在发挥资源优势方面，积极学习借鉴西青区在重大产业培育、国家级示范区打造等方面取得的重大成就和先进管理经验，充分发挥人才、资金和经营管理等方面的优势，紧紧围绕贯彻新发展理念、构建新发展格局，补短板、破难题。邀请西青区党校1名讲师和畜牧专家分别开展干部轮训宣讲2期965人和致富带头人培训1期63人；组织90名党政干部和专技人才分两期赴天津市参加能力素质提升班培训，进一步拓宽干部教育培养渠道，提升了麦积区干部和人才综合素质和工作视野。积极做好西青区挂职干部的保障工作，妥善安排选派干部和专技人才的工作和生活，提供良好的办公、食宿条件和生活保障。和西青区扶贫办挂职的干部一起，做好东西部各项工作的对接和具体落实工作。积极主动加强与西青区相关部门对接沟通，激励、动员更多天津企业、天津资源参与脱贫攻坚，推进实施"百村振兴计划"和"万企兴万村"行动，高质量完成了东西部协作和对口支援任务。

通过创新工作方式、引进优势资源、拓展协作平台等措施，自2017年建立扶贫协作关系以来，天津市西青区累计投入1.6亿元，用于麦积区深度贫困乡村发展特色产业和各类劳务培训等86个项目。同时，为促进消费扶贫，天津市通过线上、线下两条渠道，帮助销售各类农特产品共1.805亿元，带动一万多人增收。

四

包村驻点、驻村帮扶工作，是李东平常抓不懈、下功夫最多的一项分管工作。

按照领导包片、单位包村、干部包户、驻村帮扶的要求，全区几乎所有的单位和干部都参与到脱贫攻坚的一号工程中，如何让领导包片起到带动作用、单位包村发挥资源优势、干部包户深化精准帮扶措施、驻村帮扶助推全面发展，是一项非常复杂且又必须时时抓在手里的工作。

建立一套好的制度，是整合帮扶资源，发挥帮扶作用的先决条件。凭着对区情、镇情、村情的深入了解和对扶贫政策的细致研究，从帮扶机制的建立到后续的不断完善，李东平一直参与其中，提出了许多操作性强的意见建议。

在区脱贫攻坚领导小组的统一领导下，把全区划分为5个脱贫攻坚责任片区，分别由区委区政府主要领导和分管领导任片区长，对片区内脱贫攻坚工作负总责，建立了脱贫攻坚区级"周调度"、镇级"日安排"制度，总结分析脱贫攻坚工作推进情况，研究制订整改措施和工作推进计划，安排部署阶段性脱贫攻坚重点工作，逐级传导责任压力。

根据脱贫攻坚方案，按照工作职责，划分若干脱贫攻坚专责组，确定组长单位和成员单位，明确工作责任和目标要求，建立专责组成员单位会议和专责组会议制度，分领域、分职能、分层级靠实工作责任。专责组内各司其职，各负其责，全力抓好职责范围内工作任务的落实。专责组之间强化协作配合、群策群力共同做好脱贫攻坚工作。同时建立跟踪问效机制，由区脱贫攻坚领导小组对各专责组工作落实进行定期督查，各专责组及时组织成员单位，不定期对各自职责范围内工作任务落实情况开展督查，现场指出问题，持续跟进督办，保证脱贫攻坚各项工作有力有序推进。同时，建立健全责任落实机制，区脱贫攻坚领导小组每年与专责工作组、行业部门和各镇签订脱贫攻坚责任书，逐级传导责任压力。

健全完善驻村帮扶机制，每个村有一个联系单位，每户贫困户有一名联系干部。统筹整合1300多名干部组建了209个贫困村和170个非贫困村驻村帮扶工作队，实现了379个行政村省市下派干部、大学生村官、农技干部、乡镇干部和科级干部"五个全覆盖"。

坚持精准选派，配强帮扶力量。建立帮扶工作队定期调整机制，按照"总量不少、标准不降"的原则和政治素质好、业务能力强、作风务实、熟悉农村工作的标准，由组织部门和扶贫办定期对全区209

个贫困村的第一书记和驻村工作队员进行调整，特别是针对选派干部实际，将省市选派的第一书记全部对口安排到深度贫困村，充分发挥省、市下派干部在项目协调、资金争取方面的优势和省市单位后盾优势。坚持"凡提必下"原则，将新提拔的科级干部、单位推荐拟提拔的、单位重点培养的后备干部选派到贫困村担任驻村帮扶工作队第一书记和工作队长，真正把最想干事、最能干事、能干成事的优秀干部选派到脱贫攻坚任务最重、最需要的地方上，真正把好钢用在刀刃上。

坚持从严管理，压实驻村责任。帮扶工作队的管理是组织部门和扶贫办的一项重要工作，李东平熟悉村上情况，对工作队管理有自己一套管用的办法。根据各阶段工作任务不同，在严格执行中央、省、市脱贫攻坚各项工作要求，修订完善了《贫困村驻村帮扶工作队管理办法》，与帮扶单位、帮扶队员签订承诺书，进一步明确职责任务，明晰工作要求，认真落实考勤、请销假、工作纪实制度，加强日常规范化管理。同时建立督查机制，采取明察暗访、随机抽查等形式，定期不定期对驻村干部工作情况进行督查，及时掌握工作队员驻村工作开展情况，对工作不到位、群众意见较大的按情形分别给予诫勉谈话、通报批评、调整召回和纪律处分。

坚持强化考核，发挥考核"指挥棒"作用。在建立帮扶工作队管理办法之初，按照中央和省市的有关要求，李东平就积极征求组织、纪检等部门的意见，把帮扶工作队的考核结合同干部提拔使用挂钩。坚持正向激励导向，对驻村期间工作任务完成好、帮扶成效明显的驻村帮扶工作队队长及队员，由组织部门优先提拔任用。对考核中评为基本称职和不称职的帮扶队员，李东平和每一个都进行了诫勉谈话，对进行谈话后没有改善的，报请纪委、区委组织部对帮扶干部、派出单位和相关责任人进行严肃问责，并责令限期整改。

党的十八大以来，麦积区委区政府认真贯彻落实习近平总书记系列重要讲话及视察甘肃"八个着力"重要指示精神，坚持把脱贫攻坚作为重大政治任务和"第一民生工程"来抓，统筹整合各类扶贫资源，紧盯"两不愁三保障"和"六个精准"要求，围绕"五个一批"脱贫路径，聚焦深度贫困区域和特殊困难群体，深入开展精细精确精微的"绣花"式扶贫，积极落实"一户一策"精准帮扶计划，全面落实精准到村到户到人帮扶措施，对标对表抓重点、补短板、强弱项，持续改善贫困村户发展条件，培育壮大多元扶贫产业，提高公共服务保障水平，如期实现了全区整体脱贫摘帽。

李东平是广大脱贫攻坚干部中普普通通的一员，也是不可或缺的一员。他基本上参与了全区脱贫攻坚工作的所有工作，不管是抓策划、建机制、抓协调还是抓好具体工作落实，他都能事无巨细做到件件有着落，除了对工作的认真负责，更多的是作为一名共产党员和一名扶贫干部的公仆情怀，始终把困难群众的小事放在心上、抓在手上，兢兢业业、尽心尽力地为群众解难事办实事。李东平分管的工作较多、任务较重，为了完成好各项工作，他坚持早到岗晚出门，经常深入贫困乡村田间地头、农户家中，为贫困群众排忧解难，狠抓扶贫项目落地、产业发展、就业服务、矛盾纠纷化解等，指导镇村户开展脱贫攻坚工作。积极帮助贫困户联系销售农产品，每年春节来临，按照组织要求及时开展贫困群众慰问，那一桩桩、一件件涉及贫困群众及贫困镇村的事情，永远牵动着他的心，看着困难群众激动的笑脸，听着感谢党的话语，他觉得能从事扶贫事业，是他一生的财富。

如今，脱贫攻坚战已取得全面胜利，李东平作为乡村振兴局副局长，还将进一步健全完善防返贫动态监测和帮扶机制，全力抓好美丽乡村建设，强化东西协作和定点帮扶，持续巩固拓展脱贫攻坚成果，在接续推进乡村全面振兴工作中发挥自己的作用。

同事们说，老李人闲心不闲。李东平笑着说："你们这些家伙，赶快收拾，咱们去下乡。"同事们说："又要下乡？"李东平一边收拾笔记本，一边说："乡村振兴在路上，必须马不停蹄。"

（作者：王　选）

一路春风一路歌
——记会宁县人力资源和社会保障局副局长赵亮夫

赵亮夫简介

赵亮夫，现任会宁县人力资源和社会保障局党组成员、劳务办主任、副局长。赵亮夫是土生土长的会宁人，脱贫攻坚工作开展以来，他想方设法促进劳务输转，稳妥有序地推进精准扶贫劳动力培训，因地制宜开发乡村公益性岗位，有效规范扶贫车间健康发展，持续深化东西部扶贫劳务协作。赵亮夫用一项项举措使人社扶贫工作取得了显著成绩，为全县打赢脱贫攻坚战、全面建成小康社会贡献了自己的力量。

甘肃会宁，一方红色的热土。

1936年10月，中国工农红军一、二、四方面军在会宁会师，标志着红军长征胜利结束，在这片土地留下了宝贵的精神财富。

几十年来，会宁人民继承革命先烈遗志，为美好生活不断奋斗。在脱贫攻坚的征途中，作为会宁县人社局分管劳务输转工作的副局长，赵亮夫这个土生土长的会宁人，传承红军长征精神，把劳务就业工作作为群众的"铁杆庄稼"，在黄土地上辛苦耕耘，为就业扶贫交出了一份完美答卷。

会宁县是甘肃省有名的状元县，但是毕业后回乡的大学生却一直很少，大家都是穷日子过怕了，都想摆脱面朝黄土背朝天的生活，去看一看外面的世界。久困于穷，冀以小康。和其他人不一样，赵亮夫大学毕业后，他没有选择到外地发展。他说："我们这里贫苦，很多人通过上学走出去了，但总得有人留下来，为家乡做点什么。"

为家乡做点什么？带着这个信念，赵亮夫扎根基层，在会宁这片黄土地上，耕耘着自己的理想与抱负。

赵亮夫是会宁县人力资源和社会保障局党组成员、副局长、劳务办主任，但他认为，自己只是一名基层的扶贫工作者。他说，会宁县地少人多、山大沟深、干旱缺水，因此，劳务产业是当地农民增收的主要途径。

劳务输转是就业扶贫的核心，是脱贫攻坚工作的根本之策。

自脱贫攻坚工作开展以来，赵亮夫时刻以习近平新时代中国特色社会主义思想为指导，认真贯彻落实习近平总书记关于扶贫工作的重要论述，结合会宁县劳务产业工作实际，赵亮夫着力抓好常年外出务工的"大劳务"和就地就近务工的"小劳务"，想方设法促进劳务输转，稳妥有序地推进精准扶贫劳动力培训，因地制宜开发乡村公益性岗位，有效规范扶贫车间健康发展，持续深化东西部扶贫劳务协作，用一项项举措使人社扶贫工作取得了显著成绩。"十三五"期间，全县累计开展精准扶贫劳动力培训43264人，平均每年保持输转劳动力9.7万人次以上，累计输转劳动力49.21万人次，创劳务收入97.06亿元，有效带动了建档立卡户脱贫致富，为全县打赢脱贫攻坚战、全面建成小康社会提供了有力保障。

一

据统计，劳务输出收入占会宁县经济收入的53.1%，是进行就业扶贫最重要的手段。为了抓好劳务输转工作，赵亮夫依托东西部劳务协作、省内外劳务基地，以新疆内蒙古宁夏、江苏浙江广东以及天津地区为主要方向，一改以往现场招聘的形式，采取网上牵线搭桥，广泛征集网上招聘就业岗位，积极开展网上招聘，让农民工"职"通企业，有序实现选岗就业和返岗就业。

为了给群众找到更多的就业岗位，赵亮夫每天做的一件事情就是收集各地的用工信息，分地区、分类别进行整理。通过电视台、微信公众号、三大通信运营商和网络媒体进行发布。几年下来，赵亮夫发布各类用工信息1200多条，推送短信600多万条，为群众提供全面细致的就业信息。

2020年是脱贫攻坚决胜之年。沧海横流，方显英雄本色。大考中，越到交卷时刻，越要保持定力，保持决断力，保持果敢的行动力，这是一场硬仗，越到最后越要紧绷这根弦，不能停顿、不能大意、不能放松。

年初，一场突然袭来的新冠肺炎疫情，打乱了会宁县就业扶贫工作的部署，劳务输出工作遇到了很大阻力，种种困难，摆在了会宁县人社部门面前，作为分管领导，赵亮夫倍感责任重大。

奇迹总是由有准备的人的创造的。

多年来，赵亮夫一直有一个工作习惯，就是对每年外出务工的人员，要在年底开展一次调研摸底，了解外出务工的地点、工资待遇、用工单位信息等情况，开展集中分析研判，筛选优质用工单位，及时进行对接，建立劳务基地，为群众提供稳定的就业单位。近年来，赵亮夫按照这种工作模式，累计建立劳务基地235处，形成了覆盖全国30多个地区的网格式劳务基地。

"我大儿子前不久在四川绵阳的建筑公司当上技术总监了，小儿子在兰州的工作也越干越好。"一天，赵亮夫到杨集镇红土村脱贫户温晓霞家走访时，温晓霞高兴地对赵亮夫说。

温晓霞曾是赵亮夫定点帮扶的6户贫困户之一。温晓霞的丈夫很早就去世了，她独自拉扯两个儿子长大，全家人仅靠几亩地为生，生活非常贫困。

温晓霞是赵亮夫的联系户之一，她的两个儿子大学毕业后，赵亮夫通过劳务输转的方式，将他们送到绵阳和兰州的企业工作。靠着自己的努力，温晓霞两个儿子的事业蒸蒸日上。2019年，温晓霞全家脱贫。"不干农活时，我就到两个儿子家帮着带孙子，日子越来越好啦！"谈及现在的生活，温晓霞高兴地说。

如何做好疫情防控期间的劳务输转工作，赵亮夫觉得首先应该主动出击，积极主动联系多年来建立的劳务基地，点对点开展劳务输出。经过认真研究，积极联系协调，请示领导同意，赵亮夫于2020年2月22日、2月25日、3月25日，组织开展了三场集中欢送上岗活动。仪式现场停了许多大巴车，它们将外出务工的劳动力"点对点"运送到位于江苏、上海、天津、新疆的工厂门口。2月28日至3月31日，每天，还会有大巴车运送劳动力前往兰州的企业，短短一个月的时间，一共输出37批2630多人，其中"点对点"运送12辆专车462人，大部分是贫困人员。

集中欢送上岗活动的举办，带来了一系列积极的连锁效应。"疫情防控期间，许多人不敢出去务工。我们举办欢送活动，许多不敢出去务工的贫困劳动力也都敢出去了。"赵亮夫说。

这是从事就业扶贫工作以来，让赵亮夫感到压力最大、印象最深的一次活动。

2020年3月21日上午7点50分，会宁县体育馆，赵亮夫紧张地关注着体育馆内外的一切，一场招聘会即将召开。早上八点，前来咨询、选岗、报名的人络绎不绝，现场排起了长队。当听说政府为外出务工人员统一免费包车，选择好岗位后定点进行输送，确保务工人员出得了家门、进得了厂门的消息后，现场的人群中爆发出了雷鸣般的掌声，外出务工人员张宗谦激动地说："对我们务工人员来说特别感谢政府。"

因为正处于疫情防控的关键时期，为了办好这次招聘会，赵亮夫之前可是下足了功夫。请警察维持秩序、请防疫部门工作人员查验健康码、安排引导员分散求职者、空中用无人机监控……招聘会开始前，赵亮夫与同事联系好了各单位，制订周密活动流程，严格控制人与人之间的距离，在周密的准备和精心的组织下，招聘会取得了圆满的成功。事后有人问赵亮夫，在疫情防控期间举办招聘会，你就不怕出了问题工作不保吗？赵亮夫斩钉截铁地说："有几百名贫困劳动力报名参加。如果不举办，势必将影响他们一整年的工作。虽然举办招聘会会给疫情防控增加压力，但是只要我们有周密的计划，有科学可行的方案，把准备工作做实了做细了，把风险降低了，把群众就业的问题解决了，我就不怕会出现什么问题。"

这次重点面向建档立卡贫困户和城乡富余劳动力、特殊技能人员和应往届高校毕业生举办的招聘会，取得了圆满的成功。除了精心准备和组织实施外，更多的是赵亮夫和同事们对就业意向的收集和招工单位的筛选，为了能让大家找到满意的工作，赵亮夫制订出台精细化工作方案，将任务细化到村到户，明确乡镇、部门 1 名领导班子成员主抓劳务。免费包车向兰州火车站运送务工人员，搭建劳务输转绿色通道。通过认真分析报名的务工人员的就业需求，积极主动联系了靖煤集团、新疆克拉玛依地区的多家用工单位和劳务基地，进行了现场招聘，共有 800 余名招聘者进行了面试。开启了农民工就业的新征程。

从 2 月下旬至 3 月底，按照务工人员"出家门、上车门，下车门、进厂门"的要求，赵亮夫带领人社部门的同事们，实行点对点、门对门式的直达运送方式，免费包车向兰州、上海、浙江、江苏等地运送 20 多批外出务工人员，有效实现贫困群众稳定增收。

这样的招聘会只是赵亮夫工作的一个缩影，在脱贫攻坚战打响的几年时间里，他自己也忘了办过多少场这样的招聘会，跑过多少劳务基地，打过多少就业单位的电话，集中输送了多少务工者……当每年的农民收入统计数据结果公布后，看着劳务输转带给群众的收益，赵亮夫就觉得这些工作是应该的、有重大意义的，但也是需要不断提高改进的。

据统计，"十三五"期间，平均每年保持输转劳动力 9.7 万人次以上，累计输转劳动力 49.21 万人次，创劳务收入 97.06 亿元，有效带动了建档立卡户脱贫致富。

二

会宁县白草塬乡总堡村主任张百虎是个有想法的人，从电视上网络上看了很多乡村创业的案例，平时也是人在地里干活，收音机就在地埂边放着哪里的合作社养了多少牛，哪里的村办企业分了多少钱……张百虎想了无数种发展的路子，但一想到技术、管理和发展的问题，只能望而却步。在赵亮夫入村调研的过程中，张百虎向赵亮夫详细聊了自己的想法和存在的困难。"思路决定出路，观念决定贫富，张百虎是一个有想法且想干点实事的村干部，有了这个初衷，我觉得只要进行系统的培训，提高管理和发展水平，剩下的事情就都好办了。"这样的机会很快就来到了，在赵亮夫的推荐下，张百虎参加了在福建泉州南安市梅山镇蓉中村举办的全国首期贫困村创业致富带头人培训班，通过专业的培训和实地查看，很多困扰张百虎的问题都迎刃而解。培训回来不久后，张百虎就联系村民办起了养牛合作社，为村民闯出了一条致富路。

近年来，会宁县先后出台了多项政策积极扶持就业创业，除了发放小额贷款外，还积极开展职业培训和创业培训，重点实施农民工职业技能提升和失业人员转业转岗培训。赵亮夫充分利用各类培训资源，积极组织开展各类技能培训，全面提高务工人员的就业技能，提升就业人员就业率。积极推行培训管理制度，将培训主阵地推进到村组一线，对未脱贫村开展上门服务，修订完善《人社部门培训班工作规程》，充分挖掘职业技术培训潜力，进一步完善再就业培训机制，持续提高培训的针对性和实效性。

为了整合培训资源，拓展培训范围，提高培训的针对性，特别是在疫情防控期间，赵亮夫利用微信平台、共享视频等方式，连续推送各类农村实用技术课件视频75期。对于暂未返岗、新求职务工人员，利用"会宁人社"等微信视频平台，每天推送电焊、汽修、烹饪及农村实用技术等视频课件，提升务工人员技能水平，为返岗或择业做好准备。除此之外，会宁县还组织各劳务公司利用多媒体渠道，随时与用工单位积极对接,力求让老百姓足不出户随时随地获取就业信息,为返岗人员提供"一站式"保障,为脱贫攻坚加油鼓劲。

同时,赵亮夫积极联系妇联、残联等相关单位,整合各单位培训资源,创新开展了多期技能培训。白银博爱培训服务有限责任公司是县残联扶持建立的残疾人就业扶贫基地,赵亮夫积极和残联协商,通过互联网直播的方式,举办了残疾人手工皮具制作培训班,同时指导联系该公司通过"集中+居家"的灵活就业模式,广泛吸纳贫困残疾人就业增收。

为了在落实疫情防控政策的基础上扎实做好培训工作,赵亮夫创新培训方式,举办了多期的线上培训班。"线上培训减少疫情防控期间人员接触,避免交叉感染,确保职工身体健康。同时学习方法多样,可以采用电脑网页和手机客户端两种方式进行,培训视频可以重复播放,有利于职工反复学习。"刘富彦是会宁县富达农副产品有限公司员工,他参加了会宁县组织的线上技能培训,全县像刘富彦一样通过线上劳务培训的人数有1000多人。

"十三五"期间,累计开展精准扶贫劳动力培训43264人,其中就业技能培训10128人、岗位技能提升培训812人、劳务品牌培训3438人、创业培训2628人、"两后生"学历教育培训18665人、新型职业农民培训1733人、示范培训5630人、其他230人。

三

突出惠民托底保障,积极开发公益性岗位,是解决无法离乡、无业可扶、无力脱贫的"三无"人员就业的一项重要举措。

"公益性岗位的设置,能够有效解决贫困劳动力出不去的问题,是兜底就业的一项重要措施,是就业脱贫的一项重要工作,大家一定要高度重视,切实做好公益性岗位的设置和管理工作。"这是赵亮夫对同事们的要求。

他是这么说的,更是这么做的。

在乡村公益性岗位备选对象上,重点突出建档立卡贫困户有就业愿望和劳动能力的劳动力,主要设置乡村道路维护员、乡村保洁员、乡村绿化员、乡村水电保障员、农村养老服务员、村级就业社保协管员、乡村公共安全管理员、乡村公益设施管理员等岗位,从事乡村公共服务工作,由乡镇统一管理,其岗位补贴为每月500元,服务期限3~5年。

对参加公益性岗位的贫困群众,人社部门为他们提供针对性岗前培训,比如保洁员,由村里组织半天培训,讲解安全知识,配发工具。对水电工,联系水务局、供电所进行行业培训,切实提高公益性岗位的工作能力。

"党和政府的政策很好啊!我上有老、下有小,还要种10多亩地,没办法外出打工。这次的这个扶贫岗位给我安排的是道路维护的工作,主要是道路日常维护和管理,路面清扫、路两旁的整修和公路沿线垃圾清理等工作,也参与道路维护修整工作。活不重,不耽误照顾家里,不耽误种庄稼,政府每年发6000元的补贴,相当于我们家里多了一份收入。"李维汉是会宁县平头川镇万曲村后沟组的村民,父亲身体残疾,患有高血压,常年卧床,行动不便。母亲患气管炎6年,长期吃药。两位老人都需要人照顾,妻子还要照顾孩子上学。在乡村公益性岗位计划中,李维汉被选聘为乡村道路维护员。

为加强对公益性岗位的管理,切实让有需要有责任心的人得到就业机会。2020年,赵亮夫组织开展全县乡村公益性岗位清理筛查清理工作,进一步严肃《会宁县乡村公益性岗位管理办法》,靠实乡镇管理主体责任，督促指导建立人员退出机制，制订切实可行的工作规范和标准，明确细化各类岗位工作量，同时，督促各乡镇与村委会加强聘用人员日常考核，将考核结果作为核发岗位补贴的主要依据，确保聘用人员爱岗敬业、履职尽责。

在疫情防控期间，为积极应对疫情对城镇就业造成的影响和冲击，帮助城镇就业困难人员实现就业，助力基层疫情防控工作，赵亮夫组织起草了《关于开发疫情防控临时性城镇公益性岗位的通知》，在全县28个乡镇开发疫情防控临时性城镇公益性岗位共217个，服务期限6个月，按照最低工资标准发放岗位补贴，用于帮扶城镇就业困难人员就业，主要从事防疫消杀、巡查值守、保洁环卫等与疫情防控有关的工作。

2018年至2020年，会宁县人社局设置两种公益性岗位，共安置1851名贫困人员就业，其中乡村公益性岗位1564个（2018年、2019年共656个，2020年908个），临时乡村公益性岗位287个，涉及保洁保绿、水电管理、养老护理、爱心理发员等10类岗位，年落实资金1126.2万元，乡村公益性岗位聘用人员县财政每年按100元的标准投保人身意外伤害险，年落实资金15.64万元。

四

近年来，结合东西部协作工作，赵亮夫积极探索，提出了一条以扶贫车间为载体、以激发贫困群众内生动力为核心，"送岗上门、就近就地就业"的扶贫模式，为农户致富开辟了新渠道。

杨崖集镇是赵亮夫跑得较多的乡镇，该乡镇从气候、海拔等各个方面都非常适合中药材的种植，如何将中药材种植业做大，让老百姓在家门口打工，有一份不错的收益，是他一直思考的问题。在"三变"改革中，杨崖集镇以增加农民收入、村集体收入为目标，调结构、提品质、促融合，不断加大中药材种植规模，该镇和甘肃长征药业集团合作，一个占地100余亩的中药材加工扶贫车间，就盖在了田间地头，盖在了农民身边，把有劳动能力的贫困群众纳入中药材产业链条，贫困群众实现管家挣钱两不误，让赵亮夫的"送岗上门、就近就地就业"的愿望得到了实现。

车间效益好了，才能带动多人就业，才能让群众拿到高工资。当赵亮夫在思考如何提高扶贫车间的效益时，有人说这个工作不是你负责的，还是做好自己的事情。赵亮夫说不管是谁的工作，我们的目的是让群众增收，有这个共同的目标就够了。带着这样的决心，他积极联系相关部门，和东西部扶贫协作的天津市和平区达成了共识，除了甘肃长征药业收购外，农民自家土地里挖出的黄芪、党参经过晾晒、分拣、加工，直至包装成为精美的商品运出大山，运到兰州，运到北京、天津，还借助天津援甘干部的帮扶卖到了网上，卖出了国门。车间效益好了，农民自己的产业也发展起来了，不用出门在自己家门口就挣到了钱，赵亮夫说这才是真正的就业。

有了成熟的扶贫车间就业模式，如何因地制宜进行推广，扩大就业群体，是赵亮夫思考的又一个问题。结合脱贫攻坚工作实际和贫困群众需求，鼓励"扶贫车间"升级"扶贫工厂"，让更多的农村剩余劳动力和贫困群众实现就近就业变成了现实。在郭城驿镇五有绿色种植农民专业合作社调研用工情况时，赵亮夫遇到了正在大田洋葱育苗基地里忙碌的村民巩兴民。巩兴民对赵亮夫说，以前自己种地时，每年操心不说还花费不少。自从五有绿色种植农民专业合作社成立以来，他不仅给合作社流转了7亩土地，还成为合作社中的一名长期务工人员，现在他的年收入主要来源于每年的土地流转费和务工费，身份的转变让他成了稳定"拿工资"的人，彻底改变了以前靠天吃饭的被动局面。随着农民专业合作社的发展和"扶贫工厂"的建立，像老巩这样"拿工资"的人还有很多，一批人的就业问题在家门口得到了解决。

厦门金富鑫节能科技有限公司会宁分公司的易地搬迁扶贫车间，让赵亮夫看到了解决易地扶贫搬迁点村民的就业的新路子。通过多次联系，赵亮夫和金富鑫节能科技有限公司达成共识，在钟鼓楼易地扶贫搬迁安置小区开展了多次现场招聘会，吸纳搬迁点的劳动力就近到扶贫车间务工，有效解决了易地扶贫搬迁点村民的就业问题。

梁丽霞和庞龙飞就是在招聘会上进入到扶贫车间工作的。

梁丽霞平时就在家带孩子，可是尚且年轻的她一直想拥有一份自己的工作，靠自己的双手减轻家庭的经济负担，实现人生价值，当听说小区有扶贫车间的招聘会时，她立马进行了面试，成功进入扶贫车间工作，她高兴地说："在这里上班，工资比较稳定，来回还有公交车接送，比较方便，还可以照顾到家里，我对这份工作非常满意。"

从没想过能住上城里楼房的庞龙飞2019年把家搬到了钟鼓楼易地扶贫搬迁安置小区，"进城住新房、就近能上岗，以前在外地打工。今年这个疫情影响，想找一份工作也不太容易，扶贫车间解决了我的就业问题，在家门口就能挣到钱，发展的信心更足了"，庞龙飞高兴地说。

截至脱贫攻坚工作全面胜利，会宁县共有扶贫车间43家，吸纳就业1413人，其中建档立卡贫困劳动力604人。为促进城乡贫困劳动力充分就业，不断发掘扶贫车间的"隐藏技能"，把"就业促脱贫"效能最大化，赵亮夫重点做了五个方面的工作。一是助力复工复产，疫情防控期间，会同工信、市场监管、商务、扶贫等部门，通过畅通供销渠道、开辟绿色通道等措施，所有扶贫车间提前复工复产。二是严格创建认定，按照《会宁县扶贫车间认定办法》，2020年7月，按计划新认定扶贫车间3家，落实天津奖补资金每家5万元，共15万元。三是规范车间发展，落实"五统一"标准，不断推动扶贫车间健康发展，借助消费扶贫有利时机，着力打造品牌效应，不断扩大经营规模，提升产品质量。四是岗位技能提升，针对扶贫车间特色产业、特色工艺和急需技术，紧缺专业，通过外聘专家、师带徒、外出考察等方式，对从业人员进行全覆盖岗位技能提升培训，切实提升产值技术含量。五是积极争取奖补，向天津市和平区人社局积极争取，推荐"优秀扶贫车间"6家，每家落实奖补资金5万元，共30万元，落实扶贫车间劳动力疫情防控稳岗补贴，每人200元共12.54万元.

五

充分沟通精准对接，深化东西部劳务协作，是赵亮夫发挥资源优势，创新就业模式的一项新举措。通过会宁县和天津市和平区人社部门深入交流，同向发力，结合会宁劳动力富足及和平区企业用工量大的实际，通过线上视频对接、举办专场招聘会、加大奖补资金投入、落实技能培训任务等措施，自东西部劳务协作开展以来，累计完成就业技能培训1319人，落实培训资金220万元；完成贫困村创业致富带头人培训300人，落实资金39万元。帮扶贫困劳动力赴津就业198人（含招考事业单位工作人员28人）、省内就近就地就业1069人、其他地区转移就业2080人。每年举办天津专场招聘会，会宁县公共就业和人才服务大厅被天津人社局认定为"就业扶贫基地"。

同时，针对部分乡镇劳务输转没有形成规模优势，劳动力依旧处在以分散型、苦力型、短期型为主的低层次水平，导致输转质量整体偏低的现状，与和平区积极衔接、相互配合，不断加强劳务培训力度，以"送政策、送服务、送岗位、送信息、促进就业扶贫"为主要内容，为广大劳动者，尤其是贫困劳动者提供就业需求登记服务，扩大劳务输转规模，逐步实现输转劳动力由低层次向高层次转变。此外，根据和平区企业用工需求，和平区培训机构与会宁县人社部门对接，按照贫困群众培训意愿，开展了以电子电工为主的"订单式"和"一对一"岗前培训。

会宁县和天津市和平区的劳务合作占了全县劳务就业的很大比例。特别是在疫情防控期间劳务输转正吃紧的关头，面对外出就业务工岗位紧缺的现状，东西部扶贫协作机制加速运转真可谓是"及时雨"。赵亮夫和天津市和平区人社局多次对接，以"1+6"东西部扶贫协作帮扶协议为准则，采取网上牵线搭桥，广泛征集网上招聘就业岗位的方式，积极开展网上招聘，有序实现选岗就业和返岗就业，为会宁农民工提供就业岗位。

天津市爱玛电动车公司是赵亮夫和和平区人社局多次联系后确定的一家重点招工单位。赵亮夫通过发布招聘公告、举办招聘会等形式，组织了一批会宁县建档立卡贫困户赴天津市就业。同时，他积极收集会宁县务工人员的信息，形成专门调研报告，按照人岗相适的原则，联系天津市和平区人社局根据会宁务工人员状况，对接了一些大型企业，提供一些就业岗位，为打赢脱贫攻坚工作奠定劳务收入基础。

脱贫摘帽不是终点，而是新生活、新奋斗的起点。

脱贫攻坚虽然取得了全面胜利，但群众就业问题是一项常抓不懈的工作，赵亮夫仍然兢兢业业，加强贫困劳动力就业帮扶和返乡回流监测，做好贫困劳动力有序输转；会同扶贫、财政部门，按照分期分批、分类分项的原则，继续做好有组织输转贫困劳动力交通补贴的落实；继续督促各乡镇、各部门做好技能培训、公益性岗位等方面的问题整改，让就业扶贫春风吹拂千家万户，在自己平凡的岗位上书写不平凡的人生，诠释了一名共产党员、普通人社工作者应有的责任担当。

（作者：王　选）

上下同心　使命如歌
——记省农业技术推广总站高级农艺师郑有才

郑有才简介

郑有才，男，汉族，1978年4月生，中共党员，硕士研究生学历，省农业技术推广总站高级农艺师。2016年3月，他服从组织安排，到厅帮扶办专职从事脱贫攻坚帮扶工作。郑有才勇于担当、甘于奉献，情系贫困群众、任劳任怨，积极发挥上传下联、组织协调、推动落实的纽带作用，倾心倾力做好省农业农村厅系统和省直及中央在甘成员单位礼县帮扶工作，千方百计对接落实脱贫攻坚帮扶政策措施，为帮扶村高质量脱贫退出、贫困群众持续稳定增收，付出了许多艰辛的努力，做了大量卓有成效的工作，切切实实在脱贫攻坚主战场上践行了一名扶贫干部的初心使命。

伟大事业孕育伟大精神，伟大精神引领伟大事业。在脱贫攻坚的战场上，没有枪林弹雨，却依然需要冲锋陷阵、勇往直前。在这期间，无数名第一书记、扶贫干部和驻村工作队员不放松、不停顿、不懈怠，他们苦干实干、倾力奉献，用忠诚与担当生动践行着伟大的脱贫攻坚精神。

全省脱贫攻坚先进个人、甘肃省农业农村厅帮扶办专职扶贫干部、省农业技术推广总站正高级农艺师郑有才，从2016年就开始专职从事脱贫攻坚帮扶工作。他是一名老农业人，大学学习的专业就是农学专业，攻读硕士期间研究的方向是作物栽培学与耕作学。2017年7月，甘肃省出台了《关于调整加强全省脱贫攻坚帮扶力量的意见》，将深度贫困地区脱贫攻坚摆上重要位置，将最强的领导力量、最优的帮扶资源向特困县乡倾斜，确保深度贫困地区和贫困群众同全省人民一道进入全面小康社会。随之原省农牧厅（现省农业农村厅）由定西市安定区帮扶省级组长单位调整为全省深度贫困县礼县的帮扶省级组长单位，厅帮扶办的工作由原本统筹对接全省18个县区33个贫困村的帮扶工作，转而集中在礼县开展脱贫攻坚帮扶工作。郑有才的工作重心也由原来的协调联络工作，转为在礼县与同事们一起集中攻坚。他和所有的扶贫干部以及帮扶地的干部群众一起，见证并亲历了十八大以来，发生在甘肃乃至全国大地上的人类最伟大扶贫工程——脱贫攻坚。

荣誉属于大家

西汉水奔腾不息，祁山、大堡子山巍然屹立。2000多年前，见证了"秦必大出于天下"的这片土地——礼县，在新的历史变迁中，见证了新的奇迹。位于中秦岭褶皱带，地处甘肃省东南部，长江流域嘉陵江水系西汉水上游的陇南礼县，山峦重叠，坡陡谷深。礼县山地面积大，占全县总面积的91%。川坝地只有极少部分，仅占全县总面积的9%。礼县曾是国家扶贫开发工作重点县、秦巴山片区集中连片特困县、甘肃省深度贫困县。根据相关统计，2013年年底全县有建档立卡贫困人口3.65万户15.41万人，贫困发生率32.32%，全县有贫困村240个。

用郑有才的话来说："虽然当地有些困难群众之前生活条件非常苦，但礼县百姓身上有孙皓晖先生在《大秦帝国》中描写老秦人的那种朴实、勤劳和倔强感。从我开始参与礼县的相关扶贫工作，和当地的贫困百姓接触时，能很明显地感觉到，这些乡亲们有强烈的意愿，想要摆脱贫困，想要改变现状。"

"其实，开始组织安排我到帮扶办进行专职扶贫工作，我内心还是比较忐忑的。"回忆起自己的专职扶贫之路，郑有才表示当时心里有些没底，"我主要是担心自己的能力不足、格局不够，无法给当地的乡亲们带来更多的帮助。不过，作为党员，作为农业农村系统的一名干部，我觉得扶贫工作是一个非常光荣的任务，所以在领导找我谈话的时候，我当时也明确表示，坚决服从组织的安排，扶贫过程中也一定会尽我所能，全力以赴。"

郑有才坦言："在刚接到扶贫任务时，有些担心家里。在2016年专职进行扶贫工作时，我父母身体不太好，特别是父亲'三高'、腰椎间盘突出、坐骨神经痛，稍有劳累就不能下床走路，卧床休养个把月是常有的事。孩子那时才刚上一年级。我爱人那时工作不稳定，不仅要上班，还要照顾小孩和老人，可以说，负担非常重。尤其是2017年下半年以来，省农业农村厅统筹协调礼县的脱贫攻坚帮扶工作，工作异常繁忙。忙的时候，我到礼县出差一连七八天，连续出差十几天也是常事，有时深夜刚回到兰州，因为又有着急的事情，第二天一大早又得返回礼县。这么多年，家里几乎就是爱人一直在悉心照料，所以我发自内心感激我爱人。"

谈到老公郑有才在扶贫期间的"不着家"，郑有才的爱人也很感慨："他下乡的时候，我恨不得一个人掰成两个人用，接送孩子，赶到单位上班，照顾老人，辅导孩子作业，每天按时做饭，确实是特别忙。有时老人生病，还要送老人去医院，一去医院，家里孩子又没人看。尤其是我妈两次手术，他都在礼县出差，我在医院忙前忙后。最忙的时候，真的有点感觉顾了这一头，就顾不了那一头了。忙不过来的时候，心里也有一点委屈。但每次他回来的时候，看着他也那么辛苦，那么累，我又不好意思埋怨他啥了，只是有时候比较担心他。"听到爱人说"担心"，一旁的郑有才不由得笑了："她说的是2018年6月6日傍晚，当时我们帮扶的礼县桥头镇杨坝村因为突降大暴雨，大暴雨裹挟着冰雹倾斜而下，持续近一个小时后，泥石流滚滚而下，河里面一米见方的石头被洪水直接卷着横到了村委会门口，差点就把村委会的房子推掉。而且，整个村委会前的小广场上布满了被洪水卷来的各种大石头。因为当时情况非常紧急，整夜无眠，我们既要确定我们驻村干部都安全，还要联系村"两委"组织群众转移到安全地带，连夜查看险情，防止次生灾害发生。第二天一早我们赶到桥头镇后，立即组织开展抢险工作。通往杨坝村的道路中断，当时没有办法赶路，我们只能找来一台挖掘机，我们就站在挖斗里一边走一边打电话联系我们的队员。"平时半小时的路程翻山越岭走了3个多小时。提起这件事情，郑有才说："当时并没有觉得很危险，只是后来想想，稍有不慎滑下去，那可能就会有些危险。"虽然郑有才说得很轻松，但是设身处地地想，这样的情况，又怎能不让家人担心呢？

每一位优秀扶贫干部的背后，都有一位支持他的爱人，对于扶贫工作，郑有才的爱人表示："虽然他下乡的时候我很辛苦，但我觉得扶贫是个很光荣的任务，所以我很支持他。包括家里老人，也都很支持他的工作。有时听他回来说，当地村民又有了什么新变化，他们这些扶贫干部又给村民办成了一件什么实事，解决了一件什么难题的时候，我心里也很高兴。"

帮扶办日常的工作琐碎繁杂且时限性强，好多还是"疑难杂症"，需要多处室、多单位、多部门多番协调加以推动解决，常常是一件工作尚未完工，新任务又接二连三地来了。"我们整个农业农村厅系统，在脱贫攻坚决战中属于主力部门之一，我们厅除了承担全省的产业扶贫工作以外，厅机关各处室以及厅属各单位还要结对帮扶礼县14个贫困村。全系统的800多名干部还要结对帮扶1100多户建档立卡户。因为帮扶干部和结对帮扶群众的数量都很大，所以每隔一段时间都要有及时的统计分析数据，这个统计和分析十分重要，一个是能反映出某个时间段内我们帮扶工作的进度和结对帮扶户的生活变化，另外也能为我们的各级决策层提供翔实的决策依据。"因为这些统计和数据都十分重要，郑有才和同事们在收集和统计相关数据时都十分严谨："曾经有一次，我和同事们发现统计表中有一些事项填写不对，于是到处核实，连续核实了五六个村，才确保了数据准确性。"在整个脱贫攻坚战中，正是因为有无数个像郑有才一样的扶贫干部，以这种高度负责的工作态度，也才使我们的扶贫工作不断稳步推进，不断取得胜利。

郑有才表示："扶贫工作，基本就是随时有事随时走。因为平时大家还有别的工作，所以在节假日或者双休日时，我们还要组织人员深入帮扶村走访，实地查看各村帮扶工作开展情况、帮扶项目对接落实情况、工作队驻村情况、群众'两不愁三保障'达标情况、各级各类反馈问题整改落实情况，还要随机抽查掌握帮扶责任人对'一户一策'的动态调整完善情况、到户各项帮扶举措对接落实情况。另外，还要现场协调解决驻村工作队遇到的各类困难。"数年来，办公室的同事换了一人又一人，驻村的干部换了一茬又一茬，但郑有才始终如一，兢兢业业坚守在脱贫攻坚帮扶工作岗位上，每一件事、每一项工作，无论大小，都能细致认真对待、一丝不苟协调解决，确保了帮扶村脱贫攻坚帮扶工作有力有序有效推进。

提起扶贫地的群众，郑有才总是充满了感情："我记得有一次我们下乡住在村委会，天气不好，住的地方非常阴冷。当时到的时候很晚了，第二天我们起床时，外面站着好几个乡亲，他们也没有叫我们，怕影响我们休息，就在那里静静地等。他们有的拿着吃的，有的拿着柴火，还有的人把家里的军大衣也拿来了，当时我心里真的是特别感动。我们的老百姓真的是很朴素，他们就认死理，你对他们好，他们就对你更好。"

近年来，郑有才和同事们累计组织帮扶单位、驻村工作队、帮扶干部为帮扶村、帮扶户帮办民生实事1026件，组织走访慰问困难群众8924人次、发放生活物资1万余件，联系协调有关企业帮助贫困家庭学生1150人次，捐献被褥、衣物4251件，联系捐赠体育器材78套、捐赠学校桌椅板凳等2200套，为14个帮扶村征订了价值80万元的农业报纸杂志。分批次组织帮扶干部进村入户，深入宣讲各项强农惠农富农政策和党的扶贫政策，群众政策的知晓率不断提升，脱贫致富信心不断增强，致富奔小康思路进一步拓宽，累计组织举办政策宣传培训活动382场8570人次，发放宣传资料11000份。全面落实党建引领脱贫攻坚工作，组织各帮扶单位与基层党组织结对共建，多方筹措资金60余万元，为14个帮扶村村党支部活动室购置办公设备、体育器材和乐器设施。

多年来在扶贫工作中的兢兢业业与奉献精神，让郑有才在农业农村系统以及礼县当地的干部群众中赢得了广泛认可和肯定。2021年5月20日，甘肃省脱贫攻坚总结表彰大会在兰州隆重举行，郑有才获得了"甘肃省脱贫攻坚先进个人"荣誉称号。

对于扶贫干部，尤其是对于负责繁杂的统筹协调工作的扶贫干部来说，从开始干扶贫工作那一天起，基本也就等于告别了正常的双休日和节假日。忙，几乎是他们的共同写照。郑有才笑着说："跑了礼县很多地方，但在扶贫中我没有拍过一张工作照片，不是不想拍，我也挺想拍几张照片留念的。但因为我们的工作性质就是要操心、要细致，真正到了工作地点，跑前跑后，事无巨细，全部都要考虑到，根本顾不上拍照片。"另外，在甘肃省脱贫攻坚总结表彰大会那天，郑有才依然在处理公务，也没有留下照片。"干了这么多年扶贫工作，没有照片留念，其实还让我挺遗憾的。"郑有才说。

谈及获得的荣誉，郑有才表示："其实在我们整个农业农村厅系统的扶贫队伍中，还有很多人应该获得这个奖项。我的这个奖项，属于大家，属于全体农业农村厅系统的干部职工，还属于扶贫地的所有干部群众。"

授人以鱼，不如授人以渔

据郑有才介绍，甘肃省农业农村厅全系统在扶贫工作中，充分发挥自身优势，积极组织动员帮扶单位发挥专业优势，因地制宜发展壮大帮扶村的特色种养扶贫产业，这些产业的成功，进一步夯实了帮扶村、帮扶户脱贫奔小康的产业基础，真正做到了"授人以鱼，不如授人以渔"。

郑有才介绍，省农业农村厅下属的甘肃省渔业技术推广总站是礼县上坪乡新农村对口帮扶单位，新农村以前没有拳头式的产业带动，农民收入主要靠外出打工来获得。2017年7月，甘肃省渔业技术推广总站派出专业技术队伍入驻上坪乡新农村。经过反复调研，技术人员发现上坪乡新农村地处洮坪河上游，这里山涧泉水清澈见底、水量丰富、无污染，发展渔业具有得天独厚的优势。经过技术人员的细致勘测发现，洮坪河生态地理环境适合发展冷水鱼养殖产业，并且洮坪河水质检符合冷水鱼养殖标准。

说干就干，在扶贫干部的组织下，经过耐心沟通，当地村干部纷纷放下疑虑，投身冷水鱼养殖。郑有才表示：“我们发挥行业职能优势设计、指导上坪乡新农村冷水鱼养殖场的建设，是帮扶的第一步。在我们帮扶单位的协调下，村里很快成立了礼县第一家冷水鱼养殖专业合作社——礼县野人沟冷水鱼养殖农民专业合作社，修建了占地4.4亩的流水养殖池11座。"

经过帮扶单位的技术指导，合作社先后解决了高海拔山区冷水鱼养殖场建造、苗种培育、鱼病防控、商品鱼养殖等相关技术难题，大家齐心协力一步步将冷水鱼养殖产业的蓝图变为现实。

目前，冷水鱼产业成为礼县上坪乡新农村带动村民增收的"短、平、快"产业，助农增收成效突出。从2017年至2021年年底，合作社帮扶引进虹鳟、金鳟、鲟鱼等冷水鱼品种累计10余万尾，商品鱼养成7万余斤。鲜活冷水鱼产品在礼县大润发超市、消费扶贫直销店等定点经营销售，实现产业效益50多万元，先后累计带动新农村20余户建档立卡贫困户增加收入。

"除了渔业，上坪乡的自然风貌十分优越，原始森林、山泉瀑布、高山峡谷、广袤草原……独特的生态环境，非常优美，这也为上坪乡发展全域旅游提供了机遇。"郑有才表示，在当地政府的大力支持下，上坪乡修建了游客综合服务区、洮坪河旅游风情线、黑白沟森林公园、大河边草原游览区、农业观光体验区及区间旅游道路等各类旅游景点，配备了相关设施。如今，上坪乡旅游业发展日渐成熟，体系逐步健全。

旅游项目的兴旺，给上坪乡冷水鱼养殖产业带来新的发展机遇。"现在去礼县野人沟，你会发现冷水鱼养殖农民专业合作社通过经营渔家乐、开展渔家观光和开设冷水鱼垂钓等休闲娱乐项目，已经实现休闲渔业和冷水鱼养殖产业的有机结合。让旅游产业为冷水鱼养殖产业赋能，延长冷水鱼养殖产业链的同时，提升了上坪乡冷水鱼产品的知名度。"郑有才说道。

品优，才是产业持续发展的根本。冷水鱼养殖合作社做大冷水鱼产业，同时不断提升养殖品种的质量。2020年1月14日，合作社养殖的鳟鱼产品获得甘肃省农业农村厅颁发的"无公害农产品证书"。

为了让礼县冷水鱼产业持续发展，2019年4月，甘肃省渔业技术推广总站受礼县畜牧兽医局委托，组织专业技术人员对礼县全县各水系进行了水质检测分析，形成了《甘肃礼县冷水鱼产业发展扶贫规划》和《礼县养殖水域滩涂规划》。

2019年5月以来，帮扶单位分派两批专业技术人员，进驻冷水资源丰富的礼县桥头镇峪林村、丰元村，为当地合作社发展谋划布局，协助村里的致富带头人办理冷水鱼养殖相关手续，帮助池塘设计和指导相关设施的修建。在技术人员帮扶下，峪林村申请省级农民专业合作社示范社1家，无公害农产品认证3个。

近几年，在帮扶单位的指导下，礼县上坪乡新农村成立第一家冷水鱼养殖合作社的示范带动下，礼县上坪乡、洮坪镇、白河镇、山峪乡、石桥镇等10余个乡镇建设了一批冷水鱼养殖场，冷水鱼养殖产业格局逐步壮大。目前，礼县已建成和建设中的冷水鱼养殖场有18家，高产高效冷水鱼养殖池塘总面积超过100亩。产业呈现蓬勃兴旺的发展势头，实现了冷水鱼产业在礼县从无到有、从少到多、从弱到强的巨大转变。

如今，无论你什么时候去礼县野人沟，你都会看到冷水鱼养殖农民专业合作社的池塘里，池水清澈，波光粼粼，一群群体色艳丽的鱼儿在水里来来回回追逐嬉戏。这不正是一幅最美好的小康式田园画卷吗？

在省农业农村厅帮扶单位的协调支持下，冷水鱼养殖已在礼县多个乡镇遍地开花。2022年3月4日，礼县电商中心策划举办的"新时代文明实践电商惠民暨电商直播进农村活动白河镇三文鱼线上销售首发仪式"，更是以直播销售模式，全方位展示了三文鱼的生长环境、生产流程，让顾客买得放心、吃得安心。白河镇农业农村综合服务中心主任石玲冲说："白河镇的冷水鱼养殖基地始建于2020年2月，现在养殖三文鱼4万余尾，投放了鲟鱼和金鳟鱼苗500公斤，目前，我们的三文鱼销路已经打开，通过电商线上销售和线下销售，实现了三文鱼效益的最大化。"

截至2021年年底，甘肃省农业农村厅各帮扶单位依托帮扶村现有的种养殖专业合作社，争取项目资金，因地制宜发展了中药材、蚕豆种植，蜜蜂、牛羊鸡养殖等多个项目。建立了2个1000亩、6个500亩的大黄规模化种植片带，建立了1个1000亩、2个500亩的蚕豆规模化种植片带。建成1座万只蛋鸡、1座5000只肉鸡和1个3000只散养肉鸡养殖场，建设了2个蜜蜂标准化养殖示范场。14个帮扶村每村形成了2~3项富民增收扶贫产业，为拓展深化脱贫攻坚成果奠定了坚实基础。此外，帮扶单位指导帮扶村帮扶户将不超过1万元的到户产业扶持资金入股到带贫能力较强的龙头企业和运营规范的种养农民专业合作社，做到入股资金股权清晰，收益分配方式合理，股权证全部到户。14个帮扶村54家合作社，共带动贫困户1609户。

通过保障贫困户入股分红权益，带领贫困户发展规模化种养产业，提升合作社带贫能力和规范运营能力，积极推动农业保险承保到户，强化入户宣传和典型案例引导，做到了14个帮扶村有意愿投保贫困户的种养主导产业保险全覆盖、保单到户，群众放心养、放心种，有效拓展了村民的增收渠道。此外，帮扶单位累计组织各类技术专家开展技术指导服务158人次，举办各类技术培训班187场次，培训农民2600人次。

在帮扶地点，各级驻村干部始终将困难群众的冷暖放在心头。礼县桥头镇菜花村的村民王各具是村里的贫困户，家里的房子由于年久失修，木结构的椽檩已经松动，墙体也随之出现裂缝。2019年，通过危房改造项目，在帮扶单位和当地各级政府的支持下，施工人员对他家的房子进行了加固维修，这也给王各具吃了一剂"定心丸"。"我家房子的榫卯有间隙了，政府请了专业的工程队对房子进行了加固处理，还更换了电线，粉刷了墙壁。住房安全了，生活也安心了。"王各具说。郑有才说："像这样的例子，在礼县各对口帮扶村的帮扶中，还有很多。"

不仅是农业农村系统广大干部帮扶的区域，放眼到整个礼县、整个陇南，当地的群众生活都已经发生了翻天覆地的变化，脱贫攻坚战的成果正深刻影响着陇原大地。

前些年，龙林镇水坝村村民王小正还一直在外闯荡，借着脱贫攻坚的东风，他回乡成立了中药材种植专业合作社，后来又在礼县注册了鑫农电子商务有限公司，念起了淫羊藿、柴胡、大黄、黄芪、党参等中药材的"生意经"。"公司种植中药材达400多亩，销售渠道遍布国内外。"王小正说，公司以当地特色中药材种植为依托，并努力从原药材销售向精深加工转型。新冠肺炎疫情袭来，但在王小正看来，疫情的影响不大，他不但扩大了中药材种植规模，而且市场销售量还稳中有升。随着脱贫攻坚战的深入推进,各级帮扶单位和礼县当地政府坚持把发展特色产业作为贫困群众稳定脱贫的治本之策,注重发挥政策引导、资金扶持、制度激励作用,研究制订了《礼县"一扶一带"产业扶贫奖补暂行办法》,群众稳定增收、稳定脱贫有了保障。

过去,礼县白河镇群众基本以种植玉米、小麦等传统农作物为主,忙活一年也没有一个好收入。经过各级帮扶干部和当地各级政府干部调研发现,在高海拔地区种植中药材,中低海拔地区发展旱地辣椒,是破解种植结构单一、实现贫困户稳定增收的好路子。为了调动群众试种的积极性,礼县扶持两家辣椒订单企业在该镇落地,"点对点"为椒农解决销路问题。目前,"育苗、栽植、管理、收购和初加工"的产业链已经形成,全镇6800亩辣椒带动贫困户1600户实现户均增收2600元以上。

近年来,礼县精心培育了以苹果、核桃、花椒、中药材、辣椒、畜牧养殖为主的特色优势主导产业,这些蓬勃发展的特色产业,挑起了礼县群众增收致富的"大梁"。

因为礼县当地山地居多,很多群众的居住条件十分艰苦,因此,易地搬迁一直是脱贫攻坚工作中的重中之重。

龙林镇易地搬迁项目是礼县乃至陇南规模最大的安置区之一。该项目于2018年6月开工建设,于2019年年底搬迁入住,群众入住率达到100%。一年半的时间,龙林镇2992人告别了荒凉的大山,住进了梦寐以求的新房。走进镇潘坪、全杜、龙林三个易地扶贫搬迁安置点,每个人的脸上都洋溢着幸福的笑容。"从山上搬到坝里生活很方便,再也不用担心看病上学的问题了。"龙林镇潘坪村村民何羊拜高兴地说。

礼县把易地扶贫搬迁作为打赢脱贫攻坚战的重要举措,采取集中安置、插花安置、货币化安置等多种方式,因地制宜,分类施策,不断完善搬迁群众后续脱贫措施，努力实现"搬得出、稳得住、能致富"目标。

石桥镇鲁班村贫困户焦强子2019年8月和家人告别了祖祖辈辈生活的大山，开启了新生活。新建成的易地搬迁安置点布局合理、设施完善、功能齐全，搬迁群众就医难、吃水难、上学难、出行难等问题得到有效解决，彻底改变了他们的居住条件。"现在各方面条件都好了，国家补助的2万元扶贫资金入股到合作社，日子越过越好了。"焦强子说。

"十三五"期间，礼县共实施易地扶贫搬迁1470户6659人，其中建档立卡贫困户1354户6129人，现已全部搬迁入住。在安置点建成幼儿园5所、便民服务中心4处、扶贫车间7个，设立公益性岗位360个，有1人及以上就业家庭1246户，实现了有劳动能力和就业意愿的家庭户均1人以上稳定就业，各安置点水、电、路、网等基础设施均已建成投用。

此外，在就业扶贫方面，当地各帮扶单位和各级政府也是想尽办法，多谋出路，千方百计地创造条件，为村民增收致富铺路搭桥。

刘乖乖是礼县盐关镇新联村村民，已从事家政行业7年，也是镇上数一数二的资深"礼贤大嫂"。"我现在的工资是每月6000元。"刘乖乖说。2019年4月1日，她随礼县集中组织63名"礼贤妹、礼贤大嫂"一起赴京务工，14天隔离期的费用由县上解决，其间还有家政老师负责培训技能，让她收获颇丰。

礼县是劳务大县。近年来，礼县先后组建各类劳务中介机构35个，发展劳务经纪人3568人，打造了"礼贤妹""礼贤大嫂"等全国知名劳务品牌。2019年，为积极应对新冠肺炎疫情影响，礼县用足用活国家和省市政策措施，全力支持企业复工复产、农民工返岗、返乡创业和就近就业。

为了进一步促进就业扶贫，礼县制订了《礼县疫情防控期间贫困户劳动力外出务工交通生活费补助办法》等，对未脱贫人口、已脱贫人口和脱贫监测户、边缘户进行差异化、阶梯式奖补，千方百计促进贫困群众务工增收。同时，县内经营主体复工复产、项目建设企业吸纳贫困群众就业就可领取就业补贴，这一系列就业扶贫奖补政策，极大地激发了贫困群众的务工创业热情。

走进礼县鑫桥服饰有限责任公司扶贫车间，几十名工人正在认真缝制衣服。"车间工人多为无法外出务工的贫困户。"公司运营经理赵斌说。这个扶贫车间是礼县为实现贫困人口稳就业、促增收、助脱贫，结合礼县县情实际引进的，于2019年正式启动建设，以外贸订单为主。赵斌告诉记者，公司还在部分乡镇设立了分车间，为易地搬迁户和建档立卡贫困户提供就业岗位。"所有车间都采取相同的薪酬待遇，熟练工人每个月能拿到2000元左右的工资。"

"经过多年发展，就业扶贫已经成为礼县最直接、最有效的脱贫方式。"郑有才说。

在省委省政府的领导下，在各级政府和各个帮扶单位的大力支持下，整个礼县在脱贫攻坚阶段的成果十分突出。如今的礼县，按照"村村都是样本村、户户都是样本户"的标准要求，由各专责组建立台账、对标对表、系统排查，全力补短板、强弱项、防硬伤、提质量，结合反馈问题，逐村逐户、逐人逐项对账销号，实现了清零，切实做好了脱贫攻坚"减法"，贫困乡村面貌发生了翻天覆地的变化。在义务教育保障方面，积极探索防范因学返贫、阻断贫困代际传递的教育扶贫机制，严格执行控辍保学"双线三级"责任制，建立健全帮教保学长效机制，义务教育阶段学生7.03万人，入学率100%，无一人因贫失学辍学，教育惠民政策全面落实。在基本医疗保障方面，针对当时礼县外出务工人员受伤救治不报销、重性精神病患者多的实际，2017年礼县创新设立了健康扶贫救助基金，对当时外出务工贫困人口、重性精神病住院患者等医保政策覆盖不到的群体新农合报销后的费用给予救助，有效防范了当时群众因病致贫返贫问题。在安全饮水方面，累计投入资金5.066亿元，解决了全县568个行政村48.41万农村人口的饮水安全问题，全县农村安全饮水全部达标。在易地扶贫搬迁方面，"十三五"期间实施易地扶贫搬迁1470户6659人，其中建档立卡贫困户1354户6129人，非建档立卡户116户530人，建设集中安置点21个，已全部实现搬迁入住。

在省委省政府的坚强领导下，在各级帮扶干部和当地各级政府的努力下，2020年11月21日省政府新闻办举行的2020年贫困县摘帽退出新闻发布会上，礼县与西和县、宕昌县一起宣布正式摘帽！这是一个时代的胜利，更是各级党委、政府和所有帮扶干部以及当地所有群众的最美赞歌。

上下同心　创新驱动

提起脱贫攻坚，郑有才总有说不完的话题和用不完的热情，"因为我的专业、我的事业都与农业和农村有关，而且作为一名甘肃省农业农村厅系统的干部，我特别自豪，感谢领导和同事们的肯定，包括我在内，我们厅一共有五人荣获'全省脱贫攻坚先进个人'称号。最重要的是，我们省农业农村厅在全国脱贫攻坚表彰大会上，荣获了'全国脱贫攻坚先进集体'称号。可以说，我们甘肃的脱贫攻坚战，我们农业农村厅绝对是名副其实的主攻部队。"作为甘肃省农业农村厅系统中扶贫干部的一员，郑有才在说起整个省农业农村系统的扶贫过程时，语气中有一种自豪感。

窥一斑而知全貌。如果说在礼县的广大帮扶干部的帮扶工作是一"斑"，那么甘肃省农业农村厅在脱贫攻坚战的号角吹响以后，作为"主攻部队"之一，对甘肃省脱贫攻坚决战的推进，在一定程度上可以反映整个陇原大地上进行的脱贫攻坚决战的全貌。

在省委省政府的坚强领导下，甘肃省农业农村厅在脱贫攻坚战中，聚焦贫困实际，上下同心、一鼓作气，坚持"六年任务三年干，三步并作两步跑"，甩开膀子、拉开架势狠抓大抓产业扶贫，扎实推动省委省政府精准到户扶持和区域扶贫产业体系构建等系列政策举措落实落地。

没有产业，脱贫攻坚就如"无源之水"。2018年年初，面对脱贫攻坚异常严峻的形势，省委省政府把产业扶贫作为实现脱贫的根本之策、根本出路，开始在全省拉开架势构建产业扶贫体系，并安排省农业农村厅具体承担省委省政府产业扶贫各项决策部署抓落实的职责。从2018年到2021年，省农业农村厅自觉扛起产业扶贫这一全省脱贫攻坚职责使命，先后召开50多次厅党组（扩大）会议和产业扶贫专题会议研究部署产业扶贫工作。无论是领导，还是普通扶贫干部，全省所有的深度贫困县，都留下了他们的脚印，每年在基层现场指导产业扶贫工作的时间均在3个月以上，坚决扛起产业扶贫政治责任。

郑有才介绍："立足省情，甘肃省确定并主攻'牛羊菜果薯药'六大特色主导产业，这有效解决了贫困乡村和贫困农户'靠什么脱贫'的问题。谋划出台了一系列含金量高、针对性强的产业扶贫配套政策，精准政策组合拳打到了产业发展的'难点''痛点'上，让我省产业扶贫呈现出奋起直追、后发赶超的态势。"

"以前养牛没有钱，到户资金帮了大忙，干部还指导我入股合作社挣分红，多份收入。感谢党和政府的好政策，家里生活再不愁了。"玛曲县齐哈玛镇塔哇村贡保才让说道。2020年4月，省农业农村厅玛曲县产业包抓督导队到贡保才让家中了解产业扶贫政策落实情况,认真查阅了产业到户资金入股协议、股权证,对贡保才让家产业发展规划进行再指导。

郑有才表示:"为确保党中央国务院及省委省政府产业扶贫各项政策精准落实,省农业农村厅建立了各级领导包抓产业包抓督导的工作责任制,从全厅系统抽调290多名行政和技术骨干,组建了65个由厅机关各处室、厅属各单位主要负责人担任队长的产业扶贫包抓督导工作队,实现了对75个贫困县(市、区)产业扶贫督导工作全覆盖。"从2018年到2021年,省农业农村厅系统上下,团结一心,累计走访贫困户42万户(次)、合作社5万个(次),龙头企业3825家(次)。同时,坚持抓点示范、以点带面,连续三年每年分特色产业召开现场推进会,通过现场观摩、互比互鉴,提高全省农业农村系统干部指导推动扶贫产业的能力和水平。

郑有才表示:"这三年来,针对贫困群众发展特色产业'没钱干''谁来干''闷头干''怕白干'的问题,我们厅里出台了一系列产业扶贫配套政策,把扶贫资金精准到户,扶持贫困户扩大种养规模与培育壮大新型经营主体、构建扶贫产业体系进行有机结合,拉开架势构建投入保障、生产组织、产销对接、风险防范'四大体系',为群众稳定脱贫、长久致富保驾护航。"

围绕解决"没钱干"的问题,强化投入保障体系。农业农村厅协商指导、市县制订精准到户产业脱贫帮扶计划,并督查指导贫困县严格落实省上制订的贫困户人均5000元、户均不超过3万元到户扶持政策,三年累计投入扶持资金156亿元,扶持109.4万贫困户发展"牛羊菜果薯药"六大扶贫产业,走出了"市场牵龙头、龙头带合作社、合作社带农户"的产业扶贫路子,构建起了具有区域竞争优势的扶贫产业体系。

全面建成小康社会 甘肃奋斗者（下）

围绕解决"谁来干"的问题，健全生产组织体系。坚持把规范提升合作社作为有效组织农户集约化生产和对接市场的重要抓手，全力扶持合作社在良种繁育、农机购置、基地建设、收贮冷藏等多元化功能上的培育和提升，将贫困户带入产业扶贫大链条，带动人均增收近9000元。坚持把培育和引进龙头企业作为提升产业效益和带贫益贫能力的核心动力，在贫困地区引进和培育龙头企业2946家，包括德青源、海升、正大等146家省外企业和大量本地龙头企业，农产品加工转化率达到55%。

围绕解决"闷头干"的问题，完善产销对接体系。坚持不懈推动政府、市场两手并用开拓运作市场，在全国率先组建省级农业产业扶贫产销协会及马铃薯等9个产销分会，连续3年组织举办了甘肃特色农产品贸易洽谈会；积极争取落实扶持资金6.3亿元，新建果蔬保鲜库2075座，新增储藏能力近100万吨，多措并举解决群众卖难问题，全省特色农产品价格持续走高，呈现产销两旺的喜人形势。

围绕解决"怕白干"的问题，构建风险防范体系。积极协调争取国家支持，将全省保险补贴品种扩大到96个，并给予贫困群众保费总额90%的补贴，甘肃省三年累计签单保费近50亿元，赔付约30亿元，受益农户305.6万户次，实现了对有脱贫意愿贫困户主要增收种养产业的全覆盖，贫困群众特色产业抵御风险能力大大提升。

郑有才说："因为我们省农业农村厅系统贯彻落实省上研究出台的一系列政策，创新探索出了很多新路子，取得的成绩有目共睹。因此，近年来，全国粮改饲、马铃薯、冷链物流、农险保险、产业扶贫等现场推进会都在甘肃召开，总结推广甘肃贫困地区产业发展的经验做法。"

回望脱贫攻坚战，党中央坚持以人民为中心的发展思想，把贫困群众和全国各族人民一起迈向小康社会、一起过上好日子作为脱贫攻坚的出发点和落脚点。在省委省政府的坚强领导下，甘肃广大党员、干部千方百计带领乡亲们改善生活、脱贫致富。在新征程上，我们理当继续巩固脱贫成果，接续推进脱贫地区发展，不断实现人民群众对美好生活的向往。

（作者：杨　恽）

百花村的第一书记

——记甘肃农业大学创新创业学院常务副院长侯永平

侯永平简介

侯永平，男，汉族，1976年6月生，甘肃会宁人。甘肃农业大学创新创业学院常务副院长，岷县秦许乡百花村第一书记兼驻村帮扶工作队队长，曾任广河县齐家镇周家山村第一书记兼驻村帮扶工作队队长。

侯永平从小在农村长大，后来就读于甘肃农业大学，并留校工作。他对农业、农村、农民有着深厚的感情。2019年初，他奔赴岷县深度贫困村百花村担任第一书记兼驻村工作队队长，以"不获全胜、决不收兵"的决心和信心干起了"老本行"，与贫困群众一起并肩作战，为如期全面打赢脱贫攻坚战贡献了自己的力量。

百花村的第一书记

2019年1月4日，星期五，距离除夕还有整一个月。对于大多数人来说，那是普通的一天。的确，那一天没有什么特别，不是节日，也非节气。那一天，是农历十一月二十九。如果非要说有什么不一样，那大概就是，它已经过去1211天了。

那天对于侯永平来说，是安排得满满当当的一天，工作日志上面略显潦草的字体记录着详细工作安排："早8:00，乘车前往百花村；9:40，与村'两委'见面会；10:50，返县城接钟书记；中午，与县长见面会；下午2:00赴村慰问，一是工作交接，二是慰问贫困户，举办慰问会（秦书记主持，钟书记讲话）；晚7:30，县上帮扶工作会议。"

在那个普通的一天，甘肃省定西市岷县秦许乡百花村的村民们第一次见到了侯永平——甘肃农业大学驻百花村帮扶工作队队长兼第一书记，一个瘦高干练的年轻人。侯永平主动请缨，带着想要帮助村民脱贫的信念，扛起了这个重任。

侯永平出生在白银市会宁县草滩镇断岘村。这不仅仅是个有些拗口的地名，更像是条船，承载着侯永平的童年记忆。童年是穷困而艰难的，但童年又是难忘而珍贵的，多少次在梦里，小船一摇一晃的。侯永平虽然离开了家乡，可是只要回过头去，他仿佛总能看到故乡，他的那艘小船是从那里扬起白帆，驶向视野的尽头。

小船没有在水里，那是一艘搁浅的小船。断岘村是个干旱少雨的小山村，大片大片龟裂的土地哺育着这片土地上世世代代生活的人们。旱啊，旱啊，万里的晴空不懂这些农民心里说不出的苦闷。收成靠天，温饱也靠天，可是这片天空下生活的人太多了，不是人人都会得到上天的青睐，不是年年都会降下丰沛的雨水。侯永平也是这些勤勤恳恳却贫穷的人们中的一员。他曾经亲身经历过，家里种下十袋子豌豆，秋天却只收回来一袋半，损失惨重，没有收成一家人吃什么？侯永平不甘心，为什么早出晚归一年的辛勤耕作最后会落得这样的结果，人活着就只能吃苦吗？为什么这样吃苦耐劳的人只能靠天吃饭？他能做的，只有好好读书，读书是他给自己、给家庭寻出来的唯一一条出路。他考上了大学，家里和亲戚朋友都很支持他读书，大家背来一袋袋饱含着汗水的小麦，一袋袋披星戴月种出来的豌豆，将侯永平送出了这个小村子，一直送他进了大学的校门。后来，甘肃省政府实施"121雨水集流工程"，就是一户人家，建100平方米左右的集流场，建两眼水窖、发展一处以上庭院经济，才算是解决了断岘村的吃水问题。断岘村似乎没有那么干涸了，但是贫苦如一枚深深的烙印，永久地留在了侯永平的脑海里。

回忆是条艰难的河，想起来就在心里起起伏伏，久久难以平静。定西市岷县秦许乡百花村不像断岘村那么干旱。长途跋涉，经过一群神色冷峻的石头山，大片白色的高山杜鹃盛开在它的怀里。村子被绿色环绕，百花村，百花村，有绿色、有鲜花点缀的百花村，风景看起来顿时柔和了很多。这里，除了绿色，除了花，还有辉煌的日出、日落。黑色徽章般的鹰在天空盘旋，像带着某种象征意味的景象。

山垭射进来的一束束阳光不停地变换着角度，寂静让时间停顿下来，雾气还没有散尽，有种神秘模糊的感觉。溪流上有座水磨房，经年累月的沧桑使得木纹厚重，门锁着，流水依旧，不是收获的季节，磨独自寂寞着。

百花村是绵延的大山里一个小小的贫瘠的村落。百花村很美。可是，侯永平看见了村民的苦，就像曾经的断岘村，生活苦啊。山顶经年累月的积雪让人看着就觉得冷，通往村子的道路坑洼不平，山高弯急，朔风如刀子一般刮得人的脸生疼。

侯永平刚到百花村没多久，就遇上了一场大雪。银装素裹的百花村很是寂静，寂静的大片大片白色后面是无边的孤独。雪落无声，夜黑着，街道睡了，泥土睡了，树睡了，鸟雀睡了，山和村庄都睡了。只有侯永平孤单而清醒。他在灯下读书，写着读书笔记。他翻得最多的书是《习近平的七年知青岁月》。"我时常牵挂着奋战在脱贫一线的同志们，280多万驻村干部、第一书记，工作很投入、很给力，一定要保重身体。"这是习近平总书记在2019年新年贺词中的关切话语，它时刻激励着作为第一书记的侯永平。

侯永平的孤单在后来繁忙的工作中渐渐得以消减，他终于不再是一个人努力，有一群人与他一起努力。百花村的天气很冷，5月仍会下雪。冬天太久仿佛让人等不到春天的到来。侯永平开玩笑说，百花村似乎只有两个季节，冬季和大约在冬季。大家笑了起来，笑容背后是百花村村民对长久寒冷的习以为常，也是他们总是心存希望的乐观。

春天终于来了。村里种着当归，当归的花是一团一团的，热热闹闹的，像蒲公英，开不了多久，风一吹，那花团锦簇就飘散开来，深埋在地下的根静悄悄地一点点变得粗壮，那是村民们的收入，是村民们期盼的好日子。可是，村民们种的当归生了病，烂了根。

当归适合种在荒地。熟地种出来的当归品质差，病虫害多。可是，百花村人多地少，熟地都很有限，哪里还有足够的荒地让村民们种当归啊！

村民们对着生了病的当归无可奈何，这些当归就像是村民们的孩子，是他们的依靠，现在他们只能看着生了病的孩子干着急。百花村气候高寒阴湿，这里海拔高，气温低，连绵的雨蒸发慢，土地排水性能不好，水蓄在地里，当归的根就会腐烂。当归的水涝病成了村民们的心病，如鲠在喉，牵肠挂肚地睡不踏实。

百花村距离县城较远，没有明显的特色资源，要想脱贫致富，还得从土地想办法。百花村的气候条件是适宜种植当归的，但由于缺乏病虫害防治技术，药材的产量并不高，严重制约了产业发展，得有新技术的介入。侯永平联系了甘肃农业大学的专家，研究培育和优选出适合百花村种植新的当归品种，并根据百花村的土质特点对症下药，一边在当地种植实验一边推广，岷归二号就这么诞生了。

岷归二号是在熟地完成育苗之后推广大面积种植的。它能很好地适应熟地，不会像之前的当归那样在熟地生长会品质差，易生病。

西河弯弯曲曲地流过百花村，西河两岸的坡地上种满了当归。立春之后，满山坡的当归花盛开。亩产量可以达到两三千斤的岷归二号，带给村民们不仅仅是收入，还有村民们脸上盛开的当归花般绚烂的笑容。

春天，大自然的美像是一起倾倒在了百花村，从一座山到另一座山，从一朵云到另一朵云，从一棵树到另一棵树，还有那条弯弯曲曲的西河水，全部笼罩在歌声里。歌声，像长出翅膀般拥抱着这一切。这里的人们喜欢唱歌，歌声在群山间响彻行云，嘹亮而肆无忌惮，一圈一圈地环绕过来，群山一遍遍地回声应和着。

这样的嗓音，只有喝了清澈的西河水，在高远的蓝天、俊美的山峰下，才可以像西河水一样伸展开来吧。

有时候到吃饭的时候，常听到有村民一遍遍喊孩子的名字，"哎——尕秀——哎"，嗓音高亢而婉转，从村子这头一直穿过那头，再余音袅袅地转回来。真是绝好听的呼唤，并不亚于任何一首好听的歌。人们有时候在田间干活，许多人一起唱起歌来，一唱一和，整个村庄都有了余音袅袅。

侯永平先是说普通话，后来，他就开始学说岷县话，再后来，他说岷县话时没有人听出来他是外乡人。他每天就说着岷县话挨家挨户地走访，向村民们了解情况。村里家家户户都有本难念的经，每户村民的脾气秉性、需要诉求，侯永平都摸得清清楚楚。对每一户村民有足够的了解是侯永平能够对症下药的根本，"一户一策"的政策就是这样制订出来的。

"蜜蜂不食人间仓,玉露为酒花为粮。作蜜不忙采蜜忙,蜜成犹带百花香。"南宋著名诗人杨万里用这首诗浅近明白地告诉我们,蜜蜂们不辞辛苦地付出,让人们品尝到了香甜美味的蜂蜜,同时蜜蜂也给植物授了粉,让植物代代相传,年年都能开出鲜艳的花儿来。有花的地方就有蜂,百花村村民们种植的当归、黄芪需要蜜蜂来授粉,自然而然,除了中药材种植,中蜂养殖成了百花村的又一项支柱产业。为了打出百花村百花蜜的名声,甘肃团省委专门在村里开展了数次直播带货,替百花村宣传这百花蜜。

中蜂养殖合作社的常树民是党员,他带头发展村里的养蜂产业,他的中蜂养殖合作社解决了不少村民在农闲时的就业问题,是脱贫的带头人,也是中蜂养殖的领头羊。

众人种树树成林,大家栽花花才香,只依靠一个人的带头作用是不够的。侯永平带领村民们,在百花村办起了每年一届的赛蜜大会。说起赛蜜大会,百花村的村民立刻兴奋起来,似乎谁都会给你不停歇地说上半天。那热闹的场面,更是难得一见的。赛蜜大会的信息一公布,全县的人都争相报名,他们将自家的蜂蜜一箱箱地送了来,有个人,也有养殖大户,还有中蜂合作社的。侯永平从省里、从县城请来专家,通过观其色、品其味、闻其香,选出最好的蜂蜜,然后,对获奖的人进行表彰。这种表彰是甜蜜的。这种表彰是对养蜂的村民们努力一年的肯定,也是养蜂人最为看重的荣誉。赛蜜大会拉近了村民们之间的距离,激发了他们对于中蜂养殖的热情,其乐融融,岂不乐哉。

侯永平待村民如家人。他是从农村走出来的,他真真切切感受过这些村民们所经受过的贫苦。他1976年出生,当他呱呱坠地在那片黄土塬上,他与土地的不解之缘就开始生根发芽,他对于土地的感情,从来都不比村民们少半分。

可是,几年的驻村生活占去了他太多的时间。他驻村那年,女儿才四岁。有一次,侯永平因为工作原因一个多月没回家,女儿打来电话说想爸爸,哭闹个不停,侯永平哄了半个小时才哄好,他给女儿说他一闲就马上就回家,女儿这才慢慢止住了哭泣。挂断电话的侯永平发现当时和他一起驻村的同事用被子蒙着头痛哭,侯永平很奇怪:"我哄姑娘,你怎么哭起来了?"原来,悲伤的情绪是会传染的,同事也有一个女儿,听见侯永平哄女儿,不免也想到了自己的孩子,感伤起来。

几年的离别,让侯永平对妻子、对女儿心里有了太多的愧疚。"爸爸"不仅仅是一个称呼,更是一份责任。他因为没能尽到责任,每每看到女儿,就会觉得揪心。但凡有空从村里回到家,他就使劲干活,像是要把家里能干的活都干完了才罢休。

一个月有多久,30天,720小时,43200分,2592000秒。侯永平又一个月未曾踏入家门一步。对于每天在百花村忙忙碌碌的侯永平来说,一个月转瞬即逝,连轴转的他怎么也抽不出时间来回家看看。但是对于一个盼着父亲回家的女儿来说,日夜的期盼落空,回家的玄关处冷清,没有那双熟悉的、沾满泥土的父亲的鞋,女儿满心的埋怨。女儿不懂父亲的繁忙,但是她听话地等了一周又一周,却一直没能等来归家的父亲。小时候,父亲明明可以天天陪她出去玩的啊,可是怎么这次,父亲又失约了呢?妻子寄来女儿画的画,是女儿给父亲画的一张贺卡,小小的贺卡上面,用稚嫩而歪歪扭扭的笔触画着一家三口手拉手的模样。女儿把她对父亲的想念,画进了这张并不精美的贺卡当中。

侯永平看着女儿画给他的贺卡,眼眶禁不住湿了。收起贺卡,此刻,他更担心百花村一个叫李伟军的学生。在百花村村民的眼里,似乎温饱是首要的，上学并不重要。侯永平看在眼里，急在心里，他最理解学习的重要性，当年的他就是通过努力学习才找到一条出路，才能成为现在百花村的书记，才能带领更多百姓脱贫致富。侯永平面前这个略显早熟的男孩却问侯永平，能不能帮他找一份工作。他的父母都生了病，为了减轻家里的开支，懂事的孩子打算辍学去打工，为家里减轻负担。侯永平亲自前往李伟军的家里了解情况，与李伟军和他的家人进行了深入的交谈，讲明读书的重要性。一次又一次的家访，侯永平终于做通了孩子的思想工作，让李伟军重拾了学习的信心，对未来也有了属于他的规划。这个即将放弃学业的孩子，在和侯永平反复交流之后，重新找到了正确的人生的方向。

扶贫先扶智。这并不是侯永平第一次成功劝说孩子们重返学校了，李娟红也是其中之一。李娟红家里有姐妹三个。大姐李娟兰，因为家里太穷，小学毕业后就被迫外出打工，那时候的她年仅13岁，其实当时她的学习成绩很优秀，小升初也考得很好，她的老师也曾找到家里，试图说服李娟兰的父母让她继续读书。但是因为家里实在太穷，她不得不放弃了学业。年仅13岁的李娟兰就这样承担起了家庭的一部分责任，从此放下书本，开始了打工的日子。但是她满心遗憾，她时常叮嘱妹妹们一定要好好学习，别再像她一样了。二姐李娟霞，年长李娟红一岁，两人一起上小学，2010年一起小学毕业，2010年9月一起升到秦许初级中学。因为初中在乡上，距家10公里，那时候交通条件没有现在方便，无论刮风下雨，都只能骑自行车去学校。冬天下雪路滑，一个不小心，就连人带车摔在地上。路远，骑车子冷，耳朵、手、脚都被冻得红肿，又痒又痛。姐妹俩就这样一起读到了初二，初三上半学期李娟霞也辍学去打工了。

李娟红亲眼看到两个姐姐因为家庭贫困的原因选择辍学务工，因此她格外珍惜这来之不易的读书机会。2013年初中毕业，她顺利考入岷县二中，2016年高三毕业，高考失利，她和家人商量后决定复读，转入岷县一中，结果事与愿违，考得并不理想。无奈之下，她选择了去兰州文理学院读专科。在校期间，李娟红对高考失利一直不能释怀，她决心提升学历。她很努力，在班里成绩始终名列前茅，获得过"2018年度甘肃省高校三好学生""国家励志奖学金""2020年兰州文理学院优秀毕业生"等荣誉称号。疫情防控期间，李娟红在家复习专升本考试，有一段时间她开始有了放弃考试的念头。父母渐老，母亲又身患重病，她选择读书是不是太自私了？她徘徊在人生的岔路口，她不知道该如何选择。迷茫、怀疑，是珍惜这来之不易的读书机会，还是工作帮帮家里？两个姐姐对她的期望，她自己要强不服输的性格，与家庭的困难对立撕扯着。她犹豫许久，仍是做不了选择。侯永平发现了李娟红的纠结，他得知了李娟红有了想放弃专升本考试的念头，就一次又一次地找到李娟红，以自己的经历为例不断对其进行劝说和开导，最终让李娟红明白了提升学历和走出大山的重要性。李娟红重新鼓起勇气拿起书本参加考试，最终她顺利考入了西北师范大学。村上考虑到她家的情况，将她家纳为二类低保户，并给她安排了雨露计划补助。李娟红是感恩的，她考入西北师范大学后，利用假期的空闲时间，回到百花村。当得知百花村脱贫攻坚到了最后的关键时刻，李娟红没有一丝犹豫，主动申请加入甘肃农业大学驻百花村帮扶队当了一名志愿者，希望可以为百花村的脱贫尽一份微薄之力。她和大家一起努力，让村子一点点地发生着变化。在《我和我家》一文中，李娟红这样写下百花村的变化，"村里的路灯亮了，马路宽了，便民桥通了，自来水入户了，破旧房子不见了，垃圾找不到了，村民的腰包鼓起来了，身体健康了，孩子受教育了，脸上的笑容灿烂了，见到客人更热情了，村里处处欣欣向荣。"这是一个来自百花村的女孩子对自己家乡的改变最真切的感受。

脱贫，在侯永平眼里不是单纯的物质脱贫，他更希望村民们也可以精神脱贫。精神富足了，干活也会更加有干劲。借着新年到来，侯永平和村干部合力，在百花村策划举办了一场迎新春文艺晚会。这场文艺晚会，对侯永平来说无疑是一个挑战。村里没有任何服装道具，也没有任何经验，当提出让村民自愿报名表演节目时，无一人报名。村里从来没举办过文艺会演，也不知道如何举办。这种演出对村民来说太过遥远，只有逢年过节在电视上才可以看到，轮到自己举办，都不知道该如何着手。于是侯永平和村委会成员经过商议，决定实行"强推"的措施，百花村的七个社每个社出一个节目。没过多久，当看着节目单上列出了11个节目时，侯永平对这次晚会的举办更加有信心了。60多岁老人演唱起了《岷州花儿》，老村民用嘶哑而质朴的声音唱出了百花村近来的变化，唱出了村民们拿到一笔笔可观的收入后喜悦的心情；返乡大学生精心排练的小品、舞蹈串烧，大妈们的广场舞以及蹦蹦跳跳的小学生，都给百花村带来了前所未有的热闹。那场迎新春文艺晚会没有人懂乐理、懂舞蹈，大鼓敲得尽心竭力、惊天动地，舞龙舞狮也都舞得随心所欲、欢天喜地。各个节目大多即兴发挥，却依然博得了阵阵喝彩。就这样，虽然这次文艺晚会的质量不是很高，却利用农闲时间让村民们体验到了精神文化上的交流，带给了他们另一种生活的高度。那天的百花村，雪花漫天飞舞，但是3720平方米的文化广场上歌舞升平，锣鼓喧天声和鞭炮声里，是百花村村民迎接新年的热切期盼，也是百花村举办的第一届"扶贫扶志扶智，助力扶贫攻坚"迎新春文艺晚会。一个又一个的节目吸引着村民们的目光，侯永平趁机让致富带头人一个个登台，进行致富经验分享，晚会和经验会同步举行的方式，既有了娱乐性，又吸引了更多村民认真倾听致富分享，吸收了更多种植养殖的经验。

当然，经验交流会不能只在文化广场举行，专家们必须去村民们的田间地头,现场教学,现场指导,才能真正解决老百姓遇到最为迫切的问题。侯永平对接了甘肃农业大学农学院教授、甘肃中药材产业体系首席专家陈垣,到定西市岷县秦许乡包家族村的田间地头指导村民中药材采收和病虫害预防技术。承担对口帮扶任务以来,陈垣教授几乎每个月都要下乡手把手指导当地农户开展中药材种植及田间管理,给村民们答疑解惑。地里的病虫害得到了预防,产量上去了,品质上去了,价格自然也就跟着上去了,村民们心里乐开了花。侯永平没有架子,在田里遇到了,他就经常帮助村民们干起活来。村民张绪红家里种植中药材当归4亩、黄芪2亩、党参1亩,年收入有2万多元,2020年全家实现脱贫。到了收获季,侯永平总会去他家帮忙,采收中药材。

"作为一名出生于农村、耕读于农大、服务于农民的我来说,先后两次加入脱贫攻坚这场没有硝烟的战斗中,对驻村帮扶工作队有着更加深刻的理解和无比崇高的敬意。在县、乡帮扶工作微信群中看到驻村帮扶工作队的每一天,我都被一些贴心的帮助事迹感动着,我的思想感情的潮水在放纵奔流着。这让我不由自主地回想起中学语文课本中魏巍老先生所写的一篇文章《谁是最可爱的人》。在抗美援朝时期,美国对朝鲜发起了大规模的侵略战争,越过"三八线"威胁到中国的安全,中国人民志愿军战士们凭着对祖国、对人民的无限热爱而不畏牺牲、奋勇杀敌,历时2年零9个月取得了伟大的胜利,他们那一张张淳朴的笑脸,那一声声誓言要保护祖国、保护人民的声音,那一个个为了祖国而变得憔悴的身躯,谁又能不承认他们是最可爱的人呢?!党的十九大把打赢脱贫攻坚战作为三大攻坚战之一,向全党发出了动员令,吹响了全面建成小康社会的嘹亮号角。我们的驻村帮扶工作队驻扎在偏远的贫困小山村,与当地干部群众一道为消除绝对贫困奋战在脱贫一线,谱写着人生华章,我认为他们也是新时代脱贫攻坚战役中最可爱的人。"侯永平在工作笔记上写下这样一段话,这是他的心里话。

  农民的事就是自家的事。侯永平不是第一次担任第一书记了,他曾经是广河县齐家镇周家山村的第一书记兼驻村帮扶工作队队长。他回忆起五年前在广河县周家山村工作的那段日子,侯永平结合周家山村的实际,梳理帮扶理念,提出了"玉米高产栽培,秸秆高效利用,牛羊科学养殖"的脱贫方式,不断鼓励村民制作青贮饲料,让牛羊养殖更加科学。玉米秸秆的营养差,牛羊吃起来浪费,做成青贮饲料不仅保存时间更久,牛羊也更加爱吃。青贮饲料的制作需要将玉米秸秆切碎、压实,排尽空气后开始时长达一个月的发酵,若空气没有排尽,在发酵的过程中饲料就会腐烂。最开始做青贮饲料时,技术不熟练,为了防止没有排尽空气饲料腐烂,村民们需要花高价购买添加剂保证饲料不腐烂。后来随着技术的成熟,村民们也意识到了青贮饲料的好处,就渐渐不再加添加剂,也能制作成功。侯永平的"金点子"给周家山村带来了实实在在的成效。后来侯永平去广河县周家山村看望村民,当地的老乡在和他聊天时这样说道:"真的很感谢您,一开始我们还不愿意用青贮饲料,现在我们靠它喂牛羊,赚了很多钱,日子过得也比以前好多了。"

  每年寒暑假,甘肃农业大学都会有大学生分批来百花村当志愿者。活力四射的大学生,给这个许久没有"新鲜血液"注入的村子带来了生机和活力。田间地头都能看到这些大学生的身影,种地对于他们来说无疑是新鲜而陌生的,是他们从来没有体验过的。这种实践劳动让习惯在城市里生活的大学生们看到了不一样的人生,对于学生来说是难得的一次锻炼和体验生活的机会。每次报名的学生都很多,最后由辅导员筛选后分批安排来百花村。学生们来了一批又一批,村里难得热热闹闹。这不仅仅是对大学生们的锻炼,大学生们也给村里带来了外面的消息,带来了鲜活的思想。村子里原本许多父母是不愿意供孩子读书的,正是因为这些大学生的到来,给村里的父母和孩子们带来了对大学的向往。村里的失学率一下子降低了很多,很多孩子因此可以继续读书上学,这倒成为一种意外的收获。大学生和村里的人达成了一种双向的学习,他们彼此都是对方关注的对象。这一批大学生到来时,带给侯永平一个巨大的惊喜,人群里,忽然闪出来一个小小的身影,对着他叫了一声"爸爸"。女儿正值暑假,又很想念父亲,来实习的大学生们就把侯永平的女儿一起带到了百花村。侯永平刚从田里回来,突然收到了这份惊喜,感动极了,立即将女儿拥入怀中。来村里后,女儿看到了一个和在家里截然不同的父亲。在村民眼里,父亲是戴着光环的。女儿变得越来越崇拜父亲,她忽然发现很少回家的父亲尽管没能陪伴着她,可是父亲帮助了许多贫困的人,父亲为更多的人做了太多太多的事情。

侯永平始终坚信,授人以鱼不如授人以渔,一条路能走多宽得看自己的梦想有多大,农民能不能富起来,得看他们自己内心的动力有多大,让农民富起来不是往他们口袋里塞钱,而是要给他们输入技术、输入政策,让他们靠自己的双手创造属于自己的幸福。侯永平还有一个心愿:"把我变得和农民一样,把农民变得和我一样。"他的脚下有多少泥土,他的心里就装着多少真情。电视连续剧《李保国》正在热播,中国知名林业专家、河北农业大学教授李保国35年如一日,扎根太行,用科技为荒山带来苍翠,用产业为乡亲拔除"穷根"。每天走访入户、控辍保学,侯永平不是李保国,但他梦想成为那样的人,让农民可以自己行动起来、富裕起来。侯永平认为群众的问题不是扶贫干部爬爬山、拍拍照、写写文件就能解决的,和群众建立好关系也不是开开会就能做好的。为百姓做事,就是要设身处地地站在他们的角度考虑问题。"纸上得来终觉浅,绝知此事要躬行。"每个农民家中的问题都不一样,"一户一策"的制订要针对不同的农民家庭,驻村帮扶工作队了解和总结了不同的问题,为他们脱贫致富制订出切实可行的计划,并把修改方案落实在田间地头。

村里的人都很喜欢侯永平,侯永平对百姓的关心从来都不是说说而已。村民刘道玉说:"这个城里来的书记很少说城里话,他很亲切,问我们家里活干得怎么样了?前几天收的草晒干了吗?我看那个谁谁谁他们家的都晒干了……"为了和群众增加联系,保证工作的顺利开展,茶余饭后,他经常会到村里转转,几乎每家的板凳他都坐过,每家的茶杯都端过,与村民们交谈,倾听他们的心声。他一口的岷县方言就是在与这家家户户的交谈中逐渐变得熟练起来,若非提前知晓,很多人都会以为侯永平就是土生土长的岷县人。

侯永平人在百花村,离家遥远,家里许多的事情他都是心有余而力不足。有一回老家的父亲突发心脏病,家里只有母亲一人,母亲又患有类风湿,无奈只能打电话给侯永平。侯永平当时在百花村,来不及赶回去,弟弟和妹妹也都在兰州工作,一时半会过不去。隔着电话听说父亲生了病,侯永平只恨自己没有办法及时赶到父亲身边,那种无能为力的感觉,就像是满腔的焦急落到了棉花上。最后辗转联系了在会宁县城的表哥,将父亲送去了会宁二院,会宁二院做不了父亲的手术,又将父亲紧急送往兰州的兰大一院。侯永平从百花村坐着火车赶到兰州时,已经是中午了。好在,父亲的手术很顺利,侯永平悬着的心才放下来。对于家人,他亏欠的实在是太多太多了。

李景明是百花村的村民,五十多岁,还有点耳背。时代的浪在向前走,老人跟不上发展的速度,只能颤颤巍巍小步向前。身边的人在变,风景在变,他的身边没有子女。李景明像是时光洪流中被推出来的砂砾,孤单地坐在时光的岸边,鬓角的白发和满脸的风霜都提示着人们,他有着历经沧桑的人生。因为耳背,李景明老人和村里人接触很少，靠着国家的补助浑浑噩噩度日。时间久了，大家仿佛遗忘了他，但是侯永平没有。侯永平打听到老人曾经修理过汽车，于是他几次上门，希望老人可以重拾这门手艺。与耳背的人交谈是不容易的，但是侯永平耐心地劝说，还安排了老人去给附近村里的人修农用车，最终老人拾起了这门手艺，偶尔也给村民们修修粉碎饲料的机器，老人有了收入，脱了贫，更重要的是，老人的日子大变了样，整个人看着都精神了许多。

其实村里不愿意出去打工，只想在家靠着低保过日子的不止李景明一个。还有一对夫妻，守着家里的几亩地勉强糊口，丈夫不愿意出门务工，每天在村里游手好闲，打牌混日子。侯永平去劝过好几次，都没有什么效果。侯永平想出一招激将法，故意当着他的面让妻子去中蜂合作社，说让妻子养活他们一家人算了。最后还是成功勾起了男人的自尊心，他说什么也不愿意被妻子养着。于是他找到了侯永平，主动要求侯永平给他介绍一份工作。

现在出门打工的人回到百花村，不禁大为惊异，这里还是百花村吗？百花村的村容村貌发生了巨大的变化。百花村社与社之间的道路全部硬化，村民们出行有了干净的柏油马路。马路旁是整齐排列的村舍，这与过去他们记忆中低矮的房屋形成鲜明的对比。柏油马路两旁的宣传标语做得特殊而精美，它们是村民们对于政策的支持和拥护。它们好像是专门为百花村量身定制的一样，完全看不出来是废物再利用。侯永平和大家一起设计，用废弃的磨盘做成标语悬挂在百花村的道路两旁，是对于历史的尊重和铭记，也是别具匠心的设计。谁路过都不由自主地被吸引得多看两眼。还有些不用的轮胎，侯永平也安排人在里面写了脱贫攻坚的口号，挂在了马路旁。还有收集来的旧农具，侯永平也让大家做成了独具特色的展示墙，它们是时代留下的产物，它们曾经见证过百花村的历史，现在，它们立在这里，与人们一起见证百花村越变越美。

村委会后面有一眼泉，是全村人吃水的水源。旁边就是个垃圾场，堆积着经年累月的生活垃圾。这个垃圾场既影响村容村貌，又影响村民们的吃水安全。侯永平下定决心，带领大家彻底清理掉了那些垃圾。在村里盖了四个垃圾房，又给每家每户发了一个垃圾桶。村民的垃圾有了专门的地方收集，还能及时统一处理。村里还设立了一个公益性岗位——每天清刷道路，去各家各户收垃圾。

村容村貌变得干净整洁，村民们的心情也愉悦了起来。大多数村民都很配合环境卫生整治，但是总有些村民的思想根深蒂固，难以改变，依旧我行我素。于是侯永平在村里定时张贴卫生红黑榜，家里卫生干净，保持得好就会被登在红榜上，家里乱糟糟不经常搞卫生的就会被记在黑榜上。这张红黑榜贴在村里最醒目的位置，来来往往的人都可以看到。很多村民都不想出现在黑榜上让别人笑话，就开始自觉打扫卫生，保持家里干净。但也总有例外，有一户人家就是不愿意打扫卫生，桌子上积着厚厚的一层土，被子也是乱糟糟地堆在床上，吃饭的锅随意地撇在灶台上，像是从未洗过。地上更是脏得不用说，像从来就没有扫过似的。正是收药材的时节，家里到处都是从地里带回来的泥。他们家里的孩子从小就生长在这种环境中，完全没有打扫卫生的意识。侯永平去劝过几次，发现劝说的效果并不十分理想。于是侯永平改变了策略，他带着村里的人，轮流去那户人家里帮忙打扫卫生。一次两次，次数渐渐多了起来之后，村民们互相之间交流就会提醒他保持卫生，说："你再不打扫，我们还要去你家给你打扫卫生呢。"村民们之间的相互提醒看起来比村干部说话要管用得多。那户人家渐渐有了打扫卫生的习惯，家里再也不是脏乱得没处下脚的样子了。

侯永平坚持写工作笔记。"2020年10月11日，本周末只休一天，鉴于县委宣传部要的材料急，还需准备下周央广网的电话调研，他决定继续留在村里准备材料。"

他详细记录下这么几条具体的工作。

1. 修改县委宣传部上报定西市委宣传部的巡回宣讲材料并制作"不忘初心扎根基层，脚踏实地不负韶华"图文展示；

2. 查阅资料准备农大宣传部通知的央广网电话调研材料，涉及三个问题："三区三州"后续脱贫及巩固脱贫问题、农村发展党员问题、农民工返乡回流与乡村振兴战略问题；

3. 《光明日报》甘肃站记者王冰雅电话核对10月8日采访中的个别信息；

4. 岷县副县长马柏岳来村走访；

5. 根据《定西市人民政府关于批准岷县55个贫困村脱贫退出的通知》，百花村脱贫啦！此时此刻，心情颇为激动，用毛泽东诗词中的一句话表达此刻的心情："更喜岷山千里雪，三军过后尽开颜。"今天距离全面完成脱贫攻坚任务仅剩81天，珍惜当下，提高解决实际问题能力。

这不是侯永平工作笔记的最后一篇，但对他来说是最为重要的一篇。百花村是2020年10月脱贫的，百花村的脱贫，是侯永平不辱使命的战报，他在工作笔记的字里行间所透露出的兴奋是掩盖不住的。

人生不负韶华。

回到了兰州，在新的工作岗位上，侯永平会带着当时他主动请缨去甘肃省定西市岷县秦许乡百花村担任帮扶工作队队长兼第一书记的那份自信和骄傲，一直走下去。

（作者：郭馨文）

七载乡村情　筑梦振兴路
——记中国农业科学院兰州畜牧与兽药研究所副研究员陈化琦

陈化琦简介

陈化琦，中国农业科学院兰州畜牧与兽药研究所派驻临潭县新城镇肖沟村驻村工作队队长。驻村帮扶期间，他被中国农业科学院评为2018年度脱贫攻坚帮扶先进个人，定点帮扶的临潭县新城镇2020年被评为全国脱贫攻坚先进集体。在全面建设社会主义现代化的新征程上，陈化琦一如既往，用他奉献人民和国家的忠诚担当，科技助力临潭县脱贫攻坚与乡村振兴有效衔接。

临潭，曾为"唐蕃古道"，四大"茶马互市"之一，古称洮州，作为交通要地，临潭自然是兵家必争之地。或许是这片土地建有众多城堡的缘由，最有名的城堡洮州卫城，是迄今为止保存最完整的卫城之一，坐落在临潭县新城镇。

临潭每年元宵节期间的"万人拔河"活动，是从古代沿袭下来的一种军中"教战"游戏，当地人称"扯绳"，隐约可以想象旧日屯兵之盛。

站在卫城对面的山坡上遥望，仿佛能嗅到六百年前的烽烟，听见旧时战马的阵阵嘶鸣。

十万雄兵洮水西，穷檐引领望云霓。
前军夜战洮河北，大漠风尘日色昏。

白云苍狗，沧海桑田，而今的新城镇，却显得格外安静。

在陈化琦眼里，这是一片独特而神奇的高原。山川、河流、牧场、牛羊……如此优美静谧，但是这里曾经是一个国家级的深度贫困县。

2015年7月，陈化琦作为甘肃省第一批长期驻村的扶贫工作人员，被中国农业科学院兰州畜牧与兽药研究所（以下简称"兰州牧药所"）选派到甘南州临潭县新城镇肖家沟村，担任驻村帮扶工作队队长。

几年来，他在海拔2800米的高原上奔波，在新城镇肖家沟村、南门河村、羊房村、红崖村4个贫困村之间穿行了无数次。

新城镇是甘南州最大的一个镇，陈化琦担任驻村帮扶工作队队长的肖家沟村，有278户人家，贫困发生率为28.62%，其中多数是因学、因病、因灾、因残致贫，缺技术、缺劳力、缺土地的情况普遍存在。

远处是茂密的原始森林，近处是绵延起伏的草山，山腰处是一层层的梯田，大都种着燕麦、青稞、油菜。耕地数量不多，这里的人们过着传统的半耕半牧的生活，有着饲养牛羊的传统。小规模的种植和养殖，使得当地的产业优势没有发挥出来。

　　陈化琦把4个帮扶村跑了一圈，他想着能为群众做些实事，也想着能在最短的时间里找到驻村帮扶工作的切入点。帮扶村地处偏远，自然条件差，而山多地少、人多地少的现实决定了发展规模化农业生产难以实现，农业自主生产不能脱贫致富，村民的大部分收入来源主要还是得靠外出务工，村里的青壮劳力都外出打工了，老人、妇女和小孩留守在了村庄里。

　　当地群众普遍沿用传统的种养殖经验，科学种养殖水平不高，缺少实用技术，牛羊得了病，没能得到及时的对症医治只好随便治治碰运气。和地里的田一样，靠天吃饭，当然总也不能发家致富。陈化琦就想着，能不能依靠兰州牧药所"草、畜、病、药"四大学科的科技、人才、平台优势，围绕当地农业产业发展的科技需求，在此"开馆行医，问诊把脉，照方抓药"呢？

　　农牧民的财产是按牛羊计算的，他们把牛羊看得比什么都重要。陈化琦首先想到要做的，就是给牧民搞培训、教方法。这里是半农半牧区，这里的人们世代养殖牛羊，教他们掌握科学的饲养管理技术，应该是他们最为迫切的需要。

　　要积极发挥好农业科研单位的帮扶优势。在兰州牧药所的大力支持下，在陈化琦的对接和组织下，中国农业科学院的专家团队来了，兰州畜牧与兽药研究所、兰州兽医研究所、甘肃省农业科学院的专家团队也来了，他们到临潭走村串户、送科技下乡、开技术讲座、送医、送药、送技术。专家们入羊场、钻牛舍，现场讲授科学规范的防控技术和治疗方案，指导群众科学用药、科学养殖，同时对群众在设施改造、品种改良、消毒防疫、饲草料加工、营养补饲等方面提出意见建议。这些实用性强、一听就会的技术指导深受群众欢迎。合作社的骨干、当地的农技推广员、养殖户一听到消息，都争先恐后地来听，这些知识和技术正是他们眼下急需的。为了让大家都能学会，并且能够学以致用，专家团队一个村子挨着一个村子讲。对群众来说，这样的机会十分难得。在群众的强烈要求下，专家团队在全县范围内开始搞讲座，作指导，讲了一场又一场，几位专家嗓子哑得都说不出话来。

一次在村里作技术指导的现场，有一位大娘说起去年家里养了40多只羊，当年产羊羔20多只，可是得病了，她讲着讲着哽咽起来，坐在地下哭了："今年眼看着我家的羊又病了，家里全指望着那些羊过活啊！专家老师，今年你们无论如何可得帮帮我！"好几个村的技术员和群众也都反映这几天牛羊养殖户的牛犊、羊羔生病，死亡率高，各种药物都不起作用，经济损失巨大。

农户们不知道牛羊得的是什么病，也不清楚这个病是怎么得的，只知道牛犊子和小羊羔在每年开春最容易得这种病，而且一得上就不爱吃草，精神不好，萎靡不振，后蹄子软得没力气，只能拖在地上走，有的就跪下不动了，还会发烧浑身打摆子。生了病的牛羊眼睛会发白，没有一点血色。农户们就当成感冒、拉肚子治，喂了消炎药、感冒药也不见效，有时不到一个星期，牛羊就病死了。

为了查明病因，陈化琦就组织牧药所"兽药创新与耐药性团队"的专家们一起实地采血化验，通过检测之后，确诊为焦虫病。高原阴冷潮湿，这个病在当地季节性多发，是一种叫作硬蜱的寄生虫导致的血液原虫病，发病率和死亡率均较高，痊愈后对本病有较强的抵抗力。蜱寄生在草里，黑乎乎的不会飞，大的有小指甲盖那么大。一般在开春之后，青草刚绿的季节，蜱虫就在灌木丛、草叶子上爬着，等牛羊经过的时候，它就爬到牛羊身上，从皮肤里面钻进去吸血。蜱虫在牛羊身上寄生，尤其是牛犊和羊羔易感。群众看到牛羊生病着急，乱喂消炎药、退烧药，根本就没有用。

确定牛羊得的是焦虫病之后，由于当地没有治疗药物，陈化琦立即从兰州调配来了专门治疗牛羊血液寄生虫疾病的特效药贝尼尔和研究所自主研发的新兽药"蒿甲醚"，分发给养殖户，仅仅几天病情就得到了控制。陈化琦又组织兽医团队制订了配套的治疗方案，教农户给牛羊药浴。为了减少农户的投入，专家们想出了让农户简单易操作还能就地取材的办法，把废旧的汽油桶剖开一半，放满水，配比药浴药物，再把羊一个一个放进去泡药水，水刚好没过羊的身体，让整个皮毛蘸透，虫子和虫卵就杀死了。兽医专家还教农户们把大羊和小羊分开圈养，阻隔它们相互传染。牛羊的病治好了，群众都称赞研究所的专家就是"神医"。仅防治焦虫病一项，两年春秋季就挽回群众经济损失500余万元。通过这几年的努力，临潭县新城镇、王旗镇的广大牛羊养殖户已经基本掌握了防控焦虫病的方法，临床用药也较为规范，羔羊死亡率大大降低。人们对治疗焦虫病有了了解，再也不会闻之色变了。

解决了焦虫病的问题，品种改良问题就变得突出起来。近年来，由于区域封闭繁育、畜群结构不合理等种种原因，临潭当地牦牛、藏羊和绵羊品种存在退化现象，生产性能逐渐下降，养殖经济效益不高。

陈化琦带着问题回到了牧药所，请所里的牦牛团队、绵羊团队首席科学家们制订了方案，为当地的传统养殖配套技术力量，给他们做指导，引种新品种、新技术进行牛羊品种的改良。

陈化琦的驻村帮扶工作并不是开门就红，事事顺利，第一次引进肉羊就不顺利。

当地普遍养的都是藏羊、绵羊，藏羊的生长周期长，经济效益不高。兰州牧药所选出一批特克塞尔、白头萨福克纯种肉羊种公羊，赠送给4个村的养殖大户和农民养殖合作社，促进当地肉羊改良，提高产肉性能和出栏率，可过了一段时间发现引种并不成功。了解之后才发现，原来这里的群众都把牧药所送来的种羊当宝贝养，好吃好喝供起来不说，怕受伤或者丢了，基本上都圈起来不让运动。于是这些没有了运动量的种羊就被养得异常肥胖，失去了繁殖功能，这次引种就这样失败了。

陈化琦理解这些群众的心情，可他们缺乏养殖常识也让陈化琦担忧和痛心。

扶贫先扶智。有了这次失败的经验，陈化琦组织兰州牧药所相关专家编写了四册《农业农村生产生活知识手册》，从生活急救、防灾减害、到肉牛肉羊养殖繁育、羊场选址、油菜栽培，生活生产养殖技术常识等内容面面俱到。书里的内容被反复认真修改。翻开知识手册，能看到目录上用笔划掉的章节部分，这是陈化琦仔细研读后又细心删去了他认为对村民来说学习用处不大的内容。"我们在编辑的过程中，一开始考虑手册的完整性，便将历史由来、研发和发展前景等内容都加了进去，但印出来以后我觉得其实农民朋友们没有对这部分内容的需求。他们的需求在于知道这个东西怎么种、怎么养就行了。这一套知识手册书也是在反复实践中不断校印，逐步适应这里的实际情况。"

后来陈化琦再对接引进兰州牧药所培育的高山美利奴细毛羊效果就非常好。这种羊是牧药所培育的毛肉兼用型肉羊新品种，它看起来毛茸茸、肉乎乎的，十分可爱，并且适合在临潭地区生长。超细羊毛是做高档毛衣的材料，夏至前把羊毛剃了卖，到出栏时再卖肉，经济效益很好。在中国农业科学院的大力支持下，按照一只公羊配20

只母羊的比例，研究所向临潭县3个规模化示范肉羊养殖合作社引入了340只高山美利奴细毛羊，由合作社养殖，每年给贫困群众分红，既支持了产业的规模化发展，又帮助了困难群众脱贫，是一举两得的好事。

　　毛卖了钱，肉也卖了钱，但细心的陈化琦发现，高山美利奴细毛羊一般都是一年繁殖1~2胎，养殖效益还是上不去。为了提高当地农户养羊的繁殖率，陈化琦又协调兰州牧药所的专家再度筛选适合当地生长的羊品种。这次，他们给新城镇送去了67只湖羊。湖羊最大的特点就是一年多胎，一胎可以达到2~4只，而且生长快，肉质鲜美。湖羊因为适合圈养，符合国家退耕还林、退牧还草的发展理念，所以近年来也在甘肃多地推广。

　　引进的湖羊在临潭县的示范养殖场里活蹦乱跳地生长繁殖。牧药所绵羊团队的专家结合当地实际情况，与临潭县农业农村局联合开展湖羊和当地藏羊的杂交选育，目前进展良好，新的肉羊品种品质更高，更加适应当地的自然环境。在高寒气候下，它的抗病能力更强，成活率高，具有多胎性，而且肉质非常好。在养殖方式上，它兼顾了父母的基因，圈养的时候也适应，出去放牧的时候它也能跟着走，父母的优点都有了，非常适合当地的自然环境。

　　解决了品种改良，提高营养水平的配套养殖技术也是科学养殖整体方案设计的重要一环。

　　过去大家不太懂，觉得养羊只要给它们吃草就行了，当地人常常是把青稞、青稞秆子粉碎后配到饲料里面去喂羊。其实羊光吃这些，它体内的微量元素是不够的，饲料的配比也是要讲科学的。陈化琦为养殖户带去了兰州牧药所研发的新产品"牛羊营养补饲舔砖"。这是一种专门给牛羊增加微量元素的产品，主要成分就是盐加铜、铁、锰、锌、硒等微量元素，形状有圆形的，也有方形的，中间有个孔，挂到架子上，这个像大"糖果"似的饼还挺受牛和羊的欢迎，它们把这只红红的大"糖果"当成了小零食，时不时就会过去舔，就这样解决了羊缺乏微量元素的问题。

除了放置"舔砖"，陈化琦又琢磨着要给养殖户们寻找最适合当地养殖的营养饲料配方。为了减轻农民的负担，让大家尽量不多花钱就能达到最好的养殖效果，中国农业科学院饲料研究所的营养专家们对当地的农作物种类进行了详细了解，检测农作物秸秆数据，把当地的牧草尽量用在配方里，将现有的原材料利用起来，比如榨完油的豆饼、油渣，还有青稞秆子、燕麦等，分析出它们所含的各种蛋白、脂肪含量，通过反复试验，再添加氨基酸等，搭配出合理的营养饲料配方，指导农户自行配比。

为了保证兰州牧药所发放的种羊能够安全养殖，研究所和合作社、农业农村局签了三方协议，按照约定，将牧药所前期投放良种肉羊市场价值的8%进行固定分红，由牧药所通过农业农村局再把分红全部发放给帮扶村的贫困户。这一举措对合作社也起到了一定的限制作用，既能促使养殖户更负责任地好好养羊，也杜绝了把羊直接卖掉之类的事情发生。每年年底，陈化琦都会组织三方搞一次活动，给贫困户发放分红。这种让贫困户增收的新方式让大家很开心，每户大概能分到700~1000元。对于贫困户来说，这是牧药所给他们的额外补助。2019年，南门河村、羊房村、肖家沟村3个村的72户贫困户年共分红4.44万元。

羊的问题解决了，再来说说牦牛。当地养的牦牛，大概算是老百姓家里最贵的资产了吧。在半农半牧的临潭县，一头成年牦牛可以卖到近1万元钱，它们可真是牧民的"心头肉"。

经过牧药所牦牛资源与育种团队科学家深入分析当地牦牛产业的现状后，向当地引进了研究所自主培育的国家级牦牛新品种"大通牦牛"和"阿什旦牦牛"。这两个品种都是由兰州牧药所牦牛资源与育种团队首席科学家阎萍研究培育的。阎萍研究员身材娇小,可就是这样一位女同志,先后成功培育了2个国家级牦牛新品种,为群众的脱贫攻坚和乡村振兴作出了巨大贡献,许多人亲切地称她为"牦牛妈妈"。

"大通牦牛"是国家级畜禽优良种质资源,其产肉性能、繁殖性能、抗逆性能远高于家牦牛。"大通牦牛"引入当地后,仅其雄壮的体格便吸引了养殖户热切的目光。种公牛进入牛群适应一段时间以后,和牛群熟悉了,也适应了当地的气候,成长发育后和当地的藏牦牛进行杂交,生下的牦牛后裔体形外貌立马就不一样了,牦牛明显体形大得多,卖价也比过去翻了一倍,群众的收益立马就高了。这样体格壮、抗病强、效益高的牦牛成了合作社的招牌,起到了示范作用,群众很是欢迎。为了支持当地的产业,后期牧药所又陆续送了好几次牦牛,养殖农户的反响都非常好。

"阿什旦牦牛"的特点是既可用于舍饲圈养,也可以放牧。普通牦牛的攻击性强,头上长有犄角,放进牛舍里饲养很容易伤人,而"阿什旦牦牛"无论公母都没有犄角,性格温和。一群牦牛在圈里,毛发长长的,看起来就像是一帮腼腆的小姑娘站在那里。没有长长的犄角,牛圈的空间也变大了一圈儿。这样养殖安全、温驯的牦牛品种很快就得到了群众的认可,尤其是深受留守的老人和孩子们的喜爱。

群众兴高采烈地养上了新品种的牦牛,可是陈化琦还不放心,这些牦牛是农牧民的新希望,大家有了奔头,心劲儿足了,蛮干可不行。要尽快掌握牦牛良种繁育技术,提高科学养殖化水平,这是目前的第一要务。平日里陈化琦带领干部给养殖户发放了知识手册以及养殖书籍,但是纸上得来终觉浅,养殖这件短期见效的事等不及养殖户"读书百遍其义自见",对于实际操作,养殖户有着迫切需求。于是陈化琦又请来了牧药所牦牛资源与育种团队的专家，到当地做牦牛人工授精技术的现场培训和技术示范。专家们来了，他们先从理论讲解开始，让养殖户们真正知道了他们现在饲养的"大通牦牛""阿什旦牦牛"的特点、习性和养殖注意事项。看到农户们对基础知识有了一定的掌握后，专家就开始一边讲解一边进行操作。专家们事无巨细、不厌其烦地耐心讲解，对牦牛人工授精的技术要点重复演示，大家还在专家的辅导下现场开始了操作练习，平时遇到的难题和疑惑也豁然开朗了。

牧草是饲养牛羊最重要的物质基础，当地的养殖户平时去山上割草，或者把秸秆这类东西收回来储存着过冬当饲料用，但普遍都不够用。万一遇到冬天突然下大雪，各个村子的牧草就都缺得厉害，群众就只能硬挺着熬过冬天，如果挺不住，牛羊就有可能会饿死。

解决牧草供应问题的根本办法，还是要把牧草产量提上去、牧草储备做起来才是硬道理。在兰州牧药所牧草团队专家的指导下，陈化琦为当地引进了甘肃农业大学培育的"甘农1号"杂花苜蓿和研究所利用航天诱变育种技术创新培育的"中天1号系列紫花苜蓿"。苜蓿有着"牧草之王"的美誉，牛羊很喜欢吃。中天系列紫花苜蓿具有质优、丰产、多叶率、营养价值高等特点，非常适合冬季的牧草储备。当地牧民在试种了新品种苜蓿后，当年就实现了增产、增收。目前，临潭县紫花苜蓿的推广面积有6000多亩，大大提高了当地草畜业的生产效益。

当地油菜种植面积比较大，是农牧民增收致富的主导产业。2014年，牧药所向新城镇4个贫困村引进的"青杂5号"等优质品种取得了很好的经济效益，但是随着种植面积增大，重茬种植等原因，病虫害及植株倒伏多发，影响了群众种植油菜的积极性。2021年，陈化琦联系中国农业科学院油料作物研究所，在新城镇引进"中油

750""中油杂 19 号"新品种，开展示范种植，经过测产，引进的新品种相较当地的传统品种抗倒伏、抗虫性和抗病性较好，整体的产量提高了 16.8%，同样的地种不同的品种，产量立马就不一样，增产效果非常显著。油菜这种经济作物，它的籽主要用来榨油，大面积种植后，到了开花季节，大片金色的油菜花盛开，在蓝天下一路铺陈开来，很是壮美。

成片金灿灿的油菜花和苜蓿盛开的紫花，引来了蜂飞蝶舞。陈化琦请来中国农业科学院蜜蜂所的专家，做临潭县发展中蜂养殖产业坚强的技术后盾。北京的专家连续两年来到了临潭搞培训，现场指导，为有养殖基础的蜂农答疑解惑，讲授"蜂螨病"该如何治疗、蜂巢放药的方法，还为养殖户现场发放木质蜂箱和养蜂技术手册。来听讲座的养殖户一人领到一只设计精巧的新式蜂箱，格外开心。

养蜂，最大的风险是蜜蜂的平稳过冬问题，冬天蜜蜂很容易冻死或者饿死。常见的养殖方法都是农户摸索出来的，因为养得少，只有一两箱蜂。如果发展到规模化养殖，一旦不掌握科学的养殖技术，冬天将变成一个蜂群死亡的高风险季节，损失就会很大。

专家们悉心指导，告诉养殖户冬天要找一个向阳的地方，搭个棚子，然后把蜂箱放进去，要通风透气，达到相关的指标要求，而不能随随便便就把蜂箱带回家保暖，以及冬季蜜蜂采不到蜜，食物不足的问题应该怎么解决。教授了各种养蜂技术，蜂农的蜜蜂都能安全平稳地过冬了，养殖效益也随之大大提高了。

为了支持当地发展中蜂产业，拓宽丰富蜜源，陈化琦对接兰州牧药所为羊房村购买捐赠了 4000 多元的花种，有八瓣梅、六月菊、月季等各种适合在当地生长的花卉品种，播撒在羊房村的村道边、土坡、田埂、房前屋后，大面积连续种植，让蜜蜂既能采蜜，又能美化村庄的环境。现在你再去羊房村，一片花的海洋。肖家沟村有一个水库，离村委会不远，这里的景色美极了，这样的美景应该让更多的人来欣赏。陈化琦向村里建议围绕水库做足旅游文章，在水库边上建几个农家乐，来的人也就多了，把这里打造成景点，为农民搞创收。陈化琦的提议让村委会有了乡村振兴发展旅游的新思路。依托肖家沟村的水库自然资源和羊房村的中蜂养殖、花卉产业链，在陈化琦的推动下，肖家沟村、羊房村成功申报临潭县"小康村"建设示范点。

驻村工作队队长的经历，陈化琦最显著的变化是较为全面地了解了临潭县特色农业产业的情况，他努力与当地的需求相结合，把兰州牧药所的项目和技术配套与当地产业发展技术需求对接起来。一遍遍在兰州与临潭之间奔走，路越跑越熟，仿佛路越熟也变得越短，他和当地的农牧民群众、技术推广人员，包括农业农村局的工作人员，都非常熟络了。对他们来说，陈化琦就是对他们最有用的人。

陈化琦还记得刚来临潭的时候，和农牧民打交道，他说话当地人听不懂，大家都躲着他。村干部领着他挨家挨户去村民家里了解情况，后来和大家熟悉了，大家都亲切地喊他："陈队长！"

"我是农民的儿子，大学毕业才走出农村，我熟悉田间地头。从小家里就种地，我对农民有着特殊的感情，长大后当我看到麦子、玉米、水稻这些儿时陪伴我成长的农作物，我仍然格外珍惜，它们既是我童年的玩伴，又是家里唯一的经济来源。我知道农民最需要什么，也理解农民心里的顾虑是什么。"一接到派他担任驻村帮扶工作队队长的任务，陈化琦就想把这个工作干好，能为村民扎扎实实地做些事情，帮助他们走出贫困，是陈化琦愿意拼尽全力去完成的事。

畜牧兽医和农牧民的生产生活联系得非常紧密。陈化琦的到来帮助群众打败了特色产业发展道路上遇到的一只只"拦路虎"，利用兰州牧药所的团队技术优势，他仿佛给村民点亮了一盏盏致富创业的"指明灯"。这样的"陈队长"，谁能不喜欢？从最初的进门只给端一碗水,到现在不喝干碗里的酒不让走,用当地村民的话说,就是:"我们叫他陈队长,是这些年他用辛苦换来的;我们敬他这碗酒,是这些年他用真心攒下的!"

刚到扶贫村工作时,为了摸清情况、掌握信息,陈化琦带领驻村帮扶队员挨家挨户地跑。他详细记录了每一个帮扶户的家庭成员、实际困难和生活现状,了解当地的生活习惯和传统习俗,四个厚厚的笔记本写得密密麻麻。在科研单位长期养成的工作习惯,让陈化琦做任何事都养成了科学思维方式和严谨的做事态度。陈化琦白天入户走访,晚上挑灯夜战,与队员们一起帮助4个帮扶村制订了五年产业发展规划,还制订了675户建档立卡贫困户的"一户一策"帮扶方案,分类梳理了贫困户各类档案资料,明确帮扶措施、帮扶重点,有计划、有步骤地开始完成他的任务目标。

陈化琦的第一个帮扶户,是一家情况比较特殊的贫困户。第一次来到这所破旧的房子,家徒四壁的破败景象让陈化琦吃惊。因为家庭矛盾纠纷,这个贫困户家里就只剩两位年迈的老人和一个七岁的孙子。陈化琦经常给老人送点生活费,每次去家里,他都要揭开面缸、米缸看看还剩多少粮食。陈化琦还多方协调,为这个家庭争取了社保救助,解决了孩子的生活费问题。

驻村期间,陈化琦在留守儿童辍学情况摸底调查中发现,肖家沟村上初中的李秀娟辍学了。实地走访中,陈化琦得知,李秀娟父母双亡,跟随爷爷奶奶生活。孩子性格内向、自卑,有抑郁倾向,还患有轻度精神分裂症,无奈之下只好辍学,成天待在家里不出门。了解到李秀娟家中的情况后,陈化琦的心情久久不能平静,这个和自己女儿同龄的花季少女,却遭受着不该她这个年龄所承受的苦难。陈化琦与肖家沟村驻村工作队第一书记屈慧娟一起为孩子复学的事多方奔走,去学校找领导沟通协调,让老师在全班做好其他孩子的思想工作，教育孩子们对同学要关爱和包容。他们找来了李秀娟的班主任老师和几个曾经熟悉的同学，鼓励她去学校上学。就这样，李秀娟一直读到了初中毕业。陈化琦还为这户家庭申请了低保，减轻他们生活的压力。现在的李秀娟长大了，精神状态非常好，自己开始打工，能自食其力了。

点点滴滴的付出，陈化琦被村民当成了自己人。当地的村民非常朴实，农闲时大家聚在一起坐坐，喝点青稞酒，都要喊上他。村民谁家有个婚丧嫁娶，陈化琦也喜欢去帮忙，去了不认识的人酒杯端上碰一圈下来，也都认识熟悉了。

"在临潭帮扶能够把整个中国农科院的科技优势，包括我们兰州牧药所的科技、人才、平台优势，应用到当地的产业发展中，通过产业发展带动群众脱贫增收，这是我这几年来最大的收获。"陈化琦这样感慨着。

现在，走进肖家沟村，平坦的村道上，小汽车来来往往，村容村貌有了极大的改观。陈化琦还记得2015年刚来的时候，村里房前屋后麦秆乱堆乱放，帮扶干部还去帮村民打扫卫生，清理垃圾。每到开大会时就在会上拿大喇叭喊着要求大家注意环境整洁卫生。

现在，群众的收入提高了，精神面貌也在改变。记得住乡愁，留得住乡音。越来越多的青壮年返乡发展种养殖产业，更多的家庭团聚一堂，老有所养、幼有所教、贫有所依、难有所助，当地教育的重视程度日益提高。临潭的乡村正悄然发生着可喜变化，一幅美丽乡村画卷正徐徐展开。

扶贫永远在路上，从打赢脱贫攻坚战到全面推进乡村振兴，更离不开科技的力量。

结束工作队长的任务后，陈化琦的工作重点放在了对临潭县的科技帮扶上。他充分发挥研究所国家级科研院所的科技、人才、成果优势，围绕临潭县特色优势农牧产业的科技需求，居中协调，做规划，实施扶贫项目，对接产业，派专家，供良种，送技术，搞培训，做示范，集成牛、羊、蜂、草等新品种、新成果、新技术，以科技支撑当地特色农牧产业发展，促进农业增效农民增收，助力临潭县脱贫攻坚，打造农科扶贫"临潭模式"。

2019年年初，中国农业科学院党组将临潭县列为中国农业科学院全国4个重点科技扶贫示范县之一，举全院之力助力临潭县脱贫攻坚和乡村振兴。2021年，根据中国农业科学院党组关于科技支撑乡村振兴战略安排部署，做好巩固拓展脱贫攻坚成果同乡村振兴有效衔接，兰州牧药所与临潭县签订了《2021—2025年共建乡村振兴示范县协议书》，按照"3+N"工作机制，强化科技支撑，促进临潭县农业农村高质量发展，为实现临潭县乡村全面振兴贡献中国农业科学院的智慧和力量。

陈化琦牵头起草的致唐仁健省长的一封信《发挥科技优势　支撑畜牧产业发展　助力甘肃脱贫攻坚行动计划》得到了唐省长的肯定性批示，起草的《中国农业科学院科技助力临潭县脱贫攻坚和乡村振兴战略实施方案》，得到中国农业科学院党组张合成书记的肯定性批示。在兰州牧药所各位领导和专家的不懈努力下，研究所围绕临潭县特色农业产业发展，建立优质牧草示范基地6000亩，建成科技推广示范点18个，推广具有自主知识产权的牛羊草药优良品种和新产品20多个，辐射带动合作社、龙头企业50余个，培训农牧民、技术骨干3000余人次。2020年2月28日，甘肃省政府发文正式批准临潭县退出贫困县。

每隔一两个月，陈化琦还是要去一趟临潭，他的任务是组织技术指导，现场对接，有针对性地解决产业以及帮扶工作中遇到的各种问题。如今的陈化琦早已成为临潭脱贫致富和现代科技帮扶之间的纽带，"造血式"的科技扶贫，"不断线"的专家帮扶，为贫困地区提供了有力的科技支撑。

陈化琦和他身后的农业科研力量，正用现代化的科学技术，将临潭的贫困连根拔起。

（作者：李　端）

远方的家
——记农发行甘肃省分行办公室行政经理高飞

高飞简介

高飞，男，回族，中共党员，硕士研究生学历，农发行甘肃省分行办公室行政经理。2019年5月，组织选派他到马衔山高寒阴湿区典型的深度贫困村——临洮县太石镇下梁村担任驻村帮扶工作队员。驻村扶贫两年来，他始终牢记共产党员的初心使命，克服工作、生活、身体等方面的多重困难，认真履行驻村帮扶"六大员"职责，用心用情用力开展帮扶工作，为下梁村2019年摘下贫困的帽子，于2020年全面实现稳定脱贫发挥了重要助推作用，以实际行动诠释了新时代青年共产党员的政治坚守和历史担当。

"爸爸，你不要走了好不好？"女儿睡着了小手也紧紧拉着爸爸的大手，在睡梦中嘟囔着，皱着的小眉头显示着女儿的不安。也许在女儿的心中，爸爸就像朵轻飘飘的蒲公英，睡醒了，吹一口气就会找不见。

高飞于心不忍，他已经不记得为了安抚女儿撒过多少次谎了。"好，爸爸不走。""爸爸很快就会回来。"面对着女儿的哭泣，高飞说不出那些残忍的实话，没有一位父亲面对女儿的请求不会动容。但是他的背后还有那些面朝黄土背朝天、一年到头却挣不了几个钱的农民，他必须去下梁村，回到那些村民的身边。下梁村，像是他在远方的家。

2019年5月，高飞被组织选派到马衔山高寒阴湿区典型的深度贫困村——临洮县太石镇下梁村担任驻村帮扶工作队员。

从农村走出去的高飞对于那些面朝黄土背朝天整日耕作的身影有种天然的亲切感。曾经的他就是被地里种出来的这一袋袋小麦，土里刨出来的一袋袋马铃薯供的上了大学。高飞无疑是幸运的，家里对教育的重视让他一路读着书走出了那个小小的山村。一年又一年，一茬又一茬的庄稼在风吹雨淋中顽强地生长，朴实能干的母亲常年在地里劳作，辛劳让她的腰仿佛总也伸不直，因为母亲，让高飞对于土地有着更为深切的情感。高飞的父亲是小学老师，他从小学习就好，是因为父亲每晚都会带着他在灯下看书写字，那一幕是他对老家最为温暖的记忆。高飞就是在这样的环境中一点点长大的。

高飞驻村的下梁村离临洮县太石镇政府17公里，海拔2280米以上。初到下梁村，映入眼帘的是S形盘旋上升悬在大山上的一条长长的坑洼的山路。下梁村叫下梁村，却在山顶，要去下梁村就必须上山。山路十八弯，弯道又急又陡，汽车开得像在坐过山车，这条通村公路是出了名的难走，山大沟深弯急，夏天雨后经常发生山体塌方或山水冲毁道路的情形,冬天雪后更是上不去下不来。好不容易到了下梁村,高飞忽然发现在下梁村手机没有信号。高飞不是第一次去生活贫苦的农村,却是第一次来到手机没有信号的村子。在这个偏远的连通信号都很弱的村子,住着160多户人家,这些人大多数一辈子都在下梁村,勤勤恳恳地耕种。通村公路都这么难走,就别提通社的路了,通社的路都是土路,雨后全是泥,一步三滑地,简直走不成,村里没有安装路灯,老百姓出行很是不便。

这一切,初到下梁村的高飞看在眼里、急在心里。驻村帮扶的第一个月,他就着手完成了下梁村的三年帮扶规划,明确要完成通社道路硬化、路灯安装等基础建设,切实解决群众出行难的问题,同时还要为村里的产业发展拓宽道路。

经过驻村帮扶队一年多的不懈努力,规划的目标任务已基本实现。利用农发行贷款支持临洮基础设施发展的机会,高飞和帮扶队长主动协调临洮县交通局筹措资金300余万元,对下梁村6.13公里通社道路进行了硬化。他们还协调争取东西部项目资金10万元,对下梁村7个社的产业发展路进行了拓宽,下梁村的农产品从在田间地头就搭好了通向市场的"桥梁",让下梁村的农产品不愁卖。他积极和帮扶单位沟通,争取单位捐赠资金6万元,为下梁村7个社安装太阳能路灯75盏,点亮了村民回家的道路。"现在出门再也不用踩泥了,晚上亮亮的,停电了也不怕。这一切要给帮扶队点赞!"听到老百姓的肯定,高飞总是笑笑,说:"这是我们应该做的!"

下梁村有七个社,歪歪扭扭地在山顶排成一排,因为山高路险,平时出行不便。国家有易地搬迁政策,将生活在缺乏生存条件地区的贫困人口搬迁安置到其他地区,并通过改善安置区的生产生活条件、调整经济结构和拓展增收渠道,帮助搬迁人口逐步脱贫致富。下梁村许多贫困户就符合易地搬迁政策。于是,村里有很多村民都搬迁到了山下的易地扶贫搬迁点，政府在那里帮村民们修建了新房子，那里离镇上近，村民们平时生活，孩子上学都会方便很多。搬家是件麻烦的事。有一次，高飞在村里入户时，正巧碰上一个易地搬迁户正在搬家，高飞二话不说，就开始帮村民收拾东西，还帮他们搬起了家具。他专挑大件扛拿，家具全部装上了车，他也上了车。到了新房子，再一件一件帮人家从车上搬下来，就这样，他一直从早上搬到了下午。搬完后，户主拉着高飞的手，感动地说："高队，真是过意不去，麻烦你啦！"高飞笑呵呵地说："不麻烦！不麻烦！这不恰好碰上了，只是搭把手的事。"一句亲切又实诚的回答，让他和老百姓亲得如同家人一般。

　　高飞第一次见到张国民时，他在村里的公益性岗位工作。他外向热情，对每一个人都是笑脸相迎，他开朗的性格给高飞留下了很深的印象。张国民因为之前出过一次车祸，摔伤了腰，后来伤虽然好了，但是腰却落下了病根，不能使劲，所以被安排到了这个公益性岗位，为家里补贴一点家用。高飞没有想到的是，这样一个阳光开朗的汉子背后，却有着无比艰辛的生活。高飞有一次去张国民家家访，给高飞开门的是张国民的岳父，老人的腿患有风湿，走路时像是在跪着走。一进门，四面环顾，小小的房子里挤着三代人。张国民有两个孩子，儿子患有癫痫，时不时会犯病。女儿患有脑垂体综合征，手指不灵活，个子总也长不高，就像个小孩子的样子。走进这个家，眼前的一幕对高飞是一个极大的冲击，他怎么也没法把平日里那个说说笑笑外向开朗的张国民和这种萧瑟感联系在一起。高飞和张国民聊了起来，后来他只要有空，就来张国民家，和他说说话，看有没有能帮上忙的事，就搭把手。张国民家里主要的收入来源就是那几亩地，张国民的腰不好，田里全靠张国民的妻子在打理。公益性岗位收入低，他之前带女儿去甘肃省人民医院看病还花了一万多元。张国民谈到家里的欠账，这个爱笑的汉子脸上有了为难的神情，这一万多元对于这样一个贫困的家庭来说实在是太多了。高飞将这个情况反映给村里，并反复协调镇上，将张国民家的三类低保调整成一类低保，同时张国民带女儿去看病的钱也纳入大病救助的范围内，给报销了6000元。再看到高飞，张国民笑得更开朗了，他拉着高飞非要去他家串门，他是真把高飞当成亲人了。

因为大人都外出去务工去了，下梁村有很多留守儿童，高飞和他的同事们时不时地关照着这些孩子。大家都有孩子，驻村工作也离开了自己的孩子和亲人。有同事开玩笑地说："我们的娃在城里也算是留守儿童不？"高飞苦涩地笑笑，又是好几天没见女儿了，虽然不舍得，但是也没有其他办法。女儿每天晚上都会给他打来视频电话，她在视频里扳着小手指头一天一天地计算着高飞回家的日子。"爸爸，你还有两天就回来了。""爸爸，你还有一天就回来了。"高飞也会有孩子气的一面，女儿说还有一天爸爸就可以回来了，高飞故意逗她："还有三天吧，你记错了。"惹得女儿马上去找妈妈求证。

下梁村是深度贫困村。2019年年初，全村还有32户129人没有脱贫，贫困发生率达20%，要实现整村脱贫，时间紧、任务重。到下梁村开展帮扶工作后，高飞马不停蹄入户走访，用最短时间摸清村情、户情，了解掌握清楚基本数据。他白天忙着入户，聊家常、讲政策，晚上也不闲着，和队友们学政策、定措施，研究商议第二天的帮扶工作，有的时候忙起来饭也顾不上吃，三顿饭变为一顿饭也是常有的事。为实现精准和动态帮扶的要求，在制订完成"一户一策"脱贫计划的基础上，高飞围绕"两不愁三保障"等脱贫指标，自己设计制订了精准帮扶基础表，并定期更新有关情况数据。有了这张表，各项工作开展得怎么样，进展怎么样，一目了然，清清楚楚，有效地提升了下梁村脱贫工作的针对性和精准度。

高飞他们住的地方在下梁村五社的村委会，村民们住得分散，五社外出务工的人多，村里年轻人少。三个驻村干部就常和一个住在附近的五十多岁的单身老汉夏青会在一起唠嗑，被村民们戏称是"3+1"组合。夏青会平日里话不多，也一直没有娶到媳妇，最大的乐趣就是去听帮扶干部聊天解闷。他生在下梁村，长在下梁村，对于村子里的情况最为清楚，听着听着，他也和大家聊了起来。平日里高飞的"情报"都是从他这里获取的，有了他的"情报"，高飞对村民们的了解就更加深入了，也能更好地想出办法来对症下药。

　　民以食为天。对驻村帮扶干部而言，吃饭始终是个头疼事。平常工作忙不说，就算闲一点，一天三顿饭，让大家吃饱吃好也是件难事。有的同志不会做饭，可就算是喜欢做饭，天天做、顿顿做也很难坚持下去。这方面，高飞有"高招"。驻村要吃饭，只能自己上。他每周都会购买好做饭用的菜、肉、面等食材，坚持每天给大家做饭。在他的带领下，后来帮扶队三个人轮流做起了饭。再后来，镇上的驻村干部和村干部也时常来"蹭饭"。有时候，检查组的同志们来了，高飞还不忘"露一手"，大家一致称赞："高队做的面片，好吃！"时间长了大家都知道，高队擅长做面食，而且乐意给大伙做。自己买的食材，自己动手给这么多人做饭，花销不小。他去年刚买了房子，工资大部分用于偿还房贷，但对此他从来没有计较过。"每次到镇上开会办事高队都会请我们吃饭，高队为人亮豁，心里老想着别人。"这是村干部们对他的一致评价。

　　蒋俊德是二社的五保户，没有子女，七十多岁的年纪，没有什么收入来源，平日里就靠着政府的补贴过日子。五保户的补贴不会直接给蒋俊德，而是给到蒋俊德的监护人卡里。蒋俊德没有亲人，所谓监护人不过是蒋俊德年轻时经常去打工的那户人家罢了。监护人平时住在县城，蒋俊德平日里总是没法及时拿到补助金，监护人也不能定时来看望他,只能等着村里人下山去镇上时,托人从监护人那给他捎带一些面条馍馍什么的。拿来了,他就自己把面条晒干,每天煮一点来吃。这些吃食仅仅够他维持生活,没有荤腥,菜园里自己种的小葱韭菜就是蒋俊德平日里的蔬菜来源。一碗白水煮面,撒点盐,有时加点韭菜或者小葱,七十多岁的蒋俊德整日里吃的就是这些。高飞知道了他家的情况,但是他了解到蒋俊德的监护人是时任村干部,高飞当时刚到下梁村,为了不影响帮扶干部和村干部的关系,他当时没有急着把这件事说给那名村干部,而是在心里盘算着更巧妙解决问题的办法。过了几天,镇干部到村上开展大走访,高飞看似无意实则"有心"地把镇干部引入蒋俊德家。一行人来到蒋俊德家里后都很震惊,于是问蒋俊德想不想去养老院。碍于那名村干部也在现场,蒋俊德老汉迟疑着,半天没有开口回答说去还是不去。高飞自然是注意到了,等到大家都出来后,他拉了拉镇上民政专干,掉头又回到蒋俊德家,再问他想不想去养老院。没有了村干部在场,蒋俊德老汉激动万分立即表示,想去养老院。

　　事情就这么说定了,镇上的干部也就立即将这件事安排上了日程,但是执行需要时间,蒋俊德不能马上去养老院。可是,他知道高飞对自己好,每天早上天一亮,他就来找高飞,问什么时候才可以住进养老院。是啊,天天只能吃煮面条的蒋俊德,当然迫切地想要离开这样的生活。眼下的生活对于这位七十多岁的老人来说,尽管可以维持温饱,但这种生活毫无幸福可言,简直就是痛苦和折磨啊。老汉信任高飞,他觉得这个驻村干部是真正为他考虑的,也是真心想为他做事情的,于是蒋俊德天天来。高飞看在眼里,急在心上,他把自己买来的吃的东西分给蒋俊德,不断地给镇上打电话,替蒋俊德协调办理去养老院的各项事宜。要填表,要报资料,还有各种细细碎碎的琐事。高飞反复盯着不停地催促,就这样,这件事很快就落实到位了。

全面建成小康社会 甘肃奋斗者（下）

为了确保蒋俊德的生活质量，送老人去之前，高飞和帮扶队长专门去养老院实地考察，仔细看了看养老院的住宿和生活环境，食堂的菜单以及做饭的过程。之后，他又亲自和帮扶队长、村支书一起把蒋俊德送到了龚家大庄养老院。过了一段时间，他们又去看望蒋俊德，想看看老人过得习惯不。住进养老院的蒋俊德精神了许多，衣服也穿得干干净净，他看起来非常高兴，在这里他不用自己做饭，一日三餐有人照料，荤素搭配，平时还可以看看电视，衣服也有人定时洗，比起在村子里的生活，简直是天上地下，幸福太多了。

下梁村开展村容村貌整治的过程中，一社有一户人家，她家的院子，不，不能说是院子了，院墙早就坍塌，掉落的石块土堆散落在旁边。这个连院墙都没有的屋子里地住着刘凤巧母子。刘凤巧有智力障碍，讲不清楚话，高飞第一次走进这个破败的院子，刘凤巧就站在屋子前，到处脏得下不去脚，她身上破衣烂衫的，手和脸脏得看不出颜色，却满脸怀疑和警戒，上下打量高飞他们这群"不速之客"。她的家家徒四壁，破破烂烂的家具，刘凤巧站在那里，并不显得突兀。睡觉的土炕上塌了一个大洞，不知道她每天是怎么睡的。这样一个几乎不能被称为家的地方，就是面前这个只会咿咿呀呀说话的女人的避风港。刘凤巧的儿子夏玉磊时不时出去打工，平日里家里只有刘凤巧一个人住，她不收拾自己，也不收拾家。她像是被遗忘在时光里，村里人也很少和她来往。

高飞和帮扶队干部、村干部们商量着，一起去给刘凤巧家修围墙。很快，围墙重新被垒了起来，大门也换了一个新的，看起来光亮又整洁。高飞他们还张罗着给刘凤巧家修了一个厕所，原本杂草丛生的院子经过他们一番收拾，变得光鲜亮丽。刘凤巧不会讲话，智力也不如正常人，但是她天天看着，她心里明白，是这些帮扶队的干部们带着大家一砖一瓦帮她整修了她的家，她没办法清楚地表达自己的想法，只能用简单的啊啊啊，用属于她自己的独特方式表达感谢。高飞经常去她家，次数多了，通过刘凤巧不同语调的"啊啊啊"以及一些比画，渐渐可以明白刘凤巧的意思。虽然言语表达不清，但是刘凤巧特地给帮扶队员们拿来了一颗白菜，那颗外皮剥的干干净净的白菜就是她无声的感谢。刘凤巧的儿子夏玉磊回来后，看到家里大变样，很是感动，人也变得勤快了，他在打扫自家院子的时候也会顺便将院子附近的村道打扫干净。这些淳朴的农民，虽然遭遇过种种不幸，但是他们受到帮助后，也会尽力做一些事情来回报村子，回报大家。

一社有一个叫夏青有的老党员，家里只有老两口，都是七十多岁的年纪，拿着一类低保。高飞时不时过去关照一下老两口的生活，看看他们有什么干不了的活计，帮他们做一下。夏青有虽然已经七十多岁了，但是看起来很精神，面色红润，浑身上下都散发出一股子干劲。高飞有一次去一社，发现有一个整齐的小院略显突兀地立在路旁，柴草整整齐齐地码着，附近的一大片地方都收拾得干干净净。一打听，说是夏青有的家。问他怎么收拾得这么利索，他笑得腼腆："我是老党员，村里让收拾，我就要以身作则起带头作用嘛。"夏青有觉得他就是顺手做了的活，其实没有什么。

高飞和夏青有接触多了，才知道，这么一个干练勤快的老人居然患有癌症，并且已经和病魔斗争了好几年，夏青有对生活的热情，他乐观积极向上的心态，怎么看都不像是一个已经身患癌症好几年的老人。走进他干净整洁的院落，再走进他的屋子，你就会发现，老人原本就是个勤快人，屋里和屋外收拾得一样整齐，家具没一点灰尘，被子叠得方方正正，屋子中间一只生铁炉子也用油抹布擦得明光发亮。就是屋子有一面墙，有一个巨大的裂缝。高飞回去后，就和帮扶队长、驻村干部、村干部们商议，赶紧帮夏青有老人申请了危旧房改造的项目，没过多久，项目批了下来。施工队用了两个月的时间，在他原来的房子旁边给夏青有老两口重新盖了两间新房子。看着新盖起来的房子，夏青有拉着高飞他们的手流下了眼泪："我入党这么多年，没有给党和国家做过什么贡献，党却时时刻刻记挂着我，给我新盖了房子，给我每个月发了低保，我真是不知道说什么好。"

夏青有从来没向村里提过什么要求，他常说不能给党和国家添麻烦。他常年生病，家里经济紧张，治病的花费大啊。老两口都是老实本分的农民，实在是负担不起这个病的开销，就想着不治了。高飞他们替夏青有申请了大病救治补助，尽可能给他报销一些医药费。夏青有对党的政策感激不尽，对高飞和帮扶干部感激不尽。他好几次说要给高飞和帮扶干部送自己家种的土豆，高飞都没有拿。周末，高飞和帮扶干部坐车回家时，远远就看见夏青有等在路口，老人身旁一溜排着好几个袋子，是给高飞他们装的土豆，老人说："你们不拿着，就是看不起我。"高飞他们不得不收下了这份沉甸甸的心意。

夏青有送的土豆都是自家地里种的，是夏青有精挑细选过的，个头大小匀称，麻皮，家里人都很喜欢吃。夏青有感激党的好政策，感谢高飞他们帮大家公正地落实政策。他反反复复搓着手说："政策好啊，政策好啊，就是我没给党和国家作出过什么贡献。"对夏青有来说，这是他唯一的遗憾。

有懂得感激的，也有因为一些事来村委会大吵大闹的。高飞总是会选择理解，他愿意站在村民的角度，理解他们内心的感受。有的村民拿到了补助，有的却没有，心里难免会产生落差。这时候，他们就跑来村委会闹腾，让他们把心里的怒气、不平撒出来，他们的心情就会好很多。遇到这种时候，高飞就耐心地听他们说，让他们骂痛快了再说。二社有一户就是因为补助的问题，一时生气，见到高飞就是一顿骂。他家里开了一个小商店，没有再去种地，村上发种植业奖补，就没有他的份。村里干部解释政策他可能没有听太清楚，他就不明白为什么别人都有这个补贴,只有他没有。于是他找到村委会,找到高飞他们打算问个明白,结果越说越激动,变成了骂人,满腔怒火对着高飞骂了出来。高飞也不着急,他还给蒋德虎泡了杯茶,让他坐下慢慢说。蒋德虎的怨气怒气撒完了,高飞这才慢慢给他讲清楚了政策,让他明白为什么大家都有这个补助他却没有。高飞知道,这些村民并非蛮横不讲道理,他们只是需要一个地方来诉说自己的委屈和愤怒,说完了,你给讲清楚,他自己也就想明白了。所以遇上这样的村民,高飞从来不恼,不和他们争辩,只是默默地听着,任凭他们抱怨,人人都有需要诉说的时候,高飞身为帮扶干部,他更不能和那些村民斤斤计较。

和女儿视频通话,是高飞每天最幸福的时刻。"爸爸,我想你了!你啥时候回来啊?"这是小姑娘问得最多的一句话。驻村一年多来,高飞没有因私事请过一次假。周末,帮扶队需要值班时,他总是自告奋勇。但这一年来,家里也有很多事需要他这个"顶梁柱"去操持。2019年开始驻村时,家里刚买了新房子,因为只有周末才可能回去,原计划三个月的装修,拖拖拉拉持续了近一年还没完工。那一年里,周末一回家,他就里里外外忙不停。"我驻村回不去,顾不上家,老婆一个人又要接送孩子、装修房子,还要上班工作,她太不容易了。我亏欠家人太多,只能以后再补!"提起家人他总是歉疚不已。

二社原社长经常外出务工,不按时参加村里的会议,各种政策总是不能很好地传达,管理也懒懒散散,二社的工作很不成样子。高飞几次和他谈话,问他愿不愿意好好干,怎么好好干,他不愿意放弃社长这个位置,但是工作也没有什么改进。

每个社的工作能不能做好,社长太关键了。这就好比羊群要走路,就要有个好的领头羊。一个社的社长要上传下达,接受了村委会的指令,再传达给村民们落实到位,所以社长是一个需要有高度责任心，为大家无私奉献的人。这件事必须要解决好。

做好农村工作，高飞的经验是要严格依据法规，但是方法要灵活。他带领大家一起认真学习《村民委员会组织法》，社长必须要选举产生。然后，高飞和村委会干部、驻村干部一起来到二社，挨家挨户走访调查，让村民推选提出他们心目中最适合当社长的人选。

入户走访完成之后，宋磊成了走访调查过程中票数最高的人，超过三分之二的村民都选择了宋磊，认为宋磊更加适合来担任二社的社长。宋磊家是种地大户，他是村里的致富带头人，在村里有威信，而且他长年累月在社里，有什么事情也方便上传下达。于是高飞在二社原社长的家里召开了会，讨论关于选举二社社长这件事。夏青福是原社长的支持者，他第一个跳起来反驳，说是社长要选举产生，说驻村工作队和村干部不能擅自决定二社社长的人选。高飞拿出来《村民委员会组织法》，他说夏青福说得对，他认真细致地给大家讲清楚选举规定。然后，他又拿出走访记录，向夏青福、也向大家讲清楚宋磊是如何被大家选举出来的细节，这并不是哪一个人的决定，而是大家选举的结果。以理服人，以德感人，最后夏青福也只好同意了，就这样，宋磊成了二社的新任社长。

不打不相识，夏青福开始服气这个会讲政策、会用政策的干部，而高飞也对这个读过《村民委员会组织法》的村民印象深刻。夏青福家三代同堂，都在一起居住。夏青福的老父亲七十多岁了，多年的慢性病，腿脚不好，无法走路，平日里只能卧床。夏青福的女儿智力有点问题，全家的劳动力只有夏青福。他既种地，又养了好几头牛和一群羊，每天起早贪黑辛辛苦苦，全家勉强有个能糊口的收入。夏青福想问社里要个低保，他家里的情况确实也是可以纳入低保的范围内的，但是夏青福是一个特别顾及面子的人，他说不出口想要低保，他要强的性格也不想让别人知道他家里需要低保。高飞知道夏青福的难处，也知道他要强。高飞说，你这么多年，照顾父亲和女儿，还养了牛和羊，是很勤劳能干的，政府为了对你进行奖励，给他发了低保补助。高飞特意强调这是奖励，照顾了夏青福的自尊心，也给了补助，一举两得。果然，夏青福听见高飞这么说，欣然接受了低保补助。在高飞之前，村里也有干部去他家做工作，但是都被倔强的夏青福给赶走了，只有高飞，变通的说法让大家都很满意，工作做通了，补助也替夏青福争取到了。从那之后，夏青福和高飞的关系越来越好了。

还有一次村里给未脱贫户发电视机，其他人的电视机早早都领走了，只有夏青福家的电视机一直在村委会放着。村干部说，以夏青福的性子，这个人是绝对不可能来村部取电视的。高飞也清楚，按照夏青福那要强的性子是不可能主动来领取电视的。于是他主动来到了夏青福家，高飞先是询问了一下夏青福最近的生活，而后话锋一转说到了电视机，高飞问夏青福为什么不去取电视机。夏青福支支吾吾说不出个所以然，高飞故意用开玩笑的口吻问夏青福："你还打算让我们亲自给你把电视机送过来吗？"夏青福一口否认，高飞又笑眯眯地说："那你打算啥时候去取电视啊，都在村部放了这么久了。"夏青福当即说明天就去取。果然，第二天夏青福就骑着摩托车来拉走了电视机。

夏青福要强、能干。村里新批了一批公益性岗位，需要一个管理者，高飞他们第一个想到了夏青福，夏青福的能力是毋庸置疑的，他来干，最合适不过了。高飞他们就去找夏青福，问他愿不愿意把这些公益性岗位的人给管起来。夏青福欣然答应。夏青福是一个肯干事的人，遇到什么事他永远冲在头里，起到了很好的示范作用。他性子又强，大家都怕他，有谁不好好干活，他就会毫不客气地跳起来说。他当了这个管理者，公益性岗位的这些人各司其职，活干得井井有条。

夏青福知道高飞是回族人，平时吃饭需要和别人分开，夏青福就特意买了新茶壶和一次性纸杯，每次高飞来他家时，他就用新茶壶给高飞煮鸡蛋吃。其他干部用的都是自家的杯子，夏青福唯独给高飞准备好了一次性杯子，专门给高飞喝水用。有时候夏青福去镇上，还会特意给高飞打包手抓回来。

大家说高飞是下梁村的"司务长"，财务、伙食、住宿，大大小小的事他都管了个遍，除此之外，高飞还主动承担起了下梁村"秘书长"的工作。高飞是中国人民大学研究生，来农发行工作前，先后在酒泉市人社局、甘肃省委农村工作办公室工作。工作10年来一直在办公室负责文字工作，是大家公认的笔杆子，省分行机关驻村的"战友"们都亲切地叫他"高秘"。他有一个习惯，就是每天起床和入睡前，都要浏览当天的时政新闻，特别是总书记最新讲话和指示精神、中央和上级有关脱贫政策要求、农发行有关制度和动态。开展驻村帮扶一年多来，高飞累计起草有关下梁村和帮扶单位驻村帮扶工作汇报、调研、情况反映等材料百余份，多次得到上级和检查领导的肯定和表扬。虽然是下梁村的材料，他还是严格要求自己，坚持工作的标准不降低。驻村的同事半夜起来上厕所，经常发现他房子的灯还亮着，大家心里都知道，高队又在加班赶材料呢。

意外和明天，谁都不知道哪个会先来。2020年5月，高飞在回家路上出了一场车祸，车祸导致高飞头部严重受伤，当场昏迷。等高飞再次醒来时，已经是在医院了，医生诊断高飞是颅脑中型损伤，需要住院静养治疗。组织上关心他，想把他换回来，下梁村的驻村工作由别人接手。但当时正是脱贫工作的关键时期，脱贫攻坚战还没有打赢，高飞不忍心抛下下梁村的村民，他也不能允许自己临阵脱逃，于是他要求单位选派一名干部临时接替他到村工作。经过一段时间的治疗，在身体还没有完全恢复的情况下，他就带着对脱贫攻坚事业的执着和对贫困群众的深厚感情，主动要求返回村里继续开展帮扶，与群众一道打赢这场脱贫攻坚战。

高飞是个言语不多的人，但是他用行动践行了对党的忠诚，诠释了他的职责和坚守，也彰显着新时代共产党员的责任与担当。

2021年5月15日，高飞接到了通知，他要离开这个待了两年的下梁村了。通知下达得突然。5月17日，高飞他们和新队员交接完工作，安顿好新队员，又与领导、村干部们一一告别。所有事情处理完，已经是晚上八点了。村里人向来睡得早，那个时间大家已经基本都睡下了，高飞打算去给他们"3+1"组合的夏青会告个别。夏青会虽然话少，但是和高飞、和这些帮扶干部的感情很深厚，周末他们回家的时候都是夏青会在帮忙照看村委会。冬天的时候，他们从家里返回村子，夏青会早早地就替他们生起了炉子，进门的时候屋子里都是暖暖的。每次高飞他们回来，周一的夏青会是最激动开心的，每次周末高飞他们要走，夏青会又是最难过不舍的。

高飞敲门，从睡梦里穿衣起床的夏青会听到他们要离开这件事后，当即愣住了，他像个手足无措的孩子，眼眶慢慢蓄满了泪水，口里却絮絮叨叨地问："怎么这么突然啊。"

五社还有一户夫妻，高飞去和他们道别的时候，丈夫从屋内拿出来一双纳好的鞋垫，一定要高飞收下。鞋垫是他妻子早就准备好的，亲手一针一线绣出来的。他妻子患有类风湿，手指不灵活，鞋垫上布满繁茂盛开的花朵，不知道她是怎么绣出来的，她大概很早以前就开始准备这个鞋垫，赶在高飞走之前完成。高飞拿着鞋垫，看着上面细细密密的针脚，心里说不出来的感动。回到城里，高飞把鞋垫珍藏在了衣柜里，哪里舍得用。

"爸爸，你回来了！"女儿高兴地扑进高飞的怀中。是啊，回来了，高飞带着2019年下梁村全村脱贫的荣誉回来了。他回了家，可是现在，在他的心里，下梁村是他远方的另一个家。

（作者：郭馨文）

广厦万间安居梦

——记陇南市礼县住建局副局长赵雨

赵雨简介

赵雨，男，汉族，中国共产党党员，1977年12月生，1994年9月参加工作，现任礼县住房和城乡建设局党组成员、副局长。赵雨同志为百姓办实事、解难题，更好地完成"两不愁三保障"中住房安全有保障任务，发挥自身优势，脚踏实地，竭尽所能为百姓服务，乡村面貌的改变和群众脸上的笑容就是他辛勤付出的最好见证。

"安得广厦千万间,大庇天下寒士俱欢颜,风雨不动安如山。"

习近平总书记曾引用杜甫的这句诗来表达对民生的关切。对老百姓而言,保障住房安全是安居乐业的重要前提,也是解决"两不愁三保障"的五大重点任务之一。

礼县是国家扶贫开发工作重点县,也是秦巴山片区集中连片特困县、甘肃省深度贫困县,由于自然条件差,经济基础薄弱,安全住房始终是困扰礼县山区群众的头等大事,特别是贫困群众最为紧迫、最急需解决的问题。礼县县委县政府把农村危房改造作为脱贫攻坚的重点工程来抓,以贫困户住房安全有保障为总体目标,通过易地扶贫搬迁、拆危治乱、危房清零等手段,经过多年不懈努力,全县危房改造工作成效显著,一座座新房拔地而起,一个个村庄焕发新颜,有效解决了贫困户安居问题,为全县打赢脱贫攻坚战奠定了坚实的基础。

这些成绩的取得,背后又付出怎样的努力,克服了多少困难,最有发言权的人必然少不了赵雨。作为礼县住房和城乡建设局党组成员、副局长,他主要负责农村住房安全工作,每年要消除多少危房、要搬迁多少群众、工作的难点在哪里、工作的瓶颈在哪里……他的心里有一本明明白白的账。礼县农村生产生活基础薄弱,加之"5·12"地震、"7·22"地震后均未纳入灾后重建重点县范畴,农村危房存量巨大,是全县决胜脱贫攻坚的最大瓶颈。

领导和同事都说赵雨熟悉工作,情况清、底子明,但真要做到"清"和"明",没有大量脚踏实地的调研、进村入户的走访、报表数字的分析对比,是根本不可能做到的。为了准确掌握全县农村住房安全实际情况,有针对性地做好农村住房安全有保障工作,赵雨始终坚持乡不漏村、村不漏户的原则,坚持实地查看,全县29乡镇568个行政村都留下了他的足迹,被同事戏称其为"下乡专业户"。由于有些村组交通不便,且村民居住零散,为了完成危房清零目标,赵雨带领工作组深入边远村组，不畏艰辛、不辞劳苦，无论头顶烈日还是刮风下雨，即使步行也要做到眼见为实，并总是把偏僻的、困难多的村组留给自己。他白天跋山涉水，晚上加班熬夜，经过一个多月的艰苦奋战，扎实完成了危房排摸任务，为实现危房"清零"目标奠定了基础。

为了使危房改造政策做到家喻户晓，赵雨带领业务人员走村入户宣传和讲解危改政策，并发放宣传册，同时指导乡镇充分利用微信、微博、宣传栏、张贴标语、发放宣传单和召开群众会、座谈会等多种形式，大力宣传农村危房改造的意义，动员广大群众积极参与农村危房改造工程建设，把实施农村危房改造变成人民群众的自觉行动，共出动宣传车广播宣传10余次，张贴标语400余条，印发宣传单15000份，发送微博、微信500余条，营造了浓厚的危改工作氛围。

一

危房改造项目是保障农村住房安全的一项重大举措，为了制订更加适合县情的危房改造办法，切实加快改造进度、解决难题，切合实际，创新思路，赵雨认真学习中央和省、市危房改造政策，反复研究省、市相关文件精神，并积极征求各乡镇、各部门的意见建议，经过了多次讨论修改，明确了改造范围、建设标准、资金补助、建设方式、质量管控等重要内容，参与了《礼县农村危房改造工作实施方案》的制订，为农村危房改造工作顺利实施提供了有力保障。

在农村住房安全有保障工作中，赵雨始终坚持危房改造质量过硬、农户档案准确完善的原则。为确保精准排查危房对象，他积极向县委县政府建议采取政府购买服务的方式，聘请有专业鉴定资质的第三方机构,对全县29个乡镇农村危房进行全面鉴定,并对改造后的房屋进行再次鉴定,出具鉴定报告,从而为农村危房改造和住房安全有保障工作提供专业技术支持。为了有效提高工匠技术水平,确保改造质量和施工安全,组织举办了三期"危房改造管理人员及建筑工匠师资培训班",对各乡镇危房改造分管领导、危房改造业务人员、试点村建筑工匠等人员,就有关建筑抗震、农房加固技术方法、施工安全及建筑材料和质量等方面进行了培训,受训人员有100多人次,有效提高了建筑工匠实用技术运用能力。为保证农村危改档案真实准确,组织举办了"规范农村危房改造纸质档案培训班",就"一户一档"中前后逻辑关系、注意事项等方面进行了培训,有效提高了农户危改档案的准确性、真实性,对农村危房改造标准有了更加直观的了解。同时,赵雨带领同事们对全县29个乡镇进行分片包抓,对危改档案进行逐乡逐户审核,并将发现的问题列出清单,及时反馈乡镇,并限时整改,确保危改档案真实准确。

三分部署,七分落实。摸清底数、建立台账、强化培训,只是农村危房改造的最基础工作。礼县集中人力、财力和物力,全面出击、决战决胜,打赢农村危房改造"歼灭战",这才是住房安全工作的重头戏。

抓工作落实先要建立一套完善的机制,为了靠实工作责任,当地建立了联乡县级领导包乡,驻村帮扶工作队和工作队员、乡村干部包村包户责任制,县上与各乡镇、各部门及各单位签订了责任书,各乡镇、各单位与乡村干部和驻村帮扶工作队、帮扶干部签订了责任书,确保了危改任务落实到户,责任靠实到人。健全完善危房改造工作程序,按照"一申、二评、三核、四批"的要求,坚持"四公开"原则,严格做到政策公开、程序公开、对象公开、标准公开,所有危改对象都要张榜公布,接受群众监督,严格确定危房改造对象和补助标准。建立工程质量达标制度，指导乡村两级选择有资质或有能力的施工队对C级危房采取统一维修加固方式，对有意愿、有自筹资金能力的农户可选择拆除重建方式进行改造。对D级危房严格执行住建部《农村危房改造基本安全技术导则》标准，设置上下圈梁、构造柱，改造后的房屋必须达到地基基础稳定，承重墙体、梁柱、屋面等主要部件基本完好的要求。

做好了准备，建好制度，争取了项目，靠实了责任，赵雨觉得这样的好政策执行起来一定进展很快。但是当危房改造项目如火如荼地开展了一段时间以后，赵雨发现项目的进展和他预想的有很大的差别，部分农户改造已完成，个别农户仍未开工，甚至有个别农户心存畏难情绪。通过认真走访调研，赵雨发现贫困面大、农民收入普遍较低、家庭收入差距明显和群众政策了解不够，存在观望态度因素是影响项目进度的重要原因。为了解决这一难题，赵雨对危房改造户进行了分类，坚持分类指导，精确施策，精微服务，协调推进，对已开工的农户，加快拨付补助资金，鼓励其尽快完成改造；对开工缓慢的农户，进行摸底调查，造册登记，分析原因，采取针对性的措施，协调解决习俗、技工、劳力等方面的问题，想方设法帮助其尽早开工建设。对特困供养人员、主要劳动力为重度残疾人或重性精神病患者家庭、无劳动力的特困家庭等三类特殊困难群体，实施政府兜底解决建房资金，按照建房面积要求，征得户主签字同意，由乡镇委托施工队统一建设，有效解决了特殊困难家庭建房问题。通过分类指导、精准施策，项目进展不断加快，危房改造的浪潮在全县范围迅速掀起。

赵雨经常对身边的同事说，落实政策不能一刀切，胡子眉毛一把抓，要因地制宜，有的放矢。危房改造工作是一项大工程，更是要结合实际，采取灵活多样的方式推进工作。

三峪乡水沟村清岩组，地势险要，交通不便，给当地群众生产生活造成极大困难，部分农户搬迁后，剩余的 11 户群众虽然有危房改造意愿，但苦于材料运输困难，畏难情绪严重。赵雨了解情况后，开展了一次专题走访调研，通过农户走访和乡村干部询问后，了解到该村有一处废旧学校，对其校舍加固维修后，可以作为安全住房，用于安置当地危改农户。通过实地查看，确定可行性方案后，赵雨及时与乡政府联系，对该校舍进行了规划设计，通过加固维修改造的方式，将校舍改造成了住房，妥善将这 11 户农户进行了整体搬迁，解决了群众的后顾之忧。

危房改造项目的顺利实施，得到了老百姓的极大认可。

在下乡调研的过程中，每每听到群众对危房改造工作的赞扬，赵雨脸上就绽放出灿烂的笑容。"党对我们老百姓太好了！给大家盖起了新房子，无论刮风下雨再也不用担惊受怕了，是党的好政策让我们大家住进了新房子，现在既安全又敞亮，幸福得很！"雷坝镇坪头村村民陈春生激动地对赵雨说，"以前住的是土木结构的老房子，历经多年的风吹雨淋，房子鉴定为 D 级危房，由于生活困难，经济拮据，没有能力整修房屋，致使屋面上的椽子、檩子等腐坏，让我们激动的是政府及时对我们的危房进行了改造。如今，我们一家人住在混凝土结构的新房内，对未来的生活也充满了信心。"

桥头镇菜花村贫困户王各具家的房屋经鉴定为 C 级危房，木结构的椽檩已经松动，墙体也随之出现裂缝痕迹，按照要求能够享受危房改造政策，但是他一直很迟疑，只是加固的话自己没技术，找了人自己还得看着，半年不出门家里没有收入可不行，再说房子这个样子也好几年了，也没有出现啥问题。为了王各具家的房子问题，赵雨连续跑了三趟，又是讲政策又是看案例，又是说明利害又是讲政策补贴，更是联系了有资质的工程队，现场进行了勘验，预估工期和投资，终于让王各具下定了决心。房子加固维修后，王各具邀请赵雨来看看他焕然一新的房子。他说:"房子的木卯有间隙了,政府给我们请了工程队,经过加固处理,房子明显安全多了,电线也换新了,墙也粉刷白了,房子安全了,生活也安心了,我绝不能辜负党和政府的关怀,今年一定要努力脱贫!"

"一心感谢共产党,全家喜气进新居",横批"脱贫致富",新房子门上的这副对联,表达了王各具的心声。

说起这些年全县的危房改造工作,赵雨是如数家珍:"2010—2019年共实施农村危房改造项目35445户。其中2010—2012年共实施农村危房改造5410户(2010年共实施危房改造310户,2011年共实施农村危房改造200户,2012年共实施农村危房改造4900户);2013—2015年共实施农村危房改造11000户(2013年共实施危房改造3100户,2014年共实施农村危房改造2900户,2015年共实施农村危房改造5000户);2016—2019年共实施农村危房改造任务19035户(2016年共实施危房改造2200户,其中建档立卡户1235户);2017年危房改造任务10781户,其中建档立卡户4936户,其他农户4007户;2018年实施危房改造3867户,建档立卡户1200户,其他农户2067户;2019年共实施危房改造2187户(建档立卡户1442户,低保、分散供养、残疾人家庭745户),'3+1'冲刺清零151户(建档立卡户63户,低保、分散28户,其他农户60户)。现已全面完成了改造任务,做到了乡不漏村、村不漏户,如期实现了全县贫困户住房安全整体达标。"

通过实施危房改造项目,农村困难群众住房安全得到基本保障,居住条件得到显著提升,居住环境得到明显改善,因自然灾害而发生居住不安全的因素有效减少,为助力全县决战决胜脱贫攻坚,如期实现脱贫摘帽工作奠定了坚实基础。

广厦万间安居梦

二

易地扶贫搬迁是住房安全的又一项主要措施，是"挪穷窝"与"拔穷根"的治本之举。

为认真抓好易地扶贫搬迁工作，赵雨牢牢把握国家和省上易地扶贫搬迁政策，紧紧盯住"一方水土养不起一方人"地方贫困群众脱贫致富目标任务，坚持"政府主导，群众自愿；积极稳妥，保障基本；因地制宜，科学规划；精准识别，创新机制"的基本原则，严格执行《甘肃省易地扶贫搬迁项目建设管理办法》，全面推行"规划、机构、对象、产业、计划、进度"六上墙的挂图作战模式，对实施主体、搬迁对象、补助标准、资金来源、建设工期、项目标准以及产业配套等，制作项目标示牌进行公告公示，实行"阳光操作"，接受社会监督，保障群众知情权、参与权和监督权。采取集中安置、插花安置、货币化安置等多种方式，因地制宜，分类施策，按期高质量完成了全县的易地搬迁项目，实现了"搬得出、稳得住、能致富"目标。

近年来，全县建设集中安置点20个，完成搬迁安置群众1470户6659人，其中建档立卡贫困户1354户6129人。易地扶贫搬迁中完成投资5亿元，完成20个集中安置点道路、供水、防护河堤、供电等公共基础设施和幼儿园、便民服务中心等公共服务设施建设，各安置点功能完善，设施齐全。

龙林镇易地搬迁项目是赵雨从规划、选址、建设到最后的竣工验收，全程参与的一个全县乃至全市规模最大的安置区项目，占地351亩，涉及3个安置点，新建住房640套70688平方米，安置22个建档立卡贫困村640户2992人（贫困户609户2836人，非建档立卡户31户156人），总投资20865.68万元。在各方的努力下，项目于2018年6月开工建设，2019年8月全部交付到户，2019年年底搬迁入住，群众入住率达到100%。

通过一年半的努力，龙林镇2992人告别了"一方水土养不活一方人"的荒凉大山，住进了梦寐以求的新房子，达到了脱贫致富的目标。

看着龙林镇潘坪、全杜、龙林三个易地扶贫搬迁安置点，一幢幢风格统一、宽敞明亮的新房拔地而起、整齐划一，一个个易地搬迁安置点基础设施齐全功能完善，每家每户厨具家电一应俱全，赵雨的脸上洋溢着幸福的笑容。作为一党员干部，他觉得，实实在在为老百姓干了实事，就是对自己共产党员身份的最大诠释。对于潘坪村新搬进安置房的何羊拜来说，新房的搬入开启了他家的幸福新生活。

龙林镇潘坪村村民何羊拜是在搬迁点看房的时候和赵雨认识的，他把坐在工地脚手架下喝水的赵雨看成了施工人员，过去询问了项目进展情况，聊着聊着就聊成了朋友。何羊拜搬新房时给赵雨打了电话，希望赵雨有时间过来了就到家里来，喝个茶聊个天，他说："山上搬到坝里生活很方便，看病方便，小孩上学方便，非常好，比山上方便得多，这是最大的事情。我们搬到坝里，告别了我们祖祖辈辈生活的大山，是我们以前想都不敢想的事情，非常高兴。也谢谢你为我们的房子跑腿、操心。"

龙林镇易地扶贫搬迁只是礼县易地扶贫搬迁的一个缩影，也只是赵雨分管工作中一个拼图。

春日的石桥镇鲁班村易地扶贫搬迁安置点就是一幅美丽的油画，一幢幢风貌统一的房屋鳞次栉比，在金灿灿的油菜花掩映下呈现出一幅静谧祥和的美丽画卷。

赵雨被眼前的景色迷住了，就在他拿着手机准备拍下这一美丽的画面当手机屏保的时候，坐在村党群活动中心下象棋的老熟人焦强子看到了赵雨一行,心中不无激动地向赵雨诉说搬迁后的生活:"我们以前在老庄住的时候,环境非常恶劣。现在搬到新农村以后,各方面条件都好了,吃水有自来水,住房也有了,还有国家补助的2万元扶贫资金,现在(入股)到合作社了,我们的日子就越过越好了。"赵雨笑着说:"让大家住进新房才是第一步,解决就业、建设美丽乡村、加强文明建设等一套配套措施还在后面呢,你们光是撸起袖子加油干就行了,好日子向你们招手着哩。"已经和搬迁点其他村村民混成熟人的潘坪村支部书记潘斌满怀信心地附和说:"对着哩,对着哩,通过易地搬迁房屋也解决了,还有路也解决了,水也解决了,啥都好得很,谁要再不好好干,争取早点脱贫,我都不答应。"周围的群众也被潘书记的话引得笑声一片。

为了达到"能发展,可致富"易地扶贫搬迁的目的,落实"一户一策"后续扶持方案,县上提出了扶持"小庭院、小家禽、小手工、小买卖、小作坊"五小产业的计划。对劳动技能偏低、就业困难并有培训意愿的搬迁对象,按规定纳入职业技能培训计划进行培训;鼓励和支持建档立卡搬迁人口通过发展特色农业产业、电子商务、农产品深加工等就业创业。通过劳务输转、扶贫车间、公益性岗位等方式实现了家庭人均1人以上稳定就业的目标。同时不断加强易地扶贫搬迁安置点社会管理,通过精神文明建设、感恩教育、社会交往交流等途径,着力推进移风易俗,引导搬迁群众逐步改变陈规陋习。

在其他职能单位如火如荼开展搬迁点配套建设的时候,赵雨却把工作重点转向了搬迁后的老旧危房上。按照"占新腾旧,一户一宅"的要求,赵雨对搬迁后的空置村庄走了个遍,觉得拆旧工作刻不容缓,万一有个自然灾害或者有人进入废弃的房子,可能造成不可估量的损失。为了解决这一问题,赵雨参与制订了拆旧复垦奖励办法,筹集拆旧复垦资金1926万元,给搬迁户每户奖励1万元,既解决了安全隐患，也实现了群众增收。

从"忧居"到"优居"，农村住房安全问题解决了，也使干部与群众的心贴得更近了，党和政府与人民的情更深了，老百姓的居住条件日益改善，归属感和幸福感也与日俱增。当一座座漂亮的农房和一个个楼房林立的搬迁点映入眼帘，真正解决了困难群众住有所居、居有所安的实际问题，而这些民心工程更是让贫困群众如沐春风，脱贫致富奔小康的精气神更足了。

三

有了安全住房，村民家里的条件有了很大改善，村庄的面貌也要跟着改变。

在开展危房改造和易地扶贫搬迁点建设的同时，赵雨就已经开始谋划美丽乡村建设工作，做到一体推进。结合"拆危治乱"和"十查十清零"等行动，在危房改造过程中，把提升城乡人居环境、乡村民俗民貌、生态文明创建等重点工作有机结合，切实改善了农村脏、乱、差现象，有效解决了群众出行难题，着力把家园一点点"扮靓"。同时持续推进村容村貌整治和农村人居环境改善，促进"黑房子"改造提升进度，切实做到一户不落地摸清群众住房状况，实现了"消除黑房子、改造旧房子、拆除破房子、搬进好房子、解决脏乱差"的效果。通过不懈努力，累计拆除危旧房屋12.25万间170.9万平方米，拆除废弃圈舍8860处，拆除残垣断壁14.05万平方米，整治乱堆乱放11133处，新建小广场403处，打造小花园小景点1913个，复垦土地183.55万平方米，清理垃圾3.38万吨。在保留原始风貌、深掘村庄内涵、科学布局创新、建设美丽乡村、提升现代文明的基础上，达到了"村村都是样本村、户户都是样本户"的总要求。

抓好拆危除旧工作,赵雨的总体思路是持边拆边治理的总基调,创新工作思路,利用拆除建筑物后的原址地块和拆除后的废旧材料修建小景观、小花园、小菜园等,既美化家园,又有效减少建筑垃圾。

双渠村位于礼县罗坝镇西北,境内群峰竞峙,宛如水墨长轴,是赵雨联系打造的一个样板村。第一次到这个村庄安排这项工作时,古槐掩映下的村庄前沿,一块废弃麦场内占用房、危房、车库、柴草、厕所、猪圈、垃圾到处堆积,斑驳凌乱,十分扎眼,成了名副其实的"垃圾区块链",与崭新的群众住房和秀丽的自然风景很不相宜。赵雨觉得要解决问题,就要抓住主要矛盾,从急需解决的突出问题着手,示范带动群众自主开展美丽乡村建设。他第一时间联系了镇上的分管领导,和村党支部书记何着叶一起商量对策。听说赵雨的来意,何着叶心情复杂,"国家有这么好的政策,房子都盖得敞亮亮、明光光的,人们穿戴都洋气得很,就是这个旧麦场实在是看不过眼,叫外面人一看,真臊人脸。拆危治乱是一件大事,村上的情况我清楚,工作的难点我也知道,但是要怎么做,我心里还是没底,想了很多办法又觉得不好,一晚上急得人睡不着觉,你们来了,我也就心里有底了……"通过大家的认真谋划,大家一致认为首先村干部和党员、公职人员要带头,自己先行动起来,给群众树立一个榜样,这样工作就好开展了。

说干就干,赵雨和镇上的干部联系村上的公职人员,动员他们先行动,支部书记何着叶联系村上的党员和"八大员",小半天的时间,联系工作就取得了成效。赵雨笑着说:"看看,办法总比困难多吧。"

第二天一早,支部书记何着叶就拆除了自家的占用房,党员和公职人员也带头行动了起来。赵雨觉得这个时候还要加一把火,他带领工作组积极入户,宣传相关政策,苦口婆心地进行劝导:"我们的温饱和住房解决了,村庄的面貌也要跟着改变,环境好了,乡村文明了,咱们住着也就舒心了。"通过党员干部的带头和工作组的动员,村民们也相继动了起来。

两个多月后,麦场占用物有序拆除。在麦场上,阳光照在了工作组和镇村干部的脸上,一张张质朴黝黑的脸见证着扶贫路上的阳光和风雨,此时,蓝瓦歇顶的鞍架房、平整的四合院、雕砌的花池构成了和谐农家景致,一幅灵动而美好的乡村风景画展现在了大家的面前。

现如今,穿过百年古槐,几个月前曾是不堪入目的废弃麦场如今已焕然一新,一到晚上,乐声悠扬,跳广场舞、赏花、散步、打拳、唱秦腔,麦场成了真正意义的多功能文化广场,学步车、遥控小汽车往来穿梭,村民们一脸幸福。在通村路边缘还孵化出了"青椒园""小花园""果树园"等"一路十园"田园版块,赋予村内的一条河、一座山、一股泉、一眼井、一块石、一棵树、一段景文化蕴蓄,落地成景,园林迭现。

"双渠村的山美水美,村民新盖的四合院美,村口古槐树美,新改造麦场美。村口正在筹建的'笑脸墙'更美,她代表着广大人民群众的心,是对精准扶贫工作的一种特殊表达。"罗坝镇镇长杜德辉有感而发地对赵雨说。

罗坝镇双渠村的工作只是赵雨工作的一个缩影。

为了彻底改善农村人居环境,坚决整治"脏、乱、差"现象,赵雨按照县委县政府提出的"小手拉大手、共建美丽家园"志愿服务活动,及时深入乡镇,采取一个学生带动一个家庭的方式,努力创造整洁、有序、文明的乡村环境,引导群众自觉按照"房前屋后干净、室内室外干净、个人卫生干净和基本生活用品及生产工具摆放整齐规范"的要求,形成良好的生产生活习惯,同时全面推行家庭卫生大整治、大评比活动,实现人居环境干净整洁。

有拆就有保护，有些传统的村庄是几代人遗留的文化遗产，是中国古典村落的活样板，为了既能够实现住房安全有保障，又能够保护传统文化，赵雨结合美丽乡村建设，以保护文化遗产、改善基础设施和公共环境为重点，大力推进传统村落支持保护。他不断宣传传统村落保护政策，积极参与崖城镇父坪村、宽川镇火烧寨村传统村落保护项目申报和规划设计，并深入施工现场指导施工，以实际行动推动民间艺术保护和支持，改善当地人居环境和美丽乡村建设。

广厦千万间，民心俱欢颜。

危房改造工作让贫困户住上安全房、圆了安居梦，更提振了贫困群众生产生活的精气神，增强打赢脱贫攻坚战的信心和决心。同时，也推动大批基础设施建设滞后的村庄，蝶变为望得见山、看得见水、记得住乡愁的美丽新农村。

近年来，礼县整合农业、财政、林业、水利等部门涉农资金，大力改善贫困村基础设施，完成了村组道路硬化646公里、村内道路硬化371公里、村组砂化道路1049公里，新建便民服务中心176个、文化广场183个；实施安全人饮工程109处，解决了6.3万人的饮水安全问题。行政村有线宽带实现了全覆盖，贫困村基础设施和贫困人口生产生活条件得到显著改善。广袤的大地上，群众告别危房、过上好日子的新时代幸福生活画卷已徐徐展开。

这些年，在脱贫攻坚的战场上，赵雨办实事、解难题，完成了"两不愁三保障"中住房安全有保障任务，让乡村面貌得以彻底改变，让贫困群众脸上笑容不断。

安得广厦千万间。在礼县的山沟沟里，每一间危房改造项目房，都有着他的心血。他说："我没做什么大的贡献，仅仅是群众屋顶的一片瓦，为他们遮风挡雨而已。"

（作者：王　选）

黄河之畔领头雁

——记积石山县石塬镇三二家村党支部书记张顺成

张顺成简介

张顺成，男，土族，高中文化程，中共党员，1970年2月生。三二家村党支部书记、主任。在决战决胜脱贫攻坚战中，张顺成同志充分发挥党支部书记的示范带头和致富带头人的带动引领作用。在他的带领下，三二家村基层组织建设水平明显提升，从全乡的后进村转化成为先进村，得到了乡党委、政府的认可和群众的好评。

门前的黄河水啊
洗过那光脚丫
屋后的胡杨林啊
玩过过家家
水车转了千年
依旧吱呀呀
就像爷爷讲的故事
不会停下
甘肃老家啊
我的甘肃老家
平平凡凡的日子
总有那牵牵挂挂
想你的心瘦成了
祁连的月牙
梦里百次
又回到大漠里安家
院子里还呀是啊
摆着那盖碗茶
院子外还开着那
满墙的牵牛花
麦子熟了盛夏
庄稼再一茬
就像奶奶纳的鞋底
密密麻麻
甘肃老家啊
我的甘肃老家

每次听到这首《甘肃老家》，总是莫名想起积石山县石塬镇三二家村。或许换个角度说，这首歌，唱的正是这里。面朝舒缓而宁静的黄河水，背靠雄浑而挺拔的积石山，孩子们在黄河边嬉戏玩耍，天热时分，把脚丫伸进清凉的河水中，边洗边拍打水花。屋子后面的胡杨林，一排排整整齐齐，高耸入云，骄阳下，白杨叶子闪烁着油亮而葱绿的光泽。

还有那水车、盖碗茶、瘦月亮、千层底……

对于甘肃人来说，这，或许就是乡愁吧。

三二家，一个简单明了却又意味深长的村庄名字，总是让人想起烟村四五家、儿童六七个这种颇为自然淳朴的画面。这里地处黄河之畔，依山傍水，主要生活着土族、汉族的群众，其中土族是积石山县人口较少的民族之一。这里以浓郁的土族民俗风情和出产优质线椒而远近闻名，素有"积石山小江南"之美称。

二十年前，这儿瓜果飘香，绿树成荫，土墙土房土路。瓜果成熟，老农犯愁，为什么呢？因为从村子向外界去，没有公路或虽有简易车路，但一到汛期，往往被山洪冲断。于是，村民们望路兴叹！瓜果成熟之后，总得想法子卖出去换几个钱。于是家家饲养驴、骡，每天驮上一百多斤，人和牲口行走于羊肠山路上，每天往返于集市和村子两三趟。

尽管马不停蹄，昼夜忙碌，但西瓜、蔬菜卖出去的不多，挣不来多少钱。

部分村民走南闯北，挣钱也可观，但土墙土房土路的模样仍改变不了。原来，村里人出行，要么牛皮或羊皮筏子摆渡过河，要么走羊肠小道一般的山路。患上急性病，去县乡医院，用担架抬着上山，十几个人轮换，病人才能输上液或做手术。有些产妇临盆难产了，没办法，还是用担架抬着去乡县医院。

砖瓦运不进来，水泥钢筋运不进来，木料运不进来，修建新房的计划泡汤。日复一日，年复一年，到了20世纪90年代，绝壁上炸开了一条道，才把阻隔了不知多少个世纪的大河家与三二家连接为一块，上学的娃娃们不走山道了，老人们不再捡拾干牛粪当柴火烧水做饭了，犁地种田再也不用二牛抬杠或一骡独杠了。虽然条件有所好转，但大家的日子依然过得紧紧巴巴的。

一方水土养活不了一方人。

但现在，已经今非昔比。

彩色的风车走廊，成片的绿树花海，清晨的阳光明媚，空气里混杂着泥土和花草的清香，黄河之滨，旧貌换新颜。

漫步在三二家村的田园观光农业示范园，七彩风车随风转动，各类蔬菜长势喜人，几十名身穿工装的群众和镇村干部们一起在田间穿梭忙碌，一幅景秀人勤的美丽乡村画卷跃入眼帘。如今，三二家村观光农业示范园已具规模，形成了独特的产业优势，成为当地群众增收致富的摇篮，走出了一条具有当地特色的乡村振兴之路。

说到这一切，不得不提及一个人——三二家村党支部书记张顺成。

张顺成刚当上村支书时，三二家村党支部还是全镇有名的涣散党组织，党建等各项工作全镇滞后。干部们一提起三二家村，总是摇头，安排个工作，也总是躲着，三二家村在所有人心目中就是个扶不起的阿斗。

但张顺成不信邪，他就是个犟人，不相信把三二家村这个烂摊子拾不起来。

习近平总书记强调，打赢脱贫攻坚战，特别要建强基层党支部。农村要发展，农民要致富，关键靠支部。扎扎实实把基层支部建设好，才能原原本本把党的脱贫攻坚政策落实好。

张顺成深知："帮钱帮物，不如帮助建个好支部。"基层党组织处在脱贫攻坚第一线，脱贫攻坚各项决策部署、惠民利民政策、扶贫资金都要通过基层党组织来组织实施和落实，基层党组织建好了、作用发挥出来了，就能更好地推动脱贫攻坚工作。

支部强不强，关键看"头羊"。推进脱贫攻坚，一个好的书记，就能带好一支队伍、干出一番事业、惠及一片群众。群众把自己选成村干部，这是一种信任，也是一种责任。虽然仅仅是个村干部，官不大，却可以给群众办一些实实在在的事。要对得起乡亲们，要在多年以后人们评价他时落个好名声。

张顺成下定决心，一定要成为带领群众脱贫致富奔小康的"主心骨"和领路人。

当好"头雁"，建好"两委"班子，让村级党组织真正成为全村脱贫路上的"火车头"。作为党支部书记，张顺成首先把党支部建设作为事关全村经济发展、社会稳定的一件大事。

他认真抓好党员干部经常性教育管理工作，不断提高全村党员干部的综合素质。党支部按照每年确定的年度工作目标任务，与村"两委"每位成员分别签订了党建工作目标责任书，并制订了相应的奖惩办法，年末以每位成员党建工作目标任务的完成情况为依据，实行量化考核，将党建工作作为每位村干部年终考核的重要指标。同时，注重对党员的学习教育，制订了学习规划，并通过召开会议组织集中学习，组织党员、干部学习政治理论、农业实用技术及各种先进经验。

严格落实各项制度，始终坚持将致富能手作为党员培养对象，将年轻党员培养为致富能手，有效地实现了致富能手和党员之间的双向培养。推行党组织党务公开工作，增强了党组织工作的透明度，严格执行"三会一课"制度、"四议两公开"制度、民主议事制度以及村务、党务、财务公开等各项制度。

坚持每季度召开一次党员、村民代表大会，汇报村"两委"的工作开展情况，研究决定村内重大事务，切实做到村里的各项决策都能够通过党员、村民代表大会审议决定。村内设有专门的村务、党务公开栏，并严格按照上级对村务、党务、财务公开的内容和时间要求，公开资料，提高村内各项事务的透明度，为构建民主开放的村级党务工作新机制奠定基础。

三年来，在他的带领下，村党支部切实增强服务意识和宗旨意识，把推进经济发展、促进群众增收致富作为一切工作的出发点和落脚点，不断加强自身建设，支部的凝聚力、战斗力、创造力进一步增强，真正发挥了在社会主义新农村建设中的"领头雁"作用，基层组织建设水平明显提升，从全乡的后进村转化成为先进村，得到了镇党委、政府的认可和群众的好评。

积石山县历史悠久，人杰地灵，风光秀美，民风淳朴。《尚书·禹贡》记载：大禹"导河自积石，至龙门，入于沧海"。《史记·夏本纪》记载，禹"道河积石，至于龙门……入于海"。该地有极为丰富的文化遗存和独特的人文景观。

积石山县是一个以种植业为主的农业县，大河家、四堡子的蛋皮核桃、冬果梨，安集、银川的花椒，石塬三二家的串椒等久负盛名。

三二家村地处黄河畔，海拔1800米，气候温暖、灌溉条件好，具有得天独厚的自然条件，而且已有100多年的辣椒种植历史，所产辣椒肉厚、味美、质优、油分大。青果呈绿色，味辣且香，生食、炒食均宜。深秋熟后呈红色，色泽红亮艳丽，容易干燥，最宜晒制成辣椒干，耐久贮。土族群众贮存辣椒时，用线把红椒果串起来挂在屋檐下，因此人们把三二家辣椒叫"串椒"。

如果深秋季节到三二家，畦畦椒田，绿树红果，似一块块嵌花地毯，又像一幅幅优美图画。家家户户的房顶上、屋檐下，红艳艳一片，宛如彩霞簇簇，又如枫叶撒落，形成一道别样的风景。

隆冬时节，山水环绕的三二家村少了夏日的绿色，但是多了耀眼的红色。家家户户屋檐下，都整齐地挂满了一串串辣椒，像一块块火红的壁毯，把农家小院装饰得热烈、雅致，极富生气，让人真正理解和体会到什么叫"红火"的日子。

如果能到农家做客，品尝热情的土族人的辣味菜和小吃，喝上几杯土族人用优美的"道拉"（酒曲）敬的美酒，那种情调，那种享受恐怕是你会咀嚼一生的。确实，辣椒不但丰富了三二家人的生活，而且也红火了他们的日子。

现在全村群众，户户种植辣椒，年产串椒4万多公斤，产品远销西宁、兰州、西安等地，给他们带来一笔笔可观的收入。近年来，随着市场的扩大，政府的支持，三二家串椒的种植面积越来越大，产业越做越强，群众生活也越过越红火。

既然有独特的地域优势、良好的种植基础，除了做大做强传统辣椒产业，三二家村还能做什么文章呢？张顺成一直被这个问题困扰着。

集思广益。他决定把群众请到一起，大家共同商讨。

会前，在三二家村村庄草图上，村上的山山水水、农家和农田都用不同的颜色做了标注，大家凝视着这幅草图。于是，话题从小到家里种什么、牛羊猪鸡怎么养，大到大家如何联营合作搞产业，每个人都围绕村上的山石田土和风土人情，也有的从外边其他地区发展变化看到的"世面"结合村上情况发言，也有的结合村上产业情况，从国家脱贫攻坚政策机遇方面发言。大家你一言我一语，场面异常热闹，这也让张顺成很兴奋。

经过几番讨论，大家一致认为从休闲田园观光农业着手，调整思路，走产业化道路，这条路就是三二家村的出路。

三二家村依山傍水，光照充足，距积石山县大墩峡景区仅20公里，又毗邻青海省民和县、循化县和临夏州永靖县，在发展观光农业方面具有得天独厚的地理优势和区位优势。

积石山县抢抓国家推进黄河流域生态保护和高质量发展的重大政策机遇，按照"南部菌、中部菜、北部果"的产业发展思路，进一步调整农业产业结构，在综合考虑气候、土质、地理位置等要素的基础上，积极推动生态与田园、康养、文化、旅游等产业深度融合，还对两省四县具有辐射带动作用。

天时地利人和，这无疑给三二家村发展休闲田园观光农业提供了良好的机会。

2019年，张顺成开始动工建设集无公害蔬菜种植、畜牧养殖、特色经济林、观光休闲为一体的现代高效农业示范点，建设面积2300亩，开通农路3公里，恢复耕地300亩。已建成新型联栋观赏采摘棚1座、占地2400平方米，联栋大棚30座，集约化育苗温室1座，完成育苗5万株。新建七彩风车通道2公里，通道两旁分区域种植薰衣草、鲁冰花等花卉20亩，配套建设观景亭、纳凉区、停车场等观光旅游附属设施。同时，还扶持发展农家乐10户，开发土族刺绣等特色旅游产品，让游客来了有看头、有吃头、有带头。

昔日的村庄如今变成农业示范区。

示范园采取"党建+合作社+农户"的运营模式，鼓励群众在合作社里打工实现就近增收，同时引导群众以土地流转形式参与入股。示范园的建设，进一步调整了全村产业结构，促进了农民增收，很多群众将原来种植的大田玉米等逐步转变为蔬菜瓜果。

此外，通过土地流转，一方面使撂荒地和低产地大大减少，一方面使群众可以在家门口打工挣钱、照顾家庭，另一方面还实现了产业园规模化发展。张顺成一举三得的法子，既让大家鼓起了钱袋子，还把三二家村的名气也打了出去。

如今，示范园共流转当地群众土地200多亩，吸纳务工群众近百名，带动全村 298 户群众增收致富。村民李秀英便是示范园项目的受益者。她家的 3 亩土地流转给了示范园之后，便来到园区上班，一家人在家门口有了一份稳定工作。

翻地、锄草、剪苗……尽管日日挥汗如雨，可李秀英觉得这样的日子既幸福又踏实。现在，李秀英每月可以拿到 2500 元左右的工资，另外三亩每年流转费 2400 多元，一家人的日子越过越有奔头。

村民张桂芳也是示范区的受益者，她把家里的 6 亩地流转给示范园，每亩地年流转费 800 元，一年流转收入是 4800 元。此外，她还在示范园打工，一个月工资 3000 元。"现在的日子越过越好了，不仅能在家门口打工，还能照顾家庭，赚钱的门路多了，收入也增加了。"张桂芳感慨地说。

在解决附近群众就近就业的同时，张顺成还鼓励不少离乡打工的游子主动"归林"。

30 多岁的土族小伙张金有，15 岁就去外省打工。24 岁时，父亲因病离世，一家五口人的生活重担压在了他的肩上。要供三个妹妹上学，时常让他"喘不过气来"。

"那时不像现在，可以在村子就近打工赚钱。"土族小伙张金有常年在外省打工，他告诉记者，去年返乡探亲时他发现村子里有了明显变化，家家户户盖起新房，水泥路已铺通各个村庄，干净宽阔，时而有周边城镇的居民驾车来此游玩。他在张顺成鼓励下，不再外出打工，而是到家门口的示范园上班。现在他每天能拿到 180 元的工资，跟在外面打工收入差不多，家里人都支持他长期干下去。张顺成也跟他说："村里现在缺年轻血液，你回来在家乡发展，家乡就有了活水源头，也就有了未来。"此外，他还受益于多项脱贫政策，修建了近 200 平方米的房子，引了自来水，厕所卫浴一体化，还有栽花种树的宽敞院落。

张顺成希望自己把这块发展的砖铺好，大家日子好了，年轻人都能回来，参与到家乡建设中，这样村庄才能更有生机。

为了进一步健全园区生态循环产业链条，促进示范点产业化、标准化、集约化发展。张顺成还带领大家建设生态经济林区，栽植花椒、核桃经济林600亩，栽植大樱桃600亩，农林下套种辣椒、西瓜、大蒜等高原夏菜1500亩。建成新型联栋观赏采摘棚1座，联栋拱棚30座，集约化育苗温室1座，完成育苗5万株；标准化养殖温棚10座、鸡存栏2万只。推动了农业特色产业发展，为农业增效、农民增收打下了坚实的基础，在全县树立了产业脱贫的样板。

群众收入高了，村子环境变美了，脱贫攻坚与生态文明在这里实现了双赢。

积石山县是黄河上游的主要流经地，黄河流经此县40多公里，犹如一条玉带穿梭在高山石林之间。黄河沿线有雄奇、壮美的炳灵石林，规模成群的丹霞地貌，湖光山色，风光如画。

作为旅游者、摄影家、探险者向往留恋的地方，积石山县得天独厚的资源，也为三二家村带来了极大的机遇。到三二家去旅游，已成为去积石山旅游的最佳选择，三二家村，也成了网红打卡地。在这里，一边感受自然风光，一边体验田园采摘，看群山苍茫，观黄河波澜。

张顺成吃苦耐劳，积极打拼，有属于自己的建筑公司。村里人说起他，总是说，张书记是个能人，有本事。其实，如果张顺成不当村干部，一心扑在自己的公司上，他的钱挣得定然不少，日子也过得很富有、很自在。但他不甘心，他常对大家说："我一个人富了，也不是啥本事，只有全村人都富了，那才是真的富，真的有本事。"

凭着让家乡父老过上好日子的信念，每年，他的建筑公司都要吸纳全县劳动力200多人，特别是积极吸纳三二家村的劳动力80多人，年人均创收有3万多元。

针对三二家村部分贫困户劳动力外出务工困难的实际，他还通过蔬菜专业合作社，吸纳贫困劳动力500人次，切实增加了贫困户的收入，实现了稳定脱贫。

在脱贫攻坚中，他充分发挥了村党支部书记、致富带头人的带动引领作用，全村人均收入从2017年的3980元增加到2019年年底的5600元。

同时，他还把化解矛盾纠纷作为脱贫攻坚的一项重点工作来抓，自担任三二家村党支部书记以来，积极化解群众矛盾纠纷，先后成功调处矛盾纠纷85起，切实维护了群众的利益。特别是占地157.03亩的96座温室大棚受盐碱化影响处于闲置状态，加之2018年8月受强降雨影响，96座温室大棚全部倒塌，无法耕种运作，影响了经济收入，群众也有一定的意见。对此，张顺成看在眼里、急在心上，多次召开村"两委"、社长、党员群众代表会议，专题研究解决办法，并多次向镇党委和县级主要部门协调反映，于2019年将大棚占用的耕地成果流转到村级合作社，用于三二家田园农业观光园用地，长达10年多的矛盾纠纷终于得到了成功化解，得到了群众的一致好评。

受新冠肺炎疫情影响，在群众出行不便无法按时购置食物的情况下，张顺成自筹资金3万元，第一时间联系面粉厂，购置面粉300袋，给三二家村300户群众户均发放面粉1袋；并积极倡导群众为疫情捐款3万元左右，给本村群众购置了口罩、消毒液等防疫物品，解决了群众的燃眉之急。

此外，他还积极响应县委县政府号召，热切关注教育事业，为县教育基金捐款7.5万元；先后为三二家村小学捐助校服250套、书包150个，购置了1万元的文体器材。

俗话说，人穷穷一时，志短短一生。2013年11月，习近平总书记在湖南省湘西州花垣县排碧乡十八洞村调研民族地区扶贫开发工作时强调:"脱贫致富贵在立志,只要有志气、有信心,就没有迈不过去的坎。"

物质上的贫困解决了,张顺成还要解决群众思想上的贫乏。

他从"扶志"着手,推进社会主义核心价值观的培育和践行,培育人穷志不穷、穷则思变、穷则思勤的奋斗精神和勤劳脱贫的勇气和决心,引导贫困群众的思想由"要我脱贫"转变为"我要脱贫"。

同时,组织举办专题文艺晚会等,引导群众解放思想、转变观念、坚定信心,树立自力更生、艰苦奋斗和脱贫攻坚自身有责的思想观念,摒弃"等、靠、要"思想,既送温暖,又送志气,确保贫困户"扶得起来""走得远""跑得快"。

他鼓励跳出农门、离巢拼搏的优秀大学生返乡创业,成为新型职业农民的生力军;同时鼓励农民按村里总体规划布局自主创业或入股经营观光农业和乡村旅游服务,把村里分散资产资金放到一起联营发展;鼓励大家自觉地加入移风易俗新时代文明实践活动中来,让每一个人成为土族乡贤文化的鲜活载体,村上集中挖掘民俗文化,打造土族文化博览园。同时倡导大家主动参与到生活垃圾和生活污水处理、村容村貌整治、厕所革命和农业废弃物资源化利用队伍中,人人都是三二家村的主人。

扶贫必扶智。对贫困群众而言,学一技之长以傍身,比给钱给物更重要。针对贫困群众的迫切需求,张顺成把扶贫资源投入到技术引导、产业培训上来,激发脱贫致富的内生动力,让贫困群众挺起了"脊梁"。

60多岁的王德琪是三二家村的村民,20年来他带头试种黄芪、党参、花椒苗和线辣椒,并在村上推广,是村民眼里的"带头人",张顺成把他邀请到村委会,给村民传授经验。身边人讲身边事,讲的人毫无保留,听的人频频点头,讲到精彩处,张顺成带头鼓掌。

王德琪一边比画一边说道:"这几年脱贫攻坚的好政策,为我们三二家人又是修路,又是盖房子,拉自来水和动力电,还传经送宝地为大家谋划了好项目、技术培训和指导,给村上带来了大发展和大变样,大家过上了好日子。村上的区位优势也得到了开发,优势更加凸显了,山是山、水是水,都是画一样的风景,三二家村的线辣椒已经在县内和青海很多地区得到了认可,好多瓜果蔬菜就在地头上采摘销售,游客满意,我们的收入也增加了,所以我觉得我们应该抓住这个优势,做好田园风光观光旅游这个文章,在辣椒、甜瓜、西瓜和花卉种植面积和布局上做好整体规划,建成全村性田园观光旅游采摘体验基地,再引进几家餐饮企业和水上游乐企业,打造成游山玩水吃农家饭的田园观光旅游村。"

王德琪家在三二家村的最西头,这一片地老名字叫"崖底",从这个名字可以想到,他的家就在悬崖边上。他家门前那条三二家村唯一通往大河家镇去往别处的一段2公里长的路,一边是滚滚黄河,一边是红岩山峭壁,路是在峭壁中凿出来的,形成了山岩嶙峋、壁峰直立的悬崖。回忆起祖辈总是面临塌方、坠石危险的场景,总是让他倍感揪心和无奈。如今,在决战脱贫攻坚的伟大战役中,这条路砌筑了路基和河堤,路面拓宽铺成了油路,山崖进行了加固,变成了坦途大道,"崖底"也变成了新农村。

借着精准扶贫政策的东风,富裕起来的三二家人,新修了房子,购买了家电。一排排、一座座砖瓦房和平顶钢筋混凝土小洋楼拔地而起,硬化路村村相通,硬化巷道家家相连。

小汽车、电动车、洗衣机、冰箱,极大地便利了人们的生活和出行;数字电视、智能手机、无线网络,丰富着人们的生活空间,千里之遥彼此面对面说话,指尖上转账、买火车票、预约门诊、购物。曾经想都没想过的事,如今在三二家村已非新鲜事。

如今,"穷山村"变成"聚宝盆",一幅百姓安居乐业、乡村经济持续发展的美丽画卷在三二家村田园观光农业示范园徐徐铺开。示范园的建成,让昔日偏僻的三二家村成为群众致富奔小康、游客休闲康养的乐园。三二家模式,也成为积石山县脱贫攻坚的样板和乡村振兴的标杆。

每当站在山顶,看着家乡熟悉的一切,都和自己息息相关,张顺成心里颇不平静。不平静的是为了三二家,他付出了太多,不平静的是所有付出都值得的。

作为一名基层党组织负责人,这些年在决战决胜脱贫攻坚、全面建成小康社会的进程中,张顺成以"功成不必在我"的初心使命和"建功必定有我"的责任担当,只争朝夕、不负韶华,全力以赴投身到三二家村的脱贫攻坚中,为建设幸福美好的生活贡献全部精力,也立下了汗马功劳。

> 哎,哎哟哟……黄河沿上的三二家,
> 风景秀丽着人人夸,
> 脱贫攻坚着扶持大,
> 寻见了致富的办法,
> 辣椒香来着花椒麻,
> 沙地里种下的西瓜,
> 八方的朋友浪来吧……

在靠黄河岸边的地埂上,一位群众正深情唱着新编的"花儿",歌中所唱的,正是三二家现在的模样。

(作者:王 选)

从春天出发

——记陇南市文县桥头镇椿树坪村第一书记、帮扶队长马元春

马元春简介

马元春，男，1983年2月生，大学学历，2008年8月参加工作，2016年11月加入党中国共产党。2018年3月，按照"因村派人精准"的要求，被陇南市烟草局选派担任文县桥头镇椿树坪村驻村第一书记。作为驻村第一书记、帮扶队长，面对扶贫路上的艰难险阻，他果断作出了一名党员应有的选择：坚决完成党组织交给他的光荣使命。经过三年的努力奋斗，最终，他没有辜负党组织的信任和群众的期盼，在扶贫路上见证了一名党员的初心和使命，让青春在扶贫路上绽放光芒。

从春天出发

开始一段新的旅程

那些关于扶贫路上的传奇

成为我们温暖的行囊

春风打开万朵桐花

记录我们的脚印，深深浅浅的梦

去擦亮太阳和月亮

去问候大地和稻穗

天意并不难懂

那双在峰顶仰望星空的眼睛

一定会找到闪光的坐标

风呼啸，雨滂沱

作为自然和地质灾害易发地，2020年8月中旬，连日来的强降雨导致陇南市文县境内土壤水分饱和、山体疏松，极易发生滑坡。大多数群众面山临河而居，一旦发生灾情，后果不堪设想。

8月17日，白水江暴洪百年一遇，文县县城告急！

与此同时，全县20个乡镇普遍受灾。道路、电力、通信中断……

灾难突袭，文县11200多名党员、7740多名干部职工迅速集结，主动承担急难险重任务，带领群众抗灾自救，一面面党旗在抢险一线飘扬，一枚枚党徽在救灾现场闪耀。

关键时刻，全县305个驻村帮扶工作队、644位贫困村的第一书记和帮扶干部迅速响应，"变身"抢险救援队，与群众并肩战斗、共抗洪魔。

其中，就有县桥头镇椿树坪村驻村第一书记、帮扶队长马元春。

看着暴雨犹如瓢泼，倾泻而下，"群众的生命安全有无保障？快要秋收的农作物是否受灾？大家的住房还安全不？"这些问题犹如一块块磐石，压在马元春心里，让他感到连呼吸都困难。

一整夜，一直处于临战状态的马元春丝毫不敢松懈，办公室灯火通明，一个接一个地打电话："喂，你们家房子有没有漏水，今晚是大暴雨，你们要注意安全。""你去把两户孤寡老人转移到我这边办公室，安全一些。""屋后的排水通畅不，要不到邻居家暂时避避。""我一会就过去，看一下村里住在崖下的那几户人家。"

灾情就是命令。接到市、县关于迅速入村开展防汛抢险救灾工作的通知后，马元春立即和帮扶队员一起在椿树坪村开展防汛抢险准备工作。妻子不放心地打来电话说："太危险了，还是回家待着。"他却回答妻子："我安全了，那么多群众就不安全呀！"

马元春和帮扶队员、村干部一起进入临战状态，成立村级防汛抢险突击队，安排防汛责任人、包片人员、24小时值班值守。随后又第一时间查看地质灾害隐患最大的几处地方，挨家挨户劝说靠近山体、河沟的群众，立即紧急转移到开阔安全的地带。

马元春号召村里的全体党员和突击队员要发扬连续作战的精神，冲锋在前，不漏一户一人排查险情，抢救生命；村干部、预警员不间断落实值班执勤责任，及时开展灾情警报工作。

8月17日下午，大雨滂沱，洪水在椿树坪村内肆意横流。顿时，到处滑坡、塌方、房屋漏水、墙体受损，山体出现整体滑坡迹象。在十分紧急的情况下，马元春不顾个人安危，帮助群众清理淤泥，开挖水渠泄洪，并和村干部紧急转移70名群众。

"我是侯中祥，我母亲80岁了，身体瘫痪，需要你们帮助转移到安全处。"接到求救信息后，马元春立即带领两名队员到现场，背起瘫痪老人在陡坡上面行走800米，直至转移到安全地带。

"马书记，我都马上要入土的人了，你们年轻人赶紧撤离，泥石流来了我也就去了。"82岁的老人李秀莲说。听到老人的话，马元春耐心地说："您放心，大家都要安全活下来，您看看这些年轻人都是来帮你的，您安全了，好日子还在后头。"瞬间老人哽咽着说："老天爷你看还有这么好的干部保护着我哩，我一定听他们的话，现在就撤离……"

紧接着，全镇电力、通信中断。椿树坪村与外界失去了联系，马元春与单位、家人也失去了联系，整个村庄成为孤岛。在这种情况下，他带领群众开展自救，暴雨中党员干部冲在第一线，帮助那些受灾最严重的群众，清理淤泥，搬运落石，排泄洪水……

暴雨中，党员群众心连心、手挽手，形成了一道坚不可摧的防洪线。在最危险的时刻，见证了一名党员的初心和使命，灾情就是命令，抢险就是责任！

在失联的五天时间里，马元春徒步下山，行走八公里到镇上汇报灾情。回到村上后，他接着组织带领群众清理滑坡道路、门前屋后淤泥、排泄农田洪水，有效开展生产自救，最大限度减少经济损失。

"你是好帮扶干部，不仅帮助我们脱贫，还保障我们安全。"事后，村民牟双代感动地对村第一书记马元春说。

关键时刻冲得上去、危难关头豁得出来，才是真正的共产党人。在突如其来的洪灾大考中，马元春不畏危险，冲锋一线，以"看我的"行动、"跟我来"的步伐、"我先上"的勇气，成为受灾群众的主心骨、抗洪战斗的领头人。

2018年3月，按照"因村派人精准"的要求，马元春被陇南市烟草局选派担任椿树坪村驻村第一书记兼帮扶队长。

当时，单位领导找他谈话："选派你去贫困村扶贫不仅代表党组织的意愿,而且代表单位的形象,工作上一定要出色。"

他时刻都没有忘记一名党员的庄严承诺,毅然放下两个幼小的孩子,怀揣着党组织的嘱托和信任,背起行囊前往椿树坪村。自此,他加入了这一场没有硝烟的战斗中。

椿树坪村位于文县高寒阴湿地带,道路陡峭崎岖,土地贫瘠,交通条件差,群众思想保守,脱贫致富异常困难,是国家确定的秦巴山区一个典型的贫困村,贫困落后的局面超出了大家的想象。初次来到椿树坪村,马元春就被眼前的困境弄懵了:全村几乎没有一处平地,村内道路平均坡度超过40°,更让他头疼的事情就是椿树坪村党支部是一个"软弱涣散"的党组织。

想不到环境这么艰苦,想不到这么贫困,想不到群众吃水如此困难,想不到交通条件如此之差,想不到残垣断壁不堪入目,想不到酗酒赌博现象时有发生……当时的椿树坪村让马元春有着太多的想不到。

但是,既然来了,就要把工作做好,"我一定要让椿树坪村的贫困户脱贫!"马元春在心里立下誓言。

习近平总书记指出:"基层党组织是贯彻落实党中央决策部署的'最后一公里',不能出现'断头路'。"

面对诸多困难,马元春意识到:改变党组织的面貌是第一要务,没有坚强有力的党支部怎么能带领群众脱贫致富。加强基层党组织建设既是第一书记的职责,又是脱贫致富奔小康的必答题。

党组织动员能力弱、带领致富能力不强、在群众中威信不高、作用发挥不好,针对"软弱涣散"的种种表现,他以身作则,率先垂范。群众富不富,关键看支部;支部强不强,要看领头雁。他首先把第一书记的形象树起来,按时组织落实"三会一课",及时为老党员送去学习资料,建立党员学习平台,扎实开展党员学习教育;把"党员之家"建起来,向单位党组织争取7万元资金完善党群服务中心,筹措资金1.4万元用于党组织活动阵地建设,健全了党员活动室基础设施,凝聚了党心、民心。

同时,每逢"七一"建党节、春节等,组织慰问老党员,把党组织的温暖送到家,让全体党员感受到党组织的温暖;把党的制度严起来,坚持"两学一做"学习教育、开展"四抓两整治"、落实党员"冬训"等工作,落实党的政策不走样、不变形。经过长期坚持,党组织的凝聚力大大提升了,党员在潜移默化中提高了思想觉悟。

在拆除治乱、疫情防控、抗洪救灾等艰难危急的时刻,一名党员就是一面旗帜。党员冲锋在前,把"要我干"自觉转变为"我要干",发挥了先锋模范作用,团结群众克服了重重困难,解决了椿树坪村以往无力解决的难题。在基础设施建设、发展产业等困难面前,一个支部就是一座堡垒。党支部引导群众发展"双椒"套种模式、发展油橄榄产业,群众能够迅速响应号召,改变陈旧思想,积极接受"合作社+订单"模式,提高了经济收入,逐步实现了产业致富的目标。

经过努力,椿树坪村党支部面貌焕然一新,椿树坪村党支部连续两次被县、乡授予先进党支部,村主任被评为全镇优秀党员。

支部强,干事才有坚强的后盾。用马元春的话说,腰杆子终于挺直了。

"为百姓办实事,用真情干工作!"马元春在扶贫日记上写下了这样的话。

初到村里,马元春人生地不熟,但这难不住他。一有时间,他就提着一个文件袋,挨家挨户去村民家里串门。一番走访下来,这家有几口人、那家谁身体不好……他比谁都清楚。村里人家的居住位置在他心中形成了一幅准确完整的地图。为了吃透村情,他在工作中与贫困户"结穷亲",用眼睛去观察,用脑子去思考,用心去体会。白天逐户走访老乡家,他在聊天中留意掌握贫困户的家庭状况,每一次发现新情况,每一次都认真做好记录。晚上回到宿舍,他忙着研究帮扶措施,心里琢磨着怎么把好政策尽快落实到位,怎么让贫困户尽快脱贫。

走访中,让他感受最多的就是这里的艰辛和不易。眼看着汩汩清泉涌,群众依然背水吃;明明是个丰收年,然而道路不便,粮食只能烂在地里;家有良田几亩,群众依旧外出闯荡。

百姓的酸、甜、苦、辣,让他接受了深刻教育,也让他感受到了农村生活的艰苦,每次看到这样的情景,他的内心都是酸楚的。作为一个农民的儿子,他能深切地体会到贫困对于每个家庭来说意味着什么,因为他也曾品尝过贫穷的味道。他随时都在提醒自己:百姓的艰难困苦没有解决,生活没有改善,就不是一个称职的驻村书记。

这是一种职责,也是一种良心。不能在驻村书记这个并不起眼的岗位上混日子,也不能自己刚走出农村就忘掉根本。这是做人的根本。

他知道,村里要脱贫,饮水、交通、产业,这三件事必须得解决。而最紧要的一件事,便是让群众尽快吃上安全便捷的自来水,彻底解决背水吃的难题。群众安全饮水是脱贫攻坚"三保障"的重要任务,也是民生实事的重要内容。如何让群众喝上放心水?成了他的一块"心病"。

群众有困难,干部就要有办法。说干就干,于是他积极向单位汇报,反复与村干部研究方案,来回向文县有关部门沟通协调,连续驱车400公里山路,顾不上休息,放弃周末,想方设法积极争取项目资金。他说:"为了不让群众在收获时候流泪,为了不再看到七十来岁的老人上山背水,为了全村几百亩良田不再撂荒,辛苦我一人,幸福千万家,我也很值得。"

最后,在多方努力下,他终于争取到了安全饮水项目。这让他异常兴奋,然而项目动工后,蓄水池需要群众自行开挖。大家你看看我,我瞅瞅你,无动于衷。马元春知道,大家都在观望,甚至还有疑虑。喊破嗓子,不如干出样子。为了尽快改变大家的思想意识,他和村干部提起了铁锹、洋镐挖蓄水池,大干了整整两天。不久,马书记挖水池的消息在群众之间不胫而走。等待观望的群众纷纷出门参加劳动,仅用一周时间,所有的蓄水池就挖好了。一场别开生面的脱贫攻坚战以带领群众挖蓄水池的方式拉开了序幕。

通过带领大家参加劳动,渐渐地,群众也开始理解信任他这位"外面来的"书记。

最后,村里终于通上了自来水。当村民看到水龙头流出清澈的自来水时,脸上的笑容让人难忘。那一刻,马元春明白,老百姓的满意就是帮扶干部工作的最大动力。

善谋者行远,实干者乃成。

驻村三年以来,他累计向单位争取、协调资金80余万元解决椿树坪村6个基础设施项目,为群众顺利脱贫致富奠定了坚实的基础。协调5.3万元完善党群服务中心建设,解决了"两委"班子无法正常办公的问题;协调20万元修建安全饮水工程,高标准解决了群众吃水难的问题,并且解决了群众养殖和种植用水;协调26万元硬化产业路1.5公里,解决了500亩土地生产运输难问题;协调19万元修筑7.2公里产业路,解决了农业机械行驶不便和农作物运输困难问题;协调1.4万元用于党群服务中心建设,健全、完善了党员活动室基础设施;协调10万元为全村3个自然村安装太阳能路灯130盏。

选择了扶贫之路,青春就与脱贫攻坚绑定在了一起。

驻村期间,他时刻保持着清醒头脑,时刻摆正自己的位置,牢记自己的誓言。除了落实帮扶项目外,群众只要有困难就会找他来帮忙,也愿意找他帮忙。慢慢地,在群众中,他树立了一个办事公道、和蔼可亲的形象。人们都亲切地称呼他"马书记",他有些不好意思,对大家说:"你们还是叫我小马吧!"但大家执意叫他"马书记",他也就答应了。他知道,群众叫他书记,是一种信任。

每次到乡镇参加例会学习,赶集的群众便早早围在他的周围,群众早已习惯了他来之不拒的热情——"马书记从来都不会摆下我们。"一次说不完,他和队员就跑两次、三次。会议结束了,群众又自觉地围在他周围说:"马书记,走路上山不容易呀!两个小时也走不到山上。"年纪大一点的老人就得花半天工夫才能走上山。可是带群众上山就不容易了,群众买的锄头、农药、化肥甚至鸡仔、猪仔……哪样都不能少呀!村干部很生气地说:"带你们上去就不错了,把家禽也带上车,太过分了。"但是马元春没有这么想,能为群众省几元钱,也是力所能及的小事情,他早就把后备箱腾空了。这样的路一走就是三年,就是这些点点滴滴的小事情才培养了他和群众的感情,5万公里的里程表满载着服务群众的感人瞬间。

生病的老人、上学的孩子……只要群众有需要,扶贫路上一个都不能少,有困难的地方就有他的身影。后来他的做法得到了大家的认可,正如老党员的评价:"他的车承载的不仅是困难群众,更是一名党员的初心和使命。"

记得一个寒冷的冬天,他带着御寒的棉被上山,村里的何大娘说:"家里的老人94岁了,是个老党员,天气冷了,被子又薄,难以过冬。"他二话没说,就把棉被递给了老人,可是他却没有经受住严寒天气的考验,第二天就住进了医院。后来有人这样评价:"这是椿树坪村有史以来,党派来的最称职的驻队干部,他身上有焦裕禄同志那种忘我爱民,为群众谋幸福的精神。"

协调处理矛盾纠纷,帮群众办理户籍转移、务工证明、大病救助等手续;疫情防控期间,帮助务工群众申请健康证明,帮他们助购买车票……像这样服务群众的例子太多了，在群众心中，他是一个靠得住的党员干部。

闲暇之余,,他总会主动给年纪大的老人帮忙，什么背混凝土砌墙、开旋耕机犁地、收割油菜籽、摘花椒，村里人能干的事情，他也照样能干。

时间久了，他和乡亲们处出来了感情，一出村委会，一路上总是跟人很亲热地打着招呼。大家也把他当自家的娃娃一般看待，隔三差五，叫他去吃顿便饭，有了好吃的，也不忘给他送过来一点。

习近平总书记强调："扶贫先扶志、扶智。"

驻村的日子里，马元春一边学习一边实践，与村民同吃、同住、同劳动。他随身携带一本书——《习近平七年知青岁月》，这本书就是他驻村帮扶的教科书，很多经验来自总书记的实践和体会。

摆脱贫困需要智慧，发家致富更需志气。马元春在实施产业扶贫促增收的同时，着力补齐"精神短板"，将"增收入""富口袋"与"强精神""富脑袋"同步推进，全力激发群众内生动力。通过入户宣传、播放励志电影等形式鼓励群众改变思想意识；发挥公益性岗位作用，定期打扫公共区域卫生；扎实开展"拆违治乱"专项行动，拆除残垣断壁和废弃柴棚圈舍，村容村貌得到了极大改变。

在他和队员们的不断引导下，村民们的精气神来了，一个个贫困家庭生机勃勃，一颗颗脱贫致富的"种子"植根于人们内心，开始发芽、开花、结果。

所有人为了奔个好日子，村里再也没有闲人和懒汉了，打架斗殴、赌博、游手好闲的毛病不见了，全村人和睦得像一家人。

脱贫致富，关键在于有没有决战贫困的决心和志气。"多亏了马书记，让我对扶贫政策有了更多了解，今后我们再不能等靠要了！"这是村里曾经出了名的懒汉如今逢人便讲的话。

"脱贫攻坚是一场漫长而艰险的战斗,我要像全国千千万万的扶贫干部一样,即使爬最高的山,走最险的路,也要把心血和汗水洒遍千山万水、千家万户,用自己的辛苦指数换取群众的幸福指数。"这是马元春在自己的日记上写下的另一句话。

在和村民接触过程中,马元春发现有一部分村民心里有干事创业的想法,但因顾虑较多或者条件限制被搁置了。马元春带着热情天天去村民家,给他们讲致富能人的创业故事。日子长了,村民们都有了同样的体会,这小伙是真心在为他们着想。终于,村民脱贫的积极性被这个"80后"调动起来了,大家创业热情逐渐高涨,迸发出了蓬勃生机和活力。

"为村民着想"说起来简单,做起来不易。

首先要掌握政策,但更重要的是需要有一颗把群众当亲人的赤诚之心。国家的好政策村民知道多少?享受到了没有?马元春认为自己的工作一方面是要让国家的政策落实,一方面是要让村民得利。在反复考察地理优势的同时,他组织召开党员和村民代表大会,集思广益,听取建议,探讨发展之策,随着一次次思想碰撞,发展特色种养殖产业的思路渐渐清晰了,就是发展双椒、油橄榄等产业和劳务输转。

2019年以来,他组织动员群众发展"双椒"300亩,每亩地平均收入6000元,动员群众开发利用荒地,打造椿树坪村800亩油橄榄产业示范点。

为解决农产品销售难的问题,他还通过快手直播平台,推销本地的茶叶、花椒、纹党等土特产。在村里成立了两个农民专业合作社,大力发展花椒、中药材,越来越多的贫困户实现了发家致富的梦想。

同时,针对村里多数群众没有经过专业培训和技能证书,导致务工收入低的现象，马元春组织开展务工技术培训2次，80名群众取得了钻工、焊接工、泥瓦工等职业技能证书，提高了务工收入；组织劳务对接会议2次，顺利输转务工群众240人次，2021年务工人员月平均收入达到7500元，实现了"一人务工，全家致富"的目的。

受疫情影响，输转劳务成为一大难题，为此马元春带领帮扶队宣传企业招工信息，联系火车站领导，为外出务工人员办理健康证明和火车票，为前往新疆务工人员发放交通补贴，有效输转了劳动力人口。

林外声声啼布谷，青郊应及试春耕。每到春天，村里的群众都会在田间地头忙得不亦乐乎，随处都能听见农机轰鸣声、到处都能看见阡陌纵横中的身影。村里男女老少似乎已经忘却了疫情带来的心理焦虑，有的正在起垄覆膜，有的正在施肥打药，有的正在修剪果木……

李世平夫妇忙着移栽羌活、党参幼苗。他欣慰地说："马书记给我们修了产业路和饮水设施，解决了几代人都没有解决的困难。现在可以说旱涝保收，我们农业收入有保障了，有信心摘掉贫困帽子。"

李万艮说："虽然受疫情影响，但是发展生产没有一点耽搁，这一切得益于帮扶工作队。打通了产业路、建立了合作社，相当于打通了产业发展的'任督二脉'，土地不再撂荒了，年轻人不出门也能发展产业，提高收入。"

一年之计在于春，椿树坪处处散发着万物复苏的气息，浓浓的春意在希望的田野上尽情展开。2019年，100户困难群众通过"双椒"订单农业尝到了甜头，群众参与订单农业的积极性全都被带动了起来。

辣椒、花椒、羌活、党参、橄榄，一个个产业项目成为椿树坪村致富的源泉。产业"造血"，源远流长。

几番努力，昔日的重点贫困村，而今变成示范村。椿树坪村的蝶变，源于产业。

艰难困苦，玉汝于成。

马元春扎根贫困村一干就是三个年头，他始终将摘掉贫困帽子的目标作为最大的政治责任；始终将群众过上富裕幸福生活的梦想嵌入人生坐标、照进奋斗征途。工作中，他坚持一切为扶贫让路，既靠前站，更弯腰干，遍访贫困村，与群众打成一片；既指挥全面，又蹲点包村，为群众摆脱贫困殚精竭虑、搭桥领路。三年下来，马元春硬是用自己满脸饱经风霜的"代价"，让一个烂摊子村"蝶变"成了一个充满生机活力、实现突围突破的魅力新村。

他深入践行以人民为中心的发展思想，跑遍了全村所有群众家。每次走访，他总要到贫困户家中拉拉家常、问问情况，看看他们平时吃什么、穿什么、用什么，切实帮助解决困难问题。一位75岁的贫困户逢人就说："马书记就像俺家的亲戚一样，俺家老少5口人的情况，他是'一门清'，他总是牵挂着我们贫困户，真心为我们着想啊。"他总是把群众的事当自己的事、把群众的难当自己的难，用真情实意和务实作风赢得了群众的口碑和信任。

一户户群众的"穷帽子"被扔掉了，一颗颗感恩奋进的心正在乡村振兴的道路上跃动。

"衙斋卧听萧萧竹，疑似民间疾苦声。"这句诗是清代诗人郑板桥广为流传的佳句，也是马元春的座右铭。

不负青春、不负韶华，树立正确的世界观、人生观、价值观是新时代青年的伟大志向。

在三年驻村历练当中，马元春不畏艰险、冲锋在前、真情奉献，把无悔的青春洒在了扶贫路上，用自己散发的点点光芒照亮奔向小康路上的群众，使贫困村以及广大群众的面貌发生了巨大变化。他常说：感谢党组织给他提供这样一个历练自己、绽放自我的机会。同时，经过这一场特殊的群众教育，在今后的人道路上他会砥砺前行，争做新时代的筑梦人。

"摘帽"之后不歇脚，"接棒"振兴再出发。脱贫摘帽不是终点，更宏伟的画卷正在展开。

乡村振兴的号角早已吹响，循着"高质量发展"路径，从"生产发展"到"产业兴旺"，从"生活宽裕"到"生活富裕"，马元春知道，未来某一天，他一定还会站在乡村的泥土之上，在那里继续奋斗，因为每一寸泥土，都是他故乡的颜色。他对自己说，如果热爱故乡，不用去怀念，而是走进它，建设它。

> 走过宽广的大地
> 穿越群山的芳香
> 将执着的脚步留下
> 让每一滴汗水发芽
> 帮扶、富民、耕耘和歌唱的人们
> 一起酝酿生活的味道
> 一起捡拾星光的斑斓
> 从扶贫的黎明中出发
> 为了共同富裕的扶贫人
> 和春天一起成长
> 和祖国一起前行
> 和未来握手言欢

（作者：王　选）

渭水源头　幸福花开

——记渭源县秦祁乡党委书记万维

万维简介

万维，自2016年担任秦祁乡党委书记以来，始终坚持以习近平新时代中国特色社会主义思想为指导，认真贯彻精准扶贫精准脱贫基本方略，紧盯"两不愁三保障"脱贫目标，以脱贫攻坚统揽工作大局，强弱项补短板、抓产业促发展，统筹推进全乡经济、社会等各项事业持续健康发展。全乡贫困发生率从2016年的40.07%下降到0，2019年实现整乡脱贫摘帽。

渭水源头　幸福花开

渭源因渭河源头而得名，黄河最大的支流渭河发源于渭源县鸟鼠山境内。渭源也因大禹导渭而闻名，因元古堆村而知名，2013年2月3日，习近平总书记亲临元古堆村视察，看望慰问困难群众，作出了"让我们一块儿努力，把日子越过越红火"的殷切嘱托。渭源更因药薯飘香而有名，是"中国马铃薯良种之乡"和"中国党参之乡"。

从渭源县城向西北40公里，西北高、东南低、土壤瘠薄、植被稀少、河道干涸的秦祁乡就出现在眼前。本地人有一句自我调侃的话，"走不完的秃子梁、不见水的秦祁河"。

秦祁乡长18公里，宽17公里，115.95平方公里的土地上，林木面积仅为14228亩，林木稀少，黄土满天，年降水量420毫米，降水量集中在秋季，分布极不均匀，穿境而过的秦祁水水质咸苦，水土流失严重，是渭源县最偏远、最干旱、最贫困的乡镇，也是甘肃省40个深度贫困乡镇之一，是渭源全县脱贫攻坚中的难中之难、坚中之坚。

自2016年，担任秦祁乡党委书记以来，万维始终坚持以习近平新时代中国特色社会主义思想为指导，认真贯彻精准扶贫、精准脱贫基本方略，紧盯"两不愁三保障"脱贫目标，以脱贫攻坚统揽工作大局，强弱项补短板、抓产业促发展，统筹推进全乡经济、社会等各项事业持续健康发展，2019年实现整乡脱贫摘帽。

一

上任伊始，万维颇为自信，觉得在这个只有11个行政村64个村民小组2400多户1万多人口的小乡镇开展工作难度应该不大。但是当他真正走进这片土地、走到村落农户家中，他才觉得肩头的担子是如此沉重，基础设施落后、干旱缺水、交通不便、产业单一、收入较低……一个个问题交织在一起，千头万绪，复杂异常，这当头的一棍直接把他打蒙了。

俗话说，新官上任三把火。

到任后的第一把火，万维决定烧在思想教育上。

秦祁乡的情况大家都是有目共睹的，但是工作长期打不开局面，思想层面的问题是一个主要原因。万维坚信，困难总比办法多，只要采用正确的工作方式，发挥好镇村两级党组织的政治引领作用，激发广大党员干部的示范带动作用和群众的主观能动性，一步一个脚印，旧日的面貌一定会得到改变。

按照全面从严治党的总体安排和脱贫攻坚工作的基本方略，万维牢固树立不抓党建是失职、抓不好党建是不称职的意识，认真履行抓党建第一责任人职责，通过创新工作方式，建强基层组织，加强党员教育管理，靠实工作责任，有效发挥了党组织的战斗堡垒和党员的先锋模范作用，为脱贫攻坚工作的深入开展奠定了坚实的组织基础。

把思想理论武装作为提升干部能力素质和思想积极性的一个常态化抓手，全乡上下利用周一例会、周四晚学习、党委中心组理论学习时机，采取"集中学和交流学相结合、自主学和帮教学相结合、常规学和创新学相结合"的方式，深入学习领会习近平新时代中国特色社会主义思想、党的最新理论以及习近平总书记关于扶贫工作重要论述，充分利用"学习强国"平台视频会议功能和移动办公平台"陇政钉"召开视频会议，第一时间将中央、省、市、县相关会议和文件精神传达到一线，切实统一党员干部思想、提高政治素养。万维主动带头，通过干部下村讲党课、群众上台讲经验、两户见面会、举办文艺演出等多种方式，将党的各项惠民政策宣传到每家每户，激发了干部群众打赢脱贫攻坚内生动力。邀请省妇联、兰大二院专家在全乡开展

"学党史 感党恩 听党话 跟党走"聚民心活动,重温入党誓词,进行政策宣讲,表彰先进单位和个人,提高全乡干部群众参与脱贫攻坚的积极性。

一套完善的责任落实机制是工作高效开展的有力保障。

万维一直对干部强调,在脱贫攻坚工程中,从村组干部到乡镇党委书记,每个人作用都很重要,每个人的责任都很重大,只有做好自己的事情,才能形成合力,打赢脱贫攻坚战。万维始终牢记自己"第一责任人"职责,围绕贫困村基础设施建设、"一户一策"精准落实,"两不愁三保障"短板补齐,增收产业培育,脱贫退出验收,中央、省委巡视和市县巡察反馈问题整改等节点重要工作,坚持日调度、周总结、月评比的工作机制,实行时间倒排、任务倒逼,快速、高效、精准地推进脱贫攻坚各项任务落实。按照五级书记遍访贫困户的要求,万维带头进村入户,遍访了全乡1004户贫困户,逐户逐人,对标对表,精准排摸,精准落实,扎实开展"一户一策"动态管理和收入监测、"两不愁三保障"清零行动、产业发展、群众增收等重点工作,促进产业发展,增加贫困户收入。同时,带头广泛征求群众意见,接待群众来信来访,下大力气解决在脱贫攻坚工作中发生的信访突出矛盾,以"严、实、精、细、准、快"措施,全面靠实责任,夯实脱贫攻坚基础,组织协调解决贫困户困难和问题580件,帮办实事890件。

推行脱贫攻坚总队长包村抓户责任制,统筹组织驻村帮扶工作队、包村领导、驻村干部、村"两委"、帮扶责任人五支力量,分工协作、协调配合、合力攻坚。选优配齐村级班子,充分挖掘培养返乡能人、大中专毕业生、致富能人参与村级事务管理,通过支部引领群众、群众教育群众、典型带动群众,坚持正面引导与反面整治并重,治贫治愚治乱并举,充分发挥基层党组织战斗堡垒作用和党员干部先锋模范作用，激发干部群众内生动力，用党员干部的主动换取群众的互动，形成党委统一领导下的总队长领着干、干部抢着干、群众跟着干的合力攻坚格局。

二

思路决定出路，方法决定效率。

工作中，万维一直有一个特点，就是遇事不一窝蜂地上，而是通过认真思考和研究，有了思路后才行动，并在工作中一边调整思路、一边创新方式、一边总结经验，往往是工作结束了经验也总结出来了。

在脱贫攻坚中，通过大量的工作实践，万维提出了秦祁乡脱贫攻坚"五字诀"，有效推进了工作开展。

围绕"准"字靠责任。紧扣贫困村脱贫4项指标和贫困户脱贫6项指标，组织乡村两级干部和帮扶责任人逐户逐项认真开展调查核实，采取"五定"措施（定对象、定政策、定措施、定责任、定目标），严格按照"一核二看三比四评五公示"识别程序和"一标二线三因四缺五不能"识别标准，通过"五查五看"的方法精准识别，对贫困户收入增长及脱贫、返贫等情况进行动态监管，建立了扶贫开发长效机制，确保没有劳动能力的贫困群众应保尽保，有劳动能力的贫困群众应扶尽扶。

围绕"实"字制规划。按照"1236"扶贫攻坚行动的总体思路，围绕六方面的突破制订发展规划，结合乡村实情，制订完善了《秦祁乡脱贫攻坚三年行动规划》，督促指导各村严格按照规划计划实施，全乡贫困户全部实现了吃穿不愁，新型农村合作医疗（城乡居民基本医疗）、大病医疗保险实现全覆盖，义务教育阶段因贫失学辍学问题有效解决，公共服务保障能力明显增强，稳定实现了"一过线两不愁三保障"，全乡发展面貌有了彻底改观。

围绕"活"字解难题。根据秦祁乡自身特点，针对不同人群不同发展需求，指导各村精准制订"一户一策"脱贫计划1128份，在建立精准帮扶台账的基础上，积极争取到户项目支持，引导群众大力发展中药材、大豆、马铃薯、蔬菜种植、牛羊养殖等主导产业。强化劳动力技能培训，积极组织劳务输转，每年组织外出务工1800人次以上，其中建档立卡户620人次以上，把劳务经济打造成群众增收的"铁杆庄稼"。对全乡所有合作社每年走访一次，了解运行和收益情况，按照"五统一分一标三提升"标准进行规范管理，确保合作社运营良好，带贫能力逐步加强。对家庭特别困难的116户342人建档立卡人口依托农村一二类低保实行政策兜底脱贫，确保特殊困难群体稳定脱贫。通过加强社会事业建设，困扰当地群众的吃水难、出行难、上学难、看病难等问题得到了全面解决。

围绕"亲"字解民忧。以打通服务群众最后一公里为出发点，结合民事代办，创新工作措施，建立整改销号台账、民情民生台账，探索推行"七步服务工作法"（干部包片听事、群众定点说事、三会民主决事、上下联动办事、纪委全程监事、扶贫办督事、群众参与评事），积极组织各村通过下村讲党课、群众上讲台、农村大喇叭等举措，大力塑造和宣传"脱贫之星"、致富带头人等先进典型，通过建好新时代农民实践中心和扶贫车间，解决群众脱贫攻坚的"志"和"智"问题，有效激发了贫困家庭自我发展的内生动力。

围绕"强"字抓合力。整合一切能够整合的工作力量，把驻村帮扶工作队、帮扶责任人的能力素质提升作为一项重点工作，就党的政治理论知识、脱贫攻坚政策要求及相关中央、省、市、县安排部署等每月至少组织2次学习培训,并建立驻村帮扶"123"(一联、双帮、三治,即建立单位与村的固定结对关系,形成干部由结对单位选派,一线有干部、后方有靠山的"一联"工作机制;建立单位党组织结对共建帮村,党员干部结对认亲帮户的"双帮"工作机制;建立治穷、治弱、治乱并举,没有盲区,不留空白,全方位全覆盖的"三治")工作机制,形成工作合力,帮扶成效不断提升。

三

习近平总书记强调,精准扶贫要下"绣花"功夫。花要一针一针绣,既要考虑整体布局,也要考虑每一个"针脚"。

脱贫摘帽有着各项严格的指标,需要一项一项抓落实,一项一项达标准。

作为乡镇党委书记,万维必须通盘考虑,优化工作力量配置,逐条逐项抓好工作落实。他对照贫困村脱贫4项指标和贫困户脱贫6项指标,按照《甘肃省精准脱贫及验收标准和程序》和国家第三方评估要求,组织乡村干部、驻村帮扶工作队和帮扶单位责任人三支力量,紧盯时间节点,对村、户存在的短板弱项和问题以"过筛子"方式逐户逐人认真核实,针对存在的问题,一户一策制订帮扶措施,逐户逐项对标落实。

对标产业发展指标,按照村村有主导产业的要求,结合全乡生态环境和工作实际,指导11个村分别壮大中药材、大豆、马铃薯、蔬菜、养殖等主导产业,所有群众全部参与到产业发展中来。全面实施"一户一策"精准到户产业扶贫措施,采取"龙头企业+合作社+贫困户"的方式,为贫困户精准制订产业扶持计划,结合全乡实际,按照"人均5只羊、户均两亩菜、人均收入过万元"的发展目标，建立党委领导、政府主导、企业（合作社）牵头、农户参与的工作机制，突出特色产业优势开发，激活产业资源，创新带动模式，探索提出"养羊种菜搞三变"的产业扶贫发展思路。结合产业发展需求，大力发展农民专业合作社，发展农投公司1家，发展和引进涉农企业1家，发展农民专业合作社35个，实现了每个行政村2家合作社全覆盖和带动1011户建档立卡贫困户股份实化入社全覆盖。按照村村有集体经济收入的要求，创新方式发展壮大村集体经济，通过灌溉机井水费收益和东西部协作光伏收益、日光温室大棚、支持大学生村干部发展产业项目和互助增信固定资产收益、冷链车租金、购置商铺、入股分红、建设麦麸醋加工车间等方式，全乡11个村的村级集体经济稳定超过3.5万元。

对标基础设施建设指标，所有村全部接通了自来水，完成2座100立方米蓄水池和2座50立方米蓄水池建设，并完成水质检测，全乡安全饮水率为100%。累计完成农村危房改造626户，实施易地扶贫搬迁387户，群众住房条件全面改善。完成硬化通村道路16条72.311公里，通社道路11条25.837公里，砂化道路8条24.81公里，行政村通畅率达到100%。全乡64个自然村动力电、4G信号、广播电视基本实现了全覆盖。实行包村、包路段、包责任的工作机制，大力推行生产奖补、劳务补助、以工代赈等机制，完成393户（其中建档立卡户291户）卫生厕所改造工作，以81名公益性岗位和113名生态护林员为重点，带动群众积极参与美丽乡村建设，对庄前屋后和村内环境卫生进行综合整治，建成市级美丽乡村示范村1个、县级美丽乡村示范村3个，环境整洁示范村11个。结合乡村振兴战略，实施7424.2亩蚂蚁森林项目工程，组织6个村的群众积极参与务工种植，进一步增加群众农闲时的收入。

对标基本公共服务指标，建立"基本医疗大病保障医疗救助三户一孤"健康扶贫体系，综合参保率96%以上，建档立卡户、重点监测户、边缘户参保率100%。每个村建成标准化卫生室，配备村医1名，督促指导乡卫生院和健康专干用过筛子的办法，逐村逐户排查，上门办理慢性病卡，办证率达到全覆盖。深入实施"控辍保学"专项行动，全乡无义务教育阶段辍学学生，定期对义务教育阶段学生家庭进行走访，建立厌学学生、孤儿、残疾儿童少年、离异家庭或单亲家庭子女、留守儿童、家庭经济困难学生等特殊群体管理台账，全面落实了义务教育"两免一补"政策，确保无义务教育阶段辍学学生。全面落实养老保险优惠政策，对家庭特别困难的依托农村一、二类低保实行政策兜底脱贫，安排护林、保洁、水管、护路等扶贫专岗162个，保证了特殊困难群体稳定脱贫。

万维带领乡村干部，整合帮扶力量，在群众的积极参与下，各项脱贫指标高标准完成。2019年全乡脱贫时人均纯收入达到6830元以上，建档立卡贫困户人均纯收入达到4230元以上，全乡区域性整体贫困基本得到有效解决，贫困人口脱贫具有稳定性、长期性。同时，按照脱贫不脱钩的要求，组织乡村干部通过定期入户、数据比对等方式，及时掌握贫困户和边缘户家庭生产生活变化情况，提前采取扶持措施预防和化解致贫返贫风险。针对收入不达标或不稳定的问题，挂牌督战责任领导和责任人，按照缺什么补什么的原则，逐户逐项跟踪督促，落实脱贫攻坚各项政策。

四

送钱、送物只能解决燃眉之急，发展产业才可以形成可持续扶贫态势。

为加强产业扶贫工作，万维组织成立了调研小组，对各村的环境资源、人力优势等要素进行深入挖掘，按照一村一主导产业的要求，培养经济支柱产业，让产业带动经济发展，解决就业问题，用产业发展增强贫困群众致富能力。

万维始终坚持以保障贫困户收益为核心，以保证资金为基础，以促进产业发展为关键，探索建立龙头企业牵头带动型、村党支部引领型、合作社助推型、村集体资产资源主导型的多种经营方式，在遵循市场经济规律的前提下，以土地、技术、经营等多种形式参与产业扶贫基地建设场，配套建成1500立方米钢结构聚氨酯冷库板果蔬保鲜库、50座塑料大棚、4座高效节能日光温室、节水滴灌等设施，采取"引进能人、群众共建、统购包销"的模式，带动提高258户贫困群众经济收入，户均增收1万元以上，通过基地建设，辐射带动全乡种植高原夏菜850亩，为全乡发展蔬菜产业发展探索出了一条新路子。

紧紧围绕国家和省、市、县产业扶贫政策导向，万维提出了"养羊种菜搞三变"的产业扶贫主攻方向，立足全乡的资源、气候、产业特点等实情，因地制宜，因户思索，探索了多渠道、多元化脱贫新路径。利用富硒土、微咸水，培育发展"秦祁咸水羊"和"咸水富硒蔬菜"两大产业，以农村土地流转为抓手，开展农村集体产权制度改革及农村"三变"改革试点工作，建立了北部干旱山区打井种菜产业基地，多措并举给产业找出路、给产品找出路、给发展找出路。

面对十年九旱的严酷条件，邀请兰州大学和定西市科技局专家检验分析后发现，秦祁乡分布着富硒土壤，试种高原夏菜硒含量为每千克30微克左右，达到了天然富硒农产品标准，并且地下咸水富含氯化钾、钠、镁等微量元素。万维决定因地制宜，借鉴民勤地下咸水种植西瓜、葵花经验，筛选确定了以咸水富硒蔬菜为主的"一乡一品"

产业扶贫项目，结合"一户一策"和"六大产业"，建成杨川—白土坡—武家山村富硒蔬菜产业基地1个，中坪—秦祁千亩地膜党参种植基地1个，芨芨沟村马铃薯繁育基地1个，西坪—豹子沟村建设千亩黑膜马铃薯种植基地和双膜沟播蚕豆种植基地。引进鑫大地春蔬菜产业公司示范带动，成立秦祁乡园农业种植农民专业合作社，分三个阶段实施2400亩蔬菜产业园建设项目，建成蔬菜基地4个。合作社成立后，杨川村贫困户在家门口实现了就业。蔬菜种植让秦祁乡走出了偏远干旱山区产业脱贫新路子——曾经的旱地每亩增收达6000元，较大豆等传统旱作农业亩均增收5000元，农户流转土地每亩有600元收入，就近务工每天有80元左右收入。同时，按照《甘肃省一户一策动态调整》文件精神，对接"两不愁三保障"，对45户未脱贫户、54户脱贫监测户、70户边缘户和955户已脱贫的帮扶措施、增收计划、人口信息等方面逐户进行调整完善制订，结合政策扶持，为所有建档立卡户全部配套了牛、羊、蜂养殖到户项目和种植奖补项目。

根据秦祁乡山大沟深、贫困面大、贫困程度深、农村人居环境恶劣的乡情实际，万维在了解到新疆生产建设兵团移民搬迁政策后，积极对接新疆生产建设兵团第一师八团、十四团、阿拉尔农场和一团，亲自赴新疆进行实地考察。万维考察回来后说："新疆阿拉尔市真是个能挣钱的好地方，大家要抓住机会走出这里。"在他的呼吁下，组织有意愿搬迁的130名群众分四批赴新疆进行实地考察，累计搬迁落户96户422人，其中建档立卡贫困户36户138人，仅新疆整户外迁全乡减贫率为1.4%。

劳务产业是群众增收的"铁杆庄稼"，万维紧盯重点人群，采用点单式因人培训，结合东西部劳务协作，采取"一帮一、一带一"的方式，靠实乡村干部责任，积极动员群众劳务输出，在监测外出务工人员身体健康的基础上，积极对接新疆兵团、县劳务公司、定临高速项目部、陕西会兴钢管有限公司和返乡在外的致富能人，将劳务输转作为当前一项首要任务来抓，全乡举家外出348户1209人，历年来累计赴疆搬迁96户422人（建档立卡贫困户48户192人），输转劳动力1815人次。针对部分群众既无致富技能又无法外出务工这一突出问题，引进劳动密集型企业在贫困村建"扶贫车间"4个，让贫困群众实现"照顾家庭、务农干活、挣钱养家"三不误，走出了一条贫困山区脱贫致富新路子。

结合产业项目政策支持，建立了技术人员引导、资源入股、群众共建、合作分成的利益联结机制，通过邀请市县农业专家采取现场集中培训和上门入户开展培训，培育本地"土专家""王秀才"，通过技术引进来、产品走出去，增强了群众内生动力。

万维坚持在产业发展上下重功夫、下大投资，2019年全乡脱贫时，累计投资1297.7239万元因村因户发展群众增收产业，产业到户项目户均投入1.3万元。"秦祁咸水羊"和"咸水富硒蔬菜"产品由企业统购包销、错峰销售、价格稳定。

五

帮扶单位是脱贫攻坚的一支重要力量，如何真正让帮扶单位发挥各自优势，作为乡镇党委书记，万维觉得必须要做好衔接、服务、落实等各个环节的工作，才能最大化整合帮扶单位资源，推进扶贫工作开展。按照"统一组织、整体筹划，整合资源、形成合力，健全机制、全面覆盖"的原则，万维在落实任务、明确职责、完善制度、规范程序等方面积极探索，全力做好和帮扶单位的对接服务工作，有效发挥了帮扶单位和帮扶干部的作用。

秦祁乡共有省市县帮扶单位9个,帮扶干部239名,各级帮扶干部多次深入贫困村、贫困户,排摸贫困状况、帮助理清发展思路、积极帮办实事、大力落实帮扶措施,通过帮扶单位苦帮、领导苦抓、干部苦干,办成了一批长期以来当地干部群众想干干不了、想办办不到的好事实事,解决了制约全乡贫困村发展的一些突出困难,改善了基础条件,促进了贫困户增收。

针对秦祁乡山大沟深、干旱少雨的实际,万维多次联系帮扶单位兰州大学,提出了打机井解决缺水问题的想法,兰州大学通过多次调研,制订了可行性方案,协调为杨川村和糜川村打机井2眼,解决了2个村发展高原夏菜、设施农业等特色产业缺水的困难。同时,引进榆中种菜企业,在深度贫困村杨川村建设500亩蔬菜产业园,辐射带动周边村种植蔬菜850亩,彻底打破了秦祁乡靠天吃饭的困境,带领全乡群众奇迹般走出一条干旱贫困山区脱贫致富的路子。2019年带动贫困户258户,户均年增收1万元以上;争取帮扶单位省气象局投资8万元,组织带领全乡致富能人、创业带头人、村社干部外出考察学习畜草产业、蔬菜产业、特色养殖等先进经验;投资10万元,建设高效日光温室大棚1座,为贫困村产业发展提供了支撑。

在解决群众住房难题上,通过和帮扶单位的多次对接协商,争取中国铝业连城分公司的帮扶资金32.5万元、甘肃省气象局帮扶资金16万元、协调争取西安卧龙寺捐资40万元,兰州大学协调海诚实创集团捐资100万元,对全乡住危房贫困群众实行了差异化补助,圆了128户贫困户"住房梦"。

贫困学生上学问题是万维关注的一个重点,协调兰州大学筹资3.44万元,支持资助特殊困难家庭学生14名,甘肃省工商联协调甘肃省江苏商会捐助5万元对19名贫困家庭学生进行了资助。

为解决群众饮水难的问题上,万维和中国铝业连城分公司达成协议,筹集管道改造资金12万元,接通杨川村、芨芨沟村20户农户自来水;甘肃省工商联协调甘肃省江苏商会捐助36万元,解决了95户贫困群众吃水难。

因病返贫是脱贫攻坚中需要关注的一项重点工作,为了解决好群众医疗问题,降低群众负担,与兰州大学第二医院签订了医疗帮扶合作协议,建立长期稳定的医疗帮扶合作关系,共享医疗资源,帮助提升全乡医疗机构的整体服务能力;组织兰大一院、二院专家对全乡210户病困户进行"一对一"医疗救助治疗,真正为全乡群众的健康保驾护航。

有技术才能更好地推进就业,按照帮扶计划,万维争取到兰州大学、中国铝业连城分公司、甘肃省气象局资金44万元,在縻川村建立铲车、挖掘机培训基地1处,依托定西坤正驾校,举办了铲车、挖掘机培训3期,培训137人,并积极衔接S229海旺公司、中铁七局第一工程有限公司、中铁七局路桥工程有限公司等用工企业优先招录,人均月收入有5000多元,切实增加贫困家庭的收入。

通过整合帮扶单位的资源,从资金、政策、技术等各个方面发力,有效推动了全乡脱贫攻坚工作,解决了一大批群众急难愁盼的问题,为全乡整体脱贫奠定了坚实基础。

在帮扶单位的大力支持下,面对当地自然条件严酷、党员干部发展信心不足、贫困群众内生动力不强的实际,万维勇于担当,以苦为乐,对照新时代农村基层党员干部初心使命要求,将发扬"三苦"精神上升到倡导"领导乐抓、部门乐帮、群众乐干"的"三乐"精神,提出了"三带三跟三落实"党建扶贫模式、"养羊种菜搞三变"产业发展思路和"五送五解决三提高"帮扶工作措施,以水、电、路、房和产业增收为重点,精准推进"一户一策"落实、"五个一批"

落地，全乡贫困群众稳定实现了"两不愁三保障"，全乡发展面貌有了彻底改观，发展能力有了重大提升，全乡贫困发生率从2016年的40.07%下降到0，按期实现了整乡脱贫摘帽。

"让我们一块儿努力，把日子越过越红火。"脱贫攻坚的日子里，万维牢记着总书记的殷殷嘱托，克服了难中之难，攻下了坚中之坚。

盛夏，渭水源头阳光灿烂，贫困的阴影已然消退，大地焕发出勃勃生机。文明纯朴之美、产业兴旺之美、共建共享之美、和谐有序之美的新时代五美秦祁已经奏响了新的乐章。

渭水清清，滋润民心；渭水悠悠，往事永存；渭水之畔，用心血浇灌鲜花的人，怀抱着鲜花，站在时代的前列。

（作者：王　选）

撑伞人

——记静宁县医疗保障局党组成员、副局长孙杰

孙杰简介

孙杰，2019年1月起担任静宁县医疗保障局党组成员、副局长，分管医保扶贫工作。接到新的任命后，他提高政治站位、迅速转变角色，全身心投入到医疗保障工作当中。医疗保障部门作为脱贫攻坚领导小组成员单位，在全县脱贫攻坚进入最后冲刺的关键时间，他主动担当作为，始终把医保扶贫当成头等大事，以忘我的精神推动工作，出色地完成了医保扶贫各项工作任务，为全县脱贫作出了突出贡献。

回望历史，丰衣足食一直是中国人民最朴素的愿望。

从孔子的富民思想、屈原的"美政"理念，到朱熹的"足食为先"、康有为的大同之道，历代先贤对富民裕民的追求从未停止。无论是"民亦劳止，汔可小康"的美好憧憬，还是"五谷丰登，物阜民康"的热切企望，无论是"安得广厦千万间，大庇天下寒士俱欢颜"的深沉情怀，还是"无处不均匀，无人不饱暖"的政治理想，无数先民对殷实生活的呼唤响彻历史的天空。

医保是老百姓的健康"保护伞"，多一份保障，就多一份安全感。城乡居民医疗保险在保障群众基本医疗、防止因病致贫等方面发挥着重要作用。

如何才能当一名撑伞人，一直是孙杰思考的问题。

静宁县作为全国扶贫开发工作重点县、六盘山区连片特困地区和全省18个深度贫困县之一，自然条件严酷、生态环境脆弱、贫困人口多、贫困程度深。2013年，全县有贫困村150个，建档立卡贫困人口35295户16.09万人，贫困发生率35.88%。

看不起病、买不到药，小病忍着、大病拖着，疾病成为静宁贫困群众脱贫攻坚路上的"拦路虎"和最难啃的一块"硬骨头"。

善为国者，遇民如父母之爱子，兄之爱弟，闻其饥寒为之哀，见其劳苦为之悲。

党中央、国务院高度重视贫困人口的医疗卫生保障工作，《中共中央、国务院关于打赢脱贫攻坚战的决定》明确提出，要实施健康扶贫工程，保障贫困人口享有基本医疗卫生服务，努力防止因病致贫、因病返贫。"十三五"期间，习近平总书记对医疗保障脱贫攻坚的重要意义和任务目标多次作出明确阐释。

如念兹在兹、枝叶关情。

扶贫贵在精准、重在精准、成败在于精准。确保贫困人口基本医疗有保障，不让一个贫困人口因病掉队，考验着医保扶贫如何用好精准之"方"，同样也考验着孙杰。

既然干了这份工作，那医有所保是孙杰的奋斗目标。

2019年1月，孙杰调任至静宁县医保局，担任副局长，分管医保扶贫工作。作为医保战线上的一名新兵，又遇到了脱贫攻坚进入爬坡过坎的关键期，用静宁话说，在"茬口"上。之前从事其他工作，医保作为新领域，到底该从何处下手，这让孙杰很是焦虑。

从建档立卡贫困户、低保、计生两户和孤儿等特殊群体的参保征集到"基本医疗保险"及"大病保险"和"医疗救助"的待遇保障，再到业务经办环节的落实，每项政策和每个业务既独立又关联，一系列全新的问题，让他很犯难。但是，再难也不能撂挑子，脱贫攻坚犹如逆水行舟，不进则退。为了掌握医疗保险惠民政策，他从零开始，挑灯夜战，通过熟悉文件精神、积极参加政策培训和向同事、领导请教，理清了城乡居民医疗保险的政策更迭，明白了资助特殊人群参保的脉络，能够评估参保对象的待遇是否落实到位，领会了政策的"边界线、关键点"，并在工作中将学习到的政策应用到数据管理、经办服务上，在经办流程中验证政策，理解政策"难点"。

为了弄清医保数据分析平台的流程，他常常在电脑前一坐就是一整天，他会为了一个小数点，半夜三更请教同事、请示省局、联系平台公司，直到疑问得到解答。为了了解建档立卡户"一站式"结算情况，他多次去到县市，掌握了各地的报销情况。

他的案台上各类政策方案、笔记本里密密麻麻的学习内容承载了他的努力成长过程，背后的辛酸、汗水见证了他的成功之路。

"人如其名，凡事追求杰出，他骨子里透出来的拼命劲着实让我钦佩。"同事经常这样评价他，称他为"拼命三郎"。

每天面对大量的业务知识、繁重的工作任务，他的脸上经常带着深深的黑眼圈，眼睛里布满了血丝，"政策没有吃透，哪能睡得安稳啊！"内心的责任和压力只有他自己默默承担。

渐渐地，通过不断摸索和总结，无论是参保管理、资助、待遇还是经办政策，孙杰都能信手拈来，成了医保政策和业务经办的"活字典"。

医保保的是民生，更是民心。

"经常听人说交了城乡居民医疗保险后，看病住院不怕花钱，这次住院看病我妻子也享受了这好政策！"静宁县界石铺镇上河村光湾社王虎军感激地说。他妻子患有尿毒症，常年住院做透析检查，先后在甘肃省人民医院和成都华西医院看病，花费9万多，经医保报销后，自己掏了不到3万元……

为确保广大群众及时享受到医疗扶贫各项好政策，孙杰将医保宣传工作作为重中之重，下大力度、出重拳，"线上线下"齐发力，针对不同的群体，采取各类人群易懂、易记的宣传方式，扩大医保政策的宣传覆盖面，做到了广覆盖、无盲区。

要想群众懂，干部先学会。在孙杰的组织下，静宁县医保局组成四个脱贫攻坚医保政策宣讲团，下沉到各乡镇和定点医疗机构，对24乡镇、定点医疗机构的乡镇干部、驻村帮扶干部和卫生院职工医保政策巡回宣讲，重点针对在医保经办过程中参保如何办、得病在哪看、病重怎么转、费用如何报、"两病"和特慢病卡如何办、门诊取药如何报、异地就医备案在哪办等各种"不知道""不清楚"等基本问题进行详细的解读，真正发挥出基层干部宣传政策的好"帮手"作用。

乡镇干部、帮扶干部借助"主题党日""三会一课"党建平台，向村民现场详细解读医保报销政策、慢性病鉴定、报销程序和流程等，做到医保扶贫宣传政策常态化、制度化，积极引导群众知晓最新医保政策，让患者享受医保扶贫政策带来的实惠，切实打通医保政策走向群众的通道。

"大家都交着医保，但是具体怎么报、报多少也是一知半解。通过医保宣讲，老百姓也渐渐了解了报销政策与流程，政策逐渐透明化，老百姓可以放心地吃药治病了。"仁大镇故评村村干部李省勤说。

为确保群众家庭户户一名"医保扶贫政策明白人"，静宁县医保局还联合乡镇，通过村级"四支力量"，进村入户面对面开展医保健康扶贫政策宣传，同时将省医保局政策25问、扶贫明白卡、宣传折页及时发放到户内，做到一户一份、不漏一户。

"我们通过各种宣讲方式、入户走访，确保医保政策惠及每一户，特别是对贫困户逐户走访，确保每个贫困户家庭内至少有一人明白医保扶贫政策，对家中无文化的，多次耐心讲解，对已经住院但还未报销的，引导在相应的地方进行基本医疗保险、大病保险、医疗救助报销，让医保政策确确实实地惠民生、暖人心。"在宣传过程中，孙杰给宣讲团提出了这样的要求。

"小病小痛找村医，每年报销一百元；四十五种慢特病，分类看清封顶线；高血压和糖尿病，门诊买药报一半；基本医保打前站，比例提高五个点；自付超过两千五，大病保险来补钱；两次报销还没完，医疗救助无起线……"村头的大喇叭重复播放着医保扶贫好政策。

静宁县24乡镇的显示屏、大喇叭都成为医保扶贫政策的"宣传员"，全方位宣传医保政策。各乡镇村文化广场的大喇叭每天播放不少于4小时，各定点医疗机构利用视频设备滚动播放医保政策宣传视频资料，每天播放不少于5小时。通过通俗易懂、群众容易理解的方式，利用"一大一微"（乡村大喇叭、微信）、美篇、微信公众号等平台全面宣传医保缴费、报销、"一站式"结算等政策；同时积极衔接静宁电视台、移动公司等单位，通过电视广播、发送宣传短信等方式开展政策宣传，营造了全社会关注医保政策、支持医保事业的良好氛围。

全县24个乡镇、定点医疗机构的乡镇干部、驻村帮扶干部和卫生院职工累计入户宣传1万户（次），宣传手册发放2万份，海报张贴1万张，信息编发42万条，宣传视频播放130场（次），有效扩大了医保政策宣传范围，群众政策知晓率进一步提高，做到了村不漏户、户不漏人，医保政策全面覆盖广大城乡居民。

"参保享受待遇好、门诊住院都用到，不交押金就住院、三重保障覆盖全，出院报销一站完、患病告别贵和难。"这些听得懂、容易记、记得住、忘不了的顺口溜进一步将医保扶贫政策"宣讲"到群众心里。

民之所呼，政之所兴。

群众的呼声就是为民的任务，群众的问题就是为民的责任，孙杰深知：要能够将群众的事情放在心上，将群众问题的解决落实到行动上，必须坚持"从群众中来，到群众中去"的工作方法，坚持一线听民声，田间地头访民情，常坐群众的"灰板凳"，也才能在融入基层、融入群众之后，让群众感受到暖心和真心。

城乡居民门诊慢特病保障制度是基本医疗保障的重要组成部分，作为医保扶贫工作负责人，孙杰同志深知有效落实这项工作对于广大参保群众尤其是建档立卡人口来说是非常重要的，针对门诊慢特病"申请难、报销难"等问题，他经常晚上加班挤时间去研究省市文件，多次到乡镇村社开展调研，反复摸查全县门诊慢特病疾病种类、患病人数、用药习惯等情况，研究测算并组织召开会议征求多方意见，反复优化完善方案。首先及时制订下发文件。先后制订下发了《关于建档立卡贫困人口门诊慢性特殊疾病补偿卡办理有关事宜通知》《关于门诊慢特病补偿卡办理工作有关事宜的通知》《关于城乡居民基本医疗保险门诊特殊慢性疾病报销的补充通知》和《关于2019年度城乡居民门诊特殊慢性疾病申请报销有关事宜的通知》等系列文件。其次全面放宽申请条件。将申请病种病历的年限由原来的3年放宽至5年，并进一步放宽建档立卡贫困人口、精神类疾病和苯丙酮尿症患者申报条件，对于无五年内住院病历的，也可以持二级以上（含二级）定点医疗机构两名中级以上（含中级）职称医师出具的诊断证明进行申请。三是有效简化申报程序。申报程序从每年申请调整为当年申请，年度审核。通过"调方案、减时间、减材料、减环节"等具体措施，实现群众办理门诊慢特"一门引导、一窗受理、一站服务、一次办结"的集成服务，彻底解决了群众门诊慢特病办理难的问题，从制度上保障了门诊慢特病政策的落实。

张丛兄母亲患有类风湿性关节炎，先后住院治疗十多次。"一站式"即时结报的高效服务，让张丛兄感受最明显。"报销得快着呢，当天出院当天就报销了，报销得很满意。"在村里，他总是给大家说"一站式"服务的便捷和好处。

来到县医保局之前，孙杰经常下乡，走村串户，接触了许多因疾病而生活困苦的乡亲，也为他以后从事医保扶贫埋下了种子。"面对他们的时候，我总是万般心疼，我也是农民的儿子，如果能尽自己的努力帮助他们改善生活，哪怕一点，都是一件有意义的事情。"

在田间地头、在村道旁边、在农家院落……孙杰的足迹遍布了静宁的村村落落。

在脱贫攻坚进入最后冲刺的关键时间，他主动担当作为，始终把医保扶贫当成头等大事。

在甘肃省还未将门诊慢特病纳入系统管理的情况下，孙杰便下沉到一线，与业务人员一起摸索尝试，大胆创新工作方法，采取了手工与系统相结合的双重管理办法，有效提升了信息管理工作效率。他指导基层业务人员制订并下发了"静宁县城乡居民基本医疗保险门诊特殊慢性疾病补偿卡",以确定对象花名册为准,逐人建立管理台账并发放补偿卡,及时开展报销。同时,协调工程师将全县确定的门诊慢特病管理对象导入医保信息系统,实现了门诊慢特病在"甘肃省城乡居民医保结算管理系统"中管理。在工程师的指导下,按照统一"模板",每月及时更新门诊慢特病管理对象,并对年审死亡或因病种调整等管理对象信息及时维护,实行动态管理。还开通了县级医疗机构和民营医院即时结报权限,实现了全县定点医疗机构门诊慢特病即时结报全覆盖。此外,积极督促检查县乡定点医疗机构因病施治,合理检查,合理用药,及时采购治疗门诊慢特病所需常用药品,保障患者购药需求,就诊后落实即时结报服务,做好数据上报和资料归档管理工作。

"只要我们足够了解政策,在政策允许的范围内将群众的利益最大化,我们就能精准、有效地帮助到他们。"他的眼里看到的是百姓的利益,心里装的是百姓的期盼。

为慢特病和"两病"(高血压、糖尿病)患者办理慢特病卡和"两病"卡是一项利民惠民举措,为了能够让全县慢特病和"两病"患者及时办理慢特病卡和"两病"卡,孙杰每天都奔波于各个不同的地方衔接工作,目的是让全县所有慢特病和"两病"患者用上能够报销的药品,享受应有的惠民政策。为了让群众少跑路,他积极与县卫健局衔接抽调县医院、中医院中级及以上职称的大夫,分组分别到各乡(镇)卫生院为建档立卡贫困人口中患二级及以上高血压病人诊断并现场办卡。现场指导在县医院和中医院建立门诊慢特病疑似患者"绿色通道",由乡政府用车辆接送除高血压以外的其他门诊慢特病疑似患者集中检查确诊,现场办理慢特病补偿卡。同时积极衔接县疾控中心邀请平凉市第四人民医院两名中级以上职称的大夫对精神病疑似患者进行确诊并集中办理门诊慢特病补偿卡。

为进一步巩固提高医保扶贫质量，补实短板，打牢基础，对照医保扶贫标准，着力补齐短板弱项，实现建档立卡贫困人口基本医疗保险、大病保险和医疗救助制度全覆盖，确保高质量完成医保扶贫各项目标任务。孙杰积极向局党组建议，成立局脱贫攻坚挂牌督战领导小组，实行领导包片、干部包乡镇和医药机构的"两级联动"责任机制。全体干部职工按照"既督又战、督战结合"的原则，切实肩负起脱贫攻坚责任，采取实地督战的方式，经常深入乡镇政府、卫生院和村社、农户家中，了解掌握工作进展情况，查缺项、补短板，有效促进了各项政策落实。一是全力以赴做到"应保尽保"。建立与扶贫部门数据共享机制，定期比对建档立卡贫困人口参保情况，指导并督促乡镇逐户逐人清理，及时参保，确保建档立卡贫困人口应保尽保。二是全力以赴做到"应资尽资"。严格按规定和标准落实参保资助政策，确定专人负责全县参保资助信息管理工作，实时监测资助数据，适时调整，确保建档立卡贫困人口参保资助不漏一人。三是全力以赴做到"应享尽享"。全面落实建档立卡贫困人口基本医保、大病保险、医疗救助倾斜政策，为符合条件的建档立卡贫困人口全部落实了相关倾斜政策。

医保是"民生温度计、幸福风向标"。

静宁县患者张友仓身患食管恶性肿瘤，于2019年2月在新疆维吾尔自治区人民医院住院治疗，总费用为38.58万元，其中城乡居民基本医疗报销2万元、大病保险报销30.79万元，基本段与大病报销后，整体报销了85%。该患者最终因救治无效去世，由于他们家是建档立卡扶贫户，患者女儿张红霞说："我也是刚参加工作，为了筹钱给我爸治病，我们把身边能借的人都借了，最后没有筹够，欠医院19万，交了资料，咱们大病保险30万很快到账，我已经把该还的账都还了，我爸去世前还说他的病拖累了我和我妈，真的很感谢党的好政策、感谢医保扶贫。"

在静宁县，类似这样的事例还有很多。

脱贫攻坚进入冲刺清零阶段，孙杰结合县情实际，进一步压实工作责任，细化任务分工，扎实推进医保扶贫各项工作落地落细落实。

积极开展医保电子凭证激活，实现电子医保普及化、便民化。为进一步强化"互联网+医保"线上业务，全面提升医保公共服务水平，通过线上线下多层次引导参保群众激活应用医保电子凭证，实现看病买药"一码"通行，医保局干部通过深入基层现场手把手、耐心讲解，教会老年人如何使用微信功能进行医保电子凭证个人领取及家属代领取激活操作步骤，进一步满足人民群众线上服务和异地结算需求。

针对基层卫生单位反映的村卫生室金保网接通问题，他要求全力以赴做到"应通尽通"，积极协调衔接41万元，解决了全县375个村卫生室两年两个月网络费用。

紧盯医保信访问题，要求干部、乡镇政府和医疗机构工作人员认真接待来访群众，耐心解释政策，积极办理答复。对于各类重大信访事件做到及时妥善化解，确保一条答复解决一个问题、一次回访化解一个矛盾，不断提高群众对医保和扶贫工作的满意度，让老百姓从中得到实惠，不断增强群众的获得感、幸福感。

以积极开展打击欺诈骗保行动为抓手，规范医疗机构行为，始终保持严厉打击欺诈骗保行为的高压态势。多次组织开展打击欺诈骗保专项行动，通过日常稽核、专项稽查、三方评查、飞行检查、专项审计等各种途径实现对辖区内55家定点医药机构的监督检查全覆盖。自2019年以来，解除医保服务协议6家，其中定点医疗机构2家，定点零售药店4家，约谈40家，限期整改62家，行政处罚1家医疗机构0.2万元。查处曝光1例举报冒名顶替住院案件，追回基金本金

0.18万元，行政处罚0.36万元。追回应由工伤保险基金支付费用案件1例0.73万元。追回应由第三方承担城乡居民医药费用案件2例8.3万元。

……

逆水行舟用力撑，一篙松劲退千寻。

静宁县作为深度贫困县，扶贫工作任务重，医保扶贫面广量大，工作千头万绪，在孙杰的统筹安排下，全县门诊慢特病患者就医报销得到了有效保障，群众政策知晓率有了明显提高，医保扶贫各项惠民利民政策得到了有效落实，群众就医费用负担明显减轻。群众充分享受到医保扶贫带来的红利，真切地感受到医保的事能够马上办、即时办，自己能享受的医保政策一样都不会落下，群众对医保工作的关注度和认可度在不断提高，投诉信访事件也明显减少，医疗保障服务的获得感、幸福感和安全感得到了充分体现。

2020年2月28日，经甘肃省政府批准，静宁县退出贫困县序列。

这个受严酷的自然条件、脆弱的生态环境困扰，以贫困人口多、贫困程度深被人们记住的县脱贫了。

看病有保障了、道路畅通了、房子漂亮了、产业增多了、贫困户有技术了、腰包也鼓了……在静宁，贫困渐行渐远，幸福越来越近，小康生活正在路上……

通过"基本医保、大病保险、医疗救助"三重保障，静宁县已构建起了参保缴费有资助、待遇保障有倾斜、基本保障有边界、管理服务更高效、就医结算更便捷的政策体系，人民获得感、幸福感、安全感更加充实，更有保障，更可持续。

金色的阳光洒满大地，这是一个收获果实又适合播种的季节。

葫芦河畔，群众的欢声笑语溅起浪花；崆峒山下，富足的生活异常灿烂……目之所及，皆为美景。这是新生活的起点，自强不息、奋斗脱贫的精气神，在牧野的天空充盈激荡，乡村振兴的壮美画卷已徐徐铺展……

一本本参保台账、一笔笔报销费用、一次次入户摸底、一回回动员宣传，换来的是贫困家庭的生活信心、脱贫患者的幸福笑脸。

块块荒田水和泥，深耕细作走东西。老牛亦解韶光贵，不待扬鞭自奋蹄。这首脍炙人口、歌颂自强不息的老黄牛的小诗，正是孙杰的真实写照。

这些年，他放弃了儿女情长，却操劳着百姓的冷暖；他放弃了天伦之乐，却换来了万家的美满，他用实际行动诠释了一名医疗保障工作人员的使命和担当。

在静宁打赢打好脱贫攻坚战的功劳簿上，有孙杰浓墨重彩的一笔。

岁月不居，时节如流，不变的是内心的执着和坚定。这些年，他始终牢记初心使命，用力、用心、用情温暖贫困患者生活；这些年，他以忘我的精神、顽强的意志和为民的情怀，全力推动各项工作，出色地完成了医保扶贫各项任务，为全县脱贫作出了突出贡献。

（作者：王　选）

后 记

在党中央坚强领导下,甘肃省委省政府带领全省各族人民以习近平新时代中国特色社会主义思想,特别是习近平总书记对甘肃重要指示要求为指导,坚定不移沿着习近平总书记指引的方向奋力前行。以贫困不除誓不罢休的豪情壮志,以不获全胜决不收兵的坚定意志,打了一场声势浩大、惊天动地的脱贫攻坚战役,历史性地解决了千百年来困扰甘肃的绝对贫困问题,在全国减贫史上留下了浓墨重彩的甘肃印记。甘肃全面建成小康社会取得的历史性成就,是以习近平同志为核心的党中央亲切关怀的结果,是习近平新时代中国特色社会主义思想指引的结果,是省委省政府团结带领全省人民苦干实干的结果。甘肃已迈出了建设幸福美好新甘肃、开创富民兴陇新局面的坚实步伐,正在向第二个百年奋斗目标勇毅前进。

编辑出版"纪录小康工程"系列丛书是党中央确定的重点工作,也是向党的二十大献礼的重大出版工程。为全面纪录甘肃全面建成小康社会的不平凡历程,突出反映党的十八大以来甘肃在全面建成小康社会中取得的历史性成就,甘肃省委宣传部按照中央要求,组织编写甘肃"纪录小康工程"系列丛书。成立了以马玉萍、郭锦诗、李润强、王成勇、刘正平、吕林邦、王登渤、王光庆、刘永升、李树军、李宏源为成员的丛书编委会，积极推进丛书的编撰出版工作。

《全面建成小康社会甘肃奋斗者》（上下）是丛书之一，省文联高度重视，及时安排部署，提出指导意见，全力推动各项工作有力有序开展；省作协成立编写组，制定工作方案和写作提纲，明确职责分工和工作进度，及时组织省内优秀作家开展创作，全力做好联络协调和服务保障；省乡村振兴局积极向各市州乡村振兴局征集材料，及时向创作人员提供素材，协调解决创作中遇到的问题和困难；创作人员分工明确、相互配合，以实地采访、座谈交流、电话沟通等多种形式，较好地完成了创作任务，数易其稿，现已正式出版。本书由严和平、陈崇贵、迭目江腾、王登渤、王正茂、李宏源审定，李伯祥、滕飞、李灶平、张新颖、王熠统稿。具体执笔人为省作协王新军、王选、王琰、王熠、杨恽、李端、郭馨文、金永华。后记执笔人为省委党史研究室李冰，省作家协会王选。

本书以甘肃"全省脱贫攻坚楷模"先进事迹为主要内容，铭记"小康源自奋斗，小康点亮生活"，讴歌人民、讴歌英雄，激励全省上下以先进人物为学习榜样，点燃接续奋斗的昂扬激情。

由于水平有限，加上有些资料不够完备，疏漏不当之处在所难免，敬请广大读者批评指正！

本书编写组
2022 年 6 月